当代旅游研究译丛

旅游企业社会责任

Lipika Kaur Guliani and Syed Ahmad Rizwan
〔印〕利皮卡·考尔·谷连妮
〔印〕赛耶帝·阿曼德·里兹万 主编

陆春华 余忠稳 译

Corporate Social Responsibility
in the Hospitality and Tourism Industry

商务印书馆
The Commercial Press

First published in the English language under the title "Corporate Social Responsibility in the Hospitality and Tourism Industry" by Lipika Kaur Guliani and Syed Ahmad Rizwan, editors. Original work copyright ©2016 by IGI Global, ww.igi-global.com
All rights reserved.

本书中文简体翻译版授权由商务印书馆有限公司独家出版并限在中国大陆地区销售。未经出版者书面许可，不得以任何方式复制或发行本书的任何部分。

目　录

前　言 ………………………………………………………………… 1

第一部分　酒店业的企业社会责任

第一章　酒店业的企业社会责任：议题和挑战 ………………………… 3
第二章　印度酒店业的企业社会责任 …………………………………… 12
第三章　酒店的社会责任实践：性别视角 ……………………………… 36
第四章　酒店业企业社会责任对消费者响应的影响：
　　　　企业社会责任和消费者响应 ……………………………………… 53
第五章　酒店业企业社会责任和员工敬业度的关系研究 ……………… 70
第六章　酒店业的企业社会责任：不同酒店的比较研究 ……………… 76
第七章　企业社会责任在酒吧服务运营中对消费者行为的影响：
　　　　概念框架 …………………………………………………………… 87
第八章　印度食品服务行业中的食物浪费管理和企业社会责任：
　　　　概念分析 …………………………………………………………… 98
第九章　印度旅游业和酒店业的企业社会责任：旁遮普、哈里亚纳、
　　　　喜马偕尔三个邦旅游业中的航空、酒店和企业社会责任 … 112

第二部分　旅游业的企业社会责任

第十章　印度旅行和旅游业：可持续增长的潜力、机会和框架…………129

第十一章　旅游业的企业社会责任：议题和挑战……………………………154

第十二章　旅游和酒店业的企业社会责任：关系和应用……………………160

第十三章　从赚取利润到可持续发展：旅游业企业社会责任计划的

　　　　　　关键评估……………………………………………………………182

第十四章　印度旅游业企业社会责任的维度…………………………………190

第十五章　理解可持续旅游：利益相关方在目的地语境中构建的话语……212

第十六章　鼓励全球旅游业的企业社会责任和可持续旅游发展……………221

第十七章　旅游业在印度经济发展中的作用…………………………………241

第十八章　旅游业的若干影响因素……………………………………………256

第十九章　协调企业社会责任与气候变化减缓和适应战略　构建巴厘岛

　　　　　　社区适应能力………………………………………………………264

第二十章　作为旅游业治理方式的社会责任：富埃特文图拉岛

　　　　　　生态保护区研究……………………………………………………288

第二十一章　企业可持续性：企业社会责任的基础——塔塔咨询

　　　　　　　公司（TCS）案例研究…………………………………………312

参考文献汇编………………………………………………………………………332

前　言

　　朋友们，相互合作，我们就能赢得全球化的新阶段——打造一个包容而可持续的市场，促进发展和加强国际合作。我们每个人都有责任推动这一进程。

——联合国秘书长潘基文在联合国全球契约领导人峰会上的闭幕词（日内瓦，2007年7月6日）

一、旅行、旅游和酒店业

　　据预测，旅行和旅游业未来10年发展前景极为光明，每年预计增长超过4%，继续远超其他行业的增速。资本化这些旅行和旅游业中的机会，需要目的地和当地权威机构（尤其是新兴市场）打造良好的营商氛围，在基础设施和人力资源领域进行投资，以促进旅游业成功的可持续发展。在国家层面，政府尽可能执行更加开放的签证制度，采取理性而不是惩罚式的税收政策。如果采取合适的措施，旅行和旅游业可以发展成为一个重要的行业（SCOWSILL，2014）。但与此同时，是时候需要慎重考虑，重新思考一下酒店业和旅游业的企业社会责任举措。这个大众现象有潜力将这个世界变好或变坏，而企业社会责任可以成为一个有利工具，使之变好。

二、企业社会责任

企业社会责任（Corporate Social Responsibility, CSR）是一个管理概念，企业将社会和环境因素融合到公司运营之中，并与各利益相关方良性互动。通常而言，企业社会责任被理解为公司在经济、环境和社会之间取得平衡["三重底线法"（"Triple-Bottom-Line-Approach"）]，同时满足股东和各利益相关方的预期。从这个意义上说，严格区分企业社会责任至关重要，企业社会责任可以被视为具有战略意义的商业管理概念，也可以被理解为慈善、赞助或者公益事业。过去，"社会责任"和公益事业密切相关。1899年，安德鲁·卡内基（Andrew Carnegie）基于慈善原则和管家原则，在大型企业中提出了企业社会责任的经典理念（Stoner & Freeman，1985）。1953年，鲍恩（Bowen）提出了一个概念，即组织执行政策和做决策抑或是遵循目标，都会依照社会的目标和价值（Bowen，1957）。与此同时，一些作者，如米尔顿·弗里德曼（Milton Friedman），建议一个公司的责任仅仅在于利润最大化、支付税收和雇佣员工。其他学者则争论，组织还要承担社会相关方面的责任（Correa & Medeiros，2008）。

企业社会责任可以在减少贫穷方面作出贡献，直接加强公司声誉、提升品牌意识，但企业社会责任的理念远不止于此（UNIDO，2015）。

企业社会责任是正在进行的静悄悄革命，但批评者却已经将其称为伪善。批评者如此评论，是因为它会给不好的品牌或者受影响的声誉非常好的机会提升自己。然而，企业一致认为，公司再也不能继续"像往常"一样做生意了，"不惜任何代价获取利润"已经过时了。

更进一步的是，企业社会责任被归类为有道德的企业社会责任，因而具有强制性，这意味着一家公司必须遵守所有的法律法规，避免任何因业务所导致的伤害。这些伤害包括污染、伪劣产品和不公正的劳工待遇。好的法律和政府政策可以有助于有道德的企业更好地履行社会责任（Lantos，2002）。

利他的企业社会责任涉及一家公司通过慈善捐资帮助减轻外部的社会问题和不公平，这种捐资企业不会考虑是否对公司的财务有利。这种赠与是以利益相关方的支出为代价的，也许并不合法。兰托斯（Lantos）指出，利他的企业社会责任也许对一家私营企业是好的，只要其源自企业自有的利润，而不是转而向消费者设定更高的价格，或者给员工支付更低的薪水，而这显然与有道德的企业社会责任背道而驰。

另一方面，战略性的企业社会责任主要在于选择一些公益活动，从某种程度上有益于公司，并能帮助企业实现战略目标。企业助力社会服务活动可以增强消费者对企业的认知，同时吸引更多客户。一家餐厅可以选择支持艺术，从而有助于吸引刚刚离开剧场的顾客。如果员工参与一些有意义的志愿者活动，员工士气也可以得到提升，从而可以提高员工工作满意度，还会降低员工离职率（Lantos，2002）。

三、企业社会责任和酒店业

至于酒店业，企业社会责任需要酒店更高的承诺，降低对环境的不良影响，提升环境意识，为内外部客户，乃至整个社会提供更好的生活质量。2015年，全球超过一半（52%）的游客表示，他们根据当地的社会或环境影响来选择旅游目的地（HN，2015）。

对于奢侈和绿色的双重兴趣为酒店业创造了新的机会以吸引这些游客，不仅提供高端的舒适，同时专注于生态。因此，将可持续性作为组织的内在价值，不同战略层面员工的参与则成为不可缺少的一部分。本文的主要讨论在于，为了发展企业社会责任，以下几点势在必行：

1. 领导执行企业社会责任的承诺；
2. 员工在社会环境活动中的参与；
3. 组织文化：鼓励员工超越自己的职责，共同实现企业目标。

四、企业社会责任和旅游业

过去几年，采用和支持可持续旅游理念作为发展模式不断上升，从而产生了很多方法以解决环境保护方面的问题。社会议题近年来成为焦点，尤其是自科菲·安南（Kofi Annan）提出的千禧年10点挑战，包括公平贸易、消除贫穷、当地和社区经济发展。行动方案则包括行为准则、专业指南、认证和认可计划（World Bank，2005）。

为企业社会责任开发一种有效的方法包括以下几点考虑：
- 和当地社区合作以确认所在社区旅游业的核心价值和目标，以及如何协调商业目标；
- 确认战略和行动方案，允许组织致力于社区发展，包括购买当地商品、雇佣当地人、为地区和社区提供客户教育项目、社区幸福举措、向当地慈善机构和组织捐赠、向当地居民提供可观的折扣或好处；
- 确认战略和行动方案，允许组织致力于可持续的环境，包括环境教育项目、降低组织的环境足迹、向当地环保活动捐赠。
- 认可和认证计划，可用于衡量和报告环境和社会可持续性议题。
- 在提升企业形象及确认如何发挥绩效的杠杆作用时，向利益相关方，包括社区和客户，报告企业社会责任至关重要（STO，2015）。

五、旅游业的企业社会责任：多种方式和最佳实践

将企业社会责任的理念转化为实践有不同的方式。作为一种惯例，公司在企业社会责任方面的所有努力将会以可持续发展报告的形式进行传播，这尤其对于大公司而言几乎已经变成一种"时髦"。然而，行动胜于雄辩的原则同样适用于企业社会责任案例。从原则上来说，企业社会责任应该适用于整个运营管理，而不应仅仅局限于单个方面。但即便如此，这样有限的方式也是很重要的一步（尤其对于拥有悠久传统的大公司而言）。很显然，相比于商业合作伙伴以及"外部世界"，就每个企业内部而言，追寻社会责任也是很艰难的决定。他们必须以这样的原则为指引：企业社会责任的进程体现的是一种自我奖赏，需要了解的是，成功和信任主要依赖于所追寻的目标（NFL，2010）。

六、目前的研究

目前的研究非常概念化，主要考虑的是怎么回报这个社会，以及如何

为社会作出贡献。据预测，旅游业和酒店业将会成为全球最重要的行业之一，也将有助于将全球变成更美好的世界。在许多发展中国家，旅游业目前尚不为人所知，也欠缺发展规划，却被视为解决问题的灵丹妙药。由于欠缺发展规划，旅游业也带来了问题，并随之饱受诟病。因此企业社会责任可以发挥更重要的作用，不仅可以回报社会，同时可以弥补一段时间所导致的损失。对于旅游业和酒店业，本研究在企业社会责任方面有一些不同的考量。作者背景完全不同，因此话题也多种多样。作者们批判性地分析了企业社会责任的概念，跟踪了旅游业从单纯考虑利润到考虑当地居民的发展轨迹。文章还分析了航空和酒店，也阐述了印度不同邦的案例。这有助于理解印度的企业社会责任状况以及企业社会责任如何在发展中国家发挥作用。作者们也将企业社会责任的边界扩展至安全性，这也是企业社会责任需要事先考虑的。食物浪费管理、消费者响应、酒吧管理和企业社会责任、酒店业的案例以及企业社会责任和性别之前的关系。气候变化、可持续的旅游业实践、企业社会责任的机遇与挑战、执行企业社会责任时公司治理所扮演的角色，都值得好好分析。本研究不仅为旅游和酒店业在企业社会责任方面提供了文章和参考文献，而且为未来研究提供了前景，以及指出了旅游业和酒店业在成功执行企业社会责任时面临的议题和挑战。

七、本书概览

（一）第一部分：酒店业的企业社会责任

本书第一部分聚焦酒店业的不同发展趋势以及企业社会责任所发挥的作用。这一部分涵盖了酒店业企业社会责任的不同方面，比如原料来源是否合乎道德、向当地农民购买以支持他们、确保食物和原料来源的可靠性、食物浪费管理的合适渠道，等等。近来，泰姬酒店（The Taj）、里拉酒店（The Leela）、欧贝罗伊酒店（The Oberoi）等越来越重视企业社会责任，并向生态型酒店转型。

这一部分的开篇文章是拉杰什·贾哈姆博士和古里奇·辛格博士合写

的"酒店业的企业社会责任：议题和挑战"。文章重点论述了酒店业开始意识到，酒店业要发展，不能仅仅关注利润率，还要考虑其在社会生态里的直接或间接的影响。

第二章是因德尔特·考尔所写的"印度酒店业的企业社会责任"。文章探讨了印度酒店业以年均14%的增速发展。因此，除了利润，酒店业也正开始重视企业社会责任。除了慈善，很多酒店支持其所在地区的社区，试图减少酒店的碳足迹。除此之外，他们还继续审核他们的项目，以确保能够满足当地社区的需求。

第三章是玛丽亚·多洛雷斯·桑切斯–费尔南德斯、罗萨·玛丽亚·巴卡–阿科斯塔博士和阿方索·瓦尔加斯–桑切斯博士合写的"酒店的社会责任实践：性别视角"。文章从酒店在执行社会责任时的性别角度，分析了迪马乔和鲍威尔（DiMaggio and Powell）（1991）所识别的制度性压力（强制性、规范性、模仿性）所带来的影响。文章还分析了制度理论、企业社会责任，以及制度理论、同构和合法性三者之间的关系，性别和企业社会责任之间的关系，并得出结论：合法性是本研究中酒店经理认为在生存和发展中最为重要的。

在第四章"酒店业企业社会责任对消费者响应的影响：企业社会责任和消费者响应"，莫宾·法蒂玛指出，商业的日益复杂、对可持续发展越发的关注、管理好自然资源的需求、呼吁更高程度的透明，这些因素不仅凸显了企业社会责任的重要性，同时加深了将企业社会责任融入企业活动的倾向性。经过调研，法蒂玛总结：如果顾客注意到公司正在实行相关企业社会责任活动，那么这些活动会对顾客购买意向产生影响。

在第五章"酒店业企业社会责任和员工敬业度的关系研究"，贾格迪普·辛格博士总结：员工的心理幸福感及积极的工作文化和员工发展直接相关。积极心理学（Positive Psychology）聚焦幸福、满意、希望、乐观、流畅和高兴。此外，员工对企业社会责任的积极态度也会提升员工敬业度水平。

第六章是"酒店业的企业社会责任：不同酒店的比较研究"。苏米特·格克兰尼研究了不同酒店，以比较它们的企业社会责任实践，并得出结论：酒店近来越来越关注企业社会责任并付诸实践，比如保护宝贵的大地资源、可持续的创新、垃圾处理……此外，很多酒店正转型为生态酒店以保护环境。

在第七章"企业社会责任在酒吧服务运营中对消费者行为的影响：概念框架"，阿布舍克·哥亥从一个全新的角度探讨了酒店业，并从中得出结论：一定有多种形式的企业社会责任实践，比如在酒吧服务运营中提供负责任的酒精饮料服务、菜单标签、绿色产品、当地产品、环保意识、绿色营销。这些企业社会责任实践可以帮助酒吧从社会中获益。负责任的酒精饮料服务也会更加高效，可以帮助酒吧和餐厅顾客减少有害酒精的摄入，也让顾客和社会的满意度更高。

第八章"印度食品服务行业中的食物浪费管理和企业社会责任：概念分析"由阿尼什·思莱斯和阿尼什·尼克汉基共同撰写。文章提出了酒店业的一个非常严重的议题：如何管理日常运营产生的垃圾。由于印度大部分酒店以填埋方式处理食物垃圾，而不是将剩下的食物捐给有需要的人或者喂给牲畜。文章列举了一些值得警醒的数字，比如酒店业所产生的垃圾数量。因此，酒店业的首要责任是管理好垃圾，进行重复利用。对于行业和政策制定者而言，是时候携手解决因为填埋食物垃圾所带来的风险。

这一部分的最后一章是"印度旅游业和酒店业的企业社会责任：旁遮普、哈里亚纳、喜马偕尔三个邦旅游业中的航空、酒店和企业社会责任"。萨乌尼特·考尔探讨了航空和酒店业重视企业社会责任，可以吸引员工长时间为组织服务，这也会成为行业提升竞争力和改善绩效的一个有价值的手段。

（二）第二部分：旅游业的企业社会责任

在大部分国家，旅游被视为经济发展的有效手段，但目前一些不可持续的旅游实践会影响环境、社区，乃至旅游业本身的健康和福祉。在很多低收入国家，旅游业对经济至关重要，或正在蓬勃发展，长途旅行增速最快。因此，旅游业的首要责任是关注对社会的责任。旅游业必须对一些社会关注的焦点议题负有责任，比如食物、贫穷、教育等。此外，旅游业也必须关注资源保护。因此，第二部分将涵盖旅游业各种各样的话题，如可持续发展的潜力、机会和框架，企业社会责任举措，游客安全，生态圈保护等。

第二部分的开篇文章是穆凯什·乔汉博士撰写的"印度旅行和旅游业：可持续增长的潜力、机会和框架"。文章指出，旅行和旅游业已经发展成为增速最快的行业之一，助推全球经济发展。印度非常有潜力成为全球受欢迎的旅游目的地。印度文化遗产丰富而多元化，自然资源充足，生物多样，吸引着大量游客。但是，旅游发展导致了一些特殊的生态问题，而这在其他经济活动中并未遇到过。旅游开发的环境资源由于其令人难忘的美、无限可能的休闲活动、文化遗产，吸引了大量游客。旅游业最自相矛盾的特点在于会破坏这些吸引游客的资产。大众旅游会导致某种程度的生态和环境污染问题。这些问题必须得到关注，从而保护社区和环境。

阿努·詹布在第二部分的第二章"旅游业的企业社会责任：议题和挑战"中讨论了印度新的公司法。该法规定，对于所有总价值达到50亿卢比，或者营业额达100亿卢比，或者净利润达到5000万卢比的公司，企业社会责任是强制性的，公司需要将近三个财年平均净利润的2%投资企业社会责任活动。而且，由于企业社会责任意识低，比如缺乏相关举措、不了解利益相关方，旅游业面临大量的问题和挑战。

第二部分的第三章是"旅游和酒店业的企业社会责任：关系和应用"。维克兰特·考沙尔和苏曼·夏尔马博士指出，在多个国家运营的公司需要重点适应所在国的文化和环境、招聘多元化的员工、制止民族歧视或种族歧视。诸多公司选择创新的方式履行企业社会责任。举办定期活动帮助弱势群体，提升利益相关方对公司企业社会责任政策的认知，遵守法规、审计以提升透明度，所有这些都是公司在企业社会责任方面进行的关键举措。通过企业社会责任，公司试图以经济和社会发展的方式回报社会。

第二部分的第四章是"从赚取利润到可持续发展：旅游业企业社会责任计划的关键评估"。曼普里特·阿罗拉博士和桑迪普·库马尔·瓦利亚强调世界范围内旅游业的贡献，根据联合国世界旅游组织（UNWTO）发布的《2012全球旅游报告》(Tourism Highlights)，旅游业的贡献大约占全球就业（直接和间接）的6%—7%、全球收入的5%。经济增长和发展在发展中国家是优先事项，因为这关乎持续生存。发展和增长的方式不应仅仅只是满足目前的需求，同时需要给未来以回报和机会。本文证明了可持续和企业社会责任的相互关联，没有企业社会责任很难实现可持续，这同样适用于旅游业。文章总结：如果开发更多公共私营合作制（PPP模式）、兼顾社区和游客双方的需求，就能实现包容性增长的目标。

在第二部分的第五章"印度旅游业企业社会责任的维度"中，普拉霍特·考尔指出，印度经济中的旅游业目前正经历飞速发展，因此必须履行企业社会责任。从印度铁路服务和旅行有限公司（IRCTC）条例VII中列举的活动中挑选一些企业社会责任活动和项目，将有利于优先关注印度国家发展最为关心的议题，比如所有人都可以喝到安全干净的水、厕所供给（尤其是为了女孩）、健康和卫生、教育等。印度铁路服务和旅行有限公司（IRCTC）的企业社会责任和可持续政策旨在为了可持续发展和包容性增长，解决社会上那些贫穷的、被忽略的弱势群体的基本需求，这些群体包括少数民族、生活低于贫困线的家庭（BPL）、老人、妇女、女童、残疾人等。

在第二部分的第六章"理解可持续旅游：利益相关方在目的地语境中构建的话语"里，钱德雷什·辛格指出，一些目的地希望旅游业更"负责任"，或更"绿色"，或更"生态友好"地回报当地社区。因此，"可持续旅游"是各个层面的旅游规划和开发中高度优先考虑的概念。为了实现这个概念，需要更深入了解利益相关方的动因。在旅游目的地背景下，这个概念需要进一步发展。在可持续旅游发展相关特性的基础上，可以划分不同目的地的类型。

甲森沙博士在第二部分第七章"鼓励全球旅游业的企业社会责任和可持续旅游发展"中，描述了企业社会责任和企业财务绩效（CFP）理论和实践的概念。保护环境、为员工创造舒适的工作环境、为当地社区福利做贡献是旅游机构战略的关键议题。

拉杰什·蒂瓦里先生和比马尔·安久姆博士在第二部分第八章"旅游业在印度经济发展中的作用"里，发现国内生产总值、消费者价格指数、国内资本形成总额、汇率、外国直接投资与外国游客抵达数量之间存在重要的正相关关系。国内资本形成总额对外国游客抵达量影响最大。印度的一些邦，如喀拉拉邦和古吉拉特邦，认识到旅游业促进经济发展的潜力，付出了不懈努力促进旅游业发展。游客抵达量与喀拉拉邦和古吉拉特邦的国内生产总值显示出高度的正相关性。在印度全国层面，游客参观增长率与服务业增长率表现出极大的正相关关系。"不可思议的印度"运动在增加游客参观数量上取得了令人瞩目的成功。企业有责任发展基础设施，改善连通性和住宿地的舒适性。每个邦都应该将法律和秩序放在第一优先的位置。

P. 普列姆坎那在第二部分第九章"旅游业的若干影响因素"中认为，企业业绩的变化与商业周期的扩张和收缩密切相关。此外，地震、恐怖袭击、微生物感染，如严重急性呼吸道综合征（非典型肺炎）（SARS），的爆发，严重影响世界范围内的酒店业绩（Mansfeld & Pizam, 2006）。因此，企业社会责任将维持经济扩张或收缩时期的平衡。

普图·英达·拉赫马瓦蒂、泰瑞·狄雷斯教授、蒋敏（音译，Min Jiang）博士在第二部分第十章"协调企业社会责任与气候变化减缓和适应战略 构建巴厘岛社区适应能力"中，选取巴厘岛作为例子，研究旅游业的气候变化风险。本章也展示了旅游企业如何通过企业社会责任计划实施气候变化减缓和适应战略，以及帮助当地社区加强应对气候变化风险的能力。研究表明，旅游业的企业社会责任可以通过环境、经济和社会责任提高社区适应能力。

阿古斯丁·桑塔纳－塔拉韦拉、奥尔加·冈萨雷斯－莫拉莱斯、何塞·安东尼奥·阿尔瓦雷斯－冈萨雷斯、亚伊萨·阿马斯－克鲁斯、玛丽亚·安赫莱斯·萨恩菲勒－富梅罗在第二部分第十一章"作为旅游业治理方式的社会责任：富埃特文图拉岛生态保护区研究"里，分析了作为一种治理方式的企业社会责任在旅游业中的作用，收集了一些有关商业合作与企业社会责任的实证研究。本章的关注点是旅游业公私部门合作以及相关机构的作用、战略和局限性。文章主要分析了西班牙加那利群岛中富埃特文图拉岛的特性。

在第二部分第十二章"企业可持续性：企业社会责任的基础——塔塔咨询公司（TCS）案例研究"中，塔兰吉特·考尔得出的结论是：可持续性

前　言

正在快速成为企业的战略优先选择。可持续性的概念超越了企业社会责任。塔塔咨询公司（TCS）的案例研究清楚地表明，作为一家大品牌和全球知名的公司，塔塔咨询公司（TCS）的慈善信托掌管着公司三分之二的资产。对社区工作持续输送资金，表明公司在有效履行企业社会责任。过去五年对国内生产总值、创造就业机会、出口份额、员工满意度和其他方面不断增长的贡献表明，塔塔咨询公司（TCS）真心关注经济发展，并作出了重要的贡献。

第一部分

酒店业的企业社会责任

第一章 酒店业的企业社会责任：议题和挑战

摘要

从根本上讲，企业社会责任为一家组织所履行，超越法定义务之上，有助于社会所有利益相关方。近年来，关于酒店用途的观念发生了显著转变。酒店的功能包括社交、放松、商务以及其他。酒店业必须适应这些快速的社会变化和富有创造性的相互关联，同时面对现代风格、技术、绿色环保、可持续发展等方面的挑战。垃圾处理、高质量的客户服务、保护动植物及文化遗产、尊重当地居民社区的情感、社会环境问题，等等，也是酒店业如今所面临的问题和挑战。本章将探讨酒店业在当今自由化、私有化和全球化的时代所面临的上述提及的问题和挑战，同时分析这些因素对印度经济发展的影响。

一、引言

过去几年，运用可持续旅游作为发展方式的原则得到了稳定的发展，催生了一系列行动方案以解决环境保护问题。近来一些社会议题处于风口浪尖，尤其是科菲·安南（Kofi Annan）提出千禧年的10点挑战之后，这些挑战包括公平贸易、减少贫困、当地和社区经济发展。行动方案包括行为准则、指导原则、鉴定程序和认证。

酒店是酒店业的一部分。酒店业从更广泛的意义上来说是多种服务业的集合。酒店经常被称之为"家之外的家"。

剑桥词典将酒店定义为顾客通过支付换取客房休息和用餐的一种建筑。酒店通常根据功能或星级评定来划分类型。

随着经济下滑，酒店业在运营层面面临很多困难。为了克服这些挑战，酒店业主削减成本，从而影响了客户满意度及对不同利益相关方所提供的服务。

根据世界旅行和旅游理事会（WTTC）的报告，酒店业是旅游业中推动经济增长最重要的动力之一，在2011年提供了2500万份工作。事实上，酒店业还以许多鲜为人知的方式助力了积极的全球变化和福祉。

凯悦酒店集团（Hyatt Hotels Corporation）启动了一项新的企业慈善项目"繁荣计划"（ready to Thrive），聚焦于教育投入，致力于创造经济机会，打造更健康的社区，改善生活。

根据联合国教科文组织（UNESCO）的数据，全球超过7.93亿的人是文盲。除此之外，全球6000万儿童没有获得教育机会，很可能既不会读书也不会写字。

凯悦的"繁荣计划"在社区组织中进行项目投入，致力于改善全球儿童的教育。在此背景下，凯悦和培生集团合作，提供书籍和客房以供阅读，已经为有需要的儿童捐赠了五万多本书。

罗伯特（Roberts）（2007）将企业社会责任定义为某种组织的预期，展示负责任的商业行为，这既不会伤害也不会影响市场、劳动力、社区人士和自然环境。

社会责任暗示着一种个人义务，即人们从自己的利益出发，但需要确保其行为不会伤害其他人的权利和合法利益。企业责任涵盖社会中的不同人群：员工、所有者、消费者、政府、股东和社区。公司法也作出了这样的规定：公司有义务在一定范围内，将公司利润的一部分投入社会福利中。公司应该在资产负债表中显示其在社会责任领域的投入比例。

企业社会责任就是一种将公司自律融入商业模式中的形式。企业社会责任政策发挥着一种自律机制，监督和确保业务运营符合法律、道德标准和国际准则。

雷德福德（Redford）（2005）强调，因为企业社会责任没有统一的定义，因此企业社会责任对于不同利益相关方的含义不尽相同，不过大部分的定义有一点是共通的，即商业应该给社区以及企业的利益相关方带来积极影响。

阿菲雅（Afiya）（2005）强调，企业社会责任项目不仅可以提高公司在社会上的声誉，同时也可以提振员工士气，增加公司利润。

科特里尔（Cotterill）（2007）解释，组织对企业社会责任的承诺正成为未来员工关心的重要议题，良好的企业社会责任纪录对于招聘到顶级员工大有裨益，因为人们更愿意到充满关爱的公司工作。

二、研究需求

选择研究酒店业，是基于如下考虑：
1. 酒店属于服务行业；
2. 酒店业缺乏企业社会责任最佳实践；
3. 识别酒店业企业社会责任重要的组成部门；
4. 如何衡量酒店业的企业社会责任；
5. 酒店所有者如何提升酒店业不同利益相关方的满意度。

马克（Maak）（2007）解释，如果酒店和旅游业在未来能够可持续发展并有利可图，就需要降低对环境和社会的不良影响。商业文化必须以更平衡的关系取而代之，照顾到所有利益方，包括未来的及过去被忽视的利益相关方，这样才能产生社会效应。

企业社会责任的驱动力主要源自公开上市的公司，旨在减少可能影响股价的潜在风险，确保其运营在环境和社会方面更加负责任。同时为了更加公开透明，它们期望从合作伙伴那里获得年报，了解在哪些方面得到了改善，同时通常也会提供技术/结构支持和专长，以帮助年复一年提高绩效。

为了更大范围地监督行业标准是否得到运用，需要一个国际组织进行管控。消费者也提出了这样的需求，即增加行业责任报告和教育项目。目前，全球不到1%的公司获得认证，因此即便那些受访的旅游公司愿意支持这样的行动方案，也没有足够的产品可供选择。环境和社会管理需要和质量紧密关联，这样才能确保认证产品达到了一定水平的质量。

大公司采取这些行动方案，就会产生更大的影响。大部分酒店运营商和酒店集团在发展中国家都有运营，也是该行业最大的买家。行业更加注重企业社会责任、教育和培训，以及消费者教育，相比于试图将认证变得更加主流，将会产生更大的初始影响。

三、研究背后的逻辑

总体来说，大家都理解企业业务运营的商业模式，即完全关注自身经济指标的成功。企业作为一种组织机构，不仅要提供满足市场需求的产品和服务，也有责任创造财富和工作机会，其市场定位就在于财务业绩和利润率。然而，过去几年，随着全球化不断发展和日益关注生态问题，企业的角色在更广泛的社会背景下发生了变化。利益相关方（员工、社区、供应商、股东）除了关注经济指标，也开始重视环境，并会评估他们是否以一种道德的、为社会负责的方式行事。

史密斯（Smith）等研究者（1999）提到，如果提供的核心服务不足，导致客户社会资源的丧失，比如地位、尊重，那么它就是一种失败的流程。困难、结果失败也是不受欢迎的核心服务导致的后果，从而带来经济资源（比如资本的时间价值）的浪费。

很多公司表面上从事一些这样的活动，然后通过媒体进行报道。近年来，企业社会责任的概念在各种渠道深入人心。组织机构必须意识到，政府单独致力于改善底层社会无法取得成功。目前，企业的社会化营销概念不断发展，诞生了企业社会责任的新概念。全球很多知名大公司已经意识到，作为提升品牌的手段，和社会相关事业相联系至关重要。

波特（Porter）和克雷默（Kramer）（2006）强调，商业和社会相互依赖。商业提供就业和产品，而社会提供员工和消费者。失去对方，两者都没法生存，因此商业和社会紧密相连，互惠互利。大量的文献和报纸文章显示，企业社会责任被定义为这样的概念："在自愿的基础上，企业将社会和环境融入业务运营，并和利益相关方良好互动。"

忽视企业社会责任会带来巨大的风险，企业因此都有动力投身其中。消费者和其他公司有可能会避开那些有道德风险的公司。那些不关注道德责任的公司很有可能还存在法律风险，比如大规模腐败或者会计欺诈丑闻。

以负责任的企业公民行事，还将关乎企业的生存，社会责任可以展开多种形式，比如村庄治理、为社会创造就业机会、节约能源、环境保护、为弱势群体提供免费的医疗和教育设施、基础设施开发、地区之间的平衡发展，等等。

兰托斯（Lantos）(2002)评论，利他的企业社会责任对私营公司有利，只要这些活动源自所有者的利润，而不是在任何时间节点向消费者制定更高的价格，或者向员工支付更低的工资。

四、酒店业企业社会责任的议题和挑战

根据国际酒店顾问协会（ISHC）提出的酒店业所面临的一些关键议题，以及企业社会责任国际准则中提出的一些重要领域，本研究选择了酒店业企业社会责任所关注的六大领域的指标。

（一）垃圾生产

全球报告倡议组织（GRI）的准则都包含垃圾生产这一指标。包含这一指标主要是因为它可以显示效率和生产率水平，以及组织在减少垃圾方面所取得的进展。

经济合作与发展组织（OECD）对跨国公司的指导方针并不涵盖任何针对垃圾方面的要求，而是建议公司开发节能增效的产品（高效使用自然资源最有可能降低所需的自然资源以及减少垃圾产生量）。

（二）用水量

如果要衡量酒店业的用水量，那么可以更好地预估和理解用水量对环境的影响。全球报告倡议组织的准则包含水的指标，将其描述为在用水成

本增加以及供水突然停止时的脆弱程度。衡量用水量因此成为酒店业在环境和社会方面企业社会责任重要的组成部分。

（三）能耗

保护能源是企业社会责任环境部分的核心。因此，能耗是企业社会责任的相关指标，因为这可以衡量组织在减少能耗方面的机会，比如LED灯，从而能降低对环境的影响，同时节约成本。

（四）就业平等

员工多元化是企业社会责任的相关指标，因为这体现了组织在人力资本方面的洞察力。通过比较公司总体的多元化水平和高层的多元化程度，可以获得机会是否平等的信息。

关于员工就业或职业的背景信息，如种族、肤色、性别、宗教、潜在观点、出身国籍或社会出身，不能对员工有歧视。政府的现有政策规定了就业机会更大的公平性，酒店业的所有员工均一视同仁。

（五）员工培训

员工培训是企业社会责任的相关指标，因为这体现了组织在保留和改善人力资本方面的承诺。除了可以提升员工满意度，技能提升还可以改善员工的生产率。技能提升可以影响社会绩效的表现，比如在酒店业更好地营造公平就业机会。

（六）员工组织

作为国际劳工组织（ILO）的宣言和公约的核心，结社自由是人类的权利。全球报告倡议组织将集体议价作为利益相关方沟通的一种方式，有助于负责任管理和社会稳定。集体议价被视为一种工具，可以共同助推酒店业的积极社会影响。

员工的权利可以得到工会以及其他有诚意的员工代表的保护，可以进行有建设性的协商，通过个人或员工组织的代表，最终达成酒店业员工条件的相关协议。

五、建议

同意逐步通过国际标准解决问题，当地和国际运营商也认为是合适的。
- 合并相关准则和章程，以实现更广泛的影响，同时成为行业聚焦（旅游经营者、酒店，等等）。
- 利用现有的认证框架，企业社会责任可以聚焦有助于可行的商业主张的行动方案。
- 报告企业社会责任举措。
- 聚焦商业到商业（B2B）的营销，而不是商业到消费者（B2C）的营销。
- 为了消费者利益，继续通过营销和社会化努力来提升消费者意识。
- 运用认证或者使用通过酒店业供应链伙伴的认证产品。
- 与社区和行业利益相关方合作，开发全面综合的旅游发展战略，涵盖旅游业在社会、文化、环境效益所能获得的现实预期。
- 打造积极的投资架构，支持和鼓励旅游目的地可持续发展。
- 敦促行业协会报告其如何在旅游业的客户和利益相关方中实现更高的满意度。
- 为企业社会责任报告立法。
- 助推各个行业（酒店、旅游经营者、航空公司和游轮）之间的最佳实践分享，以便相互学习。
- 在更广泛的开发计划和政策中，确保可持续旅游措施成为核心价值，而不是仅仅聚焦于经济效益。
- 对于遵循国际公认的认证体系或者所在国标准的公司，应该为其立法或者提供相关激励措施。

六、调查发现和建议

最近，公司的优先事项从仅关注 1P［Profit（利润）］发展到 3P［People（人）、Planet（星球）和 Profit（利润）］。短期关注福利已经被长期的企业社会责任所取代。由于利益相关方如今越发认识到公司决策在社会和环境方面产生的影响，因此公司有动力在决策过程中考虑到利益相关方的考量。

在支持社会责任行动方面有很多争论，包括酒店业更好的商业环境、更强劲的绩效和利润率、进一步提升的员工承诺、声誉改善，等等。批评者担心，强加企业社会责任会导致强加给公司一些不适合的标准，从而限制了酒店业的价值创造。很多全球公司越发意识到自身的社会角色，并采取了一些行动方案，对于印度这样的发展中国家，其实际意义更加重要，因为有限的资源要满足这个多元社会日益增长的欲望和多元化，实现酒店业的可持续发展。

在印度，很多行业和企业组织已经或正在从事自身的企业社会责任。举例来说，塔塔（Tata）公司在城镇计划、教育、社区健康、水管理以及其他领域非常活跃。印孚瑟斯（Infosys）公司也参与各种各样的社区发展项目。

酒店业已经开始意识到，必须超脱利润率，直接或间接地关注自身在这个社会中的生存。社会责任是每个人或者公司必须履行的义务，以维持经济和生态系统之间的平衡。

克拉克（Clark）（2006）评论，"商业道德"评选的 100 佳公司在企业社会责任方面远超标准普尔 500 指数的其他公司。

七、结论

本文总结了一些研究的主要发现，并得出了对酒店业暗含的意义。印度公司现在预计要加大执行它们在利益相关方领域的责任和社会义务，同时最大化股东福利。几乎所有知名的印度公司都参与企业社会责任项目，包括旅游、酒店、教育、健康、创造生计、技能提升、帮助弱势群体。成功的企业社会责任项目高度依赖于有效的人力管理实践。人力资源部门应该成为企业社会责任活动的协调者，这不仅有利于提升员工关系，也是和外部利益相关方建立有效关系的前提条件。

本研究的概念不是说企业社会责任对所有利益相关方是有必要的，而是说真正的问题在于企业社会责任认知度比较低，需要更好地去实践。企业社会责任不应该只是短期的，而更是为了长期效益。公司和社会相互依赖，双方必须健康发展，而不是单独面对未来，这需要企业和所有利益相关方之间的承诺。

本文强调企业社会责任在酒店业的影响，研究框架聚焦于酒店业的所有利益相关方。

世界各地都有酒店，履行着在预算范围之内的不同企业社会责任。本研究分析了影响酒店业和利益相关方认知的六大议题和挑战。

八、延伸阅读

Cheung, C., & Law, R. (1998). Hospitality service quality and role of performance appraisal. *Managing Service Quality*, 8(6), 402–406. doi:10.1108/09604529810235088

拉杰什·贾哈姆

（印度政府女子理工学院）

古里奇·辛格

（印度旁遮普 DGSE 学院）

第二章　印度酒店业的企业社会责任

摘要

本章旨在认识酒店业在创收方面的作用，以及试图了解外界对印度酒店业所期待的企业社会责任。目前的研究强调了酒店业在印度经济中的重要意义，以及政府在消除不利于酒店发展方面所付出的努力。印度商业环境有很多优点，因此企业社会责任可以扮演重要角色，因为有相关指导原则助力其发展，同时也可以提升印度诸如创新方面的实力。尤其是企业社会责任可以鼓励观点交流、系统思考和解决问题。进一步而言，企业社会责任除了有助于消费者授权，还可以支持工作文化的透明度、创新、利益相关方的沟通，所有这些都是为了业务更好地开展，新产品和新服务会优先考虑人与环境的健康。我们不能将这些目标视为政策，那样会导致企业社会责任的停滞。企业社会责任应该是一种必须鼓励的支出。印度商业企业为了社会整体发展，应该与政府共担责任。

一、引言

旅游是世界发展最快的行业之一。在印度，旅游业的发展预计在下世纪初实现繁荣。随着印度经济自由化，商务旅行人士纷纷涌入印度，使得国际休闲游客的增速进一步猛涨。旅游业有句格言：曾休假旅游的游客自我感觉就是一名旅游专业人士了。不能否认的是，成功的旅游发展需要高度的专业性。新的商务和休闲旅游人士纷纷涌入印度，他们非常成熟，也颇具国际经验。他们需要高标准的设施和服务。因此有必要培训好我们的专业旅游人士，以满足他们的需求。

企业社会责任是一个管理概念，公司在业务运营中融入社会和环境议题，尤其需要和利益相关方良好互动。通过企业社会责任，公司可以实现经济、环境和社会的平衡发展，也正好解决了股东和利益相关方的期望。企业社会责任可以是一个战略性的管理概念，比如慈善、赞助或者公益事业。这些可以在减少贫穷方面发挥有价值的作用，也可以直接提升公司的相关行动方案，分析公司在环境和社会福利方面的影响。企业社会责任是公司超越监管机构或者环境保护组织要求所付出的努力。企业社会责任也被称为"企业公民"，它在短期内会产生一些费用，不会直接给公司带来经济效益，但可以提升公司在社会和环境变化方面的声誉，增强品牌影响。企业在所运营的社区和环境（生态和社会）承担责任，通过减少垃圾和污染的流程、支持教育和社会项目、获得适度的投资回报，扮演着企业公民的角色。

二、文献回顾

阿曼德普·巴特拉博士（Dr. Amandeep Batra）（2013）在他的研究《印度企业社会责任的可持续性》（ITC酒店的农业互联网E-Choupal案例研究）中指出，企业社会责任早期指的就是企业自愿捐款或者做慈善，这如今在全球贸易和产业领域更为全面，更具强制性。发达国家企业需要遵循企业社会责任，例如印度这样的发展中国家也同样如此！由于社会中大众法律权利意识的不断上升，全球各大公司在企业社会责任领域注定需要从事一些以结果为导向的具体事项。本研究主要是诊断一般印度企业目前面临的一些情境和企业社会责任方面的主要实践，尤其是ITC酒店。本文强调了ITC酒店企业社会责任项目农业互联网E-Choupal的主要特点，发现该项目尤其在提升农民能力方面可以说是企业社会责任领域的先驱。进一步而言，这种类型的企业社会责任方案有可能成为全球企业社会责任的典范。

乌畏思（Mr. Uvais M）、哈菲·克拉萨瑞（Ms. Hafeefa Cholasseri）和

马拉普兰（Malappuram）(2013)在他们的研究《企业社会责任——印度视角和挑战》中指出，企业社会责任政策扮演着一种自律机制，企业自我监督，确保积极参与社会。从事企业社会责任源自企业的效益。企业得到的潜在效益——企业社会责任效益的规模和性质取决于企业自身的本质，当然这也很难量化。企业公益事业的成功运行，可以彰显企业的解决方案。社会绩效和财务绩效的相互关联源自企业社会责任。企业在公益事业领域的努力有助于改善竞争环境和自身所处业务环境的质量。伴随着在社会福利方面的成功，企业社会责任模型有助于创造股东价值。企业社会责任维度的形成基于人力资本、自然资源成本和环境这些因素，涉及相关营销、推广、社会责任实践、企业公益和企业社会营销。企业社会责任的精髓在于将部分利润运用到更为广大的社会之中。企业社会责任的概念已经深入全球企业的议事日程之中。企业面临的关键挑战是需要企业社会责任领域更可靠的发展参数，以及企业社会责任战略的普及。透明度及对话能让企业本身显得更加可信，同时提升其他组织的标准。

莱纳·福柯（Leena N. Fukey）和苏里亚·伊萨克（Surya S. Issac）(2014)在他们的研究《融合绿色、可持续和酒店业：国际学术性的模拟研究、科研和创新》中指出，酒店开展的绿色项目和行动方案可作为一种强有力的营销手段。不同连锁酒店和集团之间的合作有助于更容易地完成任务。在选择生态酒店方面，合理的价格是最为重要的影响因素之一。大部分精选度假酒店担心环保的执行力度，导致环保方案比较少，其原因在于其成本效益并不吸引人，而且缺乏政府激励或优惠鼓励绿色方案的实施，同时缺乏了解有效保护环境和关爱社会的各种途径。可持续旅游的成就取决于活动发起方和行业之间的交流，旨在各方更容易达成共识，更有效开展市场交流。和其他行业一样，旅游业的环境法规因此也依赖于政府和企业之间共担责任以及相关立法，以允许公司采用更灵活的方式应对环境问题和市场机会，而不担心失去竞争优势。不仅绿色建筑十分重要，而在建好绿色酒店之后，最后一步装修可持续材料和采用可持续技术亦至关重要。世界科学、工程和技术学院（World Academy of Science，Engineering and Technology）指出，每天的运营需要加强可持续的环境。这对任一品牌都极为重要。

三、目标

开展本研究的主要目的如下：
1. 理解印度企业社会责任的概念和范围；
2. 理解印度酒店业在执行企业社会责任方面所面临的挑战；
3. 研究印度酒店业企业社会责任实践。

四、研究方法论

本研究数据收集来自书籍、期刊、互联网、其他出版物等二手资料，以及观察所获得的一手资料。

五、研究的重要意义

我们注意到有很多大型实体已经积极投身于企业社会责任活动，但很不幸的是，其数量相对较少。我们必须鼓励更多实体通过企业社会责任参与社会发展进程。印度政府在2013年新公司法（New Companies Act）中已经实施企业社会责任的概念，并在该法第135条中规定了企业社会责任支出比例，同时发布了涉及企业社会责任的2014年法则，于2014年4月1日生效，进一步将企业社会责任从自愿转变成按照法律法规所要求的具有强制性。2013年公司法第135条鼓励公司将过去三年平均净利润至少2%投资于企业社会责任。公司必须履行企业社会责任义务，包括消除饥饿、贫穷、营养不良，提升预防性医疗水平，提升教育水平，促进性别平等，为妇女、孤儿和老人建立房屋，降低社会弱势群体面临的不公平，确保可持续的环境和生态平衡，动物福利，保护国家遗产、艺术和文化，确保老兵、战争遗孀及其家属的福利，培训农民，支持奥林匹克运动，为总理的国家级救济基金或者中央政府设立的其他社会经济发展基金做贡献，为少数民族、妇女提供的救济和福利，向中央政府批准的学术机构的技术孵化器提供捐赠或者基金、农村发展项目。企业社会责任被视为比竞争对手拥有更多竞争优势的重要工具。在上述的 2013 年新公司法中，公司还包括外国公司在印度设立的分支机构或者项目，资产净值至少 50 亿卢布，或者一个财年的营业额达 100 亿卢比，或者净利润至少 5000 万卢比。

六、企业社会责任委员会组成

按照要求，公司需要成立企业社会责任委员会，包括至少三名董事，其中至少一名是独立董事。不过，在私营公司或者某些公司，不需要任命独立董事；或者在外国公司，企业社会责任委员会由两名董事组成。企业社会责任委员会将根据公司法制定相关政策，负责政策框架、决定企业社会责任支出比例、监督和执行企业社会责任项目。如果公司连续三年不执行相关标准，公司只有再次符合相关资格标准方可继续运营。企业社会责任规则规定了企业社会责任委员会制定、监督政策的惯例和企业社会责任实践的方法。在这一规则下，政府设定了过去三年平均净利润至少 2% 用于企业社会责任活动，如果公司没有达成这样的支付比例，也必须在公告中进行公示。企业社会责任规则对连续三年未达到上述门槛的公司予以豁免。

七、外国投资者投资印度酒店业的机会

印度酒店业每年年均复合增长率为 14%。随着印度经济的发展，酒店服务目前供需之间的差距还会进一步拉大。印度政府预计到今年年底需要超过 20 万间客房。因此投资印度酒店业对外国投资者而言是真正的机会所在。印度五星级酒店在过去几年发展增速高达 12%，五星级酒店涵盖三个子行业——商务、奢侈和休闲。过去几年，由于印度政府放松对旅游业的外国直接投资管制，印度迎来了大量商务旅行人士。

会议（Meetings）、奖励旅游（Incentives）、大型企业会议（Conferences）、活动展览（Exhibitions）（MICE）在印度酒店旅游业中扮演

着非常重要的作用。MICE 主要服务于商务旅行人士，以外国游客为主，满足不同形式的国际会议、商务会议、会议展览、节事活动。

在其他行业面临欧元区危机的时候，外国投资者对印度旅游业的持续兴趣显示了旅游业发展强劲的潜力。

八、旅游业的增长

国际旅游业每年都在发展，预计印度酒店业将为投资者提供巨大的机会。在不久的将来，印度政府将试图开发新的旅游目的地，以满足印度酒店旅游业不断上升的需求。尽管评级机构下调了印度市场的信用等级，外国投资者仍对印度酒店业保持坚定的投资计划。考虑到未来的增长前景，外国投资者继续对印度投资泰然处之。与此同时，印度酒店业一直也受到私募基金热切的投资关注。预计印度酒店业可能在未来几年吸引更多投资。

在企业社会责任领域，印度酒店业将变得更具前景和更具创造力。如今，鉴于女性更好的态度和优秀品质，更多女性进入了管理层，与此同时老人和移民也进入劳动力大军。印度酒店业在承诺反对性别、年龄、宗教等方面的歧视做得相对比较好。最近行业内几大公司的举措正好印证了这一点，比如聘用了一些身体上有些残疾的人士，如说话和听力有障碍的人士。借助于赋能印度（Enable India）这些非政府组织支持，酒店对不同类型身体残疾人士进行培训，许多人后来在酒店就业。事实上，这些员工驱动力很高，工作质量也很高，希望更多公司加入进来，共同增强企业社会责任。

九、效益

（一）更好的公众形象

企业的公众形象受企业社会责任项目及公众对企业的意识和看法的影响（记住：最大的阻碍——教育和意识）！根据柯恩传播公司（Cone

Communications）的研究，10名消费者中，9名消费者不愿意和没有企业社会责任计划的公司进行业务往来。

举例而言，如果一家公司积极向当地非营利组织和学校捐钱或物品，这将增加消费者使用其产品的可能性。除此之外，如果一家公司非常重视并确保产品所用的材料非常环保，且整个流程可持续，那么它在公众中眼中就是一家好公司。

（二）更多媒体报道

一家公司获得大量正面的媒体报道将有利于得到公众好评，这对其业务极其重要。无论你的公司开展了多少保护环境的举措，但如果没人知道，也就失去了应有的影响。因此要和当地媒体建立关系，这样当地媒体就更有可能报道你所提供的故事。一家公司可以在当地社区开展多少企业社会责任活动，或者更多？企业社会责任产生的效益越好，就会带来越多的媒体报道。另一方面，如果一家公司的生产或参与的活动对社区带来了负面影响，媒体更会进行报道（不幸的是，坏事比好事更会传千里）。只有正面的媒体报道才会给你的组织带来积极影响。

（三）积极的工作环境

不可否认的是，员工喜欢在公众形象良好的企业里工作，同时喜欢所在企业经常被媒体正面报道。幸福的员工总能带来积极的产出。

十、为什么企业社会责任如今如此重要？

企业社会责任战略对企业竞争力越来越重要，并在风险管理、节约成本、资本获得、客户关系、人力资源管理、创新能力等方面带来好处。当危机有损外界对企业的信任度和消费者信心，公司应该履行更多社会和环境责任。通过和内外部利益相关方的互动，才能使企业拥有更好的发展预期，并充分利用社会快速变化的预期以及自身的运营条件。企业社会责任也可以成为开发新市场的助推器，并为企业带来真正的增长机会。通过企业社会责任作为可持续业务模式的基础,公司可以拥有长期服务的员工、长期信赖的消费者以及公民信任,这反过来也有助于为企业创造一个有利于创新和发展的环境。经济危机及其带来的社会后果从某种程度上会破坏对企业的信任度,公众也会关注企业在社会和伦理方面的表现,包括年终奖和高管工资。降低危机(比如裁员)的社会效应,也是企业社会责任的一部分。

十一、企业社会责任和酒店业

酒店业拥有一个有趣而充满色彩的过去。通过积累经验和教训,酒店业已经变成全球最大的行业之一。酒店业是最为复杂的行业,需要满足不断增加的商务以及休闲游客的苛刻要求。酒店业现在已经成熟到一定程度,酒店自身的品牌名可以告诉住客他们可以预期得到什么样的设施和舒适度。大部分市场营销效果可以通过大数据显现,因为电脑的数据统计可以告诉我们谁会更加频繁地光顾这家酒店。印度酒店业前景光明。印度政府为新进入的企业家提供了很多激励措施和税收减免。酒店业也向外国投资开放,如果外国投资者倾向于拥有所有的管理权,也是可以的。酒店业极度依赖于日常运营和所存在的自然环境。与此同时,酒店业如果自身不进行适当管理,就会破坏环境。而且,由于酒店业整体服务是为了迎合社会上一小部分富裕人士,酒店业在外人看来只为精英人士服务。因此,通过参加各种各样环境保护和人道主义活动,酒店业致力于创造一个可持续的环境。印度酒店业总体来说在社会责任方面比较慷慨。印度连锁酒店在企业社会责任方面有很多值得赞赏的案例。过去几十年,酒店业通过国际化,事实上在社会文化互动领域催生了一些创新理念。国内一些知名连锁酒店的年报体现了其在自然和社会环境方面的展望和承诺。经济发展和业务的长期可持续性如今受到两方面的全球挑战。一方面,社会挑战源自财富分布不公平所导致的大量贫穷和饥饿;另一方面,源自严重的环境恶化或者全球变暖以及气候变化带来不良影响。这些全球挑战在印度同样存在,会严重抑制人类发展和经济进步。

酒店业在经济方面的贡献包括以下几点：

1. 就业：旅游业是劳动密集型行业。

2. 创业机会。

3. 创造税收。

4. 农村地区的发展。

5. 创造外汇。

6. 酒店业带动其他行业，尤其是服务业。

7. 酒店业主要对国民经济的四大领域作出贡献：

a. 收入；

b. 收支平衡；

c. 就业；

d. 地区经济发展。

十二、酒店业企业社会责任的需求

连锁酒店几十年来一直关注环境问题，但劳工问题仍待改善，这包括技能需求、妇女权利、公平工资、集体谈判以及加入工会的能力。虽然酒店业正在开展一些行动方案来提升其在企业社会责任领域的努力，但在这些领域依然远远落后于其他行业。环境和劳工问题是酒店业成功履行企业社会责任有必要改善的两大问题。

（一）劳工问题

国际酒店消费协会（International Society of Hospitality Consumption）希望酒店业把工会视为合作伙伴，同时在培训和招聘上投入更多时间和金钱。酒店业需要开展持续的职业培训，超脱法律所规定的需求，需要在年轻员工中间强调终身学习和培训。酒店业被贴上了收入低、机会少的标签。很多聘用的员工来自当地，工资低。而高级别经理享受高工资，他们来自大型国际连锁酒店的母国，获得了更好的财务收益。

（二）环境问题

处理环境问题对于酒店而言是一种表明其在环境安全方面的承诺的更好方式，还可以获得节约成本的进一步收益。通过增效节能项目，节约了能源和水，减少垃圾，酒店可以节约大量成本。降低能耗及其带来的连锁成本，同时不能影响住店客人的服务质量，这对酒店业而言是最大的挑战之一。酒店必须配备评估能耗和环境的系统，以降低能耗。垃圾管理是酒店业必须处理的另一个领域。酒店产生海量垃圾，如玻璃、铝、钢、塑料、食物、纸板，大部分其实可以进行再处理。一家酒店可以通过降低填埋垃圾的数量，同时减少垃圾处理和垃圾运输导致的能耗，从而降低对环境的影响。

（三）可持续性

可持续性不仅关注环境，而且和公司现在成功的运营能力相关，同时不影响公司未来成功运营的能力。消费者越发关注公司如何赚钱，同时期望公司在其所处的社会和社区里承担社会、伦理和环境方面的责任。

（四）对社会的负面影响

旅游业导致的社会问题，比如传统经济和文化的缺失、工艺和艺术商业化、当地居民的迁移、犯罪增加，从而降低了目的地对游客的吸引力。如果旅游业要实现可持续发展，就不能忽视负面的社会影响。

十三、印度酒店业的企业社会责任

（一）欧贝罗伊酒店（The Oberoi）

欧贝罗伊酒店集团可以追溯到1934年，当时集团创始人拉伊·巴哈杜尔·莫汉·辛格·欧贝罗伊（Rai Bahadur Mohan Singh Oberoi）从英国人手中购得两处资产，一处是位于德里的克拉克酒店（Clarke's），另一处是位于西姆拉的克拉克酒店（Clarke's）。随后的几年内，欧贝罗伊先生在两个儿子蒂拉克·拉杰·辛格·欧贝罗伊（Tilak Raj Singh Oberoi）和普里特维·拉杰·辛格·欧贝罗伊（Prithvi Raj Singh Oberoi）的支持下，继续酒店集团在印度和海外的扩张。如今，普里特维·拉杰·辛格·欧贝罗伊担当欧贝罗伊集团的董事长，他的儿子维克拉姆·欧贝罗伊（Vikram Oberoi）及其侄子阿尔琼·欧贝罗伊（Arjun Oberoi）在集团下属两家主要控股公司——EIH 酒店（EIH Ltd）和 EIH 联合酒店（EIH Associated Hotels）——担任联合执行董事（Joint Managing Directors）。欧贝罗伊集团旗下还管理三叉戟（Trident）品牌的酒店，并在印度和沙特阿拉伯运营资产。欧贝罗伊集团还运营着位于西姆拉的克拉克酒店以及位于德里的梅登斯酒店（Maidens Hotel），这两家酒店没采用三叉戟或者欧贝罗伊品牌名。根据 2012 年 9 月 16 日的报道，由于在生态敏感型周围地区割草，克拉克酒店曾短暂关闭。

1. 所有权

欧贝罗伊实行家族制。欧贝罗伊占有 EIH 酒店 32.11% 的股份。ITC 酒店在 EIH 酒店占有了大约 14.98% 的股份。为了应对来自 ITC 酒店的压力，因为 ITC 所占股权已经非常接近公开收购要约门槛的 15%，欧贝罗伊家族向穆克什·安巴尼（Mukesh Ambani）领导的信实产业投资有限公司（Reliance Industries Investment and Holding Pvt Ltd）出售了 14.12% 的 EIH 酒店股份，这笔交易发生在 2010 年 8 月 30 日，成交额 102.1 亿印度卢比，意味着 EIH 酒店当时市值估值在 720 亿印度卢比。最近，信实从 ITC 中购买了一些股份，将其占股提升到了 20%。

2. 企业社会责任

多年来，公司在企业社会责任领域采取了很多行动方案。公司和员工向总理救济基金捐赠了超过 600 万印度卢比，主要用于北阿坎德邦（Uttarakhand）的洪灾赈灾。班加罗尔的欧贝罗伊酒店和非政府组织合作重复利用酒店香皂，然后再分发给经济上有困难的人群。在印度旅游局的支持下，新德里的欧贝罗伊酒店启动了"主动创造就业"项目（Hunar Se Rozgar Tak），这是一项为期八周在不同部门轮换的培训项目，旨在为 18—25 岁的年轻人培训技能。新德里的欧贝罗伊酒店在运营团队里雇佣了不同类别的残疾人士。孟买的欧贝罗伊酒店牵手孟买癌症患者救助协会（CPAA），组织了一项名为"Khazana–a festival of ghazals"的项目，旨在为癌症患者筹资。孟买纳瑞曼区三叉戟酒店（Trident Nariman Point）组织了一场泰瑞·福克斯义跑（Terry Fox Run），所得款项都捐给了慈善组织。加尔各答的欧贝罗伊酒店和非政府组织合作，比如萨拉达·塞瓦僧团（Sarada Seva Sangha）、普尔班查·尤德彦僧团（Purbachal Udayan Sangha）、卡尔雅布莱塔僧团（Kalyanbrata Sangha）和圣约翰之家（St. Joseph's Home）等，组织了很多企业社会责任活动。乌代维拉斯（Udaivilas）的欧贝洛伊酒店联合动物援助（医院）组织启动一些社会项目，拯救乌代浦尔的街边流浪动物。同时酒店也支持了特蕾莎修女孤儿院（Mother Teresa Orphanage）和聋哑组织（Deaf and Dumb Institute）。班德拉库尔拉（Bandra Kurla）的三叉戟酒店帮助圣凯瑟琳孤儿院（St. Catherine's of Sienna Orphanage）升级厨房设施，接入输气管道。酒店也携手善待动物组织（People for Ethical Treatment of Animals, PETA）以及流浪狗保护组织（Welfare of Stray Dogs，WSD）进行了非公开的时装表演。湾雅维拉斯（Vanyavilas）的欧贝洛伊酒店开展了多种保护野生动物的活动，奖励和认可森林护卫、巡逻员及其家庭。酒店也参与拉塔哈姆泊尔老虎保护区（Ranthambore Tiger Reserve）的保护老虎项目（Tiger Watch Project）。

（二）里拉酒店（The Leela）

里拉酒店有限公司1983年在孟买成立，拥有和管理着里拉皇宫酒店和度假村（Leela Palaces, Hotels and Resorts），隶属于里拉集团（Leela Group），旗下业务包括酒店和度假村、信息技术和商务园区，以及房地产开发。

里拉集团和里拉酒店有限公司由名誉董事长和创始人、已故的克里希南·奈尔上尉（Capt. C. P. Krishnan Nair）创立，他预见到里拉将成为印度最好的奢侈酒店品牌之一。在他的领导下，短短的25年里，里拉集团从孟买郊区的一家酒店发展成为横跨印度不同地区和建筑历史风格、拥有一系列八个奖项酒店的大集团。在这一过程中，里拉重新定义了奢侈酒店的标准。

目前，里拉集团由克里希南·奈尔上尉的两位儿子掌管，维韦克·奈尔（Vivek Nair）担任董事长和执行董事，迪内希·奈尔（Dinesh Nair）担任里拉酒店有限公司联合董事长和执行董事。

从一开始，里拉就一直致力于让每一位游客身心愉悦，旨在让最为挑剔的客人都能终身难忘，充分体验印度的精髓。这样的承诺和集团一直信奉的经营哲学紧密相连，也和镌印在印度古老经文中的"顾客就是上帝"一脉相承。鉴于酒店卓越的体验，它获得了无数殊荣。

目前，里拉拥有和经营八大酒店，主要位于大都市和充满魅力的度假胜地，包括孟买、果阿、班加罗尔、科瓦兰（Kovalam）、乌代浦尔、古尔冈（Gurgaon）、新德里和钦奈。目前，里拉还在开发酒店，包括斋浦尔、班加罗尔靠近国际机场的巴哈蒂亚市（Bhartiya City）、阿格拉［每间客房都能正对泰姬陵以及喀拉拉邦离里拉科瓦兰度假胜地不远的阿许塔穆迪湖（Ashtamudi）］。

里拉集团和位于美国的优选酒店（Preferred Hotels & Resorts）进行联合营销，也是总部位于瑞士日内瓦全球酒店联盟（Global Hotel Alliance）成员之一。

不管是在里拉酒店召开商务会议，还是在度假胜地休假，客人都会享受到独一无二的体验。

2013年2月7日，迪内希·奈尔晋升为里拉酒店有限公司联合董事长和执行董事。在他的领导下，里拉发展成为市场的领导者，提供卓越的品质，并成为国际公认的富有印度特色的一流就餐选择。

1987年：奈尔上尉在孟买开了第一家里拉潘塔酒店（Leela Penta）。

1988年：里拉潘塔酒店改名为里拉凯宾斯基（Leela Kempinski）。

1990年到1999年

1991年：汤姆·普格利索（Tom Pugliaso）设计了里拉果阿酒店。

1997年：印度总理德韦·高达（H.D.Deve Gowda）和首席部长帕特尔（J.H.Patel）参加里拉班加罗尔皇宫酒店（Leela Palace Bangalore）奠基仪式。

2000 年到 2009 年

2001 年：里拉班加罗尔皇宫酒店开业。

2005 年：位于喀拉拉邦科瓦兰海滩的里拉酒店开业。

2009 年：里拉古尔冈酒店和度假胜地开业。

2009 年：里拉乌代普尔皇宫酒店开业。

企业社会责任举措

里拉皇宫酒店和度假村致力于通过监督企业活动、产品和服务对于环境的影响，预防污染，同时在环境绩效方面持续改善。实现这些目的，企业需要：

- 以对环境负责的方式管理好所有运营；
- 采用最好的垃圾处理方式；
- 保护所有自然资源；
- 符合法律、法规和其他规定的要求；
- 为利益相关方（包括员工、供应商、客户和协会）提供培训和教育。

里拉集团已故的董事长克里希南·奈尔上尉在环境保护方面赢得了不计其数的国际和国内大奖。他在所有酒店旁边打造了绿洲，使得里拉酒店集团所有酒店就等同于绿色的代名词。里拉的员工也喜欢在绿色的环境和大自然的环境中工作。

（三）泰姬酒店（The Taj）

泰姬酒店成立于 1902 年，并于 1903 年在孟买开了第一家酒店泰姬陵皇宫酒店（Taj Mahal Palace & Tower）。之后通过建设附近街区，酒店进行了大幅扩建，使得客房数量从 225 间上升到 565 间。随着 20 世纪 70 年代完成首次公开招募，泰姬酒店开始长期扩张，并在印度开发了新的旅游目的地，最终发展成为印度知名的连锁酒店集团。从 20 世纪 70 年代到现在，泰姬酒店集团通过与印度政府的通力合作，在启动印度几个重要的旅游目的地方面发挥了至关重要的作用。泰姬酒店集团秉持卓越服务的经营哲学，提供高水准的个性化服务，同时通过创新手段提高服务质量。

泰姬酒店集团积极将印度以前的皇宫开发成为世界级的奢侈酒店，比如乌代浦尔的泰河宫酒店（Taj Lake Palace）、斋浦尔的伦巴宫殿酒店（Rambagh Palace）以及焦代普尔（Jodhpur）的乌麦德王宫酒店（Umaid Bhawan Palace）。1974年，泰姬酒店集团开了第一家国际五星级酒店，位于果阿的阿瓜堡海边度假胜地（Fort Aguada）。集团于20世纪70年代开始在大都市建酒店，1974年在钦奈开了五星级酒店泰姬科罗曼德酒店（Taj Coromandel），1977年通过购买股权和运营合同的商业模式经营泰姬总统酒店（Taj President），1978年在德里开张泰姬酒店。

1980年，泰姬酒店集团开始国际化，第一次在印度以外的市场开了酒店，即位于也门萨那的泰姬希巴酒店（Taj Sheba Hotel）。20世纪80年代末，集团收购了伦敦圣詹姆斯皇冠酒店（Crown Plaza – James Court）和白金汉大门51套房&公馆酒店（51 Buckingham Gate Luxury Suites and Apartments）的权益。

1984年，泰姬酒店集团根据许可协议收购了位于班加罗尔的泰姬西尾酒店（Taj West End）、位于钦奈的泰姬科纳玛拉（Taj Connemara）以及位于乌蒂（Ooty）的泰姬萨沃伊酒店（Taj Savoy）。从此泰姬酒店集团进入了班加罗尔。

随着1989年在加尔各答开设了五星级酒店——泰姬奔佳尔酒店（Taj Bengal），泰姬酒店集团成为第一家在五大城市——孟买、德里、加尔各答、班加罗尔和钦奈——都拥有酒店的连锁酒店集团。与此同时，随着在大都市里进行奢侈酒店的扩张，泰姬酒店集团也在印度大都市和大一些的二级城市扩张经济型酒店。

20世纪90年代，泰姬酒店集团继续在印度的扩张和市场渗透。集团开发了一些特色运营［比如山野小屋（Wildlife Lodges）］，同时通过升级现有酒店和开发新酒店巩固其在已有市场的地位。伴随着喀拉拉旅游开发公司（Kerara Tourism Development Corporation）的成立，泰姬喀拉拉酒店度假胜地（Taj Kerara Hotels & Resorts）于20世纪90年代开业。1998年，泰姬酒店集团新开酒店泰姬魅力本托塔酒店（Taj Exotica Bentota），加强了集团在斯里兰卡的市场地位。2000年，位于果阿56英亩的泰姬魅力酒店（Taj

Exotica）和位于焦代普尔的泰姬陵哈日酒店完工。

2000年，泰姬酒店集团和GVK雷迪集团（GVK Reddy Group）达成伙伴关系，成立泰姬GVK酒店度假胜地（Taj GVK Hotel and Resorts），从而在印度南部城市海得拉巴建立市场优势地位，目前已拥有三家酒店，并占据市场绝大份额。2001年，泰姬酒店集团开始履行位于迪拜的泰姬皇宫酒店（Taj Palace Hotel）的管理合同，使其成为中东地区上流市场的酒店。泰姬魅力度假胜地（Taj Exotica Resort & Spa）自2002年7月开业以来，不仅让泰姬酒店集团跻身顶级奢侈酒店领域，还赢得了三项国际大奖。2002年，泰姬酒店集团还获得了管理和运营两家休闲酒店的许可——位于贾沙梅尔（Jaisalmer）的拉瓦尔寇特酒店（Rawal-Kot）和位于瓜廖尔（Gwalior）的乌莎基兰宫酒店（Usha Kiran Palace）。

2002年9月，泰姬酒店集团购买了位于孟买班德拉（Bandra）的前丽晶酒店（Regent Hotel）的股权，使其进入孟买中心和北部市场。该酒店随后更名为泰姬塔亚地之涯酒店（Taj Lands End）。

2003年，集团举行了第一家旗舰酒店——泰姬陵皇宫酒店开业百周年活动。

2004年，泰姬酒店集团迎来第一家位于孟买的酒店服务公寓——惠灵顿梅夫斯（Wellingon Mews）。同年，集团启动第一家位于班加罗尔的高性价比酒店，以精吉尔（Ginger）品牌命名，在印度各地共拥有11家酒店，由集团旗下全资子公司所有。

2005年，泰姬酒店集团以租赁的形式购买了一家位于纽约的著名酒店皮埃尔（Pierre），从而进入发达国家的奢侈酒店市场。之后，集团和位于迪拜朱美拉棕榈岛（The Palm Island Jumeirah）的泰姬魅力酒店（Taj Exotica）达成管理协议，从而进一步加强了其在阿联酋的市场地位。

在拥有众多宫殿的拉贾斯坦邦（Rajasthan），泰姬酒店集团通过和焦代普尔的乌麦德王宫酒店签署管理协议，进一步巩固其将宫殿开发为酒店的市场地位。通过子公司，集团于2006年2月购买了澳大利亚悉尼的W酒店，之后改名为乌鲁姆鲁蓝色海湾酒店（Blue, Woolloomooloo Bay）。为了进一步加强在美国市场的地位，泰姬酒店集团于2007年早期购买了位于波士顿的丽思卡尔顿酒店（Ritz Carlton）和旧金山的泰姬坎普顿广场酒店（Taj Campton Place）。

泰姬酒店集团的国际化触角延伸至美国、澳大利亚、迪拜、马尔代夫、马来西亚、斯里兰卡、英国、南非、不丹和赞比亚。

泰姬酒店及度假集团（Taj Hotels Resorts and Palaces）是印度酒店集团（IHCL）及其子公司的统称，是亚洲最大最卓越的酒店公司之一。塔塔（Tata）集团的创始人——詹姆谢特吉·塔塔先生（Mr. Jamsetji N. Tata）于1903年在孟买开设了第一家泰姬陵皇宫酒店。泰姬品牌是印度酒店业的象征，2003年是酒店成立一百周年。

泰姬酒店及度假集团在印度55个城市拥有93家酒店，在全球拥有16家酒店，位于马尔代夫、马来西亚、澳大利亚、英国、美国、不丹、斯里兰卡、非洲和中东。

横贯印度东西南北，遍布印度重要工业重镇和城市、海滩、秀美山川、历史遗迹、圣地和野外丛林，泰姬酒店集团提供了无以伦比的奢侈服务、印度酒店业的至尊享受、独一无二的地段和现代化的商务和便利设施。

印度酒店集团的经营范围分布在豪华、高级、中端和经济型市场领域。

泰姬（Taj）是印度酒店集团的旗舰奢华品牌，让世界上最挑剔的客人在已经对奢侈服务习以为常的情况下，还能享受到真正的顶级服务。不管是在世界知名地标、现代商务酒店、田园般的海滩度假胜地、真正的拉其普特（Rajput）宫殿，还是野外丛林，每一家泰姬酒店都代表着传统和现代的完美结合，从而为客人带来独特的体验和终身的记忆。

泰姬酒店还坐拥独一无二的标志性建筑，历史和传统文化底蕴深厚，提供真正难以忘怀的体验。这些独具文化遗产的建筑作为酒店，提供的不仅仅是伟大的产品和卓越的服务，其不可复制的真正历史建筑还能带来强烈的情感冲击，留下难以磨灭的记忆。

泰姬魅力酒店（Taj Exotica）是一个主要在世界上最具异域风情且休闲的地区经营的度假和旅游品牌，主要特征就是提供私密性。这些酒店具有清晰的产品哲学和服务设计，非常注重提供高端的膳宿，打造无与伦比的舒适和私密。酒店拥有私密的设计、多种多样的餐饮服务、无可挑剔的服务以及真正的印度 SPA 服务。

泰姬丛林酒店（Taj Safaris）是一种山野小屋（Wildlife Lodges），让旅行者在极具奢华的环境中体验印度丛林无比伦比的美丽，是印度第一家也是唯一一家提供野外奢侈体验的酒店。

泰姬薇薇塔（Vivanta by Taj Hotels & Resorts）被英国《墙纸》杂志（*Wallpaper*）称赞为"神来之笔"，也被美国《悦游》杂志（*Conde Nast Traveler*）评为世界第三优秀的酒店品牌，提供充满想象力的、灵动的、时尚的"酷奢侈"享受。

努力工作，享受生活；尽情放松，充满能量；适于开会，头脑风暴；有发展，有变化；代表着一种精神，既正常又出人意料；时尚而精致……泰姬薇薇塔提供的体验充满想象力和能量。目前，泰姬薇薇塔在印度和印度洋地区拥有 29 家酒店，遍布主要大都市以及度假胜地，如果阿（Goa）、喀拉拉（Kerala）、拉贾斯坦（Rajasthan）、库格（Coorg）、兰卡威（Langkawi）、本托塔（Bentota）和马尔代夫。创新的烹饪、充沛的能量、独特的主题、明显的化身、善用技术，使得酒店提供的服务体验不仅充满能量，而且身心放松，因此吸引了世界各大都市的游客。泰姬薇薇塔确实物有所值。

盖特威（The Gateway Hotel & Resorts）是南亚地区中端酒店服务品牌。酒店设计主要针对现代"游牧人士"，为商务和休闲游客提供始终如一的、非常礼貌的现代服务，有助于游客恢复精神。对于那些寻求舒适感、熟悉度和灵活性的人来说，酒店和度假胜地分为八个区域——进入、逗留、光顾、开会、工作、锻炼、放松、探险。一个星期 7 天，一天 24 小时的服务包括早餐、"活跃的工作室"、洗衣房，都是为了全天候服务好顾客。盖特威通过无与伦比的网络不断改善服务，同时提供各种创新烹饪，如超级食物、低血糖指数的健康食物、地区特色的食物、客房内餐饮服务、健康而种类众多的自助式早餐。酒店服务灵活而有活力，同时十分温馨，室内瑜伽以及一些兼具"探险"功能的设施，使得所有盖特威都让人充分放松、恢复活力。盖特威同样物有所值。

精吉尔（Ginger）是经济型酒店，也是印度酒店集团（IHCL）专为经济型酒店领域提出的一个革命性理念。智能设计的设施、服务保持一致同时价位合适是这一品牌酒店的标志，主要针对那些喜欢简单和自助服务的客人。

泰姬酒店继续扩大全球化步伐，在迪拜朱美拉棕榈岛（The Palm Island Jumeirah）、哈伊马角（Ras Al Khaimah）的萨拉雅岛（Saraya Islands）、阿布扎比的阿尔达集团（Aldar Group）、马来西亚兰卡威以及不丹的廷布都签有酒店管理合同。最为重要的是，纽约第五大道上的著名酒店皮埃尔（Pierre）、泰姬波士顿酒店、悉尼蓝色海湾酒店也已经加入了泰姬酒店大家庭。

泰姬酒店集团的国际化主要得益于英国、法国、德国、意大利、迪拜、新加坡、澳大利亚、日本、俄罗斯和美国等国家和地区销售办公室和公关部的努力。

泰姬酒店通过独一无二的吉瓦美容中心（Jiva SPA）营造宁静和"幸福"的体验，将亚洲特别是印度关于健康和幸福的哲学智慧和文化遗产相融合。根植于古老印度的治愈理念，吉瓦美容中心的灵感信奉和谐生活的精神。中心提供的服务非常多元化，而且独一无二，包括卓越教练指导的瑜伽和冥想、真正的印度草医学（Ayurveda）、独特的泰姬招牌疗法。传统的皇家健康服务、全身心疗法、鼓舞人心的仪式、独一无二的自然手工品，都为客人提供了真正的宁静体验。

可持续发展和社会责任

作为印度顶尖商业公司塔塔的一部分，泰姬酒店集团坚信社会及环境与业务的利益相关方紧密相关。过去的112年里，它致力于坚持创始人詹姆谢特吉·塔塔的理念，公司业务的目的根植于运营所在社会的发展。

这一理念推动了泰姬酒店集团企业的可持续发展，致力于为酒店所在地的环境带来积极影响。它在运营的地方，支持当地社区，降低酒店的碳足迹。不断审查和评估项目进展，确保满足当地社区的当下需求，并与不断变化的环境相吻合。在2008—2009年，它进一步发展其项目，启动了一些基于核心竞争力的行动方案。这最终促成了"打造可持续的生活"和"地球"（也就是泰姬酒店环境意识和重生）两大可持续发展项目。

在"打造可持续的生活"项目中，支持农业、妇女自助组织和小型企业的发展。通过重振本地艺术和文化项目推广本地艺术家和工匠。通过和志同道合组织的合作，通过酒店技能培训项目（Hospitality Skill Training Program）致力于提升弱势农村青年的就业能力。过去五年，总共培训和认证了12000多名年轻人，97%在酒店业找到了工作。酒店多年来支持了300多位艺术家，并通过供应商联盟实现了2000万印度卢比的产品和服务采购。

社区发展十分重要，泰姬酒店集团深知环境保护的重要作用，以确保运营所在地环境不受影响。通过"地球"项目，不断努力，降低能源和水的使用量，减少垃圾的产生。为了降低日常运营产生的影响，和世界顶尖环境管理组织"保护地球"（Earth Check）合作，该组织主要对旅游业设定衡量标准和认证。通过"保护地球"组织，100多家酒店和业界同行进行了环境和社会绩效的基准比较，同时在评估后进行认证。过去五年，泰姬酒店集团所有酒店都至少获得银牌认证，八家酒店获得金牌认证，包括班加罗尔的泰姬西尾酒店、孟买的泰姬塔亚地之涯酒店、果阿的泰姬魅力酒店、马尔代夫的泰姬魅力酒店、班加罗尔的泰姬薇薇塔酒店、斋浦尔的伦巴宫殿酒店、孟买的泰姬薇薇塔总统酒店、德里的泰姬薇薇塔大使酒店（Vivanta by Taj-Ambassador）。超过24家酒店希望到2016年底前获得金牌认证。

对于泰姬酒店集团而言，可持续之旅仍在不断向前发展。它不遗余力地希望对运营所在地产生积极影响，因为深知生存和幸福依赖于自然环境。它的第11份企业可持续报告的标题就是"目的地"，概括2013—2014年所做的努力，通过社区发展和环境项目，致力于延长生命和可持续性。每年报告都是基于全球报告倡议组织的G3.1标准，符合A+这一应用标准的需求，获得外部认可。这也和联合国全球协议（United Nations Global Compact）标准相符，同时也和国家对企业在社会、环境和经济绩效的自愿原则（NVG-SEE）保持一致。

2013—2014年度企业社会责任报告涵盖的主要领域包括自然资源的消耗、温室气体排放、能源管理、垃圾管理、生态系统保护、人力资源实践、人性化管理的传统、塔塔行动准则（Code of Conduct）、人权意识推广、公平机会、供应商管理、合规，等等。

十四、研究发现

就传统而言，企业主要是为了实现利润最大化。然而，这种短期行为会导致消费者流失。商业领导者需要考虑组织的长期健康发展。如果酒店和旅游业希望在未来长期盈利，就必须降低对环境和社会造成的不良影响。商业文化必须平衡好各利益相关方的关系，包括未来的利益相关方以及过去被排除在外的利益相关方，这样才能产生社会效益。企业社会责任现在被视为企业可持续发展的"义务"。印度酒店集团（IHCL）的可持续发展和商业需求密切相关。组织在社区开展的积极行动有助于个人适应不同的酒店工种，这可以解决组织发展所考虑的劳动力问题。组织也鼓励向当地艺术家/工匠提供一些商务机会，推动创业氛围，或者提供很好的培训和发展机会，帮助弱势群体可以在酒店业找到就业机会。酒店内部也在改进，分析流程，跨酒店、跨地区建立协同效应，培训员工找到改善质量的方法论和解决问题的工具，掌握改善流程的技能，通过酒店总经理年度区域研讨会，确保持续关注待改善的区域，能够采取措施达到更高的卓越水平。里拉皇宫酒店和度假村致力于防止污染，通过控制相关行动、产品和服务所产生的影响，持续改善环境绩效。组织实现上述目标，需要：

1. 以对环境负责的态度管理所有运营。
2. 实施最先进的垃圾管理模式。
3. 保护所有自然资源。
4. 符合相关法律、法规和其他要求。
5. 为员工、供应商、客户和社会等利益相关方提供培训和教育。
6. 里拉集团前董事长克里希南·奈尔上尉由于在环境保护方面的努力赢得了国内外很多奖项。他在酒店周围创造了一片绿洲，使得里拉集团成为绿色环境的代名词。

里拉酒店员工喜欢在绿色环境中工作,同时珍视大自然的馈赠。酒店已经在企业社会责任领域开展了多项活动。酒店和员工向总理救济基金捐赠了超过 600 万印度卢比,主要用于北阿坎德邦的洪灾赈灾。班加罗尔的欧贝罗伊酒店和非政府组织合作重复利用酒店香皂,然后再分发给经济上有困难的人群。在印度旅游局的支持下,新德里的欧贝罗伊酒店启动了"主动创造就业"项目,这是一项为期八周在不同部门轮换的培训项目,旨在为 18—25 岁的年轻人培训技能。新德里的欧贝罗伊酒店在运营团队里雇佣了不同类别的残疾人士。孟买的欧贝罗伊酒店牵手孟买癌症患者救助协会,组织了一项名为"Khazana – a festival of ghazals"的项目,旨在为癌症患者筹资。孟买纳瑞曼区三叉戟酒店组织了一场泰瑞·福克斯义跑,所得款项都捐给了慈善组织。加尔各答的欧贝罗伊酒店和非政府组织合作,比如萨拉达·塞瓦僧团、普尔班查·尤德彦僧团、卡尔雅布莱塔僧团和圣约翰之家等,组织了很多企业社会责任活动。乌代维拉斯的欧贝洛伊酒店联合动物援助(医院)组织启动一些社会项目,拯救乌代浦尔的街边流浪动物。同时酒店也支持了特蕾莎修女孤儿院和聋哑组织。班德拉库尔拉的三叉戟酒店帮助圣凯瑟琳孤儿院升级厨房设施,接入输气管道。酒店也携手善待动物组织以及流浪狗保护组织进行了非公开的时装表演。湾雅维拉斯的欧贝洛伊酒店开展了多种保护野生动物的活动,奖励和认可森林护卫、巡逻员及其家庭。酒店还参与拉塔哈姆泊尔老虎保护区的保护老虎项目。

十五、结论

目前,我们无法认识到法案的真正影响,尤其是通过和强制执行并不相同。对于企业社会责任条款存在争议,以及缺乏详细说明和细节,知名大公司因此有机会去影响如何具体解释企业社会责任的强制令。由于印度需求巨大以及商业机会无限,因此企业社会责任非常有利于公司,也意味着企业需要从社会、道德和环境等多个维度承担责任。酒店业是全球快速增长的服务业之一,可以提供多层次的工作机会。酒店业可以为员工提供专业知识，培训他们具有环保意识，通过各种各样的方式服务社会。本研究试图调研全球顶尖酒店的实践，分析企业社会责任对于酒店业的意义。企业社会责任一直对经济、人口和国家带来经济影响。酒店业是服务业的一个大类，包括住宿、活动计划、主题公园、交通、游轮以及旅游业中的其他领域。酒店业是一个数十亿美元的行业，这主要取决于人们所拥有的休闲时间和可支配收入的多少。在印度，企业社会责任的定义源自2013年新公司法第135条规定，鼓励公司将过去三年平均净利润的至少2%投资于企业社会责任。公司必须履行企业社会责任义务，包括消除饥饿、贫穷、营养不良，提升预防性医疗水平，提升教育水平，促进性别平等，为妇女、孤儿和老人建立房屋，降低社会弱势群体面临的不公平，确保可持续的环境和生态平衡，动物福利，保护国家遗产、艺术和文化，确保老兵、战争遗孀及其家属的福利，培训农民，支持奥林匹克运动，为总理的国家级救济基金或者中央政府设立的其他社会经济发展基金做贡献，为少数民族、妇女提供的救济和福利，向中央政府批准的学术机构的技术孵化器提供捐赠或者基金、农村发展项目。本研究强调了酒店业对印度经济的重要性、供需状况、酒店业面临的挑战以及政府在消除酒店业问题方面所付出的努力。印度经济环境有很多优势，因此在相关指导原则的支持下，企业社会责任可以扮演重要角色，而这些指导原则也有助于提升印度的实力，比如创新能力。

十六、延伸阅读

Goyal, H., & Gupta, S. (2013) Corporate Social Responsibility As per New Indian Companies Act 2013 Global Jurix, Advocates & Solicitors http://www.globaljurix.com/our publications/corporate–socialresponsibility–as–per–new–indian–act2013.pdf?utm_source=Mondaq&utm_medium=syndication&utm_campaign=View Original Retrieved on 4 May 2015 from http://www.mondaq.com/india/x/302204/Corporate+Commercial+Law/Corporate+Social Responsibility+Now+A+Mandated+Responsibility

India Brand Equity Foundation. (2015) Retrieved on 15 April 2015 from http://www.ibef.org/industry/tourism-hospitality-india.aspx

Investopedia (2015) Definition corporate social responsibility page retrieved on 19 may 2015 from http://www.investopedia.com/terms/c/corp-social-responsibility.asp

Kumar, R., & Sharma, S. (2014) Corporate Social Responsibility- A study on hotel industry Vol 2, No 4 (2014) April Asian Journal of Multidisciplinary Studies ISSN: 2321-8819 (Online) 2348-7186 (Print) Retrieved on 18 may 2015 from http://www.ajms.co.in/sites/ajms/index.php/ajms/article/view/240

Schema Advisory team. (2014) Retrieved on 8 April 2015 from http://schemaadvisory.com/the-importance-of-csr/

Thadani, M., & Wij, I. (2009). *Hotels in India-Trends & Opportunities*. Gurgaon: HVS.

因德尔特·考尔

（印度政府学院潘切库拉分校）

第三章 酒店的社会责任实践：性别视角

摘要

根据酒店内执行社会责任的性别情况，本研究旨在分析制度性压力（强制性、规范性、模仿性）带来的影响。本研究的对象主要是欧元区（西班牙加利西亚省和葡萄牙北部地区）的三星级、四星级和五星级酒店。我们采取了定量研究以实现这些目标。建议的研究模式是偏最小二乘法（PLS），这是基于结构方程模型（SEM）的方法论，运用了Visual-PLS软件。我们设计了一份包含已证实方法的调查问卷，并进行数据核对。

一、引言

本文调研了性别视角下的制度性影响，旨在分析制度性压力（DiMaggio and Powell，1991）对所研究组织产生的巨大影响。另外，我们试图验证同构现象（isomorphism phenomenon）和性别之间的关系。这一研究兴趣源于迄今为止最著名的学术文献都没有研究过的工作环境下的性别制度性影响和社会责任之间的关系。在本文中，我们试图在制度理论（Institutional Theory）框架下提供新的证据。

通过校对酒店经理提供的信息，运用制度理论调研社会责任实践被认为是有效的。按照制度理论分类的假定条件已经得到不同类型组织和公共机构作者的研究和验证（Llamas-Sanchez, García-Morales & Martín-Tapia, 2013）：包括哥伦比亚公司及其国际化（Restrepo & Rosero, 2012）、哥伦比亚的金融部门（Murillo，Gonzáles & Rodríguez，2010）、哈恩（Jaén）的石油业（Moyano-Fuentes，2001）、非营利性人力资源组织（Mellinger，2014）以及安达卢西亚（Andalucia）的高尔夫球场（Vargas-Sánchez & Riquel-Ligero，2015）。不过，很少文献聚焦于运用制度理论调研私营企业，这意味着我们可以为这个理论的发展作出一些贡献。

旅游业是西班牙和葡萄牙经济发展的主要动力之一。官方统计和一些作者，比如阿尔瓦雷斯（Álvarez）、维拉（Vila）、弗赖斯（Fraiz）和里约（Río）（2013）、洛佩斯（Lopes）（2010），认识到旅游业在这两个国家中巨大的经济权重。本文研究了旅游业中的酒店在企业社会责任方面的三个维度（环境、经济和社会）。为了研究的一致性，本文选择了西班牙加利西亚省和葡萄牙北部地区的三星级、四星级和五星级酒店。

调研的主要目的是为了确定从性别视角是否存在企业社会责任发展的同构趋势。研究的目的是为了分析制度性压力如何影响男性和女性高管，以及在不考虑性别的情况下，在履行社会责任实践时，这些压力是否发挥了同样的影响。调研还会确定履行这些实践的主要原因是否有合法性。

如之前所解释的，我们坚信制度理论在我们的调研中是有效的，因为它试图解释组织中的同构行为（DiMaggio & Powell，1991；Scott，1995）。

本章节分为四个部分。第一部分，我们进行了制度理论的文献回顾，讨论制度理论、同构、合法性和企业社会责任之间的关系，以及企业社会责任和性别之间的关系。之后讨论了一些议题、争议和问题。第三部分提出了一些建议和解决方案以及未来的研究方向。最后是参考文献和关键术语及定义。

二、背景

这一部分考察制度理论，企业社会责任，制度理论、同构、合法性之间的关系，以及性别和社会责任之间的关系。

（一）制度理论和企业社会责任

根据斯科特（Scott）(1995)，制度理论基于三大主要支柱：迪马乔和鲍威尔（DiMaggio and Powell）(1991)识别的强制性、规范性和模仿性这三种制度性压力。该理论以合法性作为主要基础。考虑法律要求的企业运营依赖于强制性支柱。通过道德义务考虑合法性的企业遵循规范性支柱。通过适应规则和通用趋势，比如和其他公司采用同样行为，考虑合法性的企业依赖于模仿性支柱。

合法性已经成为所有企业考虑的重要因素之一（Castelló & Lozano, 2011）。鲍姆（Baum）和奥利弗（Oliver）(1991)，萨奇曼（Suchman）(1995)，德普豪斯（Deephouse）(1996)，亨特（Hunt）和奥尔德里奇（Aldrich）(1996)，吕夫（Ruef）和斯科特（Scott）(1998)，恩格斯-赞登（Egels-Zandén）和沃尔奎斯特（Wahlqvist）(2007)，迪茨（Diez）、布兰科（Blanco）和普拉多（Prado）(2010)都指出，合法性是企业发展和生存最为基本的因素。考虑到合法性在组织中的重要性，企业根据制度性环境开发战略。这也是企业经理通常将合法性考虑在内的原因所在（Castelló & Lozano, 2011）。

企业社会责任的概念随着时间的发展而发展，也随着时间而进行调整（考虑透明度、道德、人权等）。同时，企业社会责任也随着组织的特征和不同利益相关方而调整，从而激励企业（自愿的、强制的），解决难题（大学的、组织的）。与企业社会责任相关的定义、理论、方式和术语也不断发展。在这样的背景下，很难有一个适应本研究而不发生变化的定义。有鉴于此，我们采纳的企业社会责任定义基于不同作者所描绘的主要特征（Vela, 1977; European Commission, 2011; Gessa, Ruiz & Jiménez, 2008; Martin et al., 2008; Freeman, 1984; European Commission, 2001; Humble, 1975; Sánchez-Fernández, Vargas-Sánchez and Remoaldo, 2014）。企业履行的企业社会责任是超越法律义务的，满足了利益相关方的预期。这个并不被视为组织的独立慈善行动，体现了管理哲学。为了确保更好的绩效和效果，企业必须积极履行企业社会责任。现如今，企业试图通过"三重底线法"（"Triple-Bottom-Line-Approach"）融入企业社会责任

(Elkington, 1997)。

如果企业履行社会责任缺乏制度性支持，利益相关方奖赏良好企业社会责任的可能性或者惩罚不负责任的行为将最小化（Brammer, Jackson & Matten, 2012）。愿意实行企业社会责任的企业愿意参与和工会、员工及其他利益相关方的制度性对话。如果企业提供一个强制性和规范性的框架及模仿性的架构，并与社会责任行为相匹配，制度将会赋予这些行为很大的意义和稳定性（Scott, 1995）。

其结果表明，企业社会责任研究和我们运用制度理论作为框架进行调研高度相关。

一些作者依赖制度理论开展他们的研究，主要针对企业社会责任的环境维度（Rivera, 2004; Shah & Rivera, 2007; Zhu, Sarkis & Lai, 2011; Zapata & Hall, 2012; Shah & Rivera, 2013; Ganapathy, Natarajan Gunasekaran & Subramanian, 2014; Vargas-Sánchez & Riquel-Ligero, 2015）。

企业社会责任的三个维度在调研中被加以研究（Elkington, 1997）。由于两个国家正在遭受经济危机，因此考虑所调研社会经济的时间因素十分重要。由于这也会影响到企业和环境，因此很容易将研究和社会责任议题联系到一起。

（二）制度理论、同构和合法性

对于制度理论，不同作者（DiMaggio and Powell, 1991; Tolbert and Zucker, 1983; Mezias, 1990; Davis, 1991; Palmer, Jennings and Zhou, 1993）皆聚焦于同构原因的研究，如导致组织采取相同架构的因素。

在组织合法性的情况下（Meyer and Rowan, 1977; DiMaggio and Powell, 1991; Meyer and Scott, 1983），同构产生一系列需要特殊关注的结果（Zucker, 1987; Jepperson, 1991）。合法性是同构立足点的关键所在，也是制度理论的关键（Suchman, 1995）。通过不同的强制性机制、规范性压力或者流程，制度同构就会发生（DiMaggio and Powell, 1991）。

根据德普豪斯（1996）所论，战略同构增强了监管批准和公众支持力度。组织试图模仿组织成功（DiMaggio and Powell, 1991），同时学习合适的行为

(DiMaggio and Powell, 1991; Galaskiewicz and Wasserman, 1989; Haunschild, 1993)。

德普豪斯（1996）认为，从合法性来看，对于创新或者拥有独特行为战略的组织来说有点痛苦，而以适当方式运营的组织，比如根据战略行为的规则，以可接受的方式运作，让利益相关方评估认为是合法的（Meyer and Rowan, 1977）。这些作者证明，通过明尼阿波利斯－圣保罗大都市区域的商业银行，战略同构和多种措施的合法性之间的关系正相关。

战略同构增强了组织的合法性（DiMaggio and Powell, 1991; Deephouse, 1996; Meyer and Rowan, 1977）。组织采用的战略和其他组织一致，监管者和公众就会认为该组织更具合法性，而采用非规范性行为的组织则不然（Deephouse, 1996）。从争论来看，在组织合法性研究中，很清楚需要考虑同构现象。

（三）性别和社会责任

阿隆索－阿尔梅达（Alonso-Almeida）(2011)、亚农（Arlow）(1991)、拉马斯（Lämsä）、维卡佩拉（Vehkaperä）、普特涅恩（Puttonen）和佩索宁（Pesonen）(2008)认为，相比于男性，公司范围内的社会和环境议题对女性更为重要。

贝尔（Bear）、拉赫曼（Rahman）和波斯特（Post）(2010)认为，资源越多元化，企业社会责任领域的观点则越积极。这些作者认为，由于女性体现了这种多元化，因此比男性可能更富资质（Hillman, Cannella & Harris, 2002），并在成为CEO之前能拥有更广泛的经验，在企业社会责任领域观点积极，更有利于升职。管理团队的多元化和女性进入高管团队有利于提升公司的企业社会责任声誉（Bear, Rahman & Post, 2010）。女性更可能得到社区内专业人士和有影响人士的支持（Hillman, Cannella & Harris, 2002），这反过来也有利于提升其在利益相关方中的影响力。女性会和利益相关方有更多的直接沟通，提供她们在企业社会责任领域的不同视角，解决可能对企业社会责任有用的议题。如果企业有女性处于战略位置，那么就会更关注少数群体，显示出企业的社会责任感（Bear, Rahman & Post, 2010）。

董事会中的女性数量对于公司的企业社会责任有积极影响（Bear, Rahman & Post, 2010）。女性对企业社会责任更敏感（Williams, 2003）。正如上文所阐释的，女性处于战略管理岗位会对企业社会责任产生积极的影响。

三、本章重点

基于文献回顾和调研建议的目标，本章所使用的方法论将结合结果、议题、争议、问题、解决方案和建议。

（一）议题、争议和问题

本研究主要是以定量研究的方式研究区域（欧元区）的女性和男性酒店高管所完成的调查问卷。根据研究目标调整了结构化的调查问卷，酒店和酒店高管校对了数据。调查问卷调整为西班牙语和葡萄牙语这两种官方用语。基于文献回顾、不同文件和官方报告，调查问卷针对不同部门。问卷收集了社会人口统计学的分类特征、被调查者的分类和研究目标，也包含了权威报告考虑的主要变量。这些报告源自西班牙旅游学院（Institute of Tourism Studies of Spain）、西班牙和葡萄牙旅游卫星账户（Tourism Satellite Account of Spain and Portugal）、加利西亚统计学院（Galician Institute of Statistics）。

本部分关于制度性环境，基于验证量表（Kostova & Roth, 2002; Llamas-Sanchez, García-Morales & Martín-Tapia, 2013; Vargas-Sánchez & Riquel-Ligero, 2012）的调整，由如下一度建构（first order constructs）组成，并基于三个制度性压力（DiMaggio & Powell, 1991）。

● 强制性压力（PgC）：法律知识（A1g）、执法（A2g）、立法（A3g）、现有协议（A4g）

● 规范性压力（PgN）：道德义务（A5g）、与环境和谐相处（A6g）、社会指导原则（A7g）

- 模仿性压力（PgM）：环境知识（A8g）、模型（A9g）、实践模仿（A10g）、成功实践的案例（A11g）

盖拉多（Gallardo）、桑切斯（Sánchez）和科楚洛（Corchuelo）（2013）指出，企业社会责任的规模随着所提议的衡量指标而调整，包括由一度建构（Pdge，Pgds，Pmgg，Pmag）所组成的二度建构（PgCRS）。

- 一度建构的经济维度
  ○ 高质量的产品和服务（C8g）、符合标准的产品和服务（C9g）、更好的价格水平（C10g）、产品和服务的准确信息（C11g）、消费者权利（C12g）
- 由一度建构定义的社会维度
  ○ 员工工作质量（C1g）、员工薪资（C2g）、就业机会（C3g）、培训（C4g）、政策（C5g）、机会公平（C6g）、对话机制（C7g）
- 环境维度细分为二度建构
  ○ 环境实践的倾向（Pmgg）：环境影响最小化（C13g）、使用环境影响最小化的产品（C14g）
  ○ 环境实践的行动（Pmag）：节约能源（C15g）、可替代能源（C16g）、降低投资计划的影响（C17g）、减少排放（C18g）、残留物（C19g）、可循环的包装（C20g）

规模合法性的调整（Deephouse，1996；Vargas-Sánchez & Riquel-Ligero，2012；Llamas-Sanchez，García-Morales & Martín-Tapia，2013）基于两个一度建构（Lggi & Lggo）的二度建构。

利益相关方的合法性（B2g）；公民（B3g）；媒体（B4g）；客户（B5g）；供应商（B6g）；协会（B7g）；商业部门（B8g）和其他压力组织（B9g）的关系。

组织合法性（Lggo）：社会认可（A12g）；组织价值（A13g）。

调查问卷草拟后经过管理层、企业社会责任和旅游部门的三位专家审核。专家的审核意见加入后，先于2012年4月让10位酒店经理（两个地区各五位）做了预先测试，西班牙和葡萄牙各五位。他们的建议被吸纳后，我们从2012年5月到8月通过各种手段（邮件、传真、现场拜访和电话）

收集数据。

调查回收率为30%，共计有109份有效调查，6%的错误率（p=q=0.5），这是可接受的比例。瓦尔加斯－桑切斯和里克尔－里赫罗（Riquel-Ligero）（2012）设立了一个要求严格的研究，其回收率为33%。我们排除了那些回收率低的调查，如利亚马斯－桑切斯（Llamas-Sanchez）、加西亚－莫拉雷斯（García-Morales）和马丁－塔皮亚（Martín-Tapia）（2013），盖拉多、桑切斯和科楚洛（2013），其回收率为5%—21%。调查样本包括70%的男性高管和30%的女性高管。根据阿隆索－阿尔梅达（2011，2013）所做的研究，这一比例构成一个有代表性的样本。

为了展开研究，我们考虑了如下所做的假定，试图了解是否在欧元区的三星级、四星级和五星级酒店存在制度性环境。我们试图找到答案，即制度理论下的机制对酒店经理性别产生的影响。

制度性压力引发组织的不同响应（Oliver，1991）。迪马乔和鲍威尔（1991）识别的强制性、模仿性和规范性压力在不同的制度背景下被引入组织之中，可以促进变革也可以抑制变革。这些流程推动组织采取一定的架构、项目安排和程序（DiMaggio & Powell，1991；Meyer & Rowan，1977），从而导致组织实践和响应的同质化。詹宁斯（Jennings）和赞德伯根（Zandbergen）（1995）认为，模仿性和规范性压力对企业在环境方面所采取的措施产生更大的影响。里克尔（Riquel）（2010）、科斯托娃（Kostova）和罗斯（Roth）（2002）以及利亚马斯（2005）发现强制性压力在他们的研究中发挥了更大的影响。

基于这些论点，本研究认为规定一定的假设条件对于验证实证研究非常合适。假设条件的比较可以突出三个制度性机制对酒店女性高管和男性高管在履行社会责任时所产生的影响，以及产生的影响是否相同，无关性别。

假设条件a（Ha）：法律和其他法规产生的强制性压力施加于组织内部活动，对企业社会责任实践产生积极影响。

假设条件b（Hb）：价值观和规则产生的规范性压力，对企业社会责任实践产生积极影响。

假设条件 c（Hc）：环境实践的模仿性压力被认为在组织内是成功的，对企业社会责任实践产生积极影响。

关于组织履行某些实践的原因，班赛尔（Bansal）和克莱兰（Clelland）（2000）主张在解释生态响应模型中的组织行为时，制度性背景应作为最主要的论点。谈及履行环境实践时，合法性是班赛尔和克莱兰（2000）和里克尔（2011）找到的原因之一。基于本研究中的这些论点，下列假定条件的对比源于社会责任实践。

假设条件 d（Hd）：企业社会责任实践的主要原因是寻求社会合法性。

文献审核后，我们建议了下列模型，即制度性压力［包括强制性压力（PgC）、规范性压力（PgN）］和模仿性压力（PgM）与企业社会责任（PgCRS）之间的关系以及企业社会责任和合法性（Lgg）之间的关系模型，以分别验证假设条件 Ha、Hb、Hc、Hd。假设条件和它们之间的关系同下列建议的研究模型一一对应。

建议的研究模型：

● PgC → PgCRS → Lgg

● PgN → PgCRS → Lgg

● PgM → PgCRS → Lgg

建议的模型由两个二度建构（PgCRS 和 Lgg）组成，第一个二度建构包括四个一度建构（Pmgg、Pmag、Pgds 和 Pdge），合法性包含两个一度建构（Lggi、Lggo）。制度性背景由三个一度建构组成，对应三大制度性压力（PgN、PgC 和 PgM）。总计 42 项指标。在测试了一个维度之后，如可以增加附加值的指标，可以获得整套可观察的变量。

为了验证整套变量（建构），我们首先使用微软办公软件 Office（2003 版本）收集数据，同时利用统计软件 SPSS（18.0 版本）进行因素分析。这些技术允许我们减少一整套原始变量中涵盖的信息，以最少的信息损失减至一小套指标（Bartlett, 1951; Kaiser, 1970; Nunnally, 1978; Wubneh, 1987; Verdú, 2002; Aymerich & Meseguer, 2004; Perez, 2005; Wang, 2005）。

第二阶段，运用 Visual-PLS 软件运行偏最小二乘法（PLS），这是基于结构方程模型（SEM）的方法论，需要测量模型和结构模型（Barclay, Higgins & Thompson, 1995）。

本文提出了一系列问题，大部分就是第五部分所建议的未来研究方向。首先，我们必须注意到，研究的局限之一就是样本有限，我们无法将结果通用于整个伊比利亚半岛（Iberian Peninsula）。其次，本研究得到了酒店高管的支持，从而可以从被调查对象那里获取信息。被调查者的认知可能和现实不能完全对应。为了开发更为具体的调研，需要考虑组织内外部利益相关方的观点。

不过，本研究为企业和性别研究以及旅游和企业社会责任提供了有用的信息。

（二）解决方案和建议

本章讲述受访对象的特征和本次研究的目的。之后通过结构方程和偏最小二乘法（PLS）回归的方法论对本次调研的主要结果进行了分析。

1. 受访对象的特征和本次研究的目的

首先，我们确定了酒店经理这一社会人口统计学特征。调查样本包括70%的男性高管和30%的女性高管。根据阿隆索-阿尔梅达（2011，2013）所做的研究，这一比例构成一个有代表性的样本。从年龄来看，大约70%的受访男性和女性都在18—45岁之间，剩下的年纪都超过46岁。从酒店类型来看，大约50%（53%的男性和52%的女性）都在三星级或四星级酒店工作。在四星级酒店，受访女性比例更高一些，达到45%，而男性为38%。在五星级酒店，女性比例为3%，男性则为9%。

从受教育程度来看，分为五个层次，男性和女性最高比例的教育水平是大学，男性稍微高于女性（分别为66%和61%）。其次是高中水平，男性和女性的比例分别是16%和15%。受教育程度最高的，硕士或博士，女性的比例要高于男性，分别为15%和11%。大专这一层次，男性和女性的比例分别为4%和3%。至于最基础的教育水平，接受过义务教育的（Obligatory Education）酒店经理中，4%为男性，6%为女性。

通过基于偏最小二乘法（PLS）的结构方程方法论，这些结果得以呈现。

2. 测量模型分析

根据建议模型的 42 个初始指标，以及在分析这些指标的可靠性之后，我们得到一个结果：其中 38 个指标适用于男性，41 个指标适用于女性。表 1 展示了这一结果，我们看到整套指标组成了模型。变量如果没有达到福尔克（Falk）和米勒（Miller）（1992）规定的数值，大于 0.505，就要被剔除。

根据萨拉维亚（Sarabia）等研究者（1999）的规定，一旦可以获得指标的可靠性，反映性建构（reflective construct）测试的结果则受制于培训建构（LGG 和 PRG）。需要考虑的是，形成性建构（formative construct）中的建构测量不需要相互关联，也不适用于内部一致性的测量，如克伦巴赫系数（Cronbach's Alpha）、组合信度（Composite Reliability）、平均提取方差值（AVE）。

表 1 负载测试（Loading tests）（来源：笔者设计）

建构	结果	
	男性	女性
PgC	A1g: 0.76；A2g: 0.72, A3g: 0.83；A4g: 0.82	A1g: 0.84；A2g: 0.86；A3g: 0.69；A4g: 0.79
PgN	A5g: 0.78；A6g: 0.89；A7g: 0.68	A5g: 0.55；A6g: 0.92；A7g: 0.90
PgM	A8g: X；A9g: X；A10g: X；A11g: 1.00	A8g: 0.87；A9g: 0.88；A10g: 0.75；A11g: 0.62
Pgde	C8g: 0.87；C9g: 0.77；C10g: 0.87, C11g: 0.83；C12g: 0.76	C8g: 0.90；C9g: 0.66；C10g: 0.67；C11g: 0.76；C12g: 0.77
Pgds	C1g: 0.78；C2g: 0.70；C3g: 0.71；C4g: 0.68；C5g: 0.80；C6g: 0.70；C7g: 0.80	C1g: 0.91；C2g: 0.88；C3g: 0.61；C4g: 0.83；C5g: 0.86；C6g: 0.88；C7g: 0.87
Pmgg	C13g: 1.00；C14g: X	C13g: 0.89；C14g: 0.89
Pmag	C15g: 0.75；C16g: 0.51；C17g: 0.71；C18g: 0.86；C19g: 0.72；C20g: 0.81	C15g: 0.65；C16g: 0.64；C17g: 0.54；C18g: 0.78；C19g: 0.71, C20g: 0.72

续表

建构	结果	
	男性	女性
Lggo	A12g: 0.85; A13g: 0.85	A12g: 0.84; A13g: 0.84
Lggi	B1g: 0.73; B2g: 0.76; B3g: 0.80; B4g: 0.65; B5g: 0.60; B6g: 0.64; B7g: 0.56; B8g: 0.79; B9g: −	B1g: 0.63; B2g: 0.78; B3g: X; B4g: 0.89; B5g: 0.89; B6g: 0.75; B7g: 0.75; B8g: 0.90; B9g: −

PgC: 强制性压力; PgN: 规范性压力; PgM: 模仿性压力; Pmgg: 环境实践的倾向; Pmag: 环境实践的行动; Lggo: 社会认可; Lggi: 利益相关方合法性; Pgde: 经济维度; Pgds: 社会维度; X: 淘汰的变量; −: 不包含变量

农纳利（Nunnally）(1978) 认为，对于早期调研来说，建构组合信度必须大于 0.7。本文调研的结果取决于性别（男性和女性高管），如表 2 所示。

另外一组测试，提交的数据是收敛效度（convergent validity）的平均提取方差值，其必须大于 0.5（Fornell & Lacker，1981）。在这种情况下，我们发现，平均提取方差值大于研究模型中建构和其他因素之间的平方相关数。所有的反映性建构和这里的条件相符。如下是表 2 呈现的结果。

组合信度和平均提取方差值的结果如表 2 所示。

3. 结构模型分析

为了进行假设条件比较，分析了 β 系数（也称路径系数 path coefficient）。根据秦（音译，Chin）(1998)、罗尔丹（Roldán）(2000)、瓦尔加斯 - 桑切斯和里克尔 - 里赫罗（2012），假设条件成立的话，β 必须大于 0.2。结果和证实的假设如表 3 所示。

我们也分析了模型的预测功效以及 R 的平方（R^2）。根据福尔克和米勒（1992）所论，这一数值必须等于或者大于 0.1，才被认为是有价值的。所获结果和福尔克和米勒（1992）设定的建设条件相符，我们规定如下：

R^2（男性）　Lgg: 0.35；PgCRS: 0.31；

R^2（女性） Lgg：0.34；PgCRS：0.36。

案例研究显示同构现象是成立的。从性别视角来看，规范性压力对企业社会责任产生的影响更大，这些结果与詹宁斯和赞德伯根（1995）的研究相符。然而需要指出的是，在女性模型中，规范性压力和强制性压力产生的影响差异比较大。在企业社会责任实践和合法性关系中，假设条件也成立，在两个案例中都达到很高水平。在两个案例中，假设条件c（Hc）不成立。模仿性压力几乎对制度环境以及模仿性压力和企业社会责任实践的关系没有任何影响。

表2 结果：组合信度、平均提取方差值（来源：笔者设计）

测试	建构	结果	
		男性	女性
组合信度	PgC	0.86	0.88
	PgN	0.83	0.85
	PgM	1.00	0.86
	Pmgg	1.0	0.83
	Pmag	0.87	0.88
	Lggo	0.83	0.82
	Lggi	0.87	0.93
	Pgde	0.85	0.90
	Pgds	0.81	0.83
平均提取方差值	PgC	0.61	0.63
	PgN	0.62	0.66
	PgM	1.00	0.62
	Pmgg	1.0	0.78
	Pmag	0.54	0.51
	Lggo	0.71	0.70

续表

测试	建构	结果 男性	结果 女性
平均提取方差值	Lggi	0.51	0.64
	Pgde	0.71	0.65
	Pgds	0.75	0.80

PgC：强制性压力；PgN：规范性压力；PgM：模仿性压力；Pmgg：环境实践的倾向；Pmag：环境实践的行动；Lggo：社会认可；Lggi：利益相关方合法性；Pgde：经济维度；Pgds：社会维度

表3 假设条件比较（来源：笔者设计）

参考	假设	关系	结果 男性	结果 女性
假设条件a（Ha）	法律和其他法规产生的强制性压力施加于组织内部活动，对企业社会责任实践产生积极影响。	PgC → PgCRS	0.30	0.38
假设条件b（Hb）	价值观和规则产生的规范性压力，对企业社会责任实践产生积极影响。	PgN → PgCRS	0.35	0.51
假设条件c（Hc）	环境实践的模仿性压力被认为在组织内是成功的，对企业社会责任实践产生积极影响。	PgM → PgCRS	-0.04	-0.27
假设条件d（Hd）	企业社会责任实践的主要原因是寻求社会合法性。	PgCRS → Lgg	0.60	0.58

PgC：强制性压力；PgN：规范性压力；PgM：模仿性压力；PgCRS：企业社会责任；Lgg：社会合法性

四、未来研究方向

本章根据所获结果以及研究局限性对未来研究方向进行建议。

本调研未来的研究方向将包括定性研究方法，比如履行企业社会责任的酒店案例研究，将有助于拓展研究，解释同构现象为什么在履行企业社会责任的酒店不存在。我们也可以深入研究制度性压力差异的原因以及为什么模仿性压力没发生作用。我们也可以涵盖其他压力现象加以更详细的解释，确认这些现象是否随着时间而保持不变抑或发生变化。在不同的时间节点重复这些案例研究，可以有一个纵向比较，有助于跟踪欧元区酒店制度性环境的变革。

深入研究西班牙和葡萄牙酒店的组织域（organizational field）也将很有趣，以多群体调研方式展开研究，覆盖西班牙其他自治区和葡萄牙其他地区。这就可以发现在开展社会责任实践时其他因素或者区域因素带来的影响。从更宏大的目标来看，还可以包括欧盟其他国家甚至伊比利亚美洲（Ibero-American）地区的酒店。制度理论的潜力依赖于准确分析不同国家的组织行为和实践的传播（Kostova &Roth，2002）。

这一提议有可能验证给定地区的行为是否相同、是否存在差异。

最后，更大范围的定量研究需要包括不同的利益相关方，而不是从酒店高管这一单一受访对象那里获得信息。这一提议基于库马尔（Kumar）、斯特恩（Stern）和安德森（Anderson）（1993）所做的建议。这些作者认为，采纳大量受访者信息对于数据收集将更为严谨。

五、结论

本研究的结果即合法性是酒店经理认为能够获得发展和生存所最为重要的因素。这一结论得到鲍姆和奥利弗（1991）、萨奇曼（1995）、德普豪斯（1996）、亨特和奥尔德里奇（1996）、吕夫和斯科特（1998）、恩格斯-赞登和沃尔奎斯特（2007）、迪茨、布兰科和普拉多（2010）的支持。

在制度环境的压力构成中，规范性压力产生的影响更大，女性和男性管理的酒店皆是如此，这些结果与詹宁斯和赞德伯根（1995）的研究相符。强制性压力比规范性压力产生的影响要小，在女性经理的案例中差异更大。最后需要指出的是，模仿性压力不产生制度性影响，这与迪马乔和鲍威尔（1991）以及德普豪斯（1996）的研究不一致。

需要指出的是，酒店管理层并不考虑其他酒店成功的企业社会责任实践。在本研究考虑的经济因素中，公司管理层更关心短期的结果以及成本节约。在很多情况下，企业的首要目标是生存，而不是考虑其决定对中长期发展带来的影响，而短期见效尤为重要。

综上所述，根据本研究中酒店男性和女性所看待的企业社会责任实践，同构行为是存在的，这与迪马乔和鲍威尔（1991）以及斯科特（1995）的提议一致。

必须强调的是，女性处于企业社会责任领域的管理层地位能够带来积极影响，这一现象得到如下观点的支持：她们是基于多元化的专家；她们更可能支持专家和影响社区里的人（Hillman, Cannella & Harris, 2002）；她们期待更多培训（Bear, Rahman and Post, 2010）；她们对企业社会责任更敏感（Williams, 2003）；她们有助于改善企业社会责任资质。总而言之，这些都有助于女性晋升到公司管理层，从而更好地支持她们基于社会责任开展活动。

基于模型的假设测试中，四个假设条件的三个是成立的（Ha、Hb和Hd），假设条件Hc不成立。

六、关键术语及定义

建构（Construct）：和建构相关的一些指标。由于无法直接衡量，因此需要一整套指标。它们也被称为潜在变量。建构包括反映性建构和形成性建构。模型中的圆圈代表建构。

形成性建构（Formative Indicators）：形成性建构构成建构，可以直接衡量，但无关联。长方形代表形成性建构，在模型中和一支箭连在一起，箭头指向圆圈（建构）。

同构（Isomorphism）：这一术语表示"同一种方式"，它强调不同系统之间的相同点和相关性。这一术语指的是系统模型建构与原始模型一致。在本次调研中，同构行为指的是企业行为与模型中的一致，这也正是本次调研所发现的。

偏最小二乘法（PLS）：PLS 用于因果模型，显示行为的理论和实证条件。如果理论条件不成熟、信息有限，通常就要用到 PLS。PLS 主要用于分析预测原因。结果可能就是后退一步。

反映性建构（Reflective Indicators）：反映性建构是建构的结果。同形成性建构一样，这些指标可以直接衡量，但无关联。长方形代表这些指标，和一支箭连在一起，箭头指向模型中的长方形（指标）。

可靠性（Reliability）：可靠性主要用来考察一致性。在本次调研中，可靠性衡量建构（建构的可靠性）的一致性以及指标（个别可靠性）的一致性。

结构方程模型（SEM）：SEM 用于多变量统计。本次调研中用到的模型显示了变量之间的因果关系，并对比了因果关系。

玛丽亚·多洛雷斯·桑切斯－费尔南德斯

（西班牙拉科鲁尼亚大学）

罗萨·玛丽亚·巴卡－阿科斯塔

（西班牙韦尔瓦大学）

阿方索·瓦尔加斯－桑切斯

（西班牙韦尔瓦大学）

第四章 酒店业企业社会责任对消费者响应的影响：企业社会责任和消费者响应

摘要

近年来，企业社会责任理念越发受到关注，利益相关方也给企业施加了一些合法压力，以促使企业以更负责任的态度经营。业务变得更加复杂、对可持续发展的更多关注、更好管理自然资源的需求、呼吁更多透明度，这些因素不仅进一步提升了企业社会责任的重要性，而且凸显了企业社会责任举措融入企业经营中的发展趋势。本研究试图发现企业社会责任举措在酒店业如何影响消费者响应。调查发现，企业经营能力对消费者购买意图影响很大，而如果消费者非常关注企业在社会责任方面的活动，就可以对消费者购买意图产生影响。

一、引言

过去 20 年中，企业社会责任不仅在学术文献方面，而且在商业实践中发展成为一个重要的概念。企业社会责任不是一个新的想法或者时尚（Wu，2002）。企业通过慈善或者其他目支持企业社会责任实践（Brown & Dacin，1997）。企业社会责任的文献主要包括两大类（Berger et al.，2007）。其中一类是管理学文献，主要聚焦于公司是否从事企业社会责任等常规议题，以及企业社会责任是否对财务业绩带来影响。

另外一类是营销学文献，主要聚焦于消费者个人如何看待企业社会责任活动。不管是管理学文献还是营销学文献，对此研究已经有几十年。这些研究有助于我们理解企业社会责任的概念，以及对消费者态度、消费者观点和消费者行为的影响（Fatma & Rahman, 2015）。从20世纪90年代起，尤其是最近十年，消费者和企业社会责任关联度的研究与日俱增（Brown & Dacin, 1997; Sen & Bhattacharya, 2001; Mohr & Webb, 2005; Ramasamy & Yeung, 2009）。对企业社会责任研究兴趣上升的原因在于它是否对消费者响应带来重大影响，消费者对于企业的需求不仅仅在于物美价廉的产品，还有更多期望（Bhattacharya & Sen, 2004）。大量研究分析企业社会责任对消费者响应的影响（Marin & Ruiz, 2007; Sen & Bhattacharya, 2001; Tian et al., 2011），结果却相互矛盾（Marquina & Vasquez-Parraga, 2013）。许多研究证明了企业社会责任对消费者响应具有积极影响（Creyer & Ross, 1997; Brown & Dacin, 1997），然而在其他研究中，这一观点被否决了（Cardigan & Attalla, 2001; Bouldstridge & Carrigan, 2000）。那些研究认为，和价格和质量相比，企业社会责任离传统的采购标准还很远（Bouldstridge & Carrigan, 2000）。消费者购买更多是由于个人原因，而不是社会原因（Beckmann et al., 2001）

我们的研究与布朗（Brown）和达钦（Dacin）（1997）的研究《社会导向的活动如何为企业带来积极影响》一致。我们在研究中使用了一个术语，即企业关联（Corporate Association），指的是一个人所掌握的一家企业及其产品的所有信息。比如消费者了解一家企业的信息，将会产生巨大的知识网。换言之，消费者掌握的企业积极信息可能对企业带来利好结果。购买意图（Purchase Intension）的概念是消费者行为研究的关键，然而尚未有研究分析企业社会责任的作用。有鉴于此，本文试图探索企业关联与购买意图之间的关系。然而，目前这一领域的文献显示消费者视角下的企业社会责任缺乏统一概念（Green & Peloza, 2011）。

本研究的目的包括：(1) 理解酒店开展企业社会责任的方式；(2) 决定消费者对这些企业社会责任活动的意识；(3) 衡量消费者对企业社会责任活动的意识之于消费者购买意图的影响；(4) 理解消费者如何平衡传统标准和

社会责任。本文结构如下：首先是文献回顾，然后是理论假设，之后解释了本研究所采用的研究方法论，再接下来是分析、结果和讨论，最后是结论和研究的意义。

二、文献回顾

（一）企业社会责任

企业社会责任是一个宽泛的概念，包括多个维度（Carroll，1979，1991）。不同的作者对企业社会责任有不同的定义，并对其赋予了更多意义，如企业公民、企业社会响应和企业可持续。加里加（Garriga）和梅莱（Mele）（2004）将企业社会责任分为四个维度：工具的、道德的、政治的、诚信的。企业社会责任指的是"自愿将社会和环境因素融入业务运营，以及和利益相关方的互动"（European commission，2002）。企业社会责任近来得到越来越多企业的关注，但依然备受争议，因为其对投资者而言是一项成本支出。企业社会责任更多是个理论视角，研究人员考察了企业将利润投入社会，从而形成一定的管理自治水平。新的企业社会责任举措显示，通过增强社会责任活动的参与力度，企业可以获益。企业社会责任的制度性观点表明，来自法律的压力和利益相关方的要求让公司参与企业社会责任活动。一些企业则自愿参与企业社会责任活动，也因此受益。

企业社会责任被描述为一家组织的道德义务，需要对利益相关方担负责任（Gossling & Vocht，2007；Fatma & Rahman，2014）。世界可持续发展委员会（World Council for Sustainable Development）将企业社会责任具体定义为"企业在道德层面的持续承诺，不仅助力经济发展，同时改善员工和家庭以及更广大社区的生活质量。"伍德（Wood）（1991）提出了企业社会责任在组织、个人和制度层面的三个原则。戴维斯（Davis）（1973）将企业社会责任定义为"企业超越经济、技术和法律要求之外的考量和响应，除了追求传统的经济效益，也要满足社会效益"。企业社会责任背后的逻辑就是企业运营和社会紧密相连,社会期望企业以负责任的方式运营。根据弗里曼(Freeman)利益相关方准则,企业需要对所有利益相关方负责。利益相关方被定义为"可以影响企业绩效目标或者受其影响的一个集团或者个人"(Freeman,1984)。企业社会责任有 37 个比较公认的定义,但尚未达成一致(Dahlsrud,2008)。

(二)企业社会责任和消费者行为

越来越多的研究在考察企业社会责任和消费者之间的关系(Sen and Bhattacharya,2001;Becker-Olsen et al.,2006;Lii and Lee,2012)。这一系列的文献可以归为两类,一类只研究了企业社会责任对消费者行为的影响(Becker-Olsen et al.,2005),另一类研究了企业社会责任和企业能力对消费者行为相关结果的影响(Brown & Dacin,1997)。第一类研究聚焦于企业社会责任和消费者行为相关结果的关系,比如产品评估(Bhattacharya & Sen,2004)和满意度(Luo & Bhattacharya,2006)。森(音译,Sen)和巴塔查里亚(Bhattacharya)(2001)指出,客户对公司的认同感会引导消费者对企业社会责任产生好感。认同感是个人、组织和个人价值观达成统一(Tajfel & Turner,1979),从这方面来讲,对社会负责任的行为可以传导企业价值(Turban & Greening,1997)。然而,如果消费者怀疑企业从事社会责任的动机,企业将受到伤害(Skarmeas & Leonidou,2013)。比如,消费者对菲利普莫里斯公司(Philip Morris)的企业社会责任行为(如预防青少年吸烟)反响消极,因为他们认为其居心叵测(Ling & Glantz,2002)。企业社会责任的研究者提出了两种动机,如内在动机(如真正关心社会福祉)及外在动机(提升销售和利润)。研究显示,消费者对内在动机反响积极,而对外在动机反响消极(Sen et al.,2006)。大部分研究者对企业社会责任归因的研究非常具有实验性质,他们假定消费者要么只考虑内在动机,要么只考虑外在动机。艾伦(Ellen)等研究者(2006)发现在真实世界,大部分消费者既会考虑内在动机,也会考虑外在动机。任何企业实体的首要目标是赚钱,消费者对此很理解,也接受这样的外在动机。然而,接受外在动机是因为企业从事社会责任出自内在动机。不过，许多学者承认，企业社会责任和消费者之间的关系所产生的结果并不确定，这一问题也尚未得到解决。森和巴塔查里亚（2001）指出，企业社会责任如何影响消费者还没有得到充分了解，问题是企业从事社会责任活动是否真正能给公司带来积极效果。

第二类研究从更广泛的角度考察彼此之间的联系，他们将企业社会责任与更多和企业绩效相关的传统评价标准相结合，如质量、价值、专长。在这些研究中，很多都发现了一些复杂的结果。比如布朗和达钦（1997）在他们的论文中分析了企业社会责任对非行为类结果的影响，如产品评估。研究发现，在消费者对新产品的反响中，企业社会责任起到了积极影响。进一步而言，负面的企业社会责任会对产品评估造成更坏的影响。这些作者首创了"企业能力"（Corporate Abiliity）这个词，将其与企业社会责任相区分，同时建模作为影响消费者行为的因素。在服务行业，服务质量是一项专门的企业能力，可以提升整个企业的竞争力，从而积极影响消费者行为（Brown & Dacin, 1997）。企业社会责任有助于提升品牌影响以及其他关键能力，比如服务质量（Mandhachitara & Poolthong 2011）。普尔特隆（Poolthong）和曼德哈奇特拉（Mandhachitara）（2009）发现在银行业，企业社会责任有助于利益相关方对服务质量形成良好印象。刘庭迟（音译，Tingchi Liu）（2014）认为，服务质量被认为可以调节企业社会责任和品牌影响之间的关系。科姆维莱鲁克（Chomvilailuk）和布彻（Butcher）（2010）阐释了极致的服务质量和企业社会责任之间的关系，企业社会责任有助于对银行绩效产生边际效应。

只有很少的研究分析了企业社会责任和企业能力对消费者行为结果的联合影响（例如 Sen & Bhattacharya, 2001; He & Li, 2011; Berens et al., 2005）。在很多研究中，作者认识到企业社会责任的协调或者调节作用（Chomvilailuk & Butcher 2014）。比如森和巴塔查里亚（2001）在他们一系列的实验中使用了计算器和喷墨打印机作为产品激励，而林（音译，Lin）等研究者（2011）分析了汽车用户经历产品伤害时的境况，从而得出结论，即在做产品推广试图形成购买意愿时，不可忽视企业社会责任。奥格（Auger）等研究者（2008）发现，强有力的社会责任并不能弥补低劣的产品质量和价格。不过，贝伦斯（Berens）等研究者（2007）认为，在某些情况下，企业社会责任可以抵消一部分质量水平。

总而言之，这些研究采取了单一方式衡量企业社会责任的影响，并发现了一些复杂的结果。迈尼昂（Maignan）和费雷尔（Ferrell）（2004）呼吁，采取更为综合的方式分析企业社会责任，包括更多利益相关方视角，有助于"整合不同的社会责任举措"。同样，卡罗尔（Carroll）和谢巴纳（Shabana）（2010）以及佩洛扎（Peloza）和尚（音译，Shang）（2011）呼吁，应该分析企业社会责任和消费者效果之间的复杂关系。

三、建议模型

建议模型源自布朗和达钦（1997）的论文，从服务质量的角度，将企业能力概念化。比特纳（Bitner）等研究者（1994）将服务质量定义为消费者对服务机构质量优劣的总体形象。这些概念基于利益相关方评估企业的社会价值或者标准。这些概念被广泛地定义，包含很多维度，这些不同维度对消费者响应产生不同影响。本研究将其分为企业能力和企业社会责任的影响，同时聚焦于不同建构的不同维度。之后，我们假设了企业社会责任对购买意图的直接影响，以及不同消费者意识对企业社会责任的间接影响。此外也假设了企业能力对购买意图的直接影响。

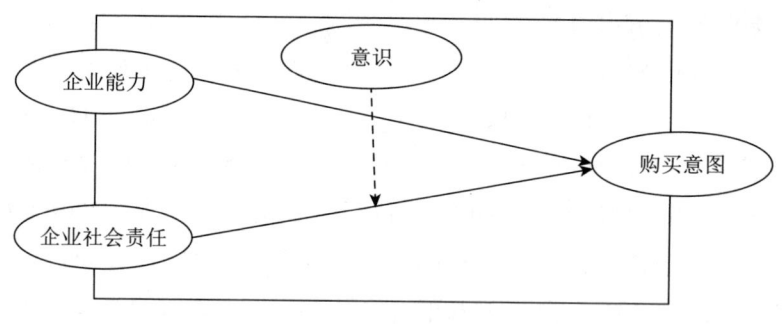

图 1 概念框架

四、假设

企业社会责任对消费者购买意愿的影响既有直接的，也有间接的（Feldman and Vasqez-Parraga，2013）。当消费者了解这家公司及其企业社会责任时，这个影响将是间接的。如果企业社会责任吻合消费者的态度和信仰时，这个影响将是直接的（Sen & Bhattacharya，2001）。莫尔（Mohr）等研究者（2001）发现，只有少量消费者会在他们的购买决定中考虑企业社会责任信息。克耶兰德·罗丝（Creyerand Ross）（1997）发现，如果企业的社会责任行为超过消费者预期，消费者会将企业社会责任作为购买标准。一些作者发现，大量消费者愿意为承担社会责任的公司支付更多（Jones，1995；Mohr and Webb，2005）。与之相反，其他研究发现，企业社会责任和购买意图并不直接相关（Smith & Stodghill，1994）。尽管有大量文献谈及企业社会责任对购买意图的影响（Senand Bhattacharya，2001；Mohr & Webb，2005），但现实中企业社会责任对消费者购买决定影响有限（Mohr et al.，2001）。消费者所表达的意图及其实际行为的差异需要我们更好地理解企业社会责任如何影响购买决定。因此，我们提出如下假设：

假设一：企业社会责任和消费者购买意图正相关。

市场营销文献指出，消费者对企业所建立的形象既会考虑企业绩效，也会考量企业社会责任（Winters，1998）。相对于企业能力，企业社会责任更能增加公司的吸引力（Marin and Ruiz，2007），但基于企业能力的公司声誉会积极影响对企业的总体评估（Brown & Dacin，1997）。文献中以前的实验显示，在某些条件下，企业社会责任对消费者行为结果产生重大影响（Berens et al.，2005；Garcia de los Salmones et al. 2005）。实验表明，只有当企业能力高（而不是低）时，企业社会责任就会对消费者购买意图产生积极影响。这些发现表明，良好的企业能力是积极影响购买意图的先决条件。之前的研究发现，企业能力对产品评估（Berens et al.，2005；Brown and Dacin，1997）以及消费者对企业的评估（Sen and Bhattacharya，2001；Luo and Bhattacharya，2006）构成积极影响。因此，我们提出如下假设：

假设二：企业能力对消费者购买意图正相关。

五、意识的调节效应（Moderating Effect of Awareness）

消费者对企业社会责任的意识是一个先决条件，才能有利于消费者对企业的认同感（Marin et al., 2009）、忠诚（Becker-Olsen et al., 2006）和购买意图（Tian et al., 2011; Marquina & Morales, 2012）。但消费者的意识水平大相径庭（Bhattacharya & Sen, 2004）。大部分研究要么认为消费者有意识，要么是在实验条件下创设的意识（Brown & Dacin, 1997; Tian et al., 2011）。消费者通常不会意识到公司的企业社会责任（Sen et al., 2006; Pomering & Dolnicar, 2009），但适度的传播有助于提升消费者意识（Wigley, 2008）。卡里根（Carrigan）和阿塔拉（Attalla）（2001）报道，不管道德抑或不道德，消费者都缺乏企业总体行为的信息。不过其他作者认为，消费者了解企业的不道德行为，原因就在于媒体会试图报道这些不良行为（Alexander, 2002）。如果消费者了解企业社会责任，就有可能引发导致消费者的积极态度和购买产品的行为意图（Pomering & Dolnicar, 2009）。因此，我们提出如下假设：

假设三：消费者对企业社会责任的意识调节了企业社会责任和消费者购买意图之间的关系，当意识高（而不是低）时，这样的关系就更强。

六、方法论

（一）衡量

基于利益相关方框架，法蒂玛（Fatma）等研究者（2015）提出了衡量企业社会责任的模型，包括 17 项指标，涉及企业社会责任的五个维度（例如客户、员工、利益相关方、社区和环境），并和不同利益相关方责任一一对应。关于模型的详细讨论可在法蒂玛等研究者（2015）的作品中找到。企业能力涉及公司生产和服务配送的专长。在一些服务品牌文献中，企业能力和关键服务质量建构相同（He & Li, 2011）。衡量企业能力的起始点基于服务质量评价模型（SERVQUAL scale）（Parasuraman et al., 1988）。

目前的研究中，衡量服务质量基于"感知"（perception）模式。选择感知模式基于理论和方法论考量，并运用了预期值（Parsuraman et al.,1994）。布雷迪（Brady）等研究者（2002）指出，服务质量的绩效衡量优于其他衡量指标。

本研究采用了戈尔纳瑞斯（Gournaris）等研究者（2003）15项指标的模型，也就是巴苏鲁安（Parsuraman）等研究者（1988）专为银行业所设计模型的延伸。该模型所有维度的15项指标均包含在内。感知服务质量（Perceived service quality，PSQ）模型衡量员工的竞争力、可靠性、产品创新、实物证据（physical evidence）、货币价值和便利的位置。所有模型指标都通过7个等级的李克特量表（Likert scale）衡量。我们采用贝伦斯（Berens）等研究者（2005）的三项指标衡量购买意图。最终，我们采用珀梅宁（Pomering）和多尔尼克（Dolnicar）（2009）的两项指标衡量消费者对企业社会责任的意识。

（二）样本和流程

本研究聚焦印度酒店业。选择酒店业有几个原因。第一、印度酒店业过去二十年迅猛发展，已经成为经济发展的主要组成部分。根据印度投资促进与政策部（Department of Industrial Policy and Promotion，DIPP）发布的数据，到2015年2月，印度酒店业外汇收入达到78.6208亿美元。印度计划委员会（Indian Planning Commission）（2011，p.155）指出，"旅游和酒店行业在促进更快、更可持续、更包容的发展中发挥了重要作用。"第二、企业社会责任已经成为酒店重要考虑的事项，印度很多酒店最近也在履行企业社会责任。比如泰姬酒店集团正在推进可持续的供应链模型，以可持续的方式通过统一物资团队（Central Materials Group）采购产品和服务。

本研究调研对象是独立观光客或非团体游客，喜欢入住履行过一定企业社会责任的三星级或四星级酒店。为了能代表印度酒店客户的情况，数据收集来自德里NCR地区的酒店，该地区拥有2500万人口（UN Report，2014），可以代表本研究的目标人口。这一地区涵盖了印度多元化的文化，有助于归纳本研究在印度富裕城市的发现。本研究采用了非概率的样本流程。我们随机选择黄页上的酒店，然后通过官网和年报确认这些酒店是否履行过企业社会责任。如果酒店履行过企业社会责任，就留下来做进一步分析。本研究选择的受访者都是在退酒店后接受调研。合格的受访者至少住过两次酒店。三个月内（2014年5月至7月）总共收集到346个反馈，其中43份无效反馈作废，总计303份有效反馈。大部分受访者是男性（62.37%），年龄在40—60岁之间（52.47%）；大部分受访者有本科学历（50.16%），属于中等收入阶层（46.53%），月收入在178美元到486美元。在进一步分析之前，对所有指标进行了审核，检查是否缺失价值、是否输入错误，并运用PASW 18统计软件包进行分布分析。样本中的受访对象人口统计信息如表1所示。

表1 样本的人口统计分析

变量	样本	%
性别		
男性	189	62.37
女性	114	37.62
年龄		
40岁以下	65	21.45
40—60岁	159	52.47
60岁以上	79	26.07
资质		
高中	51	16.83
技校	78	25.74
本科	174	57.42
收入水平（月收入，美元）		
高收入（502美元及以上）	113	37.29
中等收入（178美元到486美元）	141	46.53

续表

变量	样本	%
低收入（大于或等于162美元）	49	16.17
规模	303	

七、数据分析和结果

为了测试以上的假设条件，本文设计了结构方程模型（SEM），包含所有之前描述过的变量。SEM 的优势在于可以通过单个模型融合所有变量的关系（MacKinnon et al.，2002）。在测试假设的结构路径关系之前，每个建构进行了两个阶段的模型验证（Anderson & Gerbing，1988）。首先，在测试结构模型之前，验证性因素分析（confirmatory factor analysis，CFA）显示了潜在变量之间的所有可能关系。结果显示衡量模型良好的适配度指标，如表2和表3所示。所有适配度指标 GFI、NFI、NNFI 和 CFI 都高于0.70，满足黑尔（Hair）等研究者（1999年）规定的最低推荐值。方均根差（root mean square error of estimation，RMSEA）小于0.7（Bentler & Bonett，1980）。克伦巴赫系数（Cronbach's Alpha）在每种情况下都介于0.89—0.94，也正如农纳利（Nunnally）和伯恩斯坦（Bernstein）（1994）所建议的超过0.7，显示内部的统一性和可靠性。

所有建构的平均提取方差值（average variance extracted，AVE）超过0.50（Fornell & Larcker，1981），显示所有指标在其重要因素中获得足够方差。总体而言，数据不错，确保模型聚合效度。由于 AVE 值大于重要因素之间的平方相关系数，通过相关因素考察了区别效度，并得以确认。指标和相关因素之比小于0.7（Fornell & Larcker，1981），确认了模型的区别效度（如表4）。

表2 验证性因素分析结果

建构		指标	聚合效度 标准化负荷	可靠性 平均提取方差值	CR
企业能力	COMP & REL	SQ1	0.69	0.589	0.811
		SQ2	0.79		
		SQ3	0.81		
		SQ4	0.78		
		SQ5	0.75		
	CONV	SQ6	0.76	0.632	0.888
		SQ7	0.58		
		SQ8	0.71		
	PHY EVI	SQ9	0.88	0.781	0.922
		SQ10	0.68		
		SQ11	0.89		
企业社会责任	CUS	CUS3	0.89	0.866	0.933
		CUS4	0.98		
		CUS5	0.97		
		CUS6	0.64		
	EMP	EMP3	0.58	0.536	0.853
		EMP4	0.94		
		EMP6	0.88		
	SHAR	SHAR1	0.83	0.732	0.887
		SHAR2	0.89		
		SHAR4	0.81		
	ENV	ENV1	0.51	0.699	0.807
		ENV2	0.67		

续表

建构		指标	聚合效度	可靠性	
			标准化负荷	平均提取方差值	CR
		ENV3	0.61		
	SOC	SOC1	0.53	0.723	0.869
		SOC3	0.82		
		SOC4	0.79		
		SOC5	0.92		
购买意图		PI1	0.89	0.611	0.923
		PI2	0.93		
		PI3	0.89		

表3 适配度指标

	NFI	AGFI	CFI	GFI	RMSEA
S–B χ^2= 149.498 (43df) (p=0.000)	0.899	0.916	0.923	0.911	0.07

表4 区别效度

	ENV	CUS	COMP	SOC	PI	PE	SHAR	EMP	CONV
ENV	1								
CUS	0.023	1							
COMP	0.279	0.027	1						
SOC	0.069	0.003	−0.003	1					
PI	0.045	−0.039	0.036	−0.103	1				
PE	0.049	0.478	0.028	0.027	0.023	1			
SHAR	0.012	0.075	0.019	0.019	0.143	−0.007	1		
EMP	0.014	−0.039	0.002	0.140	−0.086	0.023	−0.069	1	
CONV	−0.126	0.020	−0.098	−0.39	−0.045	0.005	−0.040	0.029	1

（一）结构模型

在测试衡量模型的可靠性和效度之后，SEM 通过 AMOS 软件进行评估。结构模型的总体适配度指标在可接受范围之内 [χ^2=239.186（59df）（p=0.000）CFI=0.916, GFI=0.916, NFI=0.912, RMSEA=0.05]，确认该模型适配度可行。模型的卡方检验（chi square test）非常显著，这在拥有大型样本的研究中比较常见（Bollen, 1989）。卡方检验自由度的比例也在可接受范围之内，RMSEA 低于 0.05 的阈值限制，显示良好的整体模型适配度（如表5）。比较适配度指标（comparative fit indexes, CFI）高于传统的 .90 的分界点（.000）。

最终上述假设条件得到了测试。表5显示了预计的标准化系数和p值。假设一设想了企业能力对消费者购买意图的影响，调查发现企业能力和购买意图为直接影响和正相关（β=0.23）。因此假设一成立。

假设二提议企业社会责任和消费者购买意图的直接关系（β=0.16，t值=2.23），由于数据并不充分，因此假设二不成立。这些研究表明消费者意识的重要性，可以作为企业社会责任和购买意图之间的调节变量。笔者通过一个调节测试确认这一调节作用，将在下一段进行阐释。

表5 路径系数

假设		β	P值	比较
假设一	CA–PI	0.68	0.004	成立
假设二	CSR–PI	0.23	0.009	不成立

（二）调节作用

基于消费者意识的高低，为了考量独立变量在消费者之间变化的程度，我们首先根据中值将所有样本分为有意识和无意识的群组。为了将衡量意识变量的模型转化为二分法模型，我们采用了一个中间值。根据高低，这一变量可以分为有意识的和无意识的。首先，根据消费者对企业社会责任意识（高/低），样本分为两组。有意识的群组包括96个人，无意识的群组包括 207 人。两组的独立 t 值确认了两组之间的巨大差异。

假设三假定了消费者对企业社会责任意识和购买意图之间的调节作用。为了测试这一关系，我们采用了回归分析（regression analysis）。我们采用 AMOS 22.0 软件进行多组别分析调节作用，主要涉及两个模型的比较。我们评估了两种模型——基础模型（无约束模型），可以自由评估兴趣的结构路径，以及替代模型（约束模型），其路径是固定的。建议模型的调节作用通过卡方检验测试进行确定。如果在比较模型中发现 $\chi 2$ 的巨大差异，就表明存在显著的调节作用。结果证实基于意识水平的巨大差异。无约束模型 [$\chi 2$（96）=369.611，p<.000；RMSEA=.060，CFI=.823] 比基于 χ 的不同测试 [$\chi 2$（12）=29.003，P＜.02] 约束模型 [$\chi 2$（116）=412.154，p<.000；RMSEA=.070，CFI=.829] 显示了更好的适配度。$\chi 2$ 的巨大差异显示，消费者对企业社会责任的意识对消费者购买意图产生更重要的影响，因此假设条件成立。

八、讨论

企业社会责任如今已经成为公司的一项全球议题。根据伊多伍（Idowu）和菲力欧（Filho）(2009) 所论，"如何（理解）公司实体在全球不同的政治、经济和文化环境下理解、认识和履行……社会责任，事实上存在差异的。"从理解企业社会责任的概念及其对企业绩效的影响，到企业社会责任对消费者的影响，研究人员试图找到有意义的洞察，发现消费者何时并如何应对企业社会责任及其原因。本研究中，我们分析了企业社会责任和企业能力对消费者响应的影响（尤其是购买意图），其反映了消费者的意识状态。在如今高度竞争的商业世界，公司将营销活动和社会责任或者可持续行动相结合，以获得竞争优势。本研究深入阐释了企业社会责任如何影响消费者响应。

本研究的结果显示，在商业运营中履行社会责任从而获得积极的消费者响应是公司一项具有决定意义的指标。因此，除了实现商业目标，公司需要回馈社区，从而让消费者觉得他们的消费是对社会的一种负责任的行为。其中包括消费者需求的满意度，本质上就是给予他们付出的机会以助力社会更好发展。进一步而言，为了建立消费者和品牌之间更紧密的联系，除了企业社会责任，企业能力也必须表现出高质量。

相比于企业社会责任，企业能力对购买意图产生更重要的影响，原因很简单，消费者购买更多是由于个人原因，而非社会原因（Berens et al., 2005）。企业在生产和服务配送方面的专长是最为重要的因素，而不是源自企业社会责任带来的好处（Oketch, 2005）。我们也不能低估企业社会责任的影响，企业社会责任不能影响公司盈利，而这正是公司生存的立足之本（Oketch, 2005）。

本研究作出了两个重要贡献。其一、研究结果显示，企业能力对购买意图影响最大。原因可能为：（1）对于公司而言，生产和服务配送是最为重要的经营活动；（2）对于消费者而言，能够获得高质量和及时的服务是最重要的，这凸显了消费者购买更多是由于个人原因，而非社会原因（Berenset al., 2005）。其二、研究呈现了消费者对企业社会责任的意识之于购买意图的调节作用。调研显示，如果消费者对公司履行的企业社会责任有意识，那么消费者的购买意图将受到积极影响。

九、研究的意义

不论从管理角度还是学术角度来看，本研究都具有附加值。商业企业的主要目的就是打造关联度，包括企业能力和企业社会责任（Brown & Dacin, 1997）。如今，公司面临增强社会责任的巨大压力（Osterhus, 1997）。履行社会责任有两方面优势，一方面反映当代商业的道德行为，另一方面，有鉴于企业绩效和消费者行为，企业社会责任应该是每一家企业主要考虑的事项（Windsor, 2006）。以前，不同领域的文献分析了企业社会责任对财务绩效和非财务绩效的关系（McGuire et al., 1988; Stanwick & Stanwick, 1998）。然而，大量文献很少关注企业能力和企业社会责任对消费者响应的联合影响。大量证据可以支持企业能力到购买意图之间的途径，但企业社会责任在整个流程中究竟发挥了什么作用？本研究建立了融合企业能力和企业社会责任变量的模型，衡量了其整体对消费者购买意图的影响。

市场经理们面临吸引和留住服务业消费者的挑战。公司在生产和服务配送方面的专长可以提升银行业的服务属性。另外，企业社会责任有助于提升银行的声誉，引导积极的消费者响应。为了吸引客户，银行核心业务必须具有高质量。我们的调研发现，通过将企业社会责任融入营销战略，公司能获益。服务行业的无形资产属性对消费者而言存在风险，因此和消费者建立关联可以降低风险，增强消费者对公司的信心。

十、局限性和未来研究方向

虽然本研究反映了消费者对酒店企业社会责任的认知，然而这些信息可能有所偏倚。一开始收集数据时，我们可以将这一局限性最小化。受访者的反馈将会严格保密，所有信息都匿名保留。预计这样他们将会提供正确信息。本研究的设计不允许纵向信息，因此财务问题导致的消费者感知变化将无法获知，因此未来研究需要纵向化。

在建议的路径关系模型中，本研究没有考虑个人因素的作用。未来的研究需要考量个人因素，比如个人特点、文化价值、不同的追求行为等。

此外，社会责任活动对于社会文化环境非常敏感（Boxenbaum，2006），将印度市场的调研发现应用于其他市场环境并不可行。

莫宾·法蒂玛

（印度理工学院罗克分校）

第五章　酒店业企业社会责任和员工敬业度的关系研究

摘要

研究发现，世界上没有任何魔方或者现成的药方可以用来确保员工的忠诚度和参与度，以实现组织目标。组织依然在尝试各种方法，或者进行相关投入，以打造和谐幸福的企业文化，创造富有生产力的工作环境。已经证实的是，员工的心理幸福感和积极的工作文化和员工发展直接相关。积极心理学（Positive Psychology）聚焦幸福、满意、希望、流畅和高兴，重点在于打造积极的工作和生活品质，而不是修复负面影响。员工敬业度正是其中之一。企业社会责任作为新兴领域，近年来关注度不断提升，也改变了商人和员工对于社会的角色和责任的观念模式。本章讨论并提出了一种模式：员工对企业社会责任计划的积极态度可以提升员工敬业度的水平。

一、员工敬业度

员工敬业度（Employee Engagement）是 1990 年卡恩（Kahn）提出的概念，也是研究者和从业者热议的话题之一。员工敬业度指的是员工在创造绩效时的行为、认知和情感的投入程度（Kahn，1990）。行为投入表现为员工在生理、精神和资源方面完全融入自己的工作职责（Kahn，1990）。

企业领导力协会（Corporate Leadership Council）认为，员工敬业度模式指的是员工在情感和理性元素方面的投入程度，最终导致自主能力提升、愿意在日常工作中追求卓越，同时希望继续为组织工作。

从业者和学者目前不断达成共识，敬业度是一个非常复杂的过程，受到组织和工作因素的影响，也可以影响组织和工作因素（Saks，2006）。

研究者正在探索不同的前提以及员工敬业度带来的后果。但显而易见的是，员工敬业度是重要的企业发展推动力。

（一）员工敬业度助力企业竞争优势

巴特纳格尔（J. Bhatnagar）和索梅德·比斯瓦（Soumendu Biswa）指出，员工敬业度近来被发现与企业竞争优势高度相关。员工敬业度事实上可以建立或打破企业底线（Lockwood，2006）。马特尔（Martel）（2003：30，42）的观点涉及需要创新、灵活性和速度的无形工作，为了实现后工业时代的高绩效，雇主需要调整好员工敬业度。他们表示，员工敬业度好，工作目标更容易达成，而如果员工敬业度低，目标就很难实现。一份研究进一步显示企业绩效和员工敬业度之间的关联，其呈现一种反向反馈环（reverse feedback loop）。企业财务强劲，员工敬业度分数就会更高。

员工敬业度已经被认定为企业发展的重要推动力，有助于组织获得成功。敬业度会影响员工的留任、生产力和忠诚度（Corporate Executive Board，2004）。敬业度也和其他组织因素（如客户满意度、企业声誉）有关联（Lockwood，2008）。

提升员工敬业度的潜在因素很多，包括提升客户服务、提高客户满意度、提升组织生产力、提高利润、积极影响员工团队合作和士气、让员工和战略保持一致、降低员工流失率、吸引新员工、建立接班人体系、帮助员工拥有更满意的生活、减少旷工（Paradise，2008，p.55）。

（二）企业社会责任，企业战略的一部分

企业社会责任近年来正不断赢得越来越多的关注。企业界的一个主要趋势在于不仅越来越聚焦于组织的利润，也关注企业的社会和环境影响。

企业社会责任的关注度过去几十年不断上升，也成为大众媒体、董事会、工商管理硕士（MBA）课堂和学界频繁谈论的话题。在印度，特别是公司法（Companies Act）修订导致企业社会责任监管发生巨大改变，因此企业社会责任也成为企业领导和管理层所作出的重要战略决定之一。

企业社会责任话题被赋予过不同的名字，包括战略性慈善、企业公民、社会责任以及其他名字。正如其名字所表明的，每一个都和企业在社会中所发挥的作用相关（Kash Rangan et al.，2012）。

我们正在使用的企业社会责任的定义指的是"除了狭隘的经济利益、技术和法规要求之外，公司对社会和环境的考量及应对，而不仅仅是传统上的追逐经济效益"（Davis，1973：312）。

就全世界而言，企业社会责任发展态势良好。相关举措包括企业内部改变生产方式降低环境影响，或者改善劳动关系，企业对当地社区进行基础设施投资，或者投入相关慈善。

在印度议会的季风会议期，印度联邦院（Rajya Sabha）通过2012年公司法（Companies Bill 2012），企业社会责任方面的法规监管从而发生了很大变化。

（三）企业社会责任对员工的影响

大部分研究发现了企业社会责任和领导团队的关系。过去的企业社会责任文献（Aguilera et al.，2007：839；Rupp et al.，2006；Swanson & Niehoff，2001）很少提及员工。近来为数不多的研究表明企业社会责任可能通过其他机制而不是身份识别（如社会变化）影响员工，企业社会责任相对于其他承诺，可能会影响员工的态度、需求和行为（Aguilera et al.，2007）。

企业社会责任对员工的直接影响，尤其体现在社会认同领域，比如组织的声誉和对外形象，以及员工的自尊（Ashforth & Mael，1989；Dutton & Dukerich，1991；Riordan et al.，1997）。企业社会责任可以通过员工对组织的自豪感从而提升员工的自尊（Tyler & Blader，2000）。这种自豪感包括员工额外的努力和敬业度的提升。

（四）员工对企业社会责任的看法

企业社会责任可以在一定程度上影响员工的态度和行为，主要在于他们如何看待和评估企业社会责任（Barnett, 2007；Bhattacharya & Sen, 2004）。

吉恩-帕斯卡尔·贡德尔（Jean-Pascal Gondel）和卡罗尔（Carroll）（1979）指出了企业社会责任的四种层次，即经济的、法律的、道德的以及随意的。多个研究认为，根据不同层次，经理、消费者和/或员工对企业社会责任的看法不尽相同（Aupperle, Carroll & Hatfield, 1985；Maignan & Ferrell, 2001；Peterson, 2004）。

员工敬业度会影响现任的员工，尤其是因为企业社会责任会直接影响社会认同，比如组织的声誉和对外形象以及员工的自尊（Ashforth & Mael, 1989；Dutton & Dukerich, 1991；Riordan et al., 1997；Tajfel & Turner, 1986）。企业社会责任也是企业声誉和形象的重要组成部分（Fombrun & Shanley, 1990），如果所在组织具有社会价值（Greening & Turban, 2000；Turban & Greening, 1997），员工会心存感激。企业社会责任可以通过员工对组织的自豪感从而提升员工的自尊（Tyler & Blader, 2000）。

（五）员工敬业度和企业社会责任

根据西罗塔调查情报公司（Sirota Survey Intelligence）最近的研究，对组织的企业社会责任持积极观点的员工对组织的其他方面也会持有积极观点：

- 高级管理层的诚信；
- 高级管理层战略方向的灵感；
- 组织在市场上的竞争力；
- 公司赋予员工的福利；
- 员工敬业度或者对组织的自豪感。

相比于那些不太负责任的公司，员工如果对组织在社会和环境承诺方面满意的话，可能更加积极、敬业并更具生产力。

根据道格拉斯·克莱恩（Douglas Klein）的研究，大部分差异归结于一个简单的事实，即自豪感是士气和绩效最主要的推动力。"人们想要和拥有正面形象的成功组织紧密相连，"他说，"员工不会将公司的士气分为员工和社区两部分。"

"雇主在企业社会责任方面的承诺对于传达组织从最大化利益出发这一观点至关重要，其致力于公平公正的对待。""对于员工而言，企业社会责任和商业成功如影随形。企业通过社会责任提升声誉会带来更好的绩效，同时也会加强员工的忠诚度。"

S. 杜安·汉森（S. Duane Hansen）等研究者（2011）的研究表明，员工信任度部分奠定了企业社会责任与员工态度及行为结果之间的基础。同样，员工对企业社会责任的积极看法会提升员工敬业度。

二、方法论

本研究计划评估企业社会责任对印度北部酒店业的员工敬业度的影响，随机挑选了印度北部五星级酒店5%的高层、中层和普通员工。

企业社会责任可以使用迈尼昂（Maignan）和费雷尔（Ferrell）（2000）的18项指标来衡量效果，其内部一致性的可靠指标是 $\alpha=0.77$。员工敬业度可以使用舒菲利（Schaufeli）、巴克尔（Bakker）和萨拉诺瓦（Salanova）（2006）17项指标来衡量效果，其内部一致性的可靠指标是 $\alpha=0.96$。需要使用合适的统计工具验证之后研究所提出的模式。

三、议题

通过回顾上述文献，我们可以推动如下议题：
P1：组织的企业社会责任举措对员工看法有直接影响。
P2：企业社会责任和员工敬业度正相关。
P3：组织积极参与企业社会责任可以提升员工敬业度。

四、结论

　　研究者和从业者已经达成共识,员工敬业度是必须加以考虑的。提升员工敬业度水平是一个持续的过程,从而能为印度这样的新兴经济体赢得竞争优势。另一方面,在全世界公司内的企业社会责任意识不断增强,其因此在印度也成为强制性举措。本文强调,如果人力资源战略和企业社会责任战略一致,就一定能提升员工敬业度水平,而这也是当前的需要。

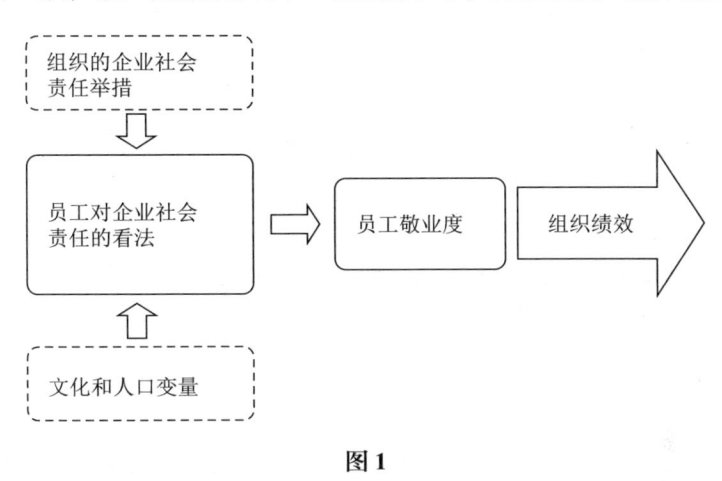

图1

五、蕴含的意义

　　该模式需要在印度通过调查问卷加以试验。迈尼昂和费雷尔(2000)的企业社会责任衡量指标,以及舒菲利、巴克尔和萨拉诺瓦的员工敬业度衡量指标都需要在印度加以验证。本研究也对人力资源有实际指导意义。

贾格迪普·辛格
(印度管理学院巴达尔分校)

第六章 酒店业的企业社会责任：
不同酒店的比较研究

摘要

对"企业社会责任"，没有统一的定义，但大部分的定义都和企业给社区带来的积极影响相关（Redford，2005）。社会和企业相互依存。企业创造就业机会、制造产品、缴纳税收，社会则为企业提供员工、消费者和政策。企业和社会谁离开谁，都无法生存。因此企业和社会相互合作，就能受益彼此，而不是相互争执。商业决定和社会政策在这方面必须相互协调。本章将比较酒店业内不同酒店所采取的不同类型和层次的企业社会责任。企业社会责任涉及"以诚信道德的价值观和尊重人、社区和环境的方式获得商业成功"（Clark，2006；Porter & Kramer，2006）。

一、引言

尽管对"企业社会责任"没有统一的定义，但目前每个定义都会强调企业社会责任对社会的影响，以及社会对企业社会责任的预期。企业社会责任源自公司的一些社会关爱事业（比如捐赠、慈善和救济，等等），企业社会责任的概念也在全球不断发展，目前包含的相关概念如"三重底线法"、企业公民、慈善、战略性的慈善、共同的价值观、企业责任和商业责任。

世界可持续发展工商理事会（WBCSD）将企业社会责任定义为"企业

的持续承诺，不仅助力经济发展，同时改善员工及其家庭的生活质量以及社区和社会的发展"。

联合国工业发展组织（UNIDO）认为：企业社会责任是一个管理概念，企业将社会和环境因素与公司运营融合，并与各利益相关方良性互动。通常而言，企业社会责任被理解为公司在经济、环境和社会之间取得平衡［"三重底线法"（"Triple-Bottom-Line-Approach"）］，同时满足股东和各利益相关方的预期。从这个意义上说，严格区分企业社会责任至关重要，企业社会责任可以被视为具有战略意义的商业管理概念，也可以被理解为慈善、赞助或者公益事业。后者可以在减少贫穷方面作出有价值的贡献，直接加强公司声誉，提升品牌意识，但企业社会责任的理念远不止于此。

上述定义清晰地表明：

● 企业社会责任可以全面融入企业核心战略，解决企业对社会和环境的影响；

● 企业社会责任需要处理好所有利益相关方的利益，而不仅仅是企业的利益；

● 慈善活动不仅仅是企业社会责任的一部分，也是企业行为的一部分，有助于实现企业的战略目标。

印度的企业社会责任

2013年公司法引入了企业社会责任的前沿概念。通过信息公开或者解释这一强制令，增进透明度和信息披露。公司法列出了企业社会责任的重点是社区发展。另一方面则探讨了公司和利益相关方的关系，以及将企业社会责任融入公司核心运营，草案建议企业社会责任应该超越社区发展及慈善的理念。企业社会责任如何真正化为实际行动？企业社会责任的理解将会发生什么变化？这些都有待观察。

酒店业：酒店业是全球发展最快的服务业之一，其向客人提供住宿、餐饮、清洁而卫生的环境。热情款待意味着要让客人宾至如归。哪里旅游业发展迅猛，哪里就会出现这样重要的关系。从建设一家酒店到垃圾处理，酒店业遵循最严格的环保法律，以实现对环境影响最小化。另外一个在总体流程中发挥至关重要作用的是使用最先进的技术降低运营成本。这已经成为酒店业的一大趋势，最先进技术涉及生物医学、传感技术、垃圾箱、半球型摄像机、安全锁、防偷警报、火灾探测技术，等等。酒店业的企业社会责任已经被广泛认可，因为酒店必须为客人提供难忘的体验。为了确保这种体验，酒店必须改变策略，在任何方面都要采取可持续发展的原则，用更少的电和天然气准备食物，用更少的化学品提供干净卫生的环境。为了实现这些目的，酒店必须在个人和职业发展方面定期培训员工，这也有助于酒店的长期发展。酒店应该向员工提供交通设施和食宿。合理价格的食物和干净卫生的环境不仅提供给客人，也要提供给员工，这样员工的士气才能长期保持。为了营造这样的文化，酒店需要在实际活动中履行企业社会责任，这样每个酒店员工就能按照国际标准从事其工作，其旨在更具可持续性以及更好的成本管理和公平机会激励，以及让员工获得更公正的职业发展机会。

文献回顾：作为任何研究中最为重要的工作，文献回顾有助于发现研究中的差异，同时提供给我们研究方向以及某一领域的不同维度。本研究调阅了不同酒店的文件和报告，试图理解企业社会责任的概念。

二、企业社会责任和酒店业

现如今，商业，尤其是酒店业，非常重视企业社会责任。企业社会责任不仅仅是做好事，而且可以为企业带来好处，这是吸引媒体关注的最好方式，可以获得报道机会，赢得社会和客户的尊重。客户会光顾那些受人尊敬的酒店，而且容易对其产生忠诚度。企业一方面可以为社区和客户做好事，另一方面则提升了业绩。组织关注企业社会责任政策是有原因的，并总是试图对其加以改善。

许多酒店集团，如万豪（Marriott）、兰卡斯特（Lancaster）、艾佩克斯（Apex），正在执行不同的企业社会责任政策、计划和战略，并产生了积极的效果。大约275家万豪酒店已经变身为绿色建筑，并获得了环境保护署（Environmental Protection Agency）的能源之星称号（Energy Star Label）。兰卡斯特酒店荣膺伦敦绿色旅游——标准奖银奖（Green Tourism for London

Silver Award），酒店拥有一支"绿色团队"，调查和分析如何降低碳排放和减少垃圾。很多餐馆可以通过循环使用食用油履行企业社会责任。比如英国的麦当劳开始将其使用过的食用油转化为生物燃油，然后运用于机动车辆。

企业社会责任——不同酒店（战略）

1. ITC 酒店（ITC Hotel）

ITC 有限公司于 1975 年 10 月 18 日进入酒店业，目前在 75 个目的地拥有和运营 100 家酒店。ITC 坚持在其企业战略中融入企业社会责任，将社会发展作为帮助利益相关方创造财富不可分割的一部分，以确保长期的可持续发展。ITC 的企业社会责任主要聚焦于经济、环境和社会三个方面。ITC 是世界上唯一一家实现碳循环和水循环，并在企业社会责任领域赢得很多国际奖项的最豪华的绿色酒店。

2. 泰姬酒店集团（The Taj Group）

泰姬酒店利用在食物制作、客房服务和洗衣方面的专长培训和发展没有"一技之长"的人，让他们获得谋生之道。比如酒店和非政府组织合作，培训弱势家庭妇女在酒店业、梳洗和客房服务的一技之长。

3. 欧贝罗伊酒店（The Oberoi）

加尔各答欧贝罗伊大酒店（Oberoi Grand, Kolkata）企业社会责任的哲学理念就是创造一个更加美好的世界。酒店每年开展一系列的活动履行承诺。

加尔各答欧贝罗伊大酒店和一家公共慈善信托机构（比如萨拉达·塞瓦僧团）紧密合作。该组织的主要责任在于改善农村妇女的生活，鼓励妇女做一些手工艺品和刺绣。那家信托机构从酒店里获取一部分亚麻布和制服，也被允许在酒店一周三次搭建作品展示柜台。客人可以购买作品，善款所得则归该机构。

欧贝罗伊酒店创立于 1934 年，全球拥有 12000 名员工，截至 2012 年，总共拥有和管理 30 家酒店和 5 艘五星级游轮。酒店致力于一系列的社区发展和社会服务。多年来，酒店支持弱势孩子的教育，并将其作为未来企业社会责任的基石。酒店支持了一家致力于实现英联邦国家人权的组织——英联邦人权倡议（Commonwealth Human Rights Initiative），支持野生动物保护基金会（Wildlife Conservation Trust）的保护老虎项目（Tiger Watch Project），也向普尔班查·尤德彦僧团捐赠了书籍和药物以帮助所需的妇女和儿童。新德里的欧贝罗伊酒店通过各种活动支持了盲人学校，比如利用员工语音支持创建了声音图书。班德拉库尔拉（Bandra Kurla）的三叉戟酒店通过员工的自愿捐款帮助圣凯瑟琳孤儿院（St. Catherine's of Sienna Orphanage），孟买纳瑞曼区三叉戟酒店（Trident Nariman Point）和孟买欧贝洛伊酒店为泰瑞·福克斯义跑（Terry Fox Run）和孟买马拉松组织了筹款活动，所得款项都捐给了慈善组织。班加罗尔欧贝罗伊酒店在圣诞和独立日的时候为慈氏护养院（Cheshire Home）的孩子和老年人组织午餐和娱乐活动。湾雅维拉斯（Vanyavilas）的欧贝洛伊酒店为当地弱势群体提供裁缝、烹饪、清洁和园艺等职业培训。大部分酒店都会向非政府组织捐赠亚麻布、制服和食物。在环境保护方面，所有欧贝洛伊酒店和三叉戟酒店开展了节水、水循环和节约能源的活动。湾雅维拉斯（Vanyavilas）的欧贝洛伊酒店在老虎保护区参与了野生动物保护活动，并设立了欧贝罗伊学者奖（Oberoi Scholarship Award）和森林护卫保险，帮助填充水坑，丰富森林护卫及其家庭的生活，同时保护环境。班加罗尔欧贝洛伊酒店和非政府组织合作打扫圣雄甘地陵（Mahatma Gandhi Road）。野花大厅酒店（Wildflower Hall）通过捐赠医疗设备支持库夫里（Kufri）一家主要的医疗中心。很多酒店也参与了植树活动，绿化酒店周边的环境。目前，设施管理，尤其是酒店运营，主要聚焦于优化运营效率（及其导致的成本节约）的三个方面：能源、水和垃圾。

4. 洲际酒店集团（InterContinental Hotels Group）

洲际酒店集团（或者被称为IHG）是一家英国跨国酒店，总部位于英国德纳姆（Denham）。从客房数量来看，它是全球最大的酒店（截至2014年2月共有687000间客房），在全球100多个国家和地区拥有4600多家酒店。在4602家酒店中，3934家酒店采取特许经营模式，658家酒店由IHG管理但不拥有所有权，只有10家酒店为IHG直接所有。洲际酒店集团作为全球最大的酒店，当酒店评估环境足迹意识到能源已成为第二大成本之后，就启动了绿色环保参与计划（Green Engaged）。IHG同样识别出水和垃圾这两大环境和社会议题，两者都具有重要的潜在共享价值，目标就是根据对IHG的回报及其特许经营，提供一个具有所有可能共享价值机会的详细排名。对环境影响和回报高的领域，很容易和公众熟悉的领域区分，比如太阳能，其减少的排放不多或者经济价值不高。衡量共享价值在推动绿色环保参与计划至关重要，可以帮助成百家酒店提高资源效率和降低成本。经过计算，IHG更好地理解了相对的共享价值潜力。该计划有助于酒店大幅降低运营成本，每家酒店最多可以节能25%。企业责任是其经营的核心。负责任的行为为品牌带来价值，有助于酒店降低成本、推动收入增长，并为未来做好准备。同时企业责任可以让其时刻关注利益相关方，助力其成为行业领导者的愿景，保护其声誉。做正确的事情进一步加强了对品牌的信任，建立竞争优势，提升企业品牌。IHG拥有4600多家酒店，另有1200多家酒店在筹划中，从使用的能源到运营所在地帮助社区创造的经济发展机会，拥有巨大的机会助力旅游业更加负责任。实现这些目标，需要将企业责任作为战略议题，成为愿景的有机组成部分。IHG的愿景就是成为世界上最好的公司之一——客人挚爱的杰出酒店（Great Hotels Guests Love）。

5. 香格里拉酒店（Shangri-La Hotel）

香格里拉酒店的企业社会责任聚焦于环境，37家酒店通过ISO14001标准认证，从2009年到2010年每位客人产生的二氧化碳排放为6.79%，到2015年能耗降低20%的目标。香格里拉酒店业非常关注供应链。86%的酒店拥有低温洗衣房和绿色建筑。77%的酒店支持教育项目。91%的酒店员工支持公司的企业社会责任活动。2%的酒店长期员工是残疾人。

6. 伦敦兰卡斯特酒店（Lancaster London）

酒店在淋浴间和水龙头安装了节水装置，也在公共卫生间安装了小便传感器。

通过和垃圾处理公司合作，酒店实现了零填埋。不同的专业团队精心分类所有玻璃、纸屑、塑料、纸板、食用油、浪费的食物，并加以重复利用。最近，伦敦兰卡斯特酒店和全球社会责任生产许可（WRAP）签署了酒店和食物服务协议。该协议是一个减少食物和包装浪费的自愿协议。

7. 凯悦酒店（The Hyatt）

凯悦酒店早在 1994 年就开始收集用水和能耗数据。2006 年，公司正式启动凯悦生态跟踪项目（Hyatt EcoTrack），即一个全球数据库，用来跟踪全球所有酒店的公用事业使用数据。然而凯悦直到 2009 年年中才开始跟踪温室气体排放数据，以更好地了解环境足迹。同时，凯悦开始静静开展很多可持续行动，包括设立 2015 年降低的目标，利用全球酒店里敬业度很高的员工识别可运用于当地的可持续发展解决方案。凯悦 2011 年启动全球企业责任平台——凯悦繁荣计划（Hyatt Thrive），将公司在环保领域以及全球酒店运营所在社区发展的承诺正式化。

凯悦酒店是美国一家国际公司，也是一家酒店运营商。自 1957 年 9 月 27 日收购了洛杉矶国际机场的凯悦旅馆（Hyatt House），凯悦公司随之诞生。截至 2013 年 3 月 31 日，凯悦公司在全球拥有 508 处资产。企业责任委员会引领凯悦将环境和社会承诺融入商业目标、日常运营和更广泛的风险管理项目。委员会由公司总部和业务集团的跨职能部门领导组成，包括企业传播、品牌营销、全球人力资源、创新和风险部门。企业责任委员会由企业责任副总裁领导，向首席执行官和首席人力资源官汇报，并得到全球运营的所有业务领导支持。由于组织架构强调跨职能问责和沟通，企业责任委员会秉承凯悦繁荣计划所推崇的负责任商业实践的承诺，致力于将环境和社会承诺融入其商业战略和日常运营。

8. 卡尔森瑞德酒店集团（Carlson Rezidor Hotel Group）

卡尔森瑞德酒店集团是一家国际酒店公司，总部位于美国明尼阿波利斯和比利时布鲁塞尔。卡尔森瑞德酒店集团在全球 100 多个国家和地区拥有 1300 多家正在运营和开发的酒店，全球员工 88000 名，是世界第 10 大酒店集团。根据 2010 年的报告，酒店荣获全球最道德公司之一的奖项。瑞德酒店的能耗主要包括电、区域集中供热、取暖油、天然气、液化石油气，其中 22% 的酒店不同程度使用可再生能源。瑞德酒店的能源成本占总成本的 5.7%。2010 年，其租借自营（leased hotel）能耗成本高达 2949.4 万欧元。

负责任的商业培训以及生态酒店比例不断上升，最终提升了2010年的酒店能效。然而，随着住客率大幅上升，传统的能效指标——每平米能耗成本小幅上涨。为了反映节约用水的日益重要性，瑞德酒店2010年调整了用水报告，涵盖了所有酒店的用水量。所有地区户外休闲设施和灌溉的用水量也被包括在内。虽然丽柏酒店（Park Inn by Radisson）客人每晚用水量明显下降9%，但丽笙蓝标酒店（Radisson Blue）客人每晚用水量小幅上升。积极寻求减少生活垃圾，这些垃圾要么送去填埋，要么焚烧。作为负责任商业培训的一部分，员工接受垃圾管理培训以及如何分类管理：减少、重复利用和再循环，员工也被授权适当加以改进垃圾管理方法。87%的酒店拥有专门的垃圾分类区域；66%的酒店拥有垃圾分类设备，如手推车；67%的酒店将包装盒归还供应商；40%的酒店在公共区域为客人提供护送设施。通过设定中央和区域采购政策购买产品，旨在这些产品所产生的垃圾最少，也尽可能避免一次性产品。比如94%的酒店在公共卫生间配备可再装的皂液器。2010年，丽笙蓝标酒店客人每晚产生的垃圾量降低12%，丽柏酒店客人每晚产生的垃圾量则减少8%。

9. 泰姬GVK酒店（Taj GVK Hotel）

泰姬GVK酒店度假胜地（Taj GVK Hotels Resorts Limited，TAJGVK）是一家合资企业，诞生于1999年/2000年，当时印度酒店集团（IHCL）和总部位于海得拉巴（Hyderabad）的GVK集团形成战略联盟。GVK集团是一家多产品和多地运营的商业集团，在印度和海外拥有分公司。印度酒店集团隶属于塔塔（Tata）集团，拥有泰姬连锁酒店，同时管理和运营遍布印度和海外的多个酒店。GVK将自己打造成为一家高端的酒店领导者，在海得拉巴、昌迪加尔（Chandigarh）、钦奈（Chennai）拥有六处Taj GVK酒店，总共有1093间客房。同时包括泰姬克里希纳酒店（Taj Krishna）、泰姬德干酒店（Taj Deccan）、泰姬班加拉酒店（Taj Banjara）、位于海得拉巴的泰姬薇薇塔（Vivanta by Taj）、泰姬昌迪加尔酒店、位于钦奈的泰姬俱乐部（Taj Clubhouse）。GVK也在孟买和班加罗尔建立了酒店。GVK集团坚信，领导力远不止于反映在数字上的商业成功，因此通过GVK基金会启动了企业社会责任项目。GVK基金会启动的项目包括提供应急预案响应服务，为弱势群体提供住宿、教育、健康和卫生、社区项目，激励和创业精神、艺术、音乐、体育，以及很多其他社会经济和文化活动。GVK 将环境和可持续发展项目作为业务发展不可分割的一部分，致力于创造一个更加绿色的星球。

10. 诺翰酒店（NH Hotel）

诺翰酒店（全称诺翰酒店有限公司，马德里证券交易所代码：NHH）是一家总部位于西班牙马德里的连锁酒店。诺翰酒店价格适中，客房和大堂装修现代，主要位于欧洲、拉美和非洲。诺翰酒店在欧洲经济型酒店领域排名第三，总共有 347 家酒店，共计 53000 间客房。NH 酒店目前有 54 家新酒店在建，将新增 8000 间客房。诺翰酒店开展的企业社会责任全球统一标准，在全球推广的社会化行为（Social Action）体现了诺翰酒店品牌社会化创新者（Social Innovator）的形象。酒店在企业志愿者领域做出的承诺有助于加强社会化行为、提升内部声誉，在酒店所做的负责任和可持续发展方面的活动帮助酒店和员工、客户及社会加强沟通。

11. 米高梅度假酒店（MGM Resort）

米高梅集团（MGM Resorts International，纽交所代码：MGM）是一家位于美国内华达州天堂市的酒店和博彩公司。从营收来看，米高梅是世界第二大博彩公司，2009 年营收大约 60 亿美元。米高梅在美国内华达州、密西西比州和密歇根州拥有和运营 15 家公司，并在美国内华达州、伊利诺伊州与中国澳门拥有 4 家占股 50% 的公司。米高梅度假酒店的企业责任体现为道德义务。酒店意识到，社会责任有助于提升酒店全球竞争力以及促进长期业务发展。酒店的基业长青当然依赖于保护地球上的无价资源。环境可持续是人类未来的基础。酒店运营和实践的可持续性助推了商业效率的提升，最终提高了利润率。如果想要打造不一般的绩效，关键在于卓越员工的人才库，以及发挥其创造力潜能。2011 年，酒店引入了员工沟通、投入和激励体系（People Philosophy of Engage，Invest In and Inspire），激发人力资源。多元化、包容性、团队合作、领导力和敬业度，这些都是助推持续改进的有效推动力，促进创新。与此同时，酒店不仅仅是所在社区的雇主，也是当地永久的组成部分。社区的框架，不管是实际的还是社会化的，都在塑造着生活质量和客户体验。今天强化社区所做的努力，也是共同未来的投资。

12. 文华东方酒店集团（Mandarin Oriental Hotel Group）

文华东方酒店集团运营或正开发 40 多家酒店，在 27 个国家和地区拥有 10000 间客房，其中亚洲 18 家、美洲 12 家。集团还运营或正在开发 13 家文华东方酒店公寓（Residences at Mandarin Oriental）。集团主要通过培训和教育提供卓越服务，授权员工作出对环境和社会负责任的决定。员工被分配了管理职责，同时配备相关资源，执行和审核企业责任的承诺和目标。同时咨询利益相关方并征求反馈，持续提升绩效。酒店和当地社区、旅游部门、政府以及非政府组织合作，实现更大的可持续目标。集团有效衡量和监督其所有运营给环境带来的影响，公开发布进展报告。集团也在酒店运营中引入环境管理体系和最佳实践，旨在持续提升绩效。酒店采取可持续建筑的标准，贯穿整个建筑的生命周期，如起居、设计、开发、维护和装修。集团也制定了可持续的供应链管理指导原则，确保所有采购决定都考虑了环境指标。酒店使用创新科技降低对化石燃料的依赖，提高所有运营的资源效率。所有员工都受到参与所在社区的公益项目的鼓励，比如帮助弱势群体的项目、保护文化遗产、保护自然资源和恢复生态栖息地。

13. 丽亭酒店（Park Plaza Hotel）

丽亭酒店拥有超过 38 家的酒店和酒店公寓，接近 7000 间客房。截至 2012 年底，酒店通过现有项目和特许协议，预计客房数量将超过 13,000 间。根据丽亭酒店规划的企业社会责任指导原则，集团承诺在所有酒店履行强制性和可选择的行动方案，这主要是为了确保遵守最低限度和始终如一的企业社会责任承诺，同时根据不同酒店的独特性和当地环境，鼓励酒店履行一些可选择的企业社会责任。这些企业社会责任举措主要涵盖 10 个能够带来深刻变化的领域：

（1）水；
（2）电；
（3）供暖；
（4）采购；

（5）垃圾管理；

（6）学习和发展；

（7）社区；

（8）慈善；

（9）旅游；

（10）客户沟通。

可持续发展的意识在过去30年来发展迅猛，其原来指的是保护自然资源，现在则涵盖社会、经济和文化因素以及建筑环境。如今，大部分政府、国际开发组织、贸易协会、学术机构和非政府组织都承认，没有可持续发展，就没法获得让所有利益相关方获益的发展，无法解决严重且紧急的问题，如极度贫穷、保护人类赖以繁荣的宝贵自然资源和人造资源。酒店以既可持续又负责任的方式开展业务，同时不降低客人的舒适度或服务质量，已经成为酒店日常工作的一部分。酒店持续投资新的方法，助力节约水资源、保护能源，实现循环利用。此外，积极参与当地社区项目，持续捐赠，已经成为企业社会责任政策的一部分。

三、结论

为了短期利润牺牲环境和社会利益非常短视。企业想要实现可持续发展，就需要在所有业务中融入"三重底线法"（"Triple-Bottom-Line-Approach"），衡量经济、环境和社会效益和损失。业务发展导致的社会和环境问题可以解决，但需要企业和所有利益相关方的承诺，在发展经济的同时，考虑不可持续的行为给社会和环境带来的后果。

苏米特·格克兰尼

（印度 GGDSD 学院）

第七章 企业社会责任在酒吧服务运营中对消费者行为的影响：概念框架

摘要

商业世界对组织诚信行为和环境责任的关注与日俱增。企业社会责任对于消费者而言扮演了至关重要的角色。企业社会责任包含商业运营的方式，即企业有利润、遵纪守法、诚信经营，同时支持社会发展。这篇概念性论文试图考察企业社会责任举措在酒吧服务运营中对消费者行为的影响。在详尽的二手数据研究基础之上，这篇概念性论文在企业社会责任对消费者行为影响方面提议了一个一体化框架。从这个提议的框架来看，企业社会责任的六大因素有可能对消费者行为造成影响。除了这些因素，人口统计变量在这一框架中起到了调节作用。该框架将有助于为研究人员分析企业社会责任影响消费者行为提供指导方向。研究人员今后实证研究这一议题时，可以考虑使用该框架。

一、引言

所有服务业以及服务业中的大公司都在开发新产品和新流程，旨在将环境造成的不良影响最小化。崔（音译，Choi）和帕尔萨（Parsa）（2006）指出，这些开发源于社会责任目标，不过有争议的是，这些行为的源动力仍然是经济发展的刺激。酒店和旅游业的关键在于融合周边的自然环境。酒店主要位于一些大自然地区，比如高山或者沙滩，因此非常依赖于这些地方的"健康"状况。很多经营酒店的企业家已经推行多年"绿色"运营，开展生态旅游。酒吧和饮品运营更少依赖于环境因素，因此很少关心这些议题。为了实现业务目标，酒类产品营销人员必须同时提高销量、提高生产效率，或者同时实现销售增长和成本效率。在一些人口增长缓慢的稳定市场，销量增加颇具争议，因为卖得越多也就意味着消费者喝得越多，从而导致一定的健康风险和社会风险。商业世界对组织诚信行为和环境责任的关注与日俱增。企业社会责任对于餐饮业的消费者而言至关重要（Tracking and interpreting restaurant trends，2010）。柯尼高（Klonoski）（1991）指出，很多关于商业和社会之间适当关系的争论聚集于企业社会责任话题。布鲁姆（Blume）和里索（Resor）(2007)认为，尽管少量到适度的饮酒可能对健康有利，但大量饮酒则会增加心血管疾病、中风、肝硬化及一些癌症的风险。企业社会责任包含商业运营的方式，即企业有利润、遵纪守法、诚信经营，同时支持社会发展（Carroll，1983）。当讨论商业道德的时候，盈利和遵纪守法是企业负责任最为重要的条件。金字塔型的企业社会责任模型包含企业经济、法律、道德和慈善的四大维度（Carroll，1991）。企业希望通过这个模型实现盈利、遵纪守法、诚信道德，成为良好的企业公民。企业社会责任还有一些其他名称，如企业社会机会、企业责任、负责任的商业和企业公民（Ismail，2009）。布兰默（Brammer）、杰克逊（Jackson）和马滕（Matten）(2012)指出，企业社会责任自身具有社会属性这一标签，很明显企业社会责任会一直和商业的社会责任密切相关。本研究的目的在于考察这一概念性框架，评估企业社会责任在酒吧服务运营中对消费者行为的影响。这篇概念性论文在企业社会责任对消费者行为影响方面提议了一个一体化框架。该框架将有助于为研究人员分析企业社会责任影响消费者行为提供指导方向。研究人员今后实证研究这一议题时，可以考虑使用该框架。

二、负责任的酒精饮料服务（Responsible Beverage Service）

许多知名学者，如贝克（Baker）等研究者（1992）、海沃德（Hayward）

等研究者（1992）、罗伊森（Roizen）（1982，1993）、斯塔尔（Stall）等研究者（1986）、雷（Leigh）（1990）都指出了饮酒相关的问题已经成为公共健康关心的主要话题。交通事故、自杀、谋杀、性侵、溺水、休闲受伤都和饮酒有关。负责任的酒精饮料服务是一种预防策略，研究人员发现其可以有效降低酒吧和餐馆老板提供有害酒精。巴伯尔（Babor）等研究者（2003）、霍克斯（Hawks）等研究者（2003）指出，最有效防止饮酒问题的措施是制定提供酒精的相应法规。过去几年，酒精导致的车祸、伤害和死亡提醒我们其问题有多严重。境况性影响（situational influences）有助于人们改变习惯，预防专家应该呼吁在各种饮酒环境中提醒酒驾风险。服务员需要执行负责任的酒精饮料服务，制定一系列策略打造安全饮酒环境，首先降低醉酒风险，其次降低醉酒人员伤害他人和自己的风险。这样的策略意味着经理和侍酒师/酒吧服务员可以提高酒精饮料价格，更多推广美食，改变装修营造安全饮酒环境。奥唐纳（O'Donnell）（1985）指出，许多机构或者有执照的售酒商店卖酒给醉酒人士，这也就是为什么酒驾人士通常来自有执照售酒的地方。霍尔德（Holder）（1998）表示，系统性预防饮酒包括改变人们通常饮酒地区的环境。一个社会的建立需要不同的参与者和不同的力量，从而一起构建一个系统。能对一个社区的饮酒造成影响的重要分系统包括消费模式、可获得性、社会标准、司法体系、执行机构、制裁以及其他社会和医疗要素。公众的支持可以推动权力机构更关注如何监督这些获得执照的商店，同时激励餐馆老板培训员工提供负责任的酒精饮料服务。有执照的酒精销售渠道包括餐馆、酒吧、酒馆以及夜总会，它们也是现代社会有机的组成部分。餐馆和酒吧是提供人们社交和饮食的场所。不过，这些地方也有一定风险，因此有可能成为饮酒过度的场所。斯托克韦尔（Stockwell）等研究者（1993）的研究显示，有一些饮酒过度的场所，比如夜总会和酒吧，导致的饮酒问题比例很高。由此诞生了酒吧责任法（dram shopliability law）、各州和当地酒精饮料控制法规（Alcoholic Beverage Control）以及相关刑法。这些法律规定，如果售酒机构卖酒给已经明显喝醉或者不到法定年龄者，若饮酒者随后伤害他人或自己，商业售酒机构也要承担法律责任。莫舍（Mosher）（1984）认为，目前的法律比较模糊，很少关注预防饮酒所造成伤亡的潜在风险。莫舍还和其他人合写了一个酒吧责任法的模型，弥补了这些缺失（Colman et al.，1985）。毫无疑问，法院下达的整改项目、学校教育、大众媒体宣传、加大执法力度，已经改变了饮酒和驾驶的环境，也改变了个人的态度和行为，有效限制了饮酒导致的问题。过去很多研究发现，酒吧服务员的有效干涉从两个方面促成了饮酒环境的变革：一是法律环境，二是有执照机构的特定环境（Mosher，1979，1983，1984）。这两个方面的协调有助于持续而有效的预防。

三、菜单标签（Menu Labelling）

菜单标签引起了餐饮业的关注。由于越来越多的肥胖、超重和由此导致的大量疾病，大部分消费者如今对食物的摄入非常谨慎［Centers for Disease Control（CDC）2008］。基于目前的饮食模式，餐馆提供低成本的菜单选择，大分量食物和卡路里高的食物导致大量食物摄入和疾病风险（Odegaard et al.，2012）。酒吧被定义为"主要经营向公众销售酒精饮料的公共场所"（Arora，2009）。酒吧、酒店内酒吧－餐饮一体，比如大堂酒吧、鸡尾酒酒廊、餐馆酒吧、夜总会、送餐服务、小酒吧等，酒精饮料服务方式不一，目的不同。除了饮品，还提供小吃和食物。托马斯（Thomas）和米尔斯（Mills）（2008）指出，菜单设计需要考虑多个参数，比如回头客、时令、价格、数量、质量、地段。除了食材来源，烹饪风格和主要成分能让消费者下单之前充分了解菜品。这些参数从某种程度上影响了购买意图（Drydale and Galipue，2008）。如果菜单印上营养成分，消费者就能直接了解所要下单的菜品（Consumer Affairs，2009）。哈纳克（Harnack）和弗然赫（French）（2008）还指出，人们每月的家庭预算大部分用于购买食物和外出就餐。这也是为什么人们非常关心食物中的营养成分的原因之一。如果餐馆菜单标有营养成分，那么消费者就餐时就可以决定摄入哪些营养。消费者外出就餐趋势越发明显，以及低估了食物中非所需营养的程度，使得消费者需要了解就餐中的营养组成（Harnack and French，2003）。黄（音译，Hwang）和洛伦岑（Lorenzen）（2008）发现，如果餐馆提供健康菜单的营养信息，消费者就会选择健康菜单，而不是相对不健康的菜单。健康菜单应该标示卡路里、脂肪和主要营养元素。他们的研究证明，菜单中的纤维成分和其他营养元素相比没那么重要。如果消费者在可供选择的菜单中可以比较营养值，他们就会需要额外信息（Balasubramanian and Cole，2002）。伯顿（Burton）等研究者（2006）分析指出，简单地在菜单上标出营养成分就有可能给公众健康带来好处。菜单加上营养信息对购买意图和菜单选择带来积极影响。另一方面，研究显示了包装食品上健康声明和营养信息之间的合作。如果能充分理解食物组成部分和疾病风险之间的关系，健康声明就会变得很有用。研究指出，在进行产品评估时，消费者更依赖于营养信息，而不是营养声明。托马斯和米尔斯（2006）认为，菜单选择时，食物上的健康声明非常有用。消费者购买意图更倾向于标有健康声明的产品（Williams，2005）。德瓦尔德（Dewald）和琼斯（Jones）（2006）发现，大部分餐馆的菜单描述了酒的信息，比如葡萄种类、年份、品牌和价格。菜单上的重要部分就是将酒和食物相配，这样更有助于消费者选择酒（Wansink et al.，2006），甚至会影响消费者的选择（Gultek，2003）。此外，阿利（Alley）（2004）认为，对于餐馆老板而言，最重要的考量就是利润最大化。

四、绿色产品

菲利普（Phillips）（1999）认为，绿色消费者总是追寻绿色产品，他们和其他消费者不同（Robert，1996）。博赫丹诺维兹（Bohdanowicz）（2005）发现，遵循绿色生活节奏的消费者日益增多。在中国，人们愿意入住绿色酒店（green hotel），尽管他们不确定什么才是绿色酒店（Heung, Fei and Hu, 2006）。现如今，游客也支持酒店的绿色实践（Weaver，1996）。博赫丹诺维兹（2006）、乐（音译，Le）等研究者（2006）发现，酒店运营商对环保的态度和采取环保实践成为很多研究的重点，其共同的结论是，障碍源自旅店老板缺乏意识以及缺乏对消费者之于绿色实践的态度和行为的市场研究。有机食物的跳蚤市场不断增加。相比于其他产品，有机食物预计在超市、大型市场、自然型超市卖得更多。显然，有机食物已经成为主流（Knudson，2007）。吃有机食物好处良多：更高的营养水平，更低的农药残留，没有食品添加剂，比如人工甜味剂、着色剂、调味品，也没有脂肪。和传统食物相比，基于相同重量，有机食物拥有更多干物质，提供更高的营养水平。不仅是营养组成，有机食物还是最安全的。传统食物的农药残留据说是安全的，在可接受的健康范围之内。有机食物的品质涵盖社会和环境维度以及传统食物的传统标准（Arvaniti，2003）。主厨们也对有机食物喜爱有加，将烹饪得十分美味的有机食物加入餐馆菜单。食物美酒杂志《主厨调研》（Chef's Survey）发现，76%的受访主厨表示"积极寻找有机食物"。谢泼德（Shepherd）（2005）认为，当评估消费者是否愿意购买环保产品时，是否拥有生态友好的态度是一个重要因素。越来越多有健康意识的消费者不仅喜欢有机食物，也选择有机酒。福托鲍洛斯（Fotopoulos）和克莱塔利斯（Krystallis）（2002）指出，有机酒的购买动机源于环保、质量/健康意识，以及产品属性，如价值、品牌、价格、产品知识（Dodd et al.，2005）。尽管酒类市场仍在发展，巴伯（Barber）（2009）、布鲁加罗拉斯（Brugarolas）等研究者（2005）开展的研究希望加深消费者对生态友好型酒类的理解。在酒吧运营中，酒类消费者深受标签影响（Fowler et al.，2010）。有机消费者协会（Organic Consumer Association）（2010）指出，喜欢有机酒的消费者可能需要酒瓶标签上标注有机声明。

五、当地产品

托森（Thorsen）和海尔（Hail）（2001）指出，一些餐馆供应当地产品以支持当地酒产业的发展。霍尔（Hall）（2003）表示，由于这样的商业实践可以吸引更多消费者，因此对餐馆老板和酿酒厂都有利。他说，菜单上很多当地产品/酒可以让消费者很好感受当地风格。霍尔（Hall）等研究者（2001）发现，酒的品牌会影响消费者的购买决定，在外出就餐选择时扮演了重要角色。为了提高消费者满意度，最好的方式就是供应受欢迎的酒，正如之前所讨论的，酒单上有品牌的酒销售得更快。国家餐饮协会（National Restaurant Association）（2005）表示，最热门的趋势就是饮用当地生产的红酒和啤酒。古尔特克特（Gulteket）等研究者（2005）发现餐馆老板对当地酒态度非常积极。精致餐馆或者中等规模的餐馆是供应当地酒最合适的平台。维瑞格特（Viereggeet）等研究者（2007）发现，全球品牌餐馆的消费者喜欢当地产品；还考察了消费者在瑞士快餐连锁店对生态友好型产品的认知。施耐德（Schneider）和弗朗西斯（Frances）（2005）分析指出，喜欢购买当地产品的消费者愿意为当地产品支付最好的价格。拉罗什（Laroche）等研究者（2001）表示，有环境意识的消费者购买产品时会基于这些产品如何影响环境，他们愿意购买环境友好型产品。

六、环保意识

库尔摩斯（Kollmuss）和阿杰曼（Agyeman）（2002）认为，环保意识既包括认知的、基于知识的部分，也包涵情感的、基于感知的部分。采用最新的技术和可持续发展原则，而不是快速的发展以追求短期的财务目标，酒店业因此可能有机会转型成为环保运营的典范。环保被定义为"了解人类行为对环境的影响"。如今每一个行业都受到消费者对健康和环保产品史无前例的需求，可持续性成为行业生存的重要组成部分。如今，消费者对绿色酒店，或者称为环境友好型酒店，越来越熟悉。MDEO（2009）发布的数据显示，商业性的食物服务机构和餐馆能耗最大，因此绿色发展对其可持续性至关重要，而这也是出于盈利的需要。卡西姆（Kasim）（2004）指出，游客具有丰富的知识，关注环境，但是他们可能不会以酒店的环保战略而选择酒店。这并不是说他们不赞成房间具有环境友好的属性。如今游客愿意接受配备节能设施、分类回收桶、消防设备以及当地生态信息的环保型房间。帕尼（Panni）（2006）认为，消费者越意识到社会问题和环境问题，也就越会支持有利于社会和环境的行为。

七、绿色营销

绿色营销是市场营销的一部分，旨在执行具有环保意识的营销项目（Karl et al.，2005）。环保营销或者绿色营销指的是满足消费者的需要、欲望和需求，同时保护自然环境。美国市场营销协会（American Market Association）认为"绿色营销指的是对环境安全产品的市场推广"。绿色营销包括市场营销组合的四个组成部分（产品、价格、促销和渠道），旨在销售拥有卓越环境效益的产品和服务，如减少垃圾、提升能效、降低有害气体排放。绿色营销对环境十分敏感，致力于生产和推广可循环的产品（Kotler et. al.，2005）。素隆斯迈（Soonthonsmai）（2007）认为，绿色营销是组织执行的一系列关心生态或者绿色议题的行动，提供生态友好型产品或者服务，满足消费者和社区的需求。查莫洛（Chamorro）和巴内吉尔（Banegil）（2006）指出，绿色营销不在于理解商业交易的关系，而是对组织和社会（包括环境）之间关系的认可。他们认为，注重绿色营销不仅仅是市场部的职责，而是涉及整个组织，需要质量、设计、生产和供应链等职能部门的参与。通过策划、执行和管控，制定产品或服务、价格、渠道和促销的战略，绿色营销旨在将自然环境的影响最小化。在有关绿色营销的文献中，许多学者认为绿色实践和酒店绩效之间为正相关关系（Garay & Font，2012；Kasim，2007；Rodríguez & Cruz，2007；Tari，Claver-Cortes，Pereira-Moliner& Molina-Azorin，2010）。由于酒店在能源、水、垃圾处理上花费很多，因此在高度竞争市场中的酒店老板需要关注财务节约。通过转向可持续发展，在不影响运营绩效的情况下，资源消费可以降低20%—40%（Graci & Doods，2008）。韩（音译，Han）、苏（音译，Hsu）、李（音译，Lee）和许（音译，Sheu）发现，酒店业的绿色管理中，市场部发挥关键作用。如果公司想要高效推行绿色营销，那么环境的概念和考量需要融入市场营销的所有环节（Ottman，1992）。因此，绿色品牌形象可以让酒店受益，增强酒店作为生态友好型组织的形象，将企业社会责任融入吸引消费者作出正确购买决定的流程中。随着酒店的生态形象得到认可，酒店经常也会被认为是一家具有企业社会责任的组织。显然，绿色营销、绿色品牌形象和企业社会责任相互关联。佩雷斯（Perez）（2009）表示，建立在真正企业社会责任基础上的品牌更可能改变顽固消费者的态度，吸引更多忠诚的消费者。

八、消费者行为

霍耶（Hoyer）和麦金尼斯（Macinnis）（2009）将消费者行为定义为"消费者为满足需求及欲望而选择、购买、使用、处置产品和服务的心理分析、情感因素和实际行为"。消费者行为涉及人们在交易过程中的购买以及其他和消费相关的活动。消费者行为研究的是一个人如何购买产品。查内（Chaney）（2000）发现，如果一个产品的很多属性只能在消费过程中评估，比如酒精饮料，那么消费者在购买前评估质量的能力会受到很大影响。除了酒精饮料的品质，不同消费者还依据其他因素选择不同的酒精饮料。米切尔（Mitchell）和格瑞托雷斯（Greatorex）（1989）分析指出，在产品购买中，可感知的风险也是影响消费者决定的一个因素。风险包括产品的社会性、经济性、功能性以及产品本身。格鲁克曼（Gluckman）（1990）认为，购买酒精饮料伴随着不安全感。购买行为很复杂，因为知识水平是个重要因素，决定消费者的整个思考过程。很多作者同意，诸多因素影响着消费者行为。埃伦贝格（Ehrenberg）（1988）举了个例子，探讨真正的消费者行为，而不是态度。态度和真正的行为之间关系不大。消费者购买更多受到文化、社会、个人和心理因素的影响。文化似乎是个人需要和行为最重要的基础，包括一个人通常理解周围社会的基本价值观、认知、需要和行为。科特勒（Kotler）等研究者（2006）认为，消费者行为因社会因素而改变，比如消费者群体、家庭、社会地位。他还发现，消费者决定会受个人因素影响，比如年龄、职业、经济状况、生活方式、个性和自我概念。激励、认知、学习能力以及信仰和态度这些心理因素也会影响消费者购买。消费者行为是营销组织考虑的基础。理解消费者为什么选择某种产品以及是什么因素影响消费者作出这样的决定至关重要。科特勒等研究者（2006）还分析指出最为重要的因素是人口和生活方式，包括声望、逃避、性、教育、社交、家庭关系和休闲。

九、人口因素

过去很多研究试图识别哪些人口变量导致产生具有生态意识的态度，哪些变量影响消费以及企业社会责任。这些变量如果很重要，就能让营销人员容易且高效地细分市场，并从那些绿色态度和行为中获益。回顾早期生态营销和绿色营销，大量研究人员考虑到年龄因素（Aaker and Bagozzi，1982；Anderson et al., 1974；Hume et al., 1989；Kinnear et al., 1974）。布鲁克（Brooker）(1976)，霍恩谢尔（Hounshell）和利格特（Liggett）(1973)，麦克唐纳（MacDonald）和哈拉（Hara）(1994) 指出，由于独特的性别角色、技能和态度，相比于男性，女性更可能对绿色发展态度积极。克瑙尔（Knauer）(1971) 表示，举报欺骗和误导的大部分消费者是高收入女性。通常而言，收入和环境敏感度正相关。教育水平则是另一个和环境态度、行为相关的人口变量。

表 1　企业社会责任相关变量的概念性框架和酒吧服务运营中的企业社会责任对消费者行为的影响（来自文献回顾）

酒吧服务运营中的企业社会责任对消费者行为的影响
人口因素（年龄、收入、性别、教育、访问频率）
变量（负责任的酒精饮料服务、菜单标签、绿色产品、当地产品、环保意识、绿色营销）

十、结论和局限性

本研究可为企业社会责任实践提供详尽的二手数据，包括负责任的酒精饮料服务、菜单标签、绿色产品、当地产品、环保意识、绿色营销。贝克（Baker）等研究者（1992）、海沃德（Hayward）等研究者（1992）、罗伊森（Roizen）(1982, 1993)、斯塔尔（Stall）等研究者（1986）、雷（Leigh）(1990) 这些作者都指出了饮酒相关的问题已经成为公共健康的关注。负责任的酒精饮料服务是一种预防策略，研究人员发现其可以有效减少酒吧和餐馆老板提供有害酒精。基于这些二手数据，我们理解了消费者对企业社会责任的响应，有助于酒吧开发优化的企业社会责任战略，最终提升消费者满意度和实现财务回报。任何企业社会责任政策都有利于提供高品质食物和服务的酒吧，也成为吸引客户和提升客户忠诚度的有效手段。本研究钻研了这些二手数据的基础，并将这些数据融入了之前作者建议的并不完善的框架中。事实上，大量的文献调研发现，之前的研究对企业社会责任之于消费者行为的影响有各种方案，但比较分散。本研究为未来研究酒吧服务运营中履行企业社会责任奠定了基础。很少有文献试图讨论在消费者行为方面，人口变量对企业社会责任的影响。所有这些议题实际上相互关联，需要进行整合以开发更加详细的框架，融合企业社会责任所有重要的议题/变量，确定概念性框架需要解决的一整套假设变量。本研究也注意到了一些局限性。除了上述提到的实践，还有很多本研究中没有提及的实践。未来的研究需要调研更多实践。除了概念性研究，研究还需要更多的实证。

阿布舍克·哥亥

（印度旁遮普大学）

第八章　印度食品服务行业中的食物浪费管理和企业社会责任：概念分析

摘要

印度是多元文化的国度，每年有成千上万的游客到印度旅游，体验印度丰富的文化遗产。近年来，印度旅游业和酒店业发展迅猛。随着行业的发展，印度入境游客数量不断上升。更多游客意味着产生更多垃圾。据估计，一位房客平均每天产生一千克垃圾，这一数字十分惊人。酒店业不断发展。在酒店业，管理好每天产生的日常垃圾是一个永恒的挑战。每年，一家酒店需要大量投入才能管理好垃圾，同时需要记住的是，为了酒店员工的健康和安全，酒店需要单独的空间存放和分类垃圾。通常，酒店业产生的垃圾都会进行填埋，但本研究聚焦于如何通过企业社会责任实践处理浪费的食物。

一、引言

如今，酒店业在全球发展迅速，助推 GDP 增长、增加就业机会、提供社会上升通道、造福社会，同时极大促进旅游业发展。酒店业已成为日常生活的一部分，几乎和所有领域（不管是医院还是银行）相关。在现代世界以及残酷的竞争下，消费者有众多选择。公司或者行业赢得竞争优势，将会给予消费者最好的接待。

第一部分　酒店业的企业社会责任

酒店业近来成为乌云笼罩之下世界经济中的一线希望。过去 10 年里，中产阶级收入增加，外出就餐成为一种趋势。同时，旅游业开始提供经济型的假期旅游计划，能够满足预算较低消费者的需求。因此，原先负担不起旅游的消费者可以选择在他/她预算之内的假期旅游计划。

20 世纪 70 年代，国际游客在印度主要选择国际酒店集团，如假日酒店（Holiday Inn）、万豪（Marriott）和洲际（InterContinental）。印度此后加速发展，提升了国内酒店品牌的国际竞争力。如今，与国际品牌相比，印度拥有更多国内酒店品牌。印度酒店集团、欧贝罗伊酒店、ITC 酒店已经具备国际品牌影响力，它们对印度酒店业的贡献要比任何品牌都要大。印度酒店业的发展速度非常快，它也成为利润最大的行业之一，助力印度经济发展。酒店为消费者提供世界一流的服务。酒店业最为重要的一方面是过去几年吸引到了世界一流的国外品牌，如雅高集团（Accor Group）、喜达屋酒店（Starwood Hotels）、万豪、卡巴娜酒店（Cabana Hotels），等等。印度知名的本土酒店包括 ITC 酒店、巴拉特酒店（Bharat Hotels）、印度酒店集团。

世界旅行和旅游理事会预计，基于年均 10.1% 的发展速度，印度有望成为世界第一旅游目的地国家。世界旅游组织预计到 2015 年，印度将接待 2500 万游客。FHRAI 的数据显示，印度酒店入住率从 2011/2012 年的 59.3% 略微下降到 2012/2013 年的 57.8%，2013/2014 年则回升到 58.9%。在 2013/2014 年，印度品牌酒店房间数量突破 10 万间大关。2014 年 3 月 31 日，印度全国现有房间数量达到 103,855 间，比上年同比上涨约 10.2%（增加了 9600 间）。在所有大城市中，孟买拥有的品牌酒店房间最多（13,022 间），紧随其后的是德里（12,025 间）［不包括古尔冈、诺伊达（NOIDA）、诺伊达大区（Greater NOIDA）］、班加罗尔（9877 间）、钦奈（7105 间）。印度开展的一项调研发现，泰姬酒店集团旗下所有品牌拥有的房间最多，达到 12,000 间，之后依次是 ITC 酒店、卡尔森瑞德、喜达屋和万豪国际（Hospitality，Biz India；，2014）。

2013 年，印度接待国际游客数量达到 690 万人次，2014 年 1 月至 6 月，这一数字达到 354 万，同比上涨 5.9%。前三大客源国继续分别为美国（15.6%）、英国（11.62%）和孟加拉国（7.53%）。游客落地签的国家将从

11个升至180个国家。对于经常访问印度的游客则放松了必须间隔60天的管制，这在未来有利于促进入境游。2012年，印度国内旅游花费产生了大约80.7%的直接旅游收入（11.45亿美元），上涨近10%（Khanna，2014）。

上述数据显示，酒店业发展速度很快。随着更多国内外游客在印度旅游，可能产生更多的食物垃圾。国际饥饿指数（Global Hunger Index）显示，印度在78个最饥饿国家中排名第63（Biswas & Tortajada，2012），这一数字让人震惊。每天，酒店产生百万吨食物垃圾，但没有相关政策或实践指导酒店更合理地进行垃圾管理。如果酒店业产生的食物浪费可以收集起来，再分发给所需要的人，那么印度将不存在饥饿，其排名也将大幅改善。因此，酒店业研究如何有效管理食物垃圾就显得至关重要。

二、研究目的

关于印度酒店业食物垃圾处理的文献很少。如果有的话，大部分探讨的也是固体垃圾处理，并没有聚焦于食物垃圾处理。因此，本文的目的在于：

1. 确认印度酒店业食物垃圾管理的最佳实践；
2. 在研究大量相关文献之后，审核印度酒店食物垃圾管理政策；
3. 指出酒店如何以企业社会责任的方式管理食物垃圾；
4. 理解食物垃圾管理面临的挑战；
5. 推荐食物垃圾管理的有效措施。

三、方法论

本研究基于概念性的食物垃圾管理的模式、挑战以及相关政策。本文的主要目的是开发有利于未来实证研究的一个概念性框架。

四、文献回顾的概念性分析

"预计这个星球30%—50%（或者12亿—20亿吨）的食物在到达人类

的胃之前就被扔掉了。"(Fox，2013)从2025年到2050年，世界人口将上涨20%，达到80亿，到2050年，世界人口将达95亿。必须指出的是，亚洲和非洲将贡献97%的人口增长，预计到2025年后，亚洲人口将占世界人口的三分之二。

此外，到2025年，预计发展中国家GDP将显著增长。到2050年，世界人口将是2025年人口的两倍。人口和经济的发展将导致指数级的垃圾增长（Mavropoulos）。

全球食物正被浪费，食物营养也正被浪费。但没人注意到的是，随着食物浪费，生产食物所需的水、土地资源也正被浪费。随着国家的发展，人均食物摄入也在增长。因此食物垃圾管理很重要，食物生产的关键资源也需要优化。

随着技术的发展，现代农业变得更容易了。农民有多种多样的方式提高土地的农作物生产。全球每10全球公顷（Gha）可利用土地中，就有4.9全球公顷（Gha）用于食物生产。随着人口增长，需要更多的土地种植食物，这会导致生态系统不稳定。因此尽可能地减少食物浪费很重要，有利于农业土地的高效使用。过去几十年，食物生产所需的主要资源是水，因此水的使用快速增加。人类每年消耗8.3万亿立方米的水，其中70%用于农业，预计未来还会继续上升。食物生产需要多少水取决于生产多少食物。到本世纪中叶，水需求每年将达到10万亿—13万亿立方米，是人类每天所需淡水的2.5倍到3.5倍（Fox，2013）。

据估计，一个客人入住酒店，每天产生的食物垃圾大约1千克。想象一下，我们将这一数字乘以所有酒店房间数量。如果要优化利用酒店产生的垃圾，就要在酒店建造的时候分配一些区域作为处理垃圾的公共区（Patricklalonde，2013）。

食物服务行业中的食物生产环节产生了大量垃圾，一些是有机的（果皮、骨头、蛋壳），一些是无机的（包装罐头、纸板、清洗设备等）。从本质上来说，客房部门是垃圾第二大来源，包括清洗材料、化学品和剩余的美容产品等。园艺部门也产生化学品垃圾，但要比客房部门少，园艺部门还会产生有机垃圾。不仅是酒店客房产生垃圾，公共区，如游泳池、公共卫生间、宴会厅、会议室都会产生垃圾（Arunima，ABHIJIT & Rubiya，2012）。

全球社会责任生产许可（WRAP，一家位于英国的认证机构）的一份独立调研显示，提供食物的组织（酒店、酒吧、餐馆和快餐店）每年预计产生 340 万吨混合垃圾，其中 160 万吨（48%）循环利用、重复利用或者当成混合肥料，150 万吨（43%）被扔掉，主要加以填埋。2009 年，60 万吨垃圾得到处理，其中三分之二（40 万吨）如果得到良好的配送、管理、储藏和/或者精心准备，这些食物可以食用，从而提升再循环率，因为 70% 的混合垃圾可以再循环，而填埋依然是个问题。酒店经常说其产生的垃圾很少，收回来的盘子都很干净，但这并不正确。WRAP 的研究显示，食物垃圾的来源多种多样。研究发现，45% 的食物在准备环节被浪费掉了，34% 被客户浪费掉了，21% 的腐烂掉了（WRAP，2009）。在酒店中，食物垃圾的来源非常多样，见图 1。

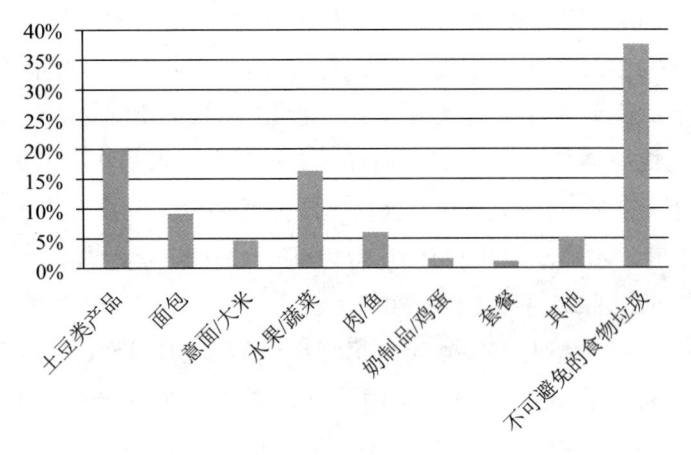

图 1　酒店食物垃圾（按类型分）

来源：http://www.greenhotelier.org/know-how-guides/reducing-and-managing-food

佛罗里达大学关于食物垃圾审计的研究显示，每个客房每天产生 0.5—28.5 磅的垃圾，大部分来自食物饮料部门。该研究预计，一个大型酒店每天产生 8 吨垃圾，其中 50% 被再循环（University of Florida，2014）。

温室气体和气候变化导致的破坏价值高达 3900 亿美元，水浪费价值高达1720亿美元。砍伐森林和土地侵蚀带来的破坏价值达到730亿美元，破坏生物多样性和伤害授粉昆虫所造成损失的价值高达320亿美元。与此同时，我们还需要加上社会类影响，比如没给人类带来营养的食物高达1万亿美元，由于农药和化学品使用导致人类健康成本高达1530亿美元，自然资源越发稀缺，为了追逐更好的土地和资源导致的战争损失高达6960亿美元，此外还有很多无法计量的损失，比如湿地减少的成本（Food and Agriculture Organization of the United Nations，2014）。

有句话说得好："如果不加以衡量，就没法管理。"（Lehner，2013）令人担忧的是，大量的食物浪费没有得到很好计量，如果有很好的垃圾管理政策，监督每盎司食物如何被浪费，那么未来就有可能减少食物浪费。组织也能获得足够的信息，识别食物垃圾产生的来源以及不同来源所产生的食物垃圾量。这些数据有助于酒店业优化降低食物垃圾。

五、印度的食物浪费

印度文化多元，节日众多，价值观多元。印度教认为，食物是来自神灵的礼物，应该对其非常尊敬。尽管有这些说道和劝诫，印度浪费的食物量等同于英国的食物消费量。联合国开发计划署（UNDP）指出，印度生产的食物中，40%都被浪费掉了。印度农业部发布的数据显示，每年浪费的食物价值高达5000亿印度卢比（Singh，Kanhaiya）。预计到2050年，印度将造成1.5亿吨的食物浪费（Chintan Environmental Research and Action Group）。

印度农业每年都在进步，农作物的增速明显，2005—2006年，食物生产达到2.08亿吨，2013—2014年，预计食物生产达到2.63亿吨。印度每年需要2.25亿—2.3亿吨食物。考虑到印度人口增长，食物生产并不是主要议题（Biswas & Tortajada，2012）。FCI表示，印度一直以来都是农业国家，食物生产可以供养整个国家，问题不是食物的充足性，主要的问题在于食物浪费。由于各种原因，2005年至2013年3月，大约19.4502万吨的谷物食物被浪费掉了（Hindu，2014）。

目前，印度全国拥有 6300 个冷藏设施，食物储藏能力 3011 万吨。印度需要更多冷藏设施以避免食物浪费，目前的设施仅能储藏所生产的一半食物，其他的就可能被浪费。预计印度冷藏设施需要达到储藏 6100 万吨，也就是目前储藏能力的两倍。为了应对目前水果和蔬菜生产后的储藏需求，印度 2015—2016 年至少需要投资 5500 亿印度卢比建立储藏设施。由于缺乏冷藏设施，印度每年扔掉的新鲜食物高达 1330 亿印度卢比（Bhosale，2013）。由于没有合适的储藏设施，印度预计浪费了 2100 万吨小麦，几乎相当于澳大利亚生产的全部食物（Williams，2011）。

由于缺乏食物储藏设施以及政府的不当管理，水果价格上涨。如果再考虑到 2009/2010 年印度城市中大约 8000 万人生活在贫困线以下、2.12 亿印度人口严重营养不良，刚才那些数字更让人触目惊心（Jackie Fitzgerald，2013）。

印度的社交聚会成为另一大食物浪费的重要来源。印度婚礼仪式感十足，导致的食物浪费最多。斋浦尔（Jaipur）每年举办大约四万个婚礼，这些婚礼导致的食物浪费占比超过 25%—30%，如果不浪费，可以满足另外 5000 个婚礼的需求。在班加罗尔（Bangalore），每年婚礼浪费 943 吨食物，可以满足 2600 万印度人一顿平均价值 40 印度卢比的普通餐，总计 33.9 亿印度卢比。自助餐的浪费高达 22%，高于分餐所浪费的 20%。在布巴内斯瓦尔（Bhubaneswar），食物浪费占整个城市扔进垃圾箱所有垃圾的 26.63%。在斋浦尔，每天食物采购达 7500 吨，每天食物浪费达 835 吨（Agarwal, Vivek S. & Nag, Ambika, 2013）。印度首都新德里每天产生 8000 吨垃圾，是整个国家最多的。到 2020 年，垃圾数量将上升到 2.3 万吨（Chintan Environmental Research and Action Group）。

哈里亚纳邦（Haryana）的一项研究（如图 2）显示了酒店所产生的垃圾的分类。很明显如饼图所示，其中 60% 的垃圾是固体垃圾，如不能生物降解的；30% 是液体垃圾，如可降解的；还有 10% 是气体垃圾（Malik, Sandeep, Kumar, Sanjeev, 2012）。

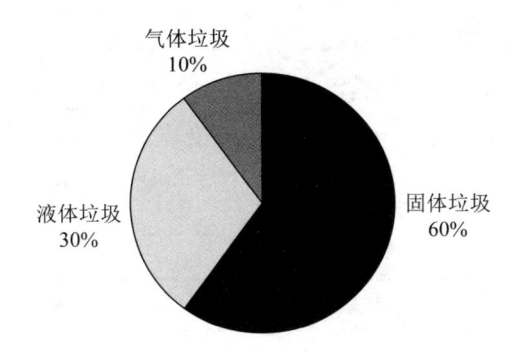

气体垃圾 10%
液体垃圾 30%
固体垃圾 60%

图2　酒店所产生的垃圾数量和种类

来源：http://prj.co.in/setup/business/paper69.pdf

艾玛尔·纳特（Amar Nath）研究了8家酒店所产生的垃圾，发现了一些惊人的数据。很明显，相比于其他无机垃圾，酒店产生的食物垃圾最多。平均而言，一家酒店每年产生280.6吨垃圾，所有德里酒店一年产生的垃圾总量达到26,400.60吨。如表1所示，8家酒店每天总共产生3825.36千克垃圾，每年总计1,396,256.40千克垃圾。这些数据告诉我们，酒店是产生食物垃圾的重要来源（Amar Nath，2014）。

印度家庭可支配收入显著上升，甚至为了很小的事情也愿意去酒店庆祝。酒店为消费者提供服务和食物。随着在酒店庆祝的聚会越来越多，食物浪费也随之上升。

尽管印度是世界上最大的牛奶生产国以及第二大水果和蔬菜生产国，但令人感到耻辱的是，印度也是世界上最大的食物浪费国，从而导致水果和蔬菜的价格是原本的两倍，牛奶的价格比原本高50%。

六、印度食物浪费管理政策

印度政府很有魄力地下令酒店将可食用的或没有碰过的剩余食物捐给当地食物银行，同时修改菜单允许消费者点半份菜（IFBN LIVE，2013）。

印度食物银行网络（IFBN）试图和社区组织、非政府组织和政府机构合作，将食物送给所需的人（Alvi，2012）。

孟买的达巴瓦拉（Dabbawalas）是一群送饭人，他们采取了一项措施。有些客户出于好心，在送饭盒贴上"分享"的标签，送饭人在回收饭盒的时候，将那些可以分享的剩饭菜送给当地贫困孩子，比如克劳福德（Crawford）市场，平均每天有20个孩子从中受益（Bhattacharya，2013）。

表1

酒店名字	每天产生的有机浪费（千克）	每年产生的有机浪费（千克）
新德里香格里拉酒店	1559.16	569,093.40
新德里希尔顿酒店	291.00	106,215
新德里丽怡酒店	900.00	328,500
新德里丽亭酒店	121.00	44,165
新德里捷彼瓦桑特洲际酒店	493.00	179,945
新德里捷彼格林斯高尔夫水疗度假村	117.60	42,924
新德里捷彼西达尔特酒店	112.60	41,099
柠檬树酒店	231.00	84,315
总计	3825.36	1,396,256.40

来源：http://www.jiit.ac.in/uploads/ThesisAmanath.pdf

酒店致力于更好地预测用量，以减少食物浪费。此外，酒店每天把没有碰过的水果捐赠给当地慈善组织食物链基金（Food Link Foundation）。酒店把剩余的食物送给两家当地组织做成肥料和鱼食，同时把使用过的食用油送给动力发展公司（Dynamic Progress）转化成生物柴油（Green Building and Design Magazine，2014）。

大部分的卡尔森瑞德、万豪和美国费尔蒙特（Fairmont）连锁酒店将展会上干净的食物分发出去（Baker，2014）。餐馆里的自助餐是食物浪费的主要来源，因此让员工享用，或者作为企业社会责任的一部分，提供给贫民窟。

塔塔集团旗下的印度酒店集团明文规定，只要酒店有空间，食物垃圾就需要被做成混合肥料（Tata group，2010）。

七、酒店业企业社会责任和垃圾管理

每年成百万吨剩余食物被扔进垃圾箱，看到这些仍可食用之物成为垃圾令人心痛。如何利用好这些食物是酒店业人士一直在思考的问题。本文试图确认酒店业正如何处理这些剩余食物。

位于班加罗尔库马拉·克鲁帕路（Kumara Krupa Road）的拉利特阿苏克酒店（Hotel Lalit Ashok）是绿色实践的倡议者。酒店遵循所有垃圾和能源管理的标准。通过垃圾分类处理，可生物降解的垃圾就地处理成蚯蚓粪那样的肥料，非生物可降解垃圾被分离开再循环使用。位于班加罗尔维塔尔·马尔雅路（Vittal Mallya Road）的ITC加德尼亚酒店（ITC Gardenia）是另外一个有效使用食物垃圾的成功案例。酒店拥有一个有机垃圾转换机器，将食物垃圾转变成厨房肥料，为酒店花园施肥。位于班加罗尔老机场路（Old Airport Road）的里拉酒店将浪费掉的食物捐给位于马拉泰哈利（Marathahalli）家禽农场（R.S.Rohella et. al）。

八、食物浪费管理面临的阻碍

本文说的"转移"指的是我们所浪费的食物能转换成多少能源，或者有潜力不送去填埋，而是弥补我们日益减少的资源，如图3所示的环境保护署（EPA）食物浪费回收层级。

从垃圾产生的源头着手，我们必须首先尽可能地减少垃圾数量。在减少之后，我们应该试图将剩余食物尽可能多地捐出去（在美国还可以享受税收优惠）。另一方面，我们需要了解这一"转移"面临的阻碍，其可能简单到没有相关设施，或者缺乏基础设施、资金、教育，或者缺少撒玛利亚法（Samaritan laws）。

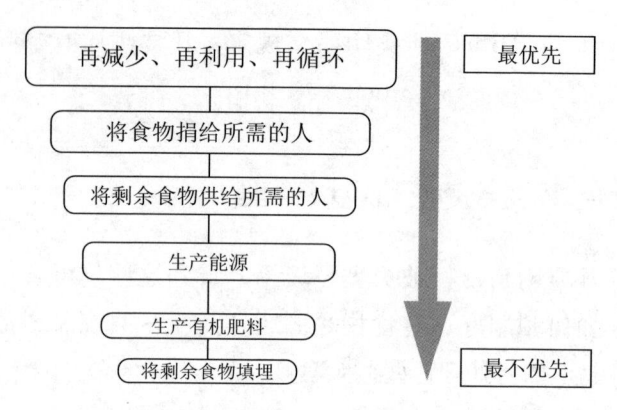

```
┌─────────────────────────┐
│ 再减少、再利用、再循环  │          最优先
└───────────┬─────────────┘
    ┌───────┴─────────┐
    │ 将食物捐给所需的人 │
    └───────┬─────────┘
    ┌───────┴──────────────┐
    │ 将剩余食物供给所需的人 │
    └───────┬──────────────┘
        ┌───┴─────┐
        │ 生产能源 │
        └───┬─────┘
        ┌───┴────────┐
        │ 生产有机肥料 │
        └───┬────────┘
        ┌───┴─────────┐
        │ 将剩余食物填埋 │         最不优先
        └─────────────┘
```

图 3　食物浪费回收层级（从最优先到最不优先）

来源：http://www.epa.gov.in

在处理食物浪费时面临的阻碍如下：

1. 剩余食物很容易坏，需要小心谨慎处理，并以合适的温度保存，酒店因此会担心承担责任。酒店因此不愿意分类剩余食物，而选择直接将其扔进垃圾箱。

2. 食物银行的冷藏设施是另一个阻碍。由于缺乏足够的空间和冷冻设施，食物银行无法接受大量剩余食物，因此大量食物只能填埋。

3. 剩余食物的运输成本很高，究竟让食物银行还是酒店来承担运输成本一直是个问题。此外，关于运输剩余食物的法律非常严格，这又成为另一个阻碍因素。

4. 半成品或者成品味道不好，即便可以吃，但通常也会填埋，因为食物生产商不敢捐赠这些食物，酒店也不敢，担心万一这些半成品造成伤害。

5. 万一出现法律责任，缺乏保护做好事的政策。

6. 销售时在保质期内，食用时却过了保质期，这容易引起一些纠纷。

7. 担心食物银行有可能不接受。

8. 在相关方批准之前，餐馆方不敢捐赠食物，因此需要立法保护餐馆方履行其企业社会责任。

9. 除了法律之外，还有一些财务因素，比如财年结束时进行注销。

10. 如果涉及非常规的捐赠（尤其涉及税收优惠），需要证明公平市场价值。

11. 另外一个潜在的阻碍是公司政策，由于没有明确的公司政策，公司无法捐赠，导致更多食物浪费（比如从法律和财务考虑，酒店不捐赠食物，但将食物做成混合肥料）。

12. 在履行食物方面的企业社会责任时，员工教育十分重要，包括餐饮业的垃圾分类。这样可以减轻垃圾处理的工作量。品牌酒店只有执行垃圾分类政策，才能成为履行社会责任的里程碑。

13. 在执行过程中，人类心理也会成为阻碍因素，因为人很难作出改变，因此需要持续的提醒和教育。

九、酒店业通过企业社会责任处理食物浪费的实践

酒店业是产生食物浪费的主要来源。这些百万吨浪费的食物怎么处理？填埋掉？还是捐赠了？或者用于生产能源了？这些都是这个行业讨论食物浪费时经常考虑的问题。

根据相关研究，处理浪费食物最好的实践如下：

1. 现场管理食物浪费：酒店在源头上防止上食物浪费。在准备食物的每一个阶段，几个简单的步骤就可以总体防止食物浪费。

   a. 生产食物的第一个步骤是购买。酒店需要明白，不要过多准备食物而导致过多订购原材料。

   b. 有效的储藏食物可以显著降低食物浪费。需要确保酒店里储藏的食物标注保质期。需要执行 FIFO 和 LIFO 标准。酒店既需要有储藏干货的空间，也需要有储藏容易变质食物的空间。为了提升保质期，需要考虑使用真空包装。

   c. 酒店食物浪费最多的地方是厨房。酒店大厨需要确保合适的食物切工技巧，从而不产生过多的蔬菜果皮，最大程度地利用好食材。食物准备时要防止过度准备，从而避免产生浪费。如果鱼和肉预订合理，就能减少碎肉，而处理碎肉会很麻烦。因此运用标准食谱可以减少食物浪费，调整食物分量大小。

d. 在任何管理食物浪费的实践中，人力培训很重要，有助于有效处理食物浪费。

2. 执行撒玛利亚法。但截至目前，印度还没有制定该法，这也是食物浪费领域履行企业社会责任的一个很大的阻碍。

3. 奖励和认可：酒店业每年将奖项颁发给绿色实践中的最佳酒店，但对于将浪费的食物捐给慈善组织或者养猪场的酒店，却没有奖项。酒店业应该也要考虑设立一些奖项，这对于酒店而言也是一种激励。酒店将开始以企业社会责任的方式有效管理食物浪费。

4. 税收优惠：如果有政府的支持，整个酒店业将执行有效的食物浪费管理计划。

5. 食物银行：需要在整个国家拥有更多食物银行。这些食物银行正在做大量工作，收集和分发剩余食物。

6. 政府支持和政策：如果政府不支持，任何一项政策或者实践都很难成功。凡是那些使用剩余食物做好事的，政府应该给予适当支持。政府应该采取一些有计划的活动，其中就应该包括食物浪费的议题。

7. 食物浪费的审计：每年不同酒店都有不同的审计，比如人力资源审计、财务审计，等等，但是没有审计涉及食物浪费的处理。只有能够衡量食物浪费量，才有机会减少食物浪费。

8. 使用浪费的食物生产能源：食物垃圾可以产生沼气。如果沼气泄露在空气中，则非常有害，将比由二氧化碳产生的温室气体多21倍。但如果能捕获这些沼气，可以将其用作燃料，为厨房所用。

9. 捐赠剩余的食物：酒店应该致力于将没被动过的健康食物捐给所需的人消费。

十、结论

上述文献表明，酒店业正或多或少以企业社会责任的形式有效管理食物浪费，但印度很少有酒店这么做，印度大部分酒店将浪费的食物进行填埋，而不是捐给所需的人或者牲畜。如果我们能够减少食物浪费，从企业社会责任的角度来说我们就在创造利润。鉴于印度的热带气候及亚热带气候，水果很容易腐烂，以及缺乏冷藏设施，每年都有食物浪费。印度缺乏基础的撒玛利亚法，因此有可能引发食物捐赠之后的法律争议。除此之外，酒店的品牌形象也需要酒店好好思考食物浪费的事情。由于不当的食物处理导致受赠人生病，这些法律纠纷会使连锁酒店陷入麻烦，由此导致酒店不敢再利用这些剩余食物。研究发现，对于酒店而言，相比于捐赠，食物处理更为简单。酒店能做的最好的事情就是在拥有土地的情况下，将剩余食物转化成混合肥料。

　　政府需要给予酒店业支持，才能更好管理食物浪费。政府需要提供必要的培训，让酒店业理解管理食物浪费的重要性，食物浪费不仅是浪费食物本身，而且整个食物生产环节涉及的资源也被浪费掉了。研究中发现了一些令人担忧的数据，比如酒店所产生的食物垃圾量。这个行业是时候和政策制定者携手解决食物垃圾填埋所造成的危害了。本研究是概念性的，需要据此进行实证研究，以更好地在印度通过企业社会责任的方式管理食物浪费。

阿尼什·思莱斯

（印度旁遮普大学）

阿尼什·尼克汉基

（印度酒店管理学院）

第九章 印度旅游业和酒店业的企业社会责任：旁遮普、哈里亚纳、喜马偕尔三个邦旅游业中的航空、酒店和企业社会责任

摘要

从社会、道德和环境层面来看，企业社会责任意味着一家企业需要对其在社会中的经营行为担负责任。旅游业是世界上发展最快的服务业之一，在不同的旅游目的地为技能不足、半熟练、技能熟练人员提供工作机会。本章探讨了酒店业企业社会责任的定义，并着重讨论了几家印度酒店和航空公司的企业社会责任案例。本章也研究了印度旁遮普、哈里亚纳、喜马偕尔三个邦旅游业中的企业社会责任。基于严谨的文献，本章分析了旅游业和实体环境以及社会环境的关联度。结果显示，相比于企业社会责任中的社会维度或者经济维度，环境维度更为重要。尽管大量航空公司和酒店都发布企业社会责任报告，但只阐述了这些重要目标方面所取得的成就，只有少量公司阐述了为实现这些目标而具体实施相关举措的详尽信息。

一、引言

企业社会责任是一个管理概念，企业将社会因素和环境因素融合到公

司运营之中，并与各利益相关方良性互动。通过企业社会责任，公司在经济、环境和社会之间取得平衡，同时满足股东和各利益相关方的预期。企业社会责任不应与慈善混为一谈，因为企业社会责任远超慈善的概念，即便慈善有助于减少贫穷。2013年公司法引入了企业社会责任概念，这一概念基于平等交换的思想体系。公司从社会中获取原材料和人力资源，而公司通过履行企业社会责任回馈社会。

二、涉及企业社会责任的印度法律规定

印度公司事务部（Ministry of Corporate Affairs）最近颁布了公司法第135条与计划Ⅶ，以及企业社会责任相关规定，并于2014年4月1日生效。公司法第135条规定了公司适用企业社会责任的门槛。企业社会责任法规不仅适用于印度公司，也适用于所有外国公司印度办事处和项目办公室。适用法规如下：

● 每家有资质的公司需要将过去三年平均净利润的至少2%投资企业社会责任；

● 有资质的公司必须在董事会内组成企业社会责任委员，包含至少三名董事；

● 企业社会责任委员会应该制定政策，并向董事会推荐将要采取的行动方案；

● 企业社会责任委员提出执行这些行动方案所需支出的建议，并监督公司的企业社会责任政策。

（一）企业社会责任活动

企业或者组织从事的活动旨在实现如下企业社会责任目标：

● 消除极端饥饿和贫穷；

● 促进教育；

● 推动性别平等和妇女权利；

● 降低儿童死亡率和增进孕妇健康；

- 抗击艾滋病；
- 确保环境的可持续性；
- 提供就业，提升职业技能、增强社会项目发展；
- 为总理的国家级救济基金或者中央政府、邦政府设立的其他社会经济发展基金作出贡献。

（二）覆盖区域

公司法指出企业社会责任应优先考虑当地区域以及组织运营的周边地区。企业社会责任委员会应该规定社会责任项目的相关政策。组织需要发布企业社会责任的年度报告，报告需要提及三个财务年度的平均净利润以及在企业社会责任领域的支出。如果公司没有达到最低要求的企业社会责任投资，那么就需要在董事会报告中给出理由，以避免罚款（Mansukhlal Hiralal and Company，2014）。

三、印度旅游业

印度是一个南亚大国，拥有5000年的悠久历史。印度北部有莫卧儿王朝（Mughal Empire）的地标建筑——德里的红堡（Red Fort）、巨大的贾玛清真寺（Jama Masjid）以及阿格拉的泰姬陵。印度一直都是旅游目的地，因此印度政府旅游部专门颁发了旅游政策，旨在将旅游业定位为经济发展的引擎，通过社会各部门的参与，旅游业在消除失业和贫穷方面发挥直接和多重影响。由于旅游业是印度就业机会最大的产业之一，因此印度第十二个五年计划旨在实现更快、更可持续、更包容的发展。印度旅游发展公司（India Tourism Development Corporation，ITDC）是印度旅游部旗下的公共事业部门。印度旅游发展公司成立于1966年10月1日，在发展印度旅游基础设施方面发挥了重要作用。印度旅游发展公司提供旅游相关设施，比如交通、免税店、展览、活动管理、旅游宣传册、咨询等，并在印度开发了最大的连锁酒店。

四、企业社会责任和印度旅游

印度旅游业从事的企业社会责任包括如下活动：

● 印度旅游发展公司为感兴趣的年轻人（年龄为 18—28 岁，至少八年级）提供技能培训（Hunar Se Rozgar）。

● 在成功完成培训后，印度旅游发展公司给每个受训者提供 1400 卢比的阿育王奖学金（Ashok Fellowship），并帮助学生找到合适的就业岗位。

● 印度旅游发展公司是新德里古特伯高塔（Qutab Minar）清洁印度试点项目（Clean India Pilot Project）的合作伙伴，工作包括修理厕所、在古特伯高塔里面和周围做好标记、安装垃圾箱、修理/更换灯罩、栏杆喷漆以及安排员工进行常规维修。

● 印度旅游发展公司和梅瓦尔大学（Mewar University）签订了战略合作谅解备忘录，开展酒店业课程。

● 根据印度宪法第 15、16 和 39 条，印度旅游部禁止任何形式的歧视妇女，男女就业机会平等，同工同酬。

● 印度旅游部发起了清洁印度计划（Campaign Clean India），旨在帮助旅游目的地达到可接受的清洁和卫生水平。印度旅游部和印度铁路部（Ministry of Railways）、印度民航部（Ministry of Civil Aviation）签署了战略合作谅解备忘录。

五、研究方法论

柯克（Kirk）(1995)调研了英国酒店环境政策及其相关活动。他总结，酒店业应对环境问题主要是为了财务回报，比如能源管理、垃圾管理，同时符合政府规定。研究主要聚焦于环境议题，但没有分析酒店所从事的环境活动和财务绩效之间的关系。

莫尔（Mohr）等研究者（2001）指出，受访者希望了解企业社会责任行为的系统化信息。消费者认为很难找到所需信息。一些消费者认为，互联网是传播企业社会责任信息的一种方式。因此，通过互联网提供详细信息有助于增强企业形象，同时可以将信息传递给对企业社会责任感兴趣的潜在消费者。

凯勒（Keller）（2001）在研究中指出，空中交通导致的气候变化影响比单独的温室气体排放要严重得多，因为飞机除了排放二氧化碳，还会排放其他气体，这对一些对气候更为敏感的区域带来的影响更大。在1万米高空，飞机燃料对高空的污染要比在地面上高10倍。

卡利什（Kalisch）（2002）认为，1992年以来，酒店业和旅游业的趋势是更加关注环境、运用高科技以及高效使用能源。随着21世纪议程（Agenda 21）的执行，环境升级为全球关注的议题。21世纪议程规定了可持续旅游发展的指导原则。世界旅游组织（WTO）设立了全球旅游业道德规范（Global Code of Ethics for Tourism，GCET），这是一项"全面的10项原则，为利益相关方指导旅游发展"（World Tourism Organization，2005）。这10项原则不仅具有法律约束力，而且可以成为中央和当地政府、当地社区、旅游运营者、游客在保护环境方面的指导原则。

沙玛（Sharma）和塔瓦尔（Talwar）（2005）认为，商业世界充满活力，企业必须适应环境中发生的变化。因此，面对技术、环境和态度的形势变化，政府、员工、消费者、投资者期望企业做正确的事。

加西亚（Garcia）和阿马斯（Armas）（2007）在研究中发现，酒店企业社会责任和资产收益率（ROA）正相关。为了衡量企业社会责任，他们收集了经理们的观点，这些观点也许存在偏见，但反映了更低的建构有效性。

霍尔科姆（Holcomb）等研究者（2007）研究了意大利十大酒店的企业社会责任水平。通过网站、年报和企业社会责任报告，研究采取内容分析方法确定社会责任模式。最终结论显示，80%的酒店报告了和慈善相关的社会责任行为，60%的酒店报告了多元化政策，40%的酒店报告了企业愿景中涉及的社会责任。一些酒店高度关注其在社会责任领域采取的平衡之道，而其他酒店很少关注这方面的努力。

曼德米卡（Mandimika）等研究者在研究中发现，津巴布韦的旅游部门开始接纳企业社会责任概念，认为企业有责任让社会变得更美好。酒店业这么做，不仅是为了生存，而且是为了通过关注利益相关方的需求从而提升现代商业组织的形象。学者们通过考虑道德、战略等因素，发现哪些因素可以影响津巴布韦旅游部门履行企业社会责任。

尼古劳（Nicolau）(2008)采用事件研究法，考察了两家西班牙酒店的异常收益（Abnormal Return）。这两家酒店在1996年至2006年之间发布了26个企业社会责任相关公告。研究发现了正异常收益，指出企业社会责任对于酒店而言具有附加值。

李（Lee）和帕克（Park）(2009)在他们的研究中分别衡量了企业社会责任对酒店和赌场的利润以及对企业价值的影响。学者发现，企业社会责任和酒店的利润率（和企业价值）正相关，但这不适用于赌场。研究发现企业社会责任是一个综合变量，包括企业社会责任正面和负面的影响。

康（音译，Kang）等研究者（2010）认为，在制定企业社会责任战略时，酒店和餐馆需要非常谨慎，利益相关方（包括消费者、员工、供应商、社区和/或投资者）有可能更多考虑企业社会责任对公司价值正面的影响，而相对忽视其负面影响。因此，酒店和餐馆需要更加聚焦于企业社会责任的正面影响，减少负面影响，这样才能制定出更加合适的企业社会责任战略。

六、航空业企业社会责任

印度民航业位列全球前十，规模达到160亿美元。航空业目前占据印度GDP的0.5%。印度航空业年承载1.5亿人次，而且有潜力继续发展，预计到2020年，客流量将达到4.5亿人次。印度航空公司主要有捷特航空（Jet Airways）、印度航空（Air India）、香料航空（Spicejet Airlines）以及靛蓝航空（IndiGo）等。每家航空公司都从事一些企业社会责任活动，如下所示。

（一）香料航空

香料航空是一家廉价航空公司，隶属于印度太阳集团（Sun Group）。香料航空注册地在钦奈，总部位于古尔冈。香料航空于2002年5月开始运营，2012年成为印度第三大航空公司。香料航空认为，公司应该从社会、经济和环境三个维度考虑社会影响。香料航空从事的企业社会责任包括：
- 作为绿色实践，公司向股东只提供电子文档；
- 为了保护环境，公司更为精细地使用自然资源。

（二）捷特航空

捷特航空是总部位于孟买的一家印度主要航空公司。从市场份额和乘客数量来看，捷特航空是印度第二大航空公司，仅次于靛蓝航空。捷特航空每天运营300多个航班，到达世界74个目的地。捷特航空于1992年4月1日开始运营。捷特航空的企业社会责任聚焦于儿童、灾难救援、健康和妇女，主要活动包括：
- 公司携手拯救印度儿童组织（Save the Children India，STCI），启动空中募集项目"魔盒"（Majic Box）；
- 公司组织了"奇幻飞行"（Flights of Fantasy）项目，让弱势儿童感受一次专门为他们组织的飞行；
- 公司引领了概念，比如直通值机、城市值机、网上值机、电话亭值机、短信值机；
- 在艾哈迈达巴德（Ahmedabad），公司与普拉特玛血液中心（Prathama Blood Center）组织了献血活动；
- 为遭受地震和海啸的古吉拉特邦（Gujarat）和布莱尔港（Port Blair）提供灾难救援；
- 携手"拯救印度儿童"非政府组织与300名儿童庆祝圣诞节。

（三）靛蓝航空

靛蓝航空由旅居美国的海外印度人拉凯什·S.甘瓦尔（Rakesh S. Gangwal）和英谷集团（InterGlobe Enterprises）的拉胡尔·巴蒂亚（Rahul Bhatia）于2006年初共同创立。靛蓝航空是一家总部位于印度古尔冈的廉价航空公司。靛蓝航空发展迅猛，截至2015年5月，已经发展成为印度最大的航空公司（Wikipedia）。公司已设立英谷基金会（InterGlobe Foundation），以支持和促进环境友好型业务发展，同时致力于绿色运营、减少碳足迹以及保护环境。企业社会责任活动包括：

● 公司与印度捐款组织（Give India）合作，允许员工选择和支持包括儿童、教育、残疾、人权以及妇女在内的社会公益项目；

● 公司组织献血活动，将血液捐献给劳特莱血液中心（Rotary Blood Bank）；

● 面对自然灾害时，公司鼓励员工通过捐钱或者其他形式支持灾害救援；

● 公司支持非政府组织——古尼基（Goonj）进行废纸回收再利用，作为资源供给印度农村（该组织每周收集废纸，并在古尔冈的一家工厂进行再循环）；

● 公司组织一些活动提升公众对地中海贫血、全球变暖和节约用纸的意识；

● 公司鼓励年轻人通过志愿参与各种活动奉献社会，如关注全球变暖和野生动物保护。

印度航空管理局（AAI）也积极参与造福社会的活动，包括如下：

● 印度航空管理局为布巴内斯瓦尔（Bhubaneswar）机场（建于1989年）附近的比姆普小学（Bhimpur）进行翻新和维护；

● 印度航空管理局与位于拉贾斯坦邦（Rajasthan）乌代浦尔的纳拉彦·塞瓦·桑斯坦（Narayan Seva Sansthan）医院合作，资助500名小儿麻痹症和天生残疾的孩子做了手术；

● 印度航空管理局2012年启动了为期6个月的技能培训，主要针对斋浦尔机场附近桑格内尔（Sanganer）地区的无业妇女；

● 印度航空管理局为特里凡得琅（Trivandrum）机场附近的鱼市场修建了房顶、围墙和厕所，总投资485万卢比；

● 通过与北阿坎德邦和印度空军合作，印度航空管理局在乔利格兰特机场（Jolly Grant Airport）实行24小时全天候运营，确保直升飞机等飞机和地勤之间无缝合作，更好救援受灾地区；

● 由于北阿坎德邦遭受自然灾害，印度航空管理局计划支持一个村进行重建工作。

七、酒店业企业社会责任

酒店业是世界上发展最快的服务业之一，为客人提供住宿、食物饮料和干净卫生的环境。由于出差人士和游客的增多，印度旅游业正经历史无前例的发展。全球的品牌酒店纷纷在印度设立酒店，包括希尔顿、香格里拉、丽笙、万豪、艾美（Meridien）、喜来登（Sheraton）、凯悦、假日酒店、洲际、皇冠假日（Crowne Plaza）。这些酒店都从事了一些企业社会责任活动。

（一）希尔顿全球

希尔顿全球（前称希尔顿酒店集团）是一家美国酒店，具有全球影响力，由一家私募基金黑石集团所有。根据福布斯发布的私人企业榜单，希尔顿是美国第38大私人企业。企业社会责任活动包括：

- 致力于成为最佳雇主；
- 提供员工培训发展以及职业发展途径；
- 为年轻人提供教育项目和生存技能培训；
- 为灾难救援提供基本需求和支持人权；
- 提供文化体验，保护文化遗产。

（二）ITC酒店

ITC集团1975年10月18日进入酒店行业。ITC坚信，在企业战略中融入企业社会责任，将社会发展作为帮助利益相关方创造财富不可分割的一部分。ITC的企业社会责任主要聚焦于经济、环境和社会三个方面。ITC是世界上唯一一家实现碳循环和水循环的公司，并在企业社会责任领域赢得了很多国际奖项的最豪华的绿色酒店。

（三）香格里拉酒店

香格里拉酒店聚焦于供应链、低温洗衣和绿色客房。

- 通过"拥抱"项目支持教育；

● 香格里拉员工支持酒店的企业社会责任活动，每家酒店有 2% 的永久员工是残疾人。

（四）欧贝罗伊集团

欧贝罗伊酒店创立于 1934 年，全球拥有 12,000 名员工，截至 2012 年，总共拥有和管理 30 家酒店和五艘豪华游轮。酒店致力于一系列的社区发展和社会服务：

● 作为企业社会责任的一部分，酒店支持弱势儿童的教育；

● 酒店支持了一家致力于实现英联邦国家人权的组织——英联邦人权倡议（Commonwealth Human Rights Initiative）；

● 新德里的欧贝罗伊酒店通过各种活动支持盲人学校，比如通过员工的语音支持开发了声音图书；

● 班德拉库尔拉（Bandra Kurla）的三叉戟酒店通过员工的自愿捐款帮助圣凯瑟琳孤儿院（St. Catherine's of Sienna Orphanage）；

● 孟买纳瑞曼区三叉戟酒店和孟买欧贝洛伊酒店为泰瑞·福克斯义跑（Terry Fox Run）和孟买马拉松组织了筹款活动，所得款项都捐给了慈善组织；

● 班加罗尔欧贝罗伊酒店在圣诞和独立日的时候为慈氏护养院（Cheshire Home）的孩子和老年人组织午餐和娱乐活动；

● 所有欧贝洛伊酒店和三叉戟酒店都开展了节水、水循环和节约能源的活动；

● 湾雅维拉斯（Vanyavilas）的欧贝洛伊酒店在老虎保护区参与了野生动物保护活动。

（五）泰姬 GVK 酒店

泰姬 GVK 酒店和度假村（Taj GVK Hotels & Resorts Limited）是印度酒店集团（IHCL）和总部位于海得拉巴（Hyderabad）的 GVK 集团之间成立的一家合资企业，诞生于 1999—2000 年。GVK 集团通过 GVK 基金会启动的企业社会责任如下：

- 为入住客人提供突发事件响应服务；
- 为弱势群体提供住宿；
- 组织教育、健康和卫生、社区项目；
- 激励和创业精神；
- 开展艺术、音乐、体育以及很多其他社会经济和文化活动；
- 将环境和可持续发展项目作为业务发展不可分割的一部分。

（六）丽亭酒店

根据丽亭酒店规划的企业社会责任指导原则，集团承诺在所有酒店履行强制性和可选择的行动方案。这些企业社会责任举措主要涵盖10个能够带来深刻变化的领域，包括水、电、供暖、采购、垃圾管理、学习和发展等。酒店投资于新的方式方法，助力节约水资源、保护能源，实现循环利用。此外，酒店积极参与当地社区项目，持续捐赠。

八、哈里亚纳、喜马偕尔、旁遮普三个邦企业社会责任概览

（一）哈里亚纳邦

哈里亚纳邦旅游股份有限公司（Haryana Tourism Corporation）在组织三大旅游项目中发挥了至关重要的作用，包括2月在法里达巴德（Faridabad）举行苏拉基昆德国际工艺品博览会（Surajkund International Crafts Mela）、6月至7月在平约尔花园（Pinjore Gardens）举办芒果节（Mango Mela）、11月至12月在平约尔花园举办平约尔遗产狂欢节（Pinjore Heritage Festival）。在此期间，哈里亚纳邦会从事很多企业社会责任活动，包含如下几种：

- 哈里亚纳邦旅游股份有限公司邀请不同类型的残疾学生参加芒果节和平约尔遗产狂欢节，同时邀请在潘切库拉（Panchkula）和昌迪加尔（Chandigarh）老年协会注册的老人免费参加，同时赠送一顿午餐。
- 2015芒果节期间，哈里亚纳邦旅游股份有限公司为参与印度政府"主动创造就业"项目（Hunar Se Rozgar Tak）中食品加工的学生免费提供

了一次机会,让他们展示才艺,并出售他们的产品。

● 苏拉基昆德国际工艺品博览会非常独特,为印度最好的工匠和织工提供了一次展示和出售他们产品的绝佳机会,从而避免了中间商环节。在博览会期间,残疾人、老年人、军人和大学生享受半价门票。

● 位于古尔冈的非政府组织"为了远大的事业"(Expedition for Cause)志愿者携手苏拉基昆德博览会组委会在2015国际工艺品博览会期间发起了"不乱扔垃圾、不在路上扔垃圾"的活动。志愿者向人们免费发放垃圾袋,以更好地处理垃圾,尤其是塑料垃圾。

● 在苏拉基昆德国际工艺品博览会区域,全面禁止垃圾袋。

● 哈里亚纳邦旅游股份有限公司为一些参加印度河功德会(Sindhu Darshan Utsav)的朝圣者提供终身赞助机会。该盛会一年一度,为期三天,2015年的举办时间是6月23日至26日。哈里亚纳邦旅游股份有限公司为50名朝圣者每人提供了1万卢比的赞助。现在这个赞助延伸至在哈里亚纳拥有永久住宅的居民。

● 哈里亚纳邦旅游股份有限公司的探险俱乐部与哈里亚纳教育委员会(Haryana School Education Department)以及哈里亚纳体育和青年委员会(Haryana Sports & Youth Affairs Department)携手合作,在喜马偕尔邦的默纳利(Manali)为学生们组织了一个暑期探险营。活动包括让学生们参与各种有意思的项目,如泥塑、衍纸、剪纸、草书,等等。

(二)喜马偕尔邦

喜马偕尔旅游开发公司(Himachal Pradesh Tourism Development Corporation, HPTDC)依据1956公司法于1972年成立,隶属于喜马偕尔邦政府。企业社会责任活动包括:

● 民宿项目由喜马偕尔邦政府2008年启动,旨在农村地区为游客提供干净、舒适的、可负担得起的食宿;

● 乡村故事项目(Har Gaon Ki Kahani)由喜马偕尔邦政府2010年启动,在喜马偕尔邦12个地区内分别选择一个乡村,通过开发当地吸引人的传说、民俗故事和奇闻轶事来吸引游客;

- 幸福交通项目旨在提供安全舒适的交通工具抵达旅游目的地，通过豪华大巴到达偏远地区；
- 司丕提（Spiti）社区和一家名为生态圈（Ecosphere）的社会企业于2002年开始合作，设立了饮用水设施，游客可以免费使用饮用水；
- 德干航空（Deccan Airways）董事长兼总经理戈皮纳特（Gopinath）机长开始提供西姆拉（Shimla）、库鲁（Kullu）、达兰萨拉（Dharamsala）往返德里和昌迪加尔的多个航班；
- TVS旗下的电机公司承诺开始履行企业社会责任；
- 库尔隆公司（Kurlon）董事长兼总经理保证探讨支持教育项目的可能性。

（三）旁遮普邦

旁遮普邦有大量旅游景点，如阿姆利则金庙（Golden Temple）、银庙（Durgiana Mandir）、夏利玛公园（Jallianwala Bagh）、位于阿姆利则（Amritsar）的印巴边界（Wagah Border）、位于安纳波沙希贝镇（Anandpur Sahib）的锡克教圣地（Takht Sri Kesgarh Sahib）和卡尔沙文化遗产中心（Khalsa Heritage Complex）、布哈拉大坝（Bhakra Dam）、安德鲁恩堡（Qila Androon）、位于帕蒂亚拉（Patiala）的莫提花园宫殿（Moti Bagh Palace）和查特比尔动物园（Chattbir Zoo）、位于哈里克帕坦（Harike Pattan）的湿地等。当地旅游开发部门和旁遮普邦遗产和旅游促进委员会联合举办了一些节日，宣传旁遮普邦的古迹、生活方式、文化传统。一些企业社会责任活动包括：

- 在当地政府帮助下，农村地区启动农场旅游，以提供更好的就业机会；
- 旁遮普邦政府给123万老人、84,568名贫困儿童、110,967名残疾人、21.4万寡妇每月支付250卢比的津贴；
- 在一些地方进行环境升级，开放口译中心便于自由交流、宗教沟通，开通旁遮普豪华列车；
- 旅游开发部门支持的项目包括农场旅游、酒店床位和早餐计划、帐篷食宿；

● 旁遮普邦工艺品出口有限公司（Punjab State Industries Export Corporation Ltd.）鼓励中小企业建立自己的产业部门，帮助艺术家销售手工艺品；

● 成立地区遗产协会（District Heritage Societies），保护旁遮普邦丰富的文化遗产，组织相关遗产节日。

九、结论

在研究了企业社会责任之后，基于时间、政府压力、当地权威机构和社区要求以恰当的方式利用资源，旅游和酒店行业很明显已经准备好将履行企业社会责任作为优先事项。酒店业履行企业社会责任主要是为了能够长时间留住员工。企业社会责任不应该视为酒店业的负担，而是为了更好地利用资源，对环境和社会造成的影响最小化。

采用最新科技可以降低电力消耗，有助于减少运营成本，提升酒店营收。企业社会责任方面似乎没有在报告中提及的包括环境、使命、愿景和价值观。因此建议酒店业在将来定期报告，这也将成为酒店赢得竞争优势、提升绩效水平的有效工具。

十、研究的局限性和未来研究范围

如之前的研究一样，本研究发现不同航空公司、酒店和旅游部门在定期报告方面并不一致，因此很难有效比较。因此在企业社会责任领域需要更多标准化信息和实践，从而有助于不同组织之间的绩效比较。

未来的研究包括企业社会责任定义、概念化、酒店和旅游部门的实践。通过访谈和调研，研究需要从酒店业和潜在利益相关方收集数据，有助于进一步扩大比较范围。

萨乌尼特·考尔
（印度戈宾德·辛格大师女子学院）

第二部分

旅游业的企业社会责任

第十章 印度旅行和旅游业：可持续增长的潜力、机会和框架

摘要

在大力促进全球经济增长的行业中，旅行和旅游业已经成为发展最快的行业之一。就传统而言，尽管欧洲和美国仍是重要的旅游市场，但预计未来十年新兴市场在国际游客方面增长更快。印度非常有潜力成为全球一个受欢迎的旅游目的地。印度文化遗产丰富而多元，充足的自然资源和生物多样性，都吸引着大量游客。过去五年，印度游客量以大约16%的速度稳步增长。印度旅行和旅游业提供了重要的社会经济效益。一些行业发展的推动力，如政府措施、多样化的旅游产品、不断发展的经济、可支配收入的增加、市场推广、不断增加的女性和老年游客、多种短途旅游选择、周末游、创新旅游概念的引入，以及定制化的旅游线路，在塑造印度旅游业方面发挥了至关重要的作用。过去五年，印度各邦总体游客量显示，与2008年相比，卡纳塔克邦（Karnataka）、德里（Delhi）、旁遮普邦（Punjab）、切蒂斯格尔邦（Chhattisgarh）、泰米尔纳德邦（Tamil Nadu）2012年游客量上升，而北方邦（Uttar Pradesh）、拉贾斯坦邦（Rajasthan）、北阿坎德邦（Uttarakhand）、西孟加拉邦（West Bengal）、喜马偕尔邦（Himachal）和喀拉拉邦（Kerala）游客量却下降。旅游业成功的关键因素在于所在邦政府对旅游业的投入，德里和马哈拉施特拉邦（Maharashtra）的主要商业和休闲目的地拥有高品质的交通和住宿等基础设施，但北阿坎

德邦、喜马偕尔邦、拉贾斯坦邦和贾坎德邦（Jharkhand）可能需要显著提升铁路、公路和航空基础设施水平。北方各邦充足的自然和文化资源为发展多元化的旅游产品以及一体化旅游线路提供了很多机会。一系列古代和现代寺庙可为印度北方不发达邦设计朝圣之旅，而宫殿、城堡等历史遗迹可以设计出多元的文化遗产之旅。丰富的野生动植物资源、河流、沙漠、气候和多元地貌为探险提供了富有吸引力的机会。需要提及的是，离开了旅行，旅游业将无法发展。本文试图探讨印度旅行和旅游业可持续发展的潜力、机会和框架。本文数据主要来自各种可靠的二手资料。

一、引言

如今，旅游业在增加就业、社会经济收益、国家收入以及促进文化与传统可持续发展等方面意义重大。根据世界旅游理事会（The World Travel & Tourism Council）的数据，印度旅游业2012年创造了6.4万亿卢比的收入，相当于当年印度国内生产总值的6.6%。旅游业带动了3950万个就业机会，相当于印度总就业的7.7%。依据联合国世界旅游组织（UN World Tourism Organization）的数据，旅游业提供了全世界6%—7%的工作岗位。此外，由于每年带来超过8000亿卢比收入，旅游业也是印度外汇收入的重要来源。旅游业还带动其他相关行业发展，如农业、交通、酒店、教育、银行等。

通过查阅有关旅行和旅游业的文献，可以得出这样的结论：缺乏旅行和旅游业任何一个，这个产业就不完整，因此最好将二者视为一体。世界旅游组织关于旅行者的定义也反映了这一点。该组织认为，旅行者就是"出于休闲、商务和其他目的而旅行并停留在通常居住的环境之外不超过一年时间"的人。因此，影响旅游业的因素也会影响旅行，反之亦然。

西奥博尔德（Theobald）（1994）认为，从词源上看，"tour"一词来源于拉丁语的"tornare"和希腊语的"tornos"，意思是"旋转或圆；围绕中心点或轴的运动"。在现代英语里，其词义发生了改变，表示"轮到某人"。麦克米伦词典将其定义为：旅游业是为假期旅行的人提供服务的行业。

旅游也可定义为：出于休闲、商务和其他目的而旅行并停留在通常居住的环境之外不超过一年时间的人的活动,与逗留在出行目的地获得报酬的活动无关。

旅游业是现代社会经济发展的重要催化剂,其贡献是多方面的。旅游业通常被描述为解决诸多问题的灵丹妙药,如欠发达、失业、消除贫困、社会歧视等问题。旅游业在为文化与社会和平共存而创造全球或地区性的社会政治环境方面的贡献,也在多个层面得到肯定。旅游业由多个部分组成(图1)。

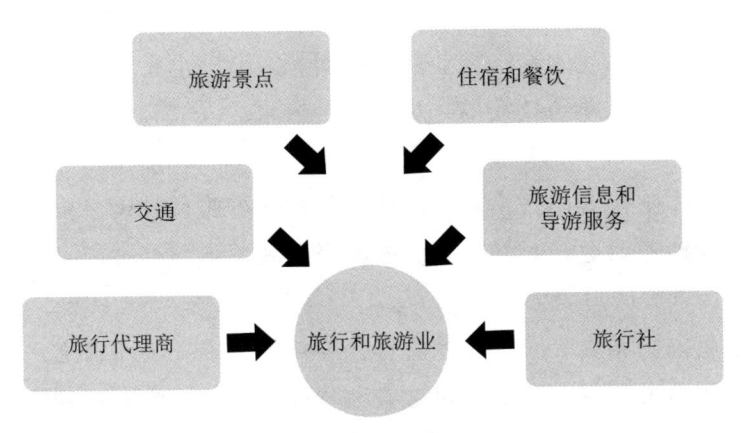

图1 旅游业的组成部分

近期旅游业资金流的趋势反映了旅游业外国直接投资(FDI)的"非全球化"属性。资金的国际流动相对较少。旅游业的外国直接投资仅占最大来源国流出资金的1%—2%,在最大接受国流入资金中占的比例更小。此外,只有加强对旅游业的关注,才有短期内增加资金流动的可能性。

二、研究目标

1. 研究印度旅行和旅游业存在的潜力和机遇;
2. 制定印度旅行和旅游业可持续发展框架。

三、研究方法论

该研究是描述性研究，采用二手数据。所需研究数据出自各种来源，如教材和参考书、期刊、国家和主要的旅游业发展主管机构的网站以及管理部门的工作文件等。选择可信的数据来源保证了数据的可靠性。

四、第一部分：印度的旅行和旅游业

旅游业不是孤立的经济行业。总体而言，欧洲消费者的旅游模式与欧洲经济生活相比是不可持续的，也不适合未来的发展。很多人在反思他们的生活方式。

对于个体旅行者而言，其责任在于怎样减少旅行频度、少乘坐飞机旅行、在目的地逗留更长时间、强调旅游经营者提供与其"产品"相关的环境和社会背景的透明信息。

旅游业公司需要收回企业社会责任项目的成本。换而言之，这就意味着旅行者在多大程度上愿意支付社会和环境支出，这会影响到旅游业的表现。

尽管有许多批评，我们也不应该忘记旅行使人得到教化、拓宽人的视野，并带来美好的回忆。旅行带来的这些好处与环境成本及可能的社会缺陷相互抵消。旅游业生存的机会在于尊重自然、环境可持续性和社会标准。但这并不意味着会减少旅行的舒适性，恰好相反，关注和尊重异域文化会提升旅行的体验。最重要的是个体旅行者的看法。表1列出了促进印度旅游业发展的主要措施出台的相关年份。

表 1　印度旅游业发展的主要步骤

年份	措施
1966 年	成立印度旅游发展公司（India Tourism Development Corporation）
1982 年	颁布国家旅游政策
1989 年	旅游金融公司的发展（Tourism Finance Corporation）

第二部分 旅游业的企业社会责任

续表

年份	措施
1992 年	拟定国家旅游行动计划（National Action Plan）
1996 年	制定国家旅游战略
1997 年	拟定旅游新政策草案

来源：根据多种网站资料编制。

表 2 印度旅游业主要数据（2013 年）

国家层面
到达印度的外国游客数量：697 万（年增长率 5.9%） 印度国民离开印度旅行数量：1663 万（年增长率 11.4%） 国内游客数量：11.45 亿（年增长率 9.6%） 旅游业外汇收入： 以印度卢比（INR）计：10767.1 亿（#）（年增长率 14.0%） 以美元计：184.4 亿（#）（年增长率 4.0%）
世界层面
国际游客数量：10.87 亿（P）（年增长率 5.0%） 国际旅游收入：11,590 亿美元（P）（年增长率 7.5%）
亚太地区层面
印度所占国际抵达旅游者份额：0.64% 印度的国际抵达旅游者排名：42 印度所占国际旅游收入份额（以美元计）：1.59% 印度国际旅游收入排名：16 印度所占亚太地区抵达旅游者份额：2.81% 印度的亚太地区抵达旅游者排名：11 印度所占亚太地区旅游收入份额（以美元计）：5.14% 印度的亚太地区旅游收入排名：8
P：临时数据　　　　　#：预先评估

来源：http://www.statista.com/topics/2076/travel-and-tourism-industry-in-india/2013。

表 3　印度旅行和旅游业增长的关键因素

• 健康的经济发展、上升的收入水平 • 消费者变化的生活方式 • 廉价航空 • 多样化的旅游产品 • 便捷的金融服务	• 新产品 • 丰富的自然/文化资源以及地理多样性 • 政府规划及政策支出 • 多种推广活动 • 健康的经济增长水平 • 举办重要国际活动	• 印度消费者增长的可支配收入 • 有吸引力的旅行包价 • 国际活动及增长的商务旅行 • 健康的经济增长 • 便捷的金融服务

来源：根据多种网站资料编制。

印度旅行和旅游业的发展受到多种因素影响（见表3）。根据毕马威（KPMG）的报告（2013），主要有如下方面：

1.健康的经济增长和上升的收入水平：印度经济发展，中产阶级人口数量增加。印度全国实用经济研究委员会（National Council of Applied Economic Research，NCAER）研究显示，印度中产阶级家庭数量，有望从2010年的3140万户增至2025—2026年的1.138亿户。持续增长的可支配收入水平与休闲旅游紧密相关，这是主要的推动因素。

2.消费者变化的生活方式：由于超过65%的印度人口年龄在15—64岁之间，印度旅游者对节假日的态度更开放，更热衷于探索新的目的地。

3.多样化的旅游产品：印度多样化的旅游产品，如田园风光、医疗旅行、朝圣、探险以及各种其他旅行方式，推动了旅游业发展。

4.便捷的金融服务：信用文化接受度上升、分期付款休假产品的出现，是推动旅游业发展的又一因素。

5.丰富的自然/文化资源和地理多样性：印度拥有28处世界遗产、25个生物-地理带以及较长的海岸线，自然资源丰富，同时也通过多种宗教、传统、展览和节日提供丰富的文化活动。

6.政府规划及政策支持：外国直接投资在旅游业的增长促进了该行业的发展（2013年2月，旅游业外国直接投资在各行业中排名第二，达到32亿美元）。一些政策行为，如100%外国直接投资、针对更多国家的落地签证延期计划，以及对位于联合国教科文组织（UNESCO）世界遗产附近的二星级、三星级、四星级酒店的五年免税政策等措施，有望促进旅游业进一步发展。

7. 重大国际活动举办国：印度正在快速崛起为重大国际活动的举办国，如2010年的英联邦运动会（the Commonwealth Games）。由于商务旅行活动增加，会展（Meetings，Incentives，Conventions and Exhibitions，MICE）旅游在印度处于上升势头。

8. 游客构成概况：由于越来越多的妇女进入印度劳动力市场，女性商务旅行者数量处于上升趋势（2011年，女性商务旅行者约占游客总数量的25%。到2030年，女性商务旅行者数量有望增加91%）。65岁及以上年龄人群正日益成为印度旅行者的重要部分（老年旅行者在2011年的数字是130万，2030年有望增至730万）。

9. 旅行目的：出于宗教和文化原因的旅行过去是、将来也仍是印度旅游业的最大贡献者，周末休闲游、国外家庭游等旅行方式也处于上升趋势。

10. 多样化的旅游产品：一些新兴的旅游概念，例如医疗、探险、海上、田园、高尔夫、养生、豪华、遗产旅游等，特色鲜明、产品独特，在吸引游客方面起到日益重要的作用。此外，按照游客要求前往新奇目的地、体验奇特经历而量身定做的旅游方式也正在快速普及。

五、第二部分：印度旅行和旅游业的潜力

旅行和旅游业的发展潜力取决于市场经营者的数量，尤其是优质的大品牌经营者。图2列举的是印度旅行和旅游业市场上一些知名的经营者。

图3帮助我们理解游客如何决定挑选自己的旅游目的地。一个国家必须将重点放在如何吸引游客的那些因素上。

考察任何国家的旅行和旅游业市场潜力都可以运用PEST分析法，分析四个主要参数，即政治（P）、经济（E）、社会（S）和技术（T）。许多因素有利于支持相应的参数，便能提升旅行和旅游业的潜力。表4有助于我

们理解不同的变量怎样划分到不同的参数里。这些变量包括有利变量和不利变量。

图 2　印度旅行和旅游业的主要经营者

按照对游客的不同吸引力，整个国家可以划分成不同的范畴（见表 4）。每个人都有自己的喜好，选择游览地也有自己独特的原因。这种划分有利于促进旅行和旅游业规划。

旅行和旅游业的潜力在于一个国家对不同类型的游客能提供怎样的住宿条件。为了吸引游客，一个国家必须具备不同类型的住宿环境。印度酒店的分类参见表 6。三星级酒店数量最多。形成这种格局的原因在于项目成本、顾客消费能力的差异。据分析，参观印度的大多数旅游者来自中产阶级家庭，他们总是寻找合理的价格和设施。

旅行和旅游业另一项潜力依赖于该国旅游中介和服务商的发达程度。表 7 显示的是印度政府批准的旅游经营商。实际上在这方面，数量并不重要，重要的是以合适的价格和条件提供的服务。遗憾的是，许多旅游中介欺骗游客，造成游客对印度的负面印象，从而损害旅游业。

第二部分　旅游业的企业社会责任

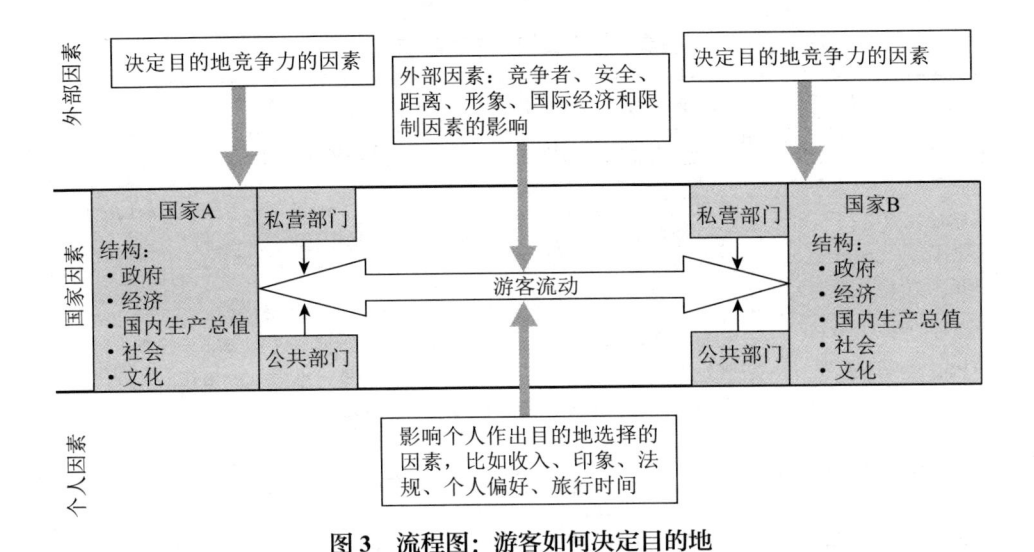

图 3　流程图：游客如何决定目的地

外部因素：
- 决定目的地竞争力的因素
- 外部因素：竞争者、安全、距离、形象、国际经济和限制因素的影响
- 决定目的地竞争力的因素

国家因素：
- 国家A　结构：政府、经济、国内生产总值、社会、文化
- 私营部门
- 公共部门
- 游客流动
- 私营部门
- 公共部门
- 国家B　结构：政府、经济、国内生产总值、社会、文化

个人因素：
- 影响个人作出目的地选择的因素，比如收入、印象、法规、个人偏好、旅行时间

来源：http//Imk.com/lln/1056。

表 4　印度旅行和旅游业 PEST 分析

政治（P）	经济（E）
● 高额税收 ● 地方或邦政府的勒令 ● 不同邦的政治稳定性差异 ● 政府的旅游业支出	● 汇率 ● 需求弹性：取决于旅游地 ● 经济效率：高通胀倾向 ● 商业周期 ● 改善的高速公路及连接良好的路网，改善的铁路及航空设施 ● 缺乏旅游业项目收费标准，甚至高于生产商建议价格 MRP（manufacturers' recommended price）的收费现象普遍存在
社会（S）	技术（T）
● 全国各地不同的语言、文化、传统、饮食。即使是本国人在印度各地旅游也会碰上很多问题，可以想象外国游客会碰到的问题 ● 尊重和款待客人的传统深入印度文化，但现在由于受浓厚的商业盈利手段影响，印度文化中的这种品质正在丧失 ● 道德缺失造成印度旅游的坏名声 ● 年轻一代喜欢旅游	● 互联网的作用越来越大 ● 促进网上预订，为顾客提供便利的网上支付手段，使用信用卡，旅行途中有 Wi-Fi，手机充电便利 ● 缺乏装备齐全的交通设施 ● 如果发生事故、碰上恶劣行为，缺乏有效的技术支持

来源：根据多种文献和出版物编制。

表 5　印度的主要旅游线路

黄金三角线路	德里—阿格拉—斋浦尔
印度北部和尼泊尔	德里—斋浦尔—阿格拉—克久拉霍—瓦拉纳西
喀拉拉河道	特里凡得琅—科瓦勒姆—卡莫林角（Cape Camorin）—瓦卡拉（Varkara）—库马拉科姆—贝里亚尔—戈德亚姆—阿勒皮—科钦—卡利卡特
果阿海滩	
佛教旅游线路	德里—斋浦尔—阿格拉—瓦拉纳西—鹿野苑—菩提伽耶—拉杰吉尔—那烂陀—毗舍离（Vaishali）—拘尸那揭罗—蓝毗尼—格比尔瓦斯图—舍卫城（Sravasti）—伯尔拉姆布尔—勒克瑙—德里
拉贾斯坦城堡和宫殿	德里—门达瓦—比卡内尔—杰伊瑟尔梅尔—焦特布尔—本迪—乌代布尔—普什卡尔—斋浦尔—阿格拉—德里
黄金三角线路二	布巴内什瓦尔—普里—科纳克（Konark）
印度门户和南方	孟买—果阿—贝尔高姆—巴达米—霍斯佩特—哈桑—马蒂科里（Madikeri）—迈索尔—本加卢鲁
黄金三角线路三	金奈—甘吉布勒姆—马哈比普拉姆

来源：根据多种网站资料编制。

表 6　经批准的印度酒店和客房数量（截至 2013 年 12 月 31 日）

序号	酒店类型@	酒店数量（P）	客房数量（P）
1	一星级	86	2253
2	二星级	122	3160
3	三星级	634	26,463
4	四星级	114	8250
5	五星级	86	10,033
6	豪华五星级	108	22,173
7	公寓式酒店	3	249
8	分时度假酒店	1	31
9	历史遗产酒店	49	1394

第二部分 旅游业的企业社会责任

续表

序号	酒店类型@	酒店数量（P）	客房数量（P）
10	银星住宿加早餐酒店	6	23
11	未定级酒店	33	2829
	合计	1242	76,858

P：临时数据

@：印度旅游部根据文件资料，在设计阶段批准酒店类型。项目许可给予一星级、二星级、三星级、四星级、五星级酒店以及历史遗产酒店（经济型）等类型。获批五星级以下及历史遗产（经济型）的酒店，正式营业后若能达到相关标准，也可申请豪华五星级、历史遗产酒店（经典型）、历史遗产酒店（豪华型）。项目许可有效期为五年。酒店必须在开始营业三个月之内申请分级。

来源：http//tourismministry/hotels/ranking（2013）。

表7　印度旅游部批准的旅游经营商数量（截至2013年12月31日）

序号	旅游经营商	数量
1	旅行社	288
2	入境旅游经营商	444
3	旅游交通经营商	131
4	探险旅游经营商	32
5	国内旅游经营商	76
	合计	971

来源：http//tourismministry/hotels/ranking（2013）。

表8　印度国民出境及国内游数量（1997—2013年）

年份	印度国民离境旅行数量（百万人次）	与上一年相比百分比变化（%）	国内游客数量（百万人次）	与上一年相比百分比变化（%）
1997	3.73	7.6	159.88	14.1
1998	3.81	2.3	168.20	5.2

续表

年份	印度国民离境旅行数量（百万人次）	与上一年相比百分比变化（%）	国内游客数量（百万人次）	与上一年相比百分比变化（%）
1999	4.11	8.0	190.67	13.4
2000	4.42	7.3	220.11	15.4
2001	4.56	3.4	236.47	7.4
2002	4.94	8.2	269.60	14.0
2003	5.35	8.3	309.04	14.6
2004	6.21	16.1	366.27	18.5
2005	7.18	15.6	392.01	7.0
2006	8.34	16.1	462.32	17.9
2007	9.78	17.3	526.56	13.9
2008	10.87	11.1	563.03	6.9
2009	11.07	1.8	668.80	18.8
2010	12.99	17.4	747.70	11.8
2011	13.99	7.7	864.53	15.6
2012	14.92	6.7	1045.05	20.9
2013	16.63	11.4	1145.28	9.6

来源：http://boi.gov.in/content/indian-passengers 印度移民局（Bureau of Immigration, Govt. of India）(2013)。

如表 8 所示，印度国民出国旅游数量持续增长，这说明印度在游客方面存在潜力。最小的增幅是在 2009 年。1997 年至 2013 年期间，游客数量增长了三倍有余，促进了印度航空旅行的发展。这也解释了私营部门进入该行业的原因。同时，我们也看到，印度国内游客也从 1997 年的 1 亿 5988 万人次增至 2013 年的 11 亿 4528 万人次。这有助于促进公路交通和国内航空的发展。

旅行和旅游业另一个潜力取决于外国游客数量。表9显示了印度能够吸引多少外国游客。外国游客能带来多方面的收益。1997年，外国游客数是550万人次，2013年达到1995万人次。增长的数字说明印度旅行和旅游业存在进一步增长的潜力。

表9　印度的外国游客数量（1997—2013年）

年份	到达印度的外国游客数量（百万）	与上一年相比百分比变化（%）
1997	5.50	9.3
1998	5.54	0.7
1999	5.83	5.3
2000	5.89	1.1
2001	5.44	−7.8
2002	5.16	−5.1
2003	6.71	30.1
2004	8.36	24.6
2005	9.95	19.0
2006	11.74	18.0
2007	13.26	12.9
2008	14.38	8.5
2009	14.37	−0.1
2010	17.91	24.6
2011	19.50	8.9
2012 $	18.26	−6.3
2013 (P)	19.95	9.2

来源：印度各邦/联邦属地旅游部门。

P：临时数据　　$：2012年外国游客数量经过调整

报告（2014）http://www.tourism.nic.in/writereaddata/CMSPagePicture/file/marketreserach/Incredible%20India20final2021-7-2014%20english.pdf

六、第三部分：印度旅行和旅游业的机会

任何领域的机会，都可以用 SWOT 分析法来观察。图 4 所示为印度旅行和旅游业的 SWOT 分析。

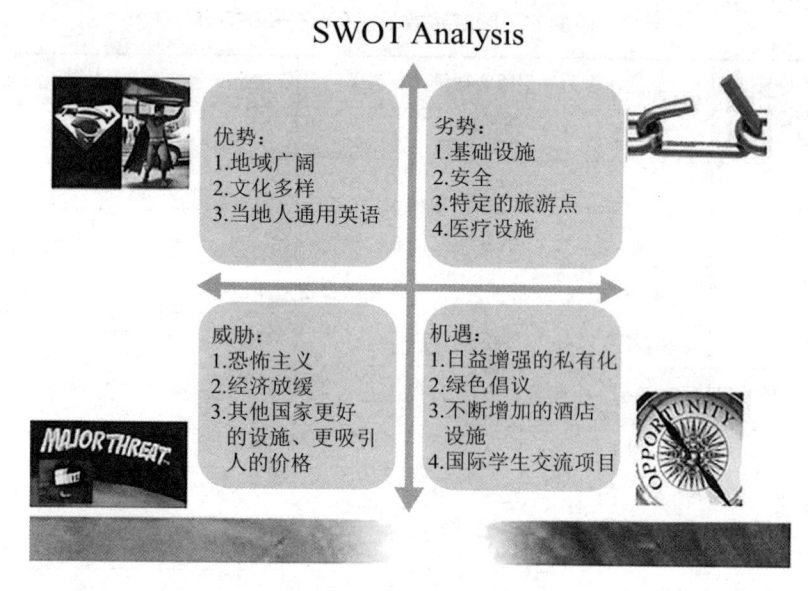

SWOT Analysis

优势：
1. 地域广阔
2. 文化多样
3. 当地人通用英语

劣势：
1. 基础设施
2. 安全
3. 特定的旅游点
4. 医疗设施

威胁：
1. 恐怖主义
2. 经济放缓
3. 其他国家更好的设施、更吸引人的价格

机遇：
1. 日益增强的私有化
2. 绿色倡议
3. 不断增加的酒店设施
4. 国际学生交流项目

图 4　印度旅行和旅游业的 SWOT 分析

表 10 有助于我们理解印度旅行和旅游业有机会通过提供更好的服务赚取外汇。印度历史文化资源丰富，多种文化融合，对外国游客很有吸引力。

表 10　印度旅游业外汇收入（FEE）（百万美元）（印度旅游，1997—2013 年）

年份	印度旅游业外汇收入（百万美元）	与上一年相比百分比变化（%）
1997	2889	2.0
1998	2948	2.0
1999	3009	2.1
2000	3460	15.0

续表

年份	印度旅游业外汇收入（百万美元）	与上一年相比百分比变化（%）
2001	3198	−7.6
2002	3103	−3.0
2003	4463	43.8
2004	6170	38.2
2005	7493	21.4
2006	8634	15.2
2007	10,729	24.3
2008	11,832	10.3
2009	11,136	−5.9
2010	14,193	27.5
2011	16,564	16.7
2012	17,737	7.1
2013#	9334	−0.8 @

\#：预先评估

@：2013 年 1—6 月增长率

来源：（1）1997 年至 2010 年印度储备银行报告，http://www.rbi.org.in。

（2）印度旅游部 2011、2012、2013 报告，http://tourism.gov.in。

表 11 显示，印度国内的旅游业并不均衡，84.9% 的国内游客旅游集中在 10 个邦。这表明，印度不仅可以在这 10 个邦发展旅游，也有可能通过统一规划在其他完全具备潜力的邦发展旅游业。

表 11　2013 年印度国内游客旅游数量前十的邦／联邦属地份额

排名	邦/联邦属地	2013年国内游客（P）数量（人数）	百分比（%）
1	泰米尔纳德邦	244,232,487	21.3
2	北方邦	226,531,091	19.8
3	安得拉邦	152,102,150	13.3
4	卡纳塔克邦	98,010,140	8.6
5	马哈拉施特拉邦	82,700,556	7.2
6	中央邦	63,110,709	5.5
7	拉贾斯坦邦	30,298,150	2.6
8	古吉拉特邦	27,412,517	2.4
9	西孟加拉邦	25,547,300	2.2
10	切蒂斯格尔邦	22,801,031	2.0
	前10个邦合计（A）	972,746,131	84.9
	其他邦合计（B）	172,534,312	15.1
	合计（A+B）	1,145,280,443	100.0

来源：邦／联邦属地旅游部门。P：临时数据。

表 12 显示，印度 10 个邦吸引了 89.9% 的外国游客。这些邦可以通过提供特别保护来提高的外国游客数量。

表 12　2013 年印度国际游客旅游数量前十的邦／联邦属地份额

排名	邦/联邦属地	2013年外国游客（P）数量（人次）	百分比（%）
1	马哈拉施特拉邦	4,156,343	20.8
2	泰米尔纳德邦	3,990,490	20.0
3	德里	2,301,395	11.5

续表

排名	邦/联邦属地	2013年外国游客（P）	
		数量（人次）	百分比（%）
4	北方邦	2,054,420	10.3
5	拉贾斯坦邦	1,437,162	7.2
6	西孟加拉邦	1,245,230	6.2
7	喀拉拉邦	858,143	4.3
8	比哈尔邦	765,835	3.8
9	卡纳塔克邦	636,378	3.2
10	果阿邦	492,322	2.5
	前10个邦合计（A）	17,937,718	89.9
	其他邦合计（B）	2,013,308	10.1
	合计（A+B）	19,951,026	100.0

来源：邦/联邦属地旅游部门。P：临时数据。

表13显示，1997年至2013年期间，印度所占在世界范围内流动的外国游客数量份额少于1%；在亚太国家中，印度所占外国游客抵达数量份额少于3%。印度有巨大的潜力吸引外国游客，发展外国游客市场。

表13 印度在世界和亚太地区所占国际游客抵达数量份额（1997—2013年）

年份	国际游客抵达量（百万人次）		抵达印度的外国游客量（百万人次）	印度在世界的百分比份额和排名		印度在亚太地区的百分比份额和排名	
	世界	亚太地区		占比（%）	排名	占比（%）	排名
1997	593.0	89.0	2.37	0.40	—	2.67	—
1998	611.0	88.3	2.36	0.39	47th	2.67	—
1999	633.8	97.6	2.48	0.39	46th	2.54	—
2000	683.3	109.3	2.65	0.39	50th	2.42	11th

续表

年份	国际游客抵达量（百万人次） 世界	国际游客抵达量（百万人次） 亚太地区	抵达印度的外国游客量（百万人次）	印度在世界的百分比份额和排名 占比（%）	印度在世界的百分比份额和排名 排名	印度在亚太地区的百分比份额和排名 占比（%）	印度在亚太地区的百分比份额和排名 排名
2001	683.4	114.5	2.54	0.37	51st	2.22	12th
2002	703.2	123.4	2.38	0.34	54th	1.93	12th
2003	691.0	111.9	2.73	0.39	51st	2.44	11th
2004	762.0	143.4	3.46	0.45	44th	2.41	11th
2005	803.4	154.6	3.92	0.49	43rd	2.53	11th
2006	846.0	166.0	4.45	0.53	44th	2.68	11th
2007	894.0	182.0	5.08	0.57	41st	2.79	11th
2008	917.0	184.1	5.28	0.58	41st	2.87	11th
2009	883.0	181.1	5.17	0.59	41st	2.85	11th
2010	948.0	204.9	5.78	0.61	42nd	2.82	11th
2011	995.0	218.5	6.31	0.63	38th	2.89	9th
2012	1035.0	233.5	6.58	0.64	41st	2.82	11th
2013	1087.0(P)	248.1(P)	6.97	0.64	42nd	2.81	11th

P：临时数据；—：无数据

来源：（1）联合国世界旅游组织截至2005年《旅游市场趋势》（2007年版）；

（2）联合国世界旅游组织2006年指数（2010年6月）、2007年指数（2011年1月）；

（3）联合国世界旅游组织《2008年旅游业摘要》（2011年版）、《2009年旅游业摘要》（2012年版）；

（4）联合国世界旅游组织2010、2011、2012、2013年指数（2014年4月）。

表14显示，1997年至2013年期间，印度国际旅游业收入在世界和亚太地区的排名有所上升，2002年排名第13位，2013年上升至第8位。这表明印度可以吸引更多游客，也进一步说明印度可以持续发展旅游业和酒店业。

表14　印度国际旅游收入在世界和亚太地区所占份额（1997—2013年）

年份	国际旅游收入（百万美元）世界	国际旅游收入（百万美元）亚太地区	印度的外汇收入（百万美元）	印度在世界的百分比份额和排名 占比（%）	印度在世界的百分比份额和排名 排名	印度在亚太地区的百分比份额和排名 占比（%）	印度在亚太地区的百分比份额和排名 排名
1997	442.8	82.6	2889	0.65	—	3.50	—
1998	444.8	72.3	2948	0.66	34th	4.08	—
1999	458.2	79.1	3009	0.66	35th	3.80	—
2000	475.3	85.3	3460	0.73	36th	4.06	10th
2001	463.8	88.1	3198	0.69	36th	3.63	12th
2002	481.9	96.5	3103	0.64	37th	3.22	13th
2003	529.3	93.7	4463	0.84	37th	4.76	9th
2004	633.2	124.1	6170	0.97	26th	4.97	8th
2005	679.6	135.0	7493	1.10	22nd	5.55	7th
2006	744.0	156.9	8634	1.16	22nd	5.50	7th
2007	857.0	187.0	10,729	1.25	22nd	5.74	6th
2008	939.0	208.6	11,832	1.26	22nd	5.67	6th
2009	853.0	204.2	11,136	1.31	20th	5.45	7th
2010	931.0	255.3	14,193	1.52	17th	5.56	7th
2011	1042.0	289.4	16,564	1.59	17th	5.72	8th
2012	1078.0	329.1	17,737	1.65	16th	5.39	7th
2013(P)	1159.0	358.9	18,445	1.59	16th	5.14	8th

P：临时数据；—：无数据

来源：（1）联合国世界旅游组织截至2005年的《旅游市场趋势》（2007年版）；

（2）联合国世界旅游组织2006年指数、2007年指数（2009年6月）；

（3）联合国世界旅游组织《2008年旅游业摘要》（2011年版）、《2009年旅游业摘要》（2012年版）；

（4）联合国世界旅游组织2010年、2011年、2012年、2013年指数（2014年4月）。

从表 15 可以看出，印度落在很多国家后面。2013 年印度国际游客抵达量在全球所占份额仅为 0.67%，连 1% 都不到。印度的步伐跟不上很多国家，包括一些与印度相比幅员非常小的国家。由于种种原因，印度在这个领域无法提高，可持续性面临风险。

表 15　世界旅游业前十名的国家和印度所占国际游客抵达量份额（2013 年）

排名	国家	国际游客抵达量（百万人次）（P）	百分比（%）
1	法国	NA	NA
2	美国	69.8	6.74
3	西班牙	60.7	5.86
4	中国	55.7	5.38
5	意大利	47.7	4.61
6	土耳其	37.8	3.65
7	德国	31.5	3.04
8	英国	31.2	3.01
9	俄罗斯	28.4	2.74
10	泰国	26.5	2.56
	前 10 名国家合计（A）	389.3	37.59
	印度外国游客抵达数量 #（B）	6.97	0.67
	其他国家合计（C）	638.7	61.74
	合计（A+B+C）	1035.0	100.00

P：临时数据；NA：无数据
#：不包括居住在国外的印度国民
来源：联合国世界旅游组织 2014 年 4 月指数、印度移民局（BOI）。

七、第四部分：可持续的旅游业发展

任何缺乏持续性的发展对经济来说都只是暂时获益。为了促进旅游业的可持续发展，包括非消费型、生态旅游等，国际生态旅游年（2002）、联合国文化遗产年（2002）、2002年世界生态旅游峰会及魁北克宣言以及世界旅游组织推进的《世界旅游业道德准则》（*Global Code of Ethics for Tourism*）都强调增加旅游资源收益的同时，保护所在国的文化遗产和自然遗产、减少环境失衡。

（一）可持续旅游业的发展目标

1. 环境的固有价值比其作为旅游资产的价值更重要。短期利益绝对不能损害后代享用环境的权利以及环境的长期生存。
2. 必须协调旅游业与环境的关系，以保证环境的长期可持续性。
3. 旅游业和开发活动应该重视所在地的特性。
4. 旅游业应被视为对当地社区有潜在利益的积极行为。

可持续的旅游发展从道义上支持保护环境的努力，维护环境的质量。此外，旅游与环境之间天然的联系使得保护环境成为旅游业自身的利益。

显而易见的是，旅游的社会效益主要都归于游客自身。但旅游业也对游客接受国产生有价值的溢出效应，其中最主要的就是对历史古城和文化价值的保护。

精心打扫和美化古代遗迹、清理周边区域、按照旅游用途的改造是十分必要的，因此环境不是被破坏，而是得到了改善。一个地区的旅游发展潜力应该被视为独特的规划能力，主要是为酒店、度假设施以及交通网络选定最佳位置。

旅游业极度需要保护有自然和文化价值的地方的环境，如遗迹、海滩度假地、野生动物保护区等。生活着各种野生动物的环境需要在公众参与下得到保护。同样，许多其他旅游区也应该得到保护，避免环境恶化。

（二）旅游业对环境的影响

每一个旅游点在游客和其他用途方面都有一定的承载能力，这种承载能力由于该地区的脆弱性以及计划的旅游活动性质不同而变化。例如岛屿雨林是脆弱型的环境，过多的游客会危害其环境。

游客享受这种环境需要一定程度的克制。在这种环境中发展旅游业，过度修建建筑物、游客过多都可能导致脆弱的环境和优美的风景遭到破坏。

旅游活动对环境的负面影响：旅游活动对环境有双重影响。

1. 风景胜地：国家公园、野生动物保护区、植物和动物、山区度假地、海滩度假地。

2. 文化景区：考古地区、历史建筑和遗迹、博物馆、宗教场所。

休闲活动是如何影响自然环境的？当游客大量涌入，自然环境就会受到直接或间接影响。在许多案例中，生态系统进程加快。侵蚀作用提供了很好的例证。

许多河流的河岸在流水的作用下不断受到侵蚀。参加划艇运动的人在野餐点将划艇拖上岸之处，侵蚀作用明显加剧，在自然作用下几十年甚至几个世纪的侵蚀过程，几年就完成了。而在禁止生火的例子中，依靠火对生态系统进行自然干扰的进程明显减缓。这同样也是一种严重的影响。

随着时间的推移，一些影响接近最大极限，就趋于稳定。为游客开辟的修建良好的小路，在自然环境中很难形成，这些小路几乎不会随着时间推移而退化。其他的一些影响却更加恶化。在陡峭山坡上开辟的缺乏路面排水设施的小路，其侵蚀作用会持续不断，直到泥土全被冲刷干净。

环境类型和游客行为都关系到资源受影响的严重程度。不同环境的抗影响能力和复原能力程度不一样。游客的行为和改变资源的可能性也有差异。此外，环境条件和游客行为的互动形成资源影响的一定模式。

游客通常与环境的耐久性相互作用，影响到野外休闲区域的资源影响程度、类型和分布。使用数量明显与影响模式、旅行方式以及出行规模相关。

在自然环境里的休闲活动日渐流行，这已经形成了一种因果关系。旅游发展是导致环境恶化的主要因素，同时也是环境保护的重要力量。

在乡村和自然环境里的旅游休闲活动，因践踏而破坏植被，加速水土流失，同时也对动物造成干扰。滑冰、划船、露营、徒步旅行、骑行等运动都会对风景和环境造成负面影响。失火会对风景造成灾难性的后果，对环境的影响更严重。

在旅游过程中，游客从自己的居住地前往旅游地停留几天。游客的目的多种多样，通过旅游可以欣赏文化、风景、野生动植物和海洋的美景。但失控的旅游可能导致地形、动植物遭到破坏。

旅游部门使用一定的自然资源，如森林、河流等，这些资源也具备一定的经济价值。这些资源的经济开发机会应该服从旅游业最关切的问题；另一方面，对某些自然资源（比如石油）的利用则必须以经济考虑优先。

当在近海发现石油的时候，海滩可能用于修建提炼设施、管道存储设备等。这将彻底破坏该地区的旅游环境。旅游对环境的直接积极影响包括历史遗迹和遗产的保存、国家公园和野生动植物保护区的建立等。相反，旅游发展对环境的直接负面影响包括降低空气和水的质量以及制造噪音等。

旅游活动的环境后果通常很难与其他活动带来的影响区分开，如人口、技术和农业的变化。旅游活动需要其他多个行业的投入，包括与旅游业没有直接关系的行业。与这些行业生产进程相关的环境影响也必须加以考虑。举例来说，如果旅游活动的发展导致住宿业增加对建筑业的采购，则必须考虑增加的建筑活动对环境恶化产生的影响。

（三）休闲活动对人类环境的影响

第一种影响是对考古场所和物质的破坏，如洞穴墙壁、岩石艺术、雕刻等，以及故意破坏文物的行为。

第二种影响是擅自闯入禁地、拍摄有特殊意义的绘画等。这种影响可能是故意的，不过多数情况下是由无知造成的。

第三种影响是为旅游景点修建更多基础设施而造成的。

旅游业对人类模式环境（man-model）的影响较少受到关注。基础设施和度假地地形的变化发展是旅游业最显而易见的影响。在度假地集中修建旅游设施导致土地使用的压力过大、基础设施过载、交通拥堵以及游客与当地居民的隔离等问题。

自然和人类环境的恶化会引起严重后果。例如狩猎和捕鱼对野生动物环境有明显影响，过度开发会导致沙丘受到破坏，野营篝火可能毁坏森林，古代遗迹也可能被侵蚀或损毁。

（四）印度旅游业可持续发展框架

当前，政府和私营部门日益关注旅游与环境的关系。世界生态旅游峰会强调在这方面加强国际合作、外国直接投资以及与政府和私营部门合作的重要性。

世界旅游组织在这方面采取了很多措施，包括：

- 建立自然保护区和国家公园；
- 保护历史名镇；
- 限制向海洋和河流倾倒垃圾。

吸引游客的环境便利措施一直容易被认为理所当然。维护环境的质量直到最近才引起旅游开发部门的关注。对于旅游业而言，环境质量是吸引游客的基础，需要得到保护。如果采用一定的环境规划，旅游开发可以变成改善环境的积极因素。

旅游与环境保护的关系并不稳定，概括起来主要有三种：冲突、共存、互惠互利的共生关系。在具有保护意义的区域进行未经规划的旅游开发通常会导致冲突。反映社会经济和环境保护意识的国家旅游战略和总体规划应该融入国家可持续发展战略。

非常有必要建立一个支持性的法律框架以确立旅游开发标准，包括环境影响评估要求和投资激励措施等。

旅游业的规划应该与其他部门的规划和发展目标进行整合，确保所有领域的需求都得到解决，旅游能与其他经济活动相互融合。这些计划应该创造并与当地社区分享就业机会，也应该包含对自然资源可持续利用的指导方针，并特别优先考虑环境易受影响的地区。

1. 促进经济收益的战略：促进商业发展，为贫困人群增加就业机会、提供培训，让他们能抓住这些机会，将收益从个别人扩展到更广泛的社区。

2. 有助于其他民生的战略：包括（非现金）收益、降低成本（例如由于失去土地、海岸或其他原因造成的损失）。

3. 关注政策的战略：建立政策和规划框架，围绕旅游业的决策过程，为贫苦人群消除障碍，提高他们的参与度。在开发新的旅游产品、获取更多信息等方面，这些政策应该鼓励私营部门与贫困人群建立伙伴关系。

4.不同体制下的生态旅游认证：不同的国家遵循不一样的旅游业可持续发展规划。印度政府可以推动旅游业可持续发展认证。

（1）生态酒店计划（Eco Tel）：按照环境承诺、废物处理、能效、节约水资源、环保教育以及社区参与等方面给酒店划分等级，颁发零至五个圆球标志。每两年必须对酒店进行复查，而且随时都可进行事先不通知的临时检查。

（2）绿叶计划（Green Leaf）（泰国）：该计划的主要目的是为国内酒店业提高效能、增强环保意识。在评估环境措施的基础上，给酒店颁发一至五片"绿叶"。泰国已经按照这个计划给59家酒店颁发相关证明。

（3）可持续旅游业认证（哥斯达黎加）：在这项制度下，酒店按照环境和社会标准被划分为一至五个等级。这项认证制度的目的是在游客和旅游从业者之间培养环保意识。哥斯达黎加已有54家酒店得到认证。

（4）绿色地球（Green Globe）：这项计划的目的是促进酒店和企业采纳可持续发展的战略和政策。100个国家的500家酒店已经取得"绿色地球"认证标志。

（5）欧洲蓝旗（European Blue Flag）：为具备高标准的环保措施、卫生和安全设施的海滩和码头（为游船修建的小面积水面设施）颁发年度生态标签。共有21个欧洲国家的2750多个城市在这项制度下登记。

八、结论

旅游发展带来其他经济活动不会遭遇的特殊生态问题。为旅游开发的环境资源由于其出色的美景、休养功能和文化价值等特质而吸引游客。而旅游业最矛盾的特征就是它依靠环境特质吸引游客，但同时也能破坏那些吸引游客的特质。大众旅游已经带来生态和环境污染问题。

穆凯什·乔汉

（印度研究生政府学院46分校）

第十一章 旅游业的企业社会责任：议题和挑战

摘要

企业法案将企业社会责任定义为"促进脱贫、教育、健康、环境可持续性、性别平等和职业技能培训的活动"。印度旅游业是服务业中贡献最大的行业之一，也对印度的经济发展贡献巨大。旅游业会对环境、法律以及特定地区的社会条件产生重大影响。企业社会责任的基本目标是为了最大化企业对于社会不同利益相关方的总体影响。本研究将讨论旅游业中企业社会责任的贡献和现状，以便提供更高质量的服务，以及为所有利益相关方提供相关义务。本文以企业社会责任的定义为起点，探讨其起源以及旅游业企业组织在履行企业社会责任时面临的不同议题和挑战。

一、引言

企业社会责任是对更广泛层面的社会承担的责任和义务，要求积极遵守道德标准和全球化规范。企业社会责任鼓励引进不同的利益相关方，如政府、公司、雇员、银行和金融机构、投资者、债权人和竞争对手、社会，等等。德·格罗布瓦（De Grosbois, 2001）认为，由于不断增长的社会和环境问题意识，企业社会责任的利益相关方要求负责任的商业活动。

印度2013年的新公司法规定，对于所有总价值达到50亿卢比，或者营业额100亿卢比，或者净利润达到5000万卢比的公司，企业社会责任是强制性的，公司需要将近三个财年平均净利润的 2% 投资于企业社会责任活动。

由于政府无法只依靠自身的力量发展每个领域，企业社会责任的范围如今已经延伸到社会各个领域。企业社会责任在服务行业发挥着重要作用，尤其是在旅游业。旅游业履行企业社会责任的基本要求是：

1. 透明、公平的顾客政策；
2. 100% 承诺提供高质量的服务；
3. 公平对待旅游业的所有利益相关方；
4. 为顾客提供国际标准的安全保障和服务；
5. 商业道德操守；
6. 发起商业场所附近社区的发展项目；
7. 旅游业高度的专业主义，尤其是在公开竞争中；
8. 尊重当地习俗和社区；
9. 遵守高标准的服务和质量承诺；
10. 制定新政策时让所有员工和工会参与。

企业社会责任的理念涵盖了各个方面的承诺。有预测认为，印度的企业社会责任领域估值高达 2000 亿卢比，有助于印度可持续发展。旅游业的企业社会责任必须认识到，社会环境道德规范是旅游业应遵循的最主要的商业操守之一。不道德的行为可能导致重大的环境灾难。

米勒、拉陶斯、斯卡雷斯、豪尔迈什和特里布（Miller, Rathouse, Scarles, Halmes and Tribe）(2010) 强调，由于没有意识到旅游对日常行为的影响，当前的旅游行为不愿作出重大改变。

洛加尔（Logar）(2010) 提出在克罗地亚海岸小镇茨里克韦尼察（Crikvenica Croatia）为实现更持久发展的旅游业而采取多种措施的可能性。

因此，环境问题不仅仅是政府的责任，旅游业所有利益相关方都必须严格遵守法律，不能违背自然规律。米拉尔和巴尔奥卢（Millar and Baloglu）(2011) 认为，由于意识到不同利益相关方的环境问题，越来越多的宾馆业主认同将负责任的商业操守融入自身的经营活动。

二、研究的必要性

本文的目的是研究如何通过确保可持续发展、为游客提供有保障的透明服务并满足社会的各种需求，评估和实现旅游者、投资者和旅游业利益相关方（如旅游运营商、旅行社、宾馆业主、航空公司代理商等）的预期。

三、研究的基本原理

旅游业企业社会责任意味着为了游客和旅游业其他利益相关方的利益，从业者如何达到基本要求。旅游企业的行为应该受社会准则、伦理道德、社会标准和价值的约束。旅游业企业社会责任的基本目标不是成为慈善机构，而是为游客提供更好的服务和旅行条件。企业社会责任的资金必须用于旅游业各个利益相关方的能力建设。由于印度政府的"清洁印度运动"（Swatch Bharat Abhiyan）（SBA）在 2014 年 10 月 2 日启动，旅游业企业社会责任变得更加重要。

在"清洁印度运动"帮助下履行企业社会责任已成燃眉之急，因为垃圾和肮脏已经成为驱使印度游客大量出国旅游的主要原因，而且出国游的游客数量还在年复一年不断增长，导致大量资金流出印度。旅游业公司最近开始将相当高比例的企业社会责任资金用于社会，有助于游客回流、促进经济发展。

四、旅游业的企业社会责任

企业社会责任在印度也是一项悠久的传统，但在实践中微不足道，尤其是在印度运营的全球公司当中。在过去的十年里，印度企业尤其是服务业在企业社会责任方面做了许多工作。在当前各种问题中，尤其是在环境、社会和道德行为规范等方面，旅游业是社会的主要利益相关方之一。

旅游业的企业社会责任构成要素如下：
- 有助于长期可持续发展；

- 履行法律法规规定的义务；
- 更高的服务责任标准；
- 旅游活动严格遵守环境标准；
- 在商业活动中采用环境友好的做法；
- 保护可持续性的旅游资源；
- 让当地人口参与旅游业活动；
- 为旅游活动涉及的当地人口提供公平合理的经济方案；
- 公平公正的发展活动；
- 让游客了解社会问题和环境问题；
- 公正公平的顾客满意度；
- 旅游活动与其他活动保持平衡；
- 试着采纳"自愿改善"；
- 认识到旅游业所有利益相关方的法律和其他问题。

嘎戈尔（Gaggl）(2013) 解释，一些研究表明对可持续性议题进行管理的企业在经济上更成功。公司应该起草年度可持续性报告评估这些议题，发布公司在可持续发展方面的表现。

五、旅游业企业社会责任的议题与挑战

由于自由化、私有化、全球化等概念（LPG）的兴起，21世纪的印度充满挑战和机遇。可以确定的是，旅游业对社会、环境、道德伦理以及其他方面惯例做法的融合，有助于旅游业的整体发展，同时也带来旅游业的竞争、透明和长期可持续性。米拉尔和巴尔奥卢（Millar and Baloglu）(2011) 认为，大多数游客认可环境更友好的旅游地，如安达曼－尼科巴群岛（Andaman & Nicobar Islands）、山顶度假区（Hill Tops Resorts）、拉克沙群岛（Lakshadweep）、喀拉拉（Kerala）、穆纳尔（Munar）等地。在休假或闲暇时间，大约34%的游客更愿意停留在环境友好的度假村和酒店。德瓦耶尔（Dwyer）(2005) 强调，越来越多的旅游服务提供商承诺可持续的经营方式，使得利益相关方相信其透明度。企业社会责任鼓励可持续旅游，

这需要一整套完整的做法和流程，将旅游业、利益相关方和旅游业在特定时期依赖的资源等各种因素考虑在内。爱泼斯坦（Epstein）（2008）认为，酒店业必须提供环境承诺方面的信息，使游客相信酒店从业者的道德规范。

面对的挑战：

● 重视国际标准，保护旅游景点；

● 对特定季节或全年游客接待压力进行管理，提升旅游设施质量和游客满意度；

● 准备详细的旅游目的地计划，提供无烦恼的旅行［例如 Kailash Mansrover Yatra，2015，Amraush Yatra（J & K）］；

● 涵盖所有领域的指标，达到游客满意度；

● 促进旅游业对当地经济的贡献，提升旅游在各种类型经济活动中所占比例；

● 在偏远的旅游目的地执行废物处理规范；

● 实施各种政策和措施，提升当地居民的满意度。

六、履行旅游业企业社会责任的建议

世界旅游组织（1981）给可持续旅游下的定义是：通过保持文化完整、维护重要生态过程的生物多样性和生命支持系统，达到经济、社会和审美需要，带动所有资源管理的旅游。

为了在印度这样的国家增强旅游业的企业社会责任，非常有必要专注于旅游业的各种要素。旅游业受到多种服务的影响，还受到利益相关方在社会、环境、法律及其他层面的影响。迫切需要激励措施推动建立可持续的旅游业。为履行企业社会责任、应对旅游业挑战的建议如下：

● 在一定程度上由当地负责供给和服务、为当地居民创造就业，建立当地的经济和社会联系；

● 让利益相关方参与各种政策和决策过程，照顾所有利益相关方的利益；

● 执行质量控制和各种服务认证，确定供给和其他利益相关方的最低标准；

● 旅游业应该作出社会、环境、经济层面的贡献，关注该行业的各个因素；

● 政府应该参与各种行业协会，确保供应链的各种做法公开易得；

● 企业社会责任对外部利益相关方强调透明和责任，以便不同行业规避风险的同时，为了长期增长和发展投资旅游业；

● 执行各种项目和计划，应该具备有效的监督和管理；

● 有必要颁布更严格的法律，解决腐败问题，加强对旅游计划的监管，协调短期经济利益与长期旅游发展的关系；

● 与社会和环境问题相比，旅游业的主要因素如价格、住宿、质量、安全等，对游客来说是最重要的考虑因素；

● 企业社会责任需要消费者在野生生物和生态保护方面毫不犹豫地支付更高费用，帮助保护野生生物资源；

● 企业社会责任需要公共部门和私营部门形成伙伴关系，通过行业协会培养环保意识和社会意识，推动负责任的旅游政策及其发展；

● 提供量化标准衡量旅游运营商、航空公司、游轮、酒店以及旅游目的地的运营，鼓励履行企业社会责任，以便更好理解企业社会责任的影响。

七、结论

旅游业履行企业社会责任是利益相关方的义务，可以克服旅游发展过程中的很多薄弱环节。由于利益相关方缺乏主动性和相关知识，旅游业的企业社会责任意识比较薄弱。企业社会责任可以在促进健康及良好的旅游业操守等方面，帮助解决旅游业面临的一些问题，但在各种政策方面必须考虑政府的参与。政府有必要建立各种项目，确保旅游业服务和管理更具持续性。同时，也有必要将企业社会责任发展成为旅游业国际认证的概念，以维护游客、社会、环境和其他相关方的利益。

阿努·詹布

（印度旁遮普大学）

第十二章 旅游和酒店业的企业社会责任：关系和应用

摘要

本章融合了企业社会责任的定义及其在旅游业中的应用。首先介绍了相关信息，之后简要概括了企业社会责任的历史演进，然后呈现了全球几个组织的不同实践（试图给社会和环境带来积极影响），以上构成了本章的结构。结构成体系、语言简练，利于理解。本章的特定受众包括学者和行业经理。本章也引用了旅游业和非旅游业的不同案例，并在最后介绍了适用于延伸阅读的精选书籍。

一、引言

回顾人类的进化，我们看见既有冲突也有妥协，而最终实现共同进步。谈及现在，人类文明正在寻找合适的位置，不断寻求生存的理由和正确的道路。尽管步伐不一致，但一直都保持前进。在上述发展过程中，企业社会责任获得持续关注。企业社会责任受到深入关注，研究领域遍及各个行业的许多前沿。由于不同国家处于不同的发展阶段，企业社会责任最近才应用于旅游业。本章将向读者介绍企业社会责任概念，从最初的发展到现在的状况。一方面，企业社会责任是以盈利为目的的企业富有同情心的表现；另一方面，也通过营造普通民众的情感空间，给企业带来十分重要的优势。因此，企业社会责任事实上已经成为企业有价值的投资领域。企业始终希望越来越值得社会信赖，企业社会责任实际上已经成为当今企业差异化战略的重要组成部分。超过60亿人生活在这颗星球上，生存和繁荣的责任分散到众多肩膀上。组织机构的责任很大程度上已经从当初仅仅单向关注机构内的人转移到机构存在的更广阔的环境。

旅游业毫无疑问是一个复杂的现象，寻找更好理解旅游业的节点与关联时总是充满迷惑。然而，许多公司已经认清该行业的核心商业机会并建成了强大的商业帝国。如同其他大公司一样，旅游企业的成功依赖于社会环境。旅游业从社会的历史、文化、自然禀赋等资源获得原料并依赖这些资源而存在，因此始终与回报社会、改善这些资源的关系更密切。像其他公司一样，旅游企业应该参与企业社会责任以促进可持续发展，策划经营活动，为多种形式的企业社会责任活动创造空间。有关可持续发展旅游业的研究主要关注旅游和酒店业经营活动对社会和环境的影响。对旅游业的探究从本质上揭示了快乐主义（hedonism）的侧面。旅游目的地的接纳能力、与文化的互动、大众旅游、行为准则、环境保护、资源开发以及游客活动产生的排放等，是旅游业整体印象的几个要点。旅游业的复杂性和参与者的多样性使其内涵更加丰富。当旅游和酒店业被错误信息误导的机构视为追逐功利的过程时，情况更加复杂。缺乏致力于社会责任的旅游发展模式导致不平衡的发展。长远来看，这是有害的。旅游活动的运营牵涉多个行业。这也意味着，多个利益相关方有望向社会作出它们应有的贡献，拒绝将企业社会责任融入经营的旅游业公司需要重新认真地评估它们的价值体系。简而言之，旅游和酒店业在环境和社会发展方面起到重要作用。

随着全球环境和社会问题挑战日益严峻，旅游业的角色变得更加重要。在野外、海滩、部落区、脆弱的生态系统等地的旅游增加了更多风险。对旅游业的鼓励不能停止，那么它的运作方式就应该表现出敏感性。全球范围的游客抵达量已经迈过10亿人次的门槛，游客活动的规模十分庞大。这预示着机遇，同时也提醒影响全世界数以百万计的人们的乘数效应。许多声音支持旅游业，认为它是国际和平、经济发展和改善人类社会的驱动器。若没有旅游业，一些国家将不再有吸引力。仅仅几十年间，企业社会责任的概念从常规的商业企业领域扩展到旅游业领域。将来的路还很长，不断的回顾和研究有利于持续监督旅游业企业社会责任的方向。

本章的目的是充分引导读者，从学术和产业两方面理解企业社会责任的意义。旅游业带来了巨大的机遇和潜力，是社会依存度的明证。一些例子被用来证实旅游业背景下企业社会责任概念的含义。起始部分阐述了文献的必要性，同时通过资料框的形式，用相关例证和简短的案例来吸引读者。本章经常引用最新的行业信息和一些机构的企业社会责任目标，主要是年度表现和企业社会责任报告。使用这些资料也是为了跟上企业社会责任领域的最新发展。由于本章受到研究目标和范围的限制，许多思考需要进一步阅读相关资料。有鉴于此，读者可以参考本章结尾部分继续钻研。

二、概念、历史与现状

由于缺乏企业社会责任概念历史演变的文献，企业社会责任发展历史的简要介绍主要来自阿松谷（Asongu）（2007）出版的著作《战略性企业社会责任实践》。采用的定性研究法也加强了对企业社会责任历史的基础性贡献。企业社会责任的概念在不断演化，它的历史能追溯到与商业的概念一样久远。从阿松谷（2007）列举的古代美索不达米亚（Mesopotamia）统治者汉谟拉比（Hammurabi）的有趣例证来看，这一点十分明显。汉谟拉比颁布的法典规定，若因为疏忽而给当地人带来麻烦甚至造成死亡，建筑工人、农民必须承担相应的责任，甚至是死刑。在1900年之前的其他例子（包括古罗马）中，当时的商业实体必须纳贡，支持罗马帝国的重大战役。在非洲历史上存在这样的传统，即医生给当地人治病只应该象征性地收取费用。

企业社会责任在1900年之后的商业实践中经历了巨大的发展。阿松谷（2007）进一步引用了凯洛格（Kellogg）从1906年发起的、反映产品质量和品位的典范性的倡议。凯洛格专注于企业社会责任领域，从"投资于人"的途径，延伸到环境保护、有营养的产品、工作环境多样化的劳动力，同时坚持经营的道德规范和安全。

当前的企业社会责任活动已经出现一些新的形态，社会责任的范围由

第二部分　旅游业的企业社会责任

企业根据自身的优先考虑来定义和确定。组织机构通过内部和外部的交流保持与社会的沟通，确保信息渗透到整个结构的脉络里，同时也传递给利益相关方。组织机构通过对社会富有同情心的贡献，获得人们内心的认同。现在，企业社会责任活动得到了应有的重视。公司在战略规划阶段就给予必要的资金和基础设施支持。无数企业的承诺改变了许多人的生活，鼓励和支持社会上未得到开发、通常被忽略的部分。在环境问题持续威胁地球上的人类生存的时代，企业社会责任尽管只占很小的部分，却对改变这种现状至关重要。

达尔斯鲁德（Dahlsrud）（2008）认识到如何恰当地定义企业社会责任的概念这一问题，因为多重视角使得对企业社会责任的理解更加复杂。达尔斯鲁德（2008）提出37种企业社会责任的概念作为研究的维度。本章借用两种影响较大的概念，来自证实了本章讨论内容的相同作者的著作。内容如下。

根据库利（Khoury）等研究者（1999）的看法，企业社会责任是企业与其所有利益相关方的总体关系。这包括消费者、雇员、社区、所有者/投资方、政府、供应商和竞争者。社会责任的组成要素包括超出社区范围的投资、雇员关系、创造和保证就业、环境管理和财务绩效。

雷德（Reder）（1994）把企业社会责任视为一种无所不包的概念，认为企业社会责任指的是既包括一家公司的内部运行方式（包括如何对待劳动力），也包括它对周围世界的影响。

为了获取企业社会责任更多的最新发展信息，读者可以考虑本章信息框里提供的资料，因为较新的企业实践能呈现企业社会责任的现状。上述提及的信息框里的资料来自几家重要团体的企业社会责任方案报告。将这一部分的重点概括起来很重要。下文的提示概括了当前企业履行对社会和自然的责任的实践：

● 航空公司已就其经营活动中易影响环境的做法作出承诺。其中一些领域能对环境具有重要影响，比如优化燃料消耗、使用替代燃料、在日常运行中使用替代能源、废物处理、采用排放标准等。

● 多家企业已经在引进多样化人力资源方面表现出引人瞩目的特征。这些企业巨头多数属于跨国经营。无论在哪里经营，它们对不同文化和合乎道德标准的商业行为都有成熟的理解。

● 大公司日益重视其对环境的影响。它们采取措施降低对自然界的负面影响，规定遵守排放标准，遵循定期审计政策，保持有信誉度的国际认证标准。

● 酒店/宾馆已经认识到绿色概念，因为它们经常由于废物处理方式及以享乐为目的的消费模式而被批评。绿色科技、减少对纸张和非再生能源的依赖开始获得更多关注。这也有助于品牌的发展以及获得消费者的情感认同。

● 航空公司经常向需要帮助的人们伸出援手。作为企业社会责任计划的一部分，多家航空公司在运行一些国际项目，尤其是在面临多种困难的国家。它们致力于向需要帮助的人们进行教育、培训、提供医疗保健，同时也鼓励志愿者加入这项事业。大部分费用由乐善好施、具有社会责任感的企业承担。

● 如何符合道德规范经营企业是企业社会责任的重要表现。让利益相关方了解公司的政策、更严格地遵守道德规范应该成为公司不可缺少的组成部分。此外，内部和外部的沟通有助于保证公司运行的透明度。这些机构的目的在于树立公正的声誉，支持发展机会均等、向所有雇员学习的理念。

● 公司选择的另外一种方式是与非政府组织合作，扩大对社会的积极影响。许多非营利机构投身于人道事业和救济活动。不管是以资金支持、宣传活动的形式，还是通过招募志愿者加强这些机构的团队建设，企业的参与都会加强这种努力的效果。

三、不同行业的企业社会责任

在互联网上随机搜索，能找到许多机构在企业社会责任方面作出的贡献。《福布斯》杂志（Forbes）制作的一份榜单列举了那些有决心履行企业社会责任的公司。这份名单囊括了一些商业巨头，比如微软、谷歌、戴姆勒、宝马、迪斯尼、索尼、大众、高露洁、乐高集团、苹果公司等。然而，并不仅仅只有这些公司履行了承诺，多个行业的其他公司也在各自不同的领域投身这项共同的事业。上述商业实体代表了一些行业，如电子产品、软件、硬件、汽车、娱乐、电讯、玩具制造业等。企业社会责任活动无所不在，并不局限于任何特定的行业。一些机构由于它们的特性必然对环境和文化产生影响。比如原油开采公司很有可能影响环境。制造业对环境状况至关重要。同样，信息技术驱动的行业有影响文化的可能性。一个基本的概念是：不管行业性质如何，社会责任都是必不可少的方面。银行业依赖于社会体系，它们的企业社会责任活动就是尝试回报社会，不单是期望公司获得资金流动方面的收益。住房开发金融公司银行（HDFC）资助了印度安得拉邦（Andhra）和奥里萨邦（Odisha）多所学校。除此之外，银行还致力于金融知识普及、民生财政等方面的工作。美国银行（Bank of America）已经在减少水资源消耗和温室气体、环境可持续项目投资、慈善事业、电子垃圾处理等方面作出承诺。西方企业已经将更多注意力用于提升非洲和亚洲大陆发展中国家的社会标准。

　　零售业也已经制定企业社会责任的新标准。沃尔玛将它的做法称为"全球责任"，其重点是绿色能源使用、持续改善产品、为女性和美国退伍军人提供机会，以及降低灾难风险。另一家全球零售品牌商家乐福将重点放在其全球经营所在地的人权上，通过公司的经营、公平的商业实践、保护生物多样性、购买当地原材料等，创造积极的环境影响。制药公司把资源用于从事关键性的研究，以研发拯救生命的药物。除了日常经营，这些公司也将资源用于社会事业。强生是主要的制药公司，致力于帮助贫困女性和儿童，提高对有生命危险的疾病（如艾滋病）的认识，为"平安儿童"项目筹措资金（该项目主要帮助早期损伤的残疾儿童）等。麦克森公司（McKesson）也是一家知名制药企业，关注减少公务旅行和应用通讯技术的方案，对环境营造有利影响。麦克森强调在经营活动中节省能源，同时改善废弃物循环利用计划。

信息框 1　企业社会责任在印度

印度当下正处在 21 世纪意义关键但形势复杂的关头。印度正在发生的许多事情将推动其在未来几十年里成为世界强国，然而大量挑战被忽视或者没有得到足够的关注。在企业社会责任方面，印度需要付出更成熟的努力，给予可持续发展应有的重视。没有哪种方式能确定在如此多样化的国家产生结果，因此多种形式的倡议（包括企业社会责任）可以带动、引导其他企业参与国家建设这一共同利益。企业影响全球大多数关键决策，在印度也不例外。由于企业的重要性，它们可以成为推动社会和环境变化的引擎。在印度背景下的社会责任理念不应该仅仅被视为慈善活动。尽管企业社会责任的文化是在公司里养成的，但由于社会文化、环境和地理层面的许多变化，其范围需要扩大。应该强调和鼓励健康的企业社会责任项目，这对国家会产生更广泛的影响。印度 2013 年通过的企业法案是政府的重要鼓励，为企业社会责任的实践和报告提供了重要的指导方针。

信息框 2　艾玛迪斯公司（Amadeus）的环保模式

艾玛迪斯公司（Amadeus）经历了使经营合理化的重大转变，将其对环境的影响降至最低。按照"温室气体协议"对二氧化碳进行检测，将重点从天然气、柴油排放扩展到公司的电力使用。公司在全球各地办公室的纸张消费量由自动化系统记录保存。水的使用有明确规定并划分为几种类型，简而言之，即对有关花园、建筑物、服务器冷却剂等的使用，以及建筑物、厨房的废物处理。艾玛迪斯意识到资源消耗最优化的重要性和公司增长的关系。能证明该公司履行承诺的一些业绩包括：在公司位于布宜诺斯艾利斯的地区办公室实施节省水电、纸张消费的项目；艾玛迪斯（日本）（Amadeus Japan）参与日本环境省发起的"挑战 25 项"活动，该活动列举了 25 种减少温室气体排放的行动；艾玛迪斯太平洋信息技术公司（Amadeus IT Pacific）参与悉尼的克米特（Kermit）项目，与公司推行的环境友好措施联系起来；艾玛迪斯（法国）（Amadeus France）参与"生物多样性再造林"计划，由公司员工募集资金投资秘鲁再造森林。艾玛迪斯决心致力于如下领域：改善地理模式、环境性能、报告和数据准确度、2016 年及以后的目标，这些反映了公司的长期环境战略。

信息框 3　思科公司（Cisco）的企业社会责任模式

为了支持和体现社会责任，思科关注的领域包括：管理和道德规范、供应链、人、社会与环境。清晰的治理和道德规范概念使这家公司在可持续增长的方向上保持前进，将风险降至最低，按照时间范围作出计划。专门的团队负责观察员工、供应商、隐私、数据保护和人权方面的事务，该团队也负责在一些比较微妙的道德领域进行监督、报告、培训公司人力。思科最了不起的一项成就是完成了对每个员工的"商业行为准则"培训。对该公司的研究揭示了思科的企业形象和企业社会责任承诺的一些重要事实。该公司的人权政策与联合国描述的有关人权与商业的原则一致。思科支持有利于移民的改革，以帮助那些想在美国找工作的有才能的移民，体现对那些已经居住在这个国家的人的关心。该公司的管理审查风险管理条款，在真实的世界环境里实际有效，同时能帮助政府规划公共政策。

思科采取"六步骤"模式塑造它的企业社会责任实践，具体如下：

步骤 1：企业社会责任报告；

第二部分　旅游业的企业社会责任

续框

步骤2：利益相关方的参与；
步骤3：利益相关方的反馈；
步骤4：界定目标和优先重点；
步骤5：有效执行的行动计划；
步骤6：对照既定目标评估执行情况。

社区获得资金和人力资源的帮助，参与开发对全球其他社区也有利的产品。思科熟练地运用它的网络能力连接消费者。思科培养员工之间的沟通，通过调查和定期会议收集观点，运用各种新颖的方式将员工引领到公司预期的同一平台。除了跟上不断调整的法律，公司确保行为规范意识统一传达到所有员工，提供行为规范的电子书版本，并补充与道德规范相关的员工、供应商或合作伙伴培训项目。培训项目旨在向员工灌输反腐败方法和商业行为规范。除了道德规范，信息技术时代的隐私和数据保护也是重要的考虑因素。关于收集的信息如何被公司使用，消费者同意分享和更新信息，是思科有关信息交换和收集透明度承诺的标志。思科为用户的应用开发制定了隐私保护指导方针，类似地，也为用户提供可靠的云存储选项。云计算技术也被用于提升教育水平，尤其是针对全球的贫困阶层和缺少发言权的阶层。除了教育，偏远地区的医疗保健、经济启动的企业支持、应对灾害的信息技术运用，都是思科企业社会责任关注的重要领域。思科认为回馈社会使企业自身生存拥有更强大的基础。有效的能源消费措施、严格缜密的温室气体排放目标，显示了思科对环境的关注。同时，思科强调持续研究以理解自己的经营方式对环境的影响。

信息框4　汉莎（Lufthansa）企业社会责任一览

汉莎航空公司对社会事业、企业文化和环境采取包容性的处理方式。这家航空公司的亮点如下：

- 公司认识到需要拥有强大、高效的劳动力，向利益相关方展示最好的表现。过程的透明是保证系统获得正确动力的关键。招聘过程中，汉莎确保多样化的、有能力的人力资源掌管公司的中高管理层。沟通是加强企业文化的重要因素，像指南针（"COMPASS"）这样的计划旨在专业主义的范围内提供可靠的帮助、鼓励女性管理者掌管重要职位。这些都是汉莎公司采取的一些措施。
- 为了支持受到自然灾害影响的人们，汉莎与德国帮助行动（Aktion Deutschland Hilft）和德国世界视野（World Vision Deutschland）等机构合作。在自然灾害的危急时刻，汉莎货运（Lufthansa Cargo）利用空中物流的力量，为受灾地区提供了必需品和生存物质。
- 汉莎的"救助联盟"主要是一个帮助街头流浪儿童教育的爱心项目，同时也支持非洲和亚洲部分地区孤儿院的医疗保健。"救助联盟"鼓励在飞机上的慈善捐赠活动，其中一个项目叫作"小零钱，大帮助"。筹措的资金以奖学金的形式支持教育。印度、越南、泰国等国家的儿童已经开始从这些项目中获益。
- "货运人文关怀"（Cargo Human Care，CHC）援助项目主要为肯尼亚的贫困人口、弱势群体提供医疗保健。为了给选中的孤儿院提供医疗服务，汉莎货运承担医生的旅行费用，每月运送志愿者医生三次。为了筹措资金支持肯尼亚的援助项目，"货运人文关怀"还在加拿大零下50摄氏度的环境里组织了"世界最难马拉松"。这个被称为"为了非洲，穿越冰雪"的活动筹集了四万多欧元。

续框

> ● 汉莎对鹤类的感情和关注从这家航空公司的标志就可以看出，这同样也体现在汉莎发起的保护项目。吕根（Rugen-Bock）是大量鹤类的栖息地，汉莎支持鹤类信息中心与世界自然基金会德国办事处、德国自然保护联盟（Naturschutzbund Deutschland）合作。鹤类信息中心运用移动技术在游客间建立互动，"鹤类移动信息"（crane info mobile）使得交流更加有效。以"鹤周"为主题的活动举办讲座和参观，加深人们对这种鸟类的了解。
> ● 社会团体为它们所处的文化感到自豪，汉莎与其他几家企业想让文化保持活力，其中就包括这家航空公司对德国交响乐团的支持。除了文化之外，汉莎还积极推动体育事业发展。汉莎是鼓励残疾人运动的德国体育援助基金会的赞助商。汉莎也是德国国家残奥委员会的联合赞助商，参与资助了一部反映三名残奥运动员成就的纪录片《金牌》。此外，汉莎也是德国奥林匹克运动协会、德国国家残奥委员会以及拜仁慕尼黑足球俱乐部的官方指定航空公司。

印度国家银行（State Bank of India）是著名的公共部门实体，是印度四大银行之一。该银行的企业社会责任活动主要集中在银行业的道德伦理规范、给员工提供没有骚扰和歧视的合适的工作条件。它强调在银行经营活动中使用更环保的技术、为顾客提供更高标准的隐私保护措施。印度国家银行鼓励向基金捐款，如印度总理的国家救助基金、第一部长的救助基金、非政府组织、慈善信托机构等，承诺将预先确定的一定比例利润用于社会事业。印度国家银行的社会责任捐款主要用于帮助贫困阶层的健康、教育、妇女权利、儿童福利等事务，以及支持企业启动等。除了捐款，该银行还组织献血、疗养营、植树活动、儿童跑步项目等。

印度塔塔电力公司（TATA power）的企业社会责任倡议主要是为变化中的印度谋取最基本的福利。该公司的企业社会责任关注女童教育，项目名为"维迪亚"（Vidya）。此外，公司还致力于改善医疗保健，提供干净的饮用水，通过传授技能、提高就业能力来改善人们的生活，告知利益相关方应该遵循的企业社会责任标准，鼓励志愿者加入企业社会责任活动，在自然灾害发生时参与救助活动等。公司强调对环境、社会和社区经济收益产生影响的"三重底线法"（"Triple-Bottom-Line-Approach"）。一些倡议活动还包括在农村地区的业务流程外包（BPO）、鼓励园艺和农业实践、卫生和清洁的饮用水计划、教育奖学金、体育活动、绿化造林、在农村安装沼气设施等。

四、旅游业

旅游业在 2012 年迈过 10 亿国际游客达到量的门槛，进一步拉动了该行业的增长。全球关注的贫困、恐怖主义、环境污染等问题不容忽视，而旅游业继续努力让生活变得更好，促进国家之间的和平与理解。自然和人类引发的灾难形成重大威胁，正逐渐逼近并形成更大的挑战。人类社会更深刻地意识到有必要一致行动，企业等组织机构正在思考它们的经营活动对社会和环境造成的影响，有影响力的国家也开始思索排放问题，确保给后代留下一个更安全的地球。本章正是在这样的时代撰写的。这或许听上去有些矛盾，然而真实的是，当下的情形需要看到更光明的一面，发动力量纠正那些或许已经在进化道路上犯下的错误。旅游业越来越成为创造收入和就业的主要部门，在许多国家被誉为经济增长的主要推动力。如果能持续繁荣，避免盲目的发展，旅游业将毫无疑问具备带来和平和相互理解的潜力。根据联合国世界旅游组织 2014 年的数据，旅游业收入从 2012 年的 1.078 万亿美元增长到 2013 年的 1.159 万亿美元。这是行业自身潜力的重要指标，尤其是对那些正处于发展中、有望在将来成为世界强国的国家。联合国世界旅游组织 2014 年报告另一个吸引人的对比是，旅游业直接或间接贡献了全球国内生产总值的 9%，每 11 个就业中，旅游业直接或间接占其中的 1 个，产生 1.4 万亿美元出口，占全球出口的 6%、服务业出口的 29%。

为了深入理解旅游业，不同的范式应运而生。这门学科主要以与别的学科相结合的方式进行分析。社会科学家考察游客与旅游目的地社区之间的关系，或者旅游业对社会的正面、负面影响；环保主义者研究气候变化模式背景下的游客活动、旅游目的地生态系统的承载能力；经济学家倾向于分析消费和收入趋势，以及旅游业带动的出口和进口；研究人员则对研究和观察整体现象感兴趣。这种尝试或多或少还停留在测试和提出理论阶段，试图寻找模式和原因。简而言之，旅游业能向更广大的受众提供多种形式的内容。

信息框 5　企业社会责任与旅游业

　　一项研究回顾了世界银行（World Bank）委托的有关公司行为规范、执行和外国投资的报告，分析了旅游企业社会责任标准的四个主要方面，即旅游业与可持续发展、游客供应链实体、旅游业其他参与者与投资者的观点，通过适当的认证使企业社会责任项目标准化，保证符合国际标准的认证的有效性。报告称赞可持续性在旅游业发展中的作用，分析其薄弱环节，强调通过更严格的法律框架对企业社会责任计划进行持续评估，反映旅游现象带来的机遇。报告里一个令人担忧的发现是，尽管人们赞扬欧洲国家关注负责任的旅游业惯例做法，遵守环境和社会标准并不能说服消费者支付额外费用。报告总结了政策和方针建设的功效，但也提出了执行的问题。这份简明的报告阐述了企业社会责任的必要性、政府的角色和行业的期望。报告强调降低成本，这由于适当的认证项目变得可能，同时也阐明中小企业在把握市场机遇的过程中，认证项目的无能为力。报告还包括一些有很大争论和分歧的话题，主要是计划执行的监督和标准化问题。保持早期工作中的进展，该研究更加全面，将可持续的旅游业作为关键因素，同时也强调公平的执行，以保证社会、经济和环境得到改善。该报告的一些要点总结如下：

- 在 FTO、ISO EU Flower 等组织的参与下，地方和国际运营商就全球标准达成共识。
- 遵守保障社会环境健康和认真执行既定标准的方针，创建有企业社会责任支撑的品牌。
- 以规章制度的形式扩大指导方针的范围，资金渠道化。
- 肯定中小企业提升经济弱国的重要性，该报告认为有必要保证供应链活动持续的灵活性。同时也强调企业社会责任相关企业的持续报告。
- 由于显而易见的原因，消费者的认知水平很低，需要通过有效的市场计划来培养。然而，由于消费者的低水平认知，最初的市场推广应该反映在商业机构对商业机构（B2B）的活动中，而不是商业机构对消费者（B2C）的活动中。
- 即使需要国际合作制定战略，政府也应该开发更富综合性的框架，鼓励营造有益的投资环境。这有助于合理利用旅游业带来的机遇，确保对经济、环境和社会效益应有的影响力。
- 以法律来约束企业支持社会责任活动、强制企业公开其实现旅游业可持续发展的模式，作为企业进入该行业的前提条件。
- 管理机构应该鼓励创建讨论平台，确保利益相关方分享最佳做法，实施激励措施作为鼓励。预期的效益应该是多方面的，而不仅仅是经济效益。

［摘自多兹和约佩（Dodds & Joppe）2005 年报告］

五、旅游、社会及影响

　　旅游与社会密不可分地联系在一起，不同的参照系观察到不同的侧面。旅游业通常在社会背景下运转，研究旅游现象之前应该先分析社会进程。为了使这一部分与本章主题相关，社会与旅游的关系主要放在旅游业的影响这一背景下研究。大量文献论述了旅游业的影响，读者可以参考梅森（Mason）(2003)、霍尔和刘（Hall and Lew）(2009)、纽瑟姆、摩尔和道林（Newsome，Moore and Dowling）(2002) 对这一主题做深入研究。为了概述旅游业的影响，简要列出几点作为快速参考，开头的几点是正面影响，随后则有关旅游业的成本：

- 外汇等与旅游业相关的经济利益。
- 直接或间接的大规模就业潜力。
- 游客对东道主心态的发展变化，进而推动不同文化的和平共处与理解。
- 不断增长的环境意识，当地艺术和文化的发展。
- 名胜古迹所在地的基础设施建设得到改善，更加关注资源保护。
- 负面影响通常也与正面影响相关，比如说，东道主社区获得游客关注的同时，也受到多方面影响。由于东道主受到游客影响，逐步表现出接纳外国文化和生活方式的趋势，从而改变了自己的状态，东道主社区的示范效应受到影响。
- 更多负面影响表现为一些非法活动，仅举几个明显的例子，如偷渡、人口贩卖、毒品、环境恶化、过度的基础设施建设遮蔽了真实的环境、交通堵塞等。
- 经济漏损现象（Economic Leakage）通常是经济学家关注的重点。由于国际商业实体的做法通常是将旅游目的地挣来的利润转移到公司母国或总部所在地，（对于旅游目的地来说）旅游业的收入也就流失了。

信息框6 土耳其航空公司（Turkish Airlines）企业社会责任计划

土耳其航空公司（ISO 14001 认证）是一家拥有良好声誉的企业，在经营活动中严格遵守自己制定的道德规范。它的企业社会责任模式涉及多个方面，从燃油效率、废弃物处理、环境问题，到健康和安全领域。为了提高燃油效率，土耳其航空公司倡导减少碳排放的优化操作，开始投资新科技，增强环保意识，提高计划和执行阶段的准确度。此外，该航空公司还在考虑定期评估其环境政策，着手准备一年两次的环境影响评估报告。有关职业健康和航空公司内部环保培训的目标承诺，公司及时给利益相关方如供应商提供最新的信息。土耳其航空公司的"同一个队伍"（"One Team"）计划是一个新颖的倡议，集中了土耳其航空欧洲联赛（Turkish Airline Euro league）的选手，尝试利用篮球运动的力量帮助那些智力和身体上有缺陷的人们。土耳其航空公司还支持人道主义组织土耳其红新月协会（Turkish Red Crescent Society）（该组织主要为卫生和环保事故提供帮助）以及一家名为 AKUT 的非政府组织（该组织在搜救行动中发挥着重要作用）。

信息框 7　卡塔尔航空公司（Qatar Airways）企业社会责任

卡塔尔航空公司承诺使用更清洁的航空燃油，将对环境的影响最小化。卡塔尔航空公司采取了多种措施有效利用燃料消耗，包括启用经济型的路线、减轻航空器重量、提高起飞和降落过程的效率、有效利用替代能源和空气动力学原理。该航空公司一直注重提高经营活动中的废弃物处理。儿童教育十分重要，卡塔尔航空公司通过技术平台提高这种意识来支持这项事业，除了自己的贡献，也鼓励乘客捐款。除了儿童教育，该航空公司还为一些生病的儿童（如脑瘤儿童患者）提供帮助。航空公司的基金会帮助那些患有脑瘤和脊髓瘤的儿童，为他们提供教育，为他们的家庭提供关于这些疾病的相关认识，并积极参与拯救生命的研究。

六、企业社会责任与旅游业

本章引用的不同解释都试图建立旅游业背景下的企业社会责任概念的大厦。在大多数支持有必要讨论旅游业社会责任的观点中，最重要的来自行业的多维性和整个旅游现象不同参与者的消费模式。旅游业的规模带来过多的利益相关方参与该行业。因此，为了可持续存在的事业、提升从旅游业获利的各实体对人道的敏感性，最重要的是形成一种强烈的参与意识。本章此前的部分讨论了旅游业带来社会、文化和经济收益的可能性。此前阐述旅游业巨大潜力的一个简单原因就是回顾多个利益相关方的参与以及它们以经济、社会发展的形式表现出的总体收益。利润是利益相关方参与旅游业的根本原因，而讨论的主要目的是强调其除了利润之外的承诺的重要性。在阐述的过程中，正文和信息框引用了几个与旅游业相关的、结合其他行业的企业社会责任案例。回到企业社会责任的概念上，它具有多个维度，经常使得企业困惑于究竟该向社会回馈什么、怎样回馈？如同麦克威廉姆斯、西格尔和赖特（McWilliams，Siegel and Wright）（2006）提出的那样，简单理解企业社会责任就是参与推动社会福利的事业。它或多或少是一种哲学理念，强调除了商业利益，企业对社会、环境和经济承担的更广泛的责任（Henderson，2007）。

亨德森（Henderson）（2007）同时也澄清，参与企业社会责任并不意味着公司应该偏离创造财富这一主要目标，确切地说，社会责任应该与商业实体的主要议程紧密结合。这回答了企业社会责任参与度的复杂问题。管理者不需要偏离存在的目的，而要寻找社会责任与公司政策相结合的兼容模式。这种方式更具持续性，随着公司未来发展还有可能改进。这也是一些公司与别的公司相比，在企业社会责任参与度方面表现更出色的同时，也获得更多利润优势的主要原因之一。本章援引的万豪（Marriott）就是这样一家企业，其跻身最受欢迎的公司之列，在酒店业绿色实践方面作出非同一般的承诺。大大小小的公司在旅游业各个层面运营，小公司由于资源有限很难参与企业社会责任活动，可以向大公司表示支持、贡献力量，较大的参与者应该将可持续性作为指导方针。这基于一个简单的推论，即可持续旅游业带来的更持久的商业活动从而将改善整个旅游系统。

旅游公司有多种运营方式，一些公司仅限于销售旅行套餐，依靠旅行目的地的地面经营商提供帮助，其他一些公司则具备完整的销售体系和外勤业务，有时还拥有自己的车队。如同其他公司一样，旅游公司的办公运营需要的资源包括电力、人力资源、办公场所等。企业社会责任计划可以从这些公司的办公场所开始。在工作场所安装必要的节能装置，同时保证最佳的运行效率，这些都是可行的办法。创造更多的将人工照明依赖最小化的可持续选项，减少对空调系统依赖、建造通风更好的建筑等对资产负债表都有重要意义。有效的废弃物处理系统、减少对纸张的浪费都将影响环境状况。除了居住在旅游目的地的当地居民，旅游经营者也清楚当地的社会、经济和环境状况，这么说不会有错。然而令人遗憾的是，经营者经常为了获得额外的经济收益而无视旅游地的承载能力，往旅游地塞进越来越多的游客，从而危及敏感的生态系统的环境平衡，或给当地居民带来不便。在这些情况下，旅游与当地社区的摩擦也就不远了。考虑到旅游公司清楚旅游目的地的社会文化和环境状况，其办公室就不用费心去研究企业社会责任的关注点，只用选择公司能力范围之内的活动来帮助社会。

为了履行企业社会责任计划，旅游业的参与者应该认真理解可持续性的概念，长期远景依赖旅游目的地的条件。为了形成相互信任的氛围，东道主应该知晓公司企业社会责任的相关活动。支持教育、基础设施建设、环境的发展计划或者小企业的小项目，都具有重要意义。引入责任因素也很重要，企业要实现其影响，需要做的还很多。缺乏责任感的企业将远离社会，也可能逃避社会遭遇的困境，而实际上正是这些企业应该单独（或共同）对这种糟糕的状况负责。企业应该为自己的行为负责任。在企业社会责任的范围内，这是一个更广泛的概念，扩散到许多领域。不管是反映环保认证的可靠性，还是人力资源的雇佣方式，透明度依然很重要。公司的道德规范透明度即争取在社会上建立一个可靠的平台。曾经以消费者或公司为参照系考察旅游现象的方法，如今已经开始从社区的角度思考。这令人鼓舞，但并不足够，因为社会责任实践发起和履行的状况仍然有问题，而且效力有限。这需要结合主客位视角，创造经济、社会和环境的收益。阅读更多关于旅游业和企业社会责任的信息，请参考信息框5。

信息框8　BCD旅游公司（BCD travel）与企业社会责任

　　BCD集团在全球100多个国家经营多种业务。BCD旅游公司是BCD集团旗下五家子公司之一。所有子公司（BCD travel, Travix, Park 'N Fly, Parkmobile International, Airtrade）都围绕BCD集团提出的"比简单相加更强大"的理念团结协作，使BCD集团成为旅游市场上强大的参与者。集团通过子公司提供一些重要服务，包括网上旅游解决方案、机场外停车、移动停车等。该集团是一家荷兰公司，由约翰·芬特内尔·范弗利辛恩（John Fentener Van Vlissingen）创立于1975年，BCD旅游公司的建立要晚很多，于2006年启动。这家公司主要经营公司旅行，为商务旅行者提供解决方案。

　　企业社会责任很好地融入BCD旅游公司的运作方式当中。公司关注五大领域来定义它的企业社会责任政策，也就是人、社区、环境、合乎道德标准的商业实践、隐私与数据保护。这家旅游公司决心为客户提供有效的解决方案，同时带来公司利润之外的影响。非常重要的是，这家公司采取透明的雇佣政策，员工不会受到年龄、性别、种族、肤色或残疾方面的歧视。同样，公司呼吁反性骚扰，强调工作环境禁止毒品等。对工作场所的暴力行为采取零容忍的态度，为员工提供了更好地发挥潜能的工作环境。在加强劳动力方面，有关雇员的敏感信息不能透露给外部，除非得到雇员的书面许可或者出于司法需要。BCD集团一直是公开交流的积极支持者，所有人都能自由表达自己的关心和想法，这些交流有利于培养人才、促进和谐。此外，员工有权获得健康福利，公司还提供员工个人事业发展的机会。

　　公司还激励员工对社会作出个人的贡献。公司也在世界范围内支持与儿童相关的事务。随着全球扩展，公司致力于提供更好的培训，为利益相关方寻求更多的商业机会。环境是BCD旅游公司关注的重要领域之一，该公司尝试用有效的经营方式来加以维护。环保措施更多的重点放在规划层面，确保对排放和能源消耗进行检查。为了环境友好型经营这一目标，公司与所有供应商一起行动，创造积极影响。该公司鼓励所有相关方在经营过程中采取符合道德标准的商业实践，正确对待废弃物处理。

第二部分　旅游业的企业社会责任

续框

> BCD旅游公司在道德规范方面打下了坚实的基础。道德规范和审计对商业来说至关重要。对不道德的商业行为（比如行贿）零容忍的态度反映了该公司的承诺。商业运行中的道德规范还反映在财务报告的准备中。财务报告必须符合公司的政策，遵守客户信息保密条款，禁止员工将其使用于个人获利的目的，以及挑选符合商业需求的供应商。像提及的公司其他政策和规定那样，按照标准进行定期审计，确保公司所有信息的隐私保护和数据安全得到最好的维护。

卡尔森嘉信力旅运公司（Carlson Wagonlit）（CWT）是全球知名的旅游品牌。公司总裁（北美）杰克·奥尼尔（Jack O'Neill）强调CWT的关注点是B2B和B2C。六种核心价值被认为是集体和个人努力的重要驱动力，亦即：承诺优秀、文化多样性、可靠、企业家精神、关心顾客、正直。在美国运转的多个企业社会责任活动都致力于帮助社区和改善环境。一些重要的项目包括：CWT "SatoTravel"项目意在帮助受伤的军人，"人类家园"（"Habitat for Humanity"）项目则把帮助减少贫困住房作为目标。它为丹佛修建保障性住房提供志愿者劳动和资金支持。CWT还支持GBTA和ECPAT基金会，它们的工作分别是为帮助进一步教育提供奖学金和杜绝拐卖儿童。CWT员工发起的"付出十天"倡议（"10 Days of Giving"）包括一些帮助贫困人群的活动和捐赠，时间跨度为年末节日季的两个星期。CWT其他一些项目还包括帮助发展中国家的艾滋病、结核病和疟疾患者。CWT也帮助收养、寄养家庭和被虐待的人。在工作场所，CWT鼓励多元化，为不同种族、不同年龄段的人提供机会成为公司的一部分。该公司的环保意识主要体现在以下六个主要项目："绿色打印"提倡节省纸张；"绿色厨房"提倡厨房里的环保做法，如使用可以清洗和重复使用的厨房用具等；"绿色供应商"则指的是与那些关注环保做法的供应商合作；"循环利用"计划主要是在CWT的北美地区办公室安装回收系统；另外两个项目是"绿色能源集团"和"生态友好型纸张采购"计划，前者旨在让公司减少能源使用，后者提倡在公司使用生态友好型纸制品。

信息框9　万豪（Marriott）模式

万豪在顾客心中拥有一席之地。它的成功不仅是成为一个成功的商业品牌，也体现在它是一家在经营中不断引进创新精神来兑现环保承诺的机构。增长和发展已经从充分发达的西方世界转移，这也是万豪的预期，它期望在印度、中国、巴西和一些非洲国家创造更多工作和商业机会。该集团一直在扩张，希望继续以合同或特许经营权的方式保持这种发展趋势，但环境友好是其关键的组成部分。万豪支持更严格地遵守可持续业务经营模式，若其房产/财产被租赁或特许经营，主管部门将按照已建立的标准进行审查。公司在各种赋予特定任务的委员会帮助下完成这些工作，如绿色实践、人权、全球多元化以及社会责任实践等。万豪过去的成就有目共睹，这反映在其得到了世界各地经济体的支持上，如在卢旺达、海地等地开张新酒店项目，还包括华盛顿的产业获得能源和环境设计领导力认证。

万豪将利益相关方放在首位，认为其很关键。该集团致力于对所有人透明和机会均等，这反映在它的多元化劳动力和出色的顾客服务等方面。万豪引进顾客满意度调查，将社交媒体上顾客的体验输入公共平台，称之为"倾听社交媒体"。为了给分布在各地的产业实现全球招聘，公司已经充分利用通过移动设备、以社交媒体为形式的技术帮助。万豪在美国经营广泛，鼓励雇佣美国退伍军人，并投入一家网站为退伍军人提供加入公司的机会。在2014年达沃斯论坛上，集团主席和首席执行官阿恩·索伦森（Arne Sorensen）表达了万豪对促进旅游便利的智能签证入境的看法，并强调了改革移民文件以促进经济的必要性。万豪从利益相关方出发设定能达到的目标，期望合作伙伴能有效参与全球调查、市政会议、社区导向的项目和社交媒体。在公司负责任的企业精神里，顾客不会被忽略，公司鼓励他们为慈善捐赠作出贡献、参与调查研究。为社区筹集资金是重要的工作，供应链多元化为其增加了机会。公司也决心接触非政府组织、特许经营人和政府，以不同的角色对社区发展的共同利益和环境资源保护做贡献。万豪一项独特但值得称赞的进步就是将鱼翅从菜单中删除。万豪还通过在工作方法中引入透明度，通过制定政策遏制腐败、尊重人权、创造合适的工作环境来展现它的诚信。通过这些措施，该集团在营业和即将拓展业务的领域，向研究文化和环境迈出了重要的步伐。

七、旅游业企业社会责任报告体系

马嫩特、明盖蒂和明戈托（Manente, Minghetti and Mingotto）(2014)观察的是旅游业企业社会责任报告体系的各个方面，主要是关于符合一定标准的产品、活动或进程。为确保符合外部标准和适当的认证规定，绩效标准很关键（Manente et al., 2014）。作者引用了比恩（Bien）(2008)的重要著作，代表不同类型报告体系的特征，列举如下：

- 商业实体自愿主动，有清晰明确的标准，伴以必要的审计；
- 定期更新认证，目的在于不断使之改善和增加透明度；
- 确保体系不以不正当的财务目标为目的，关注公正的审计，从自我评估到消费者、中立方等第二方、第三方不同层面的评估；
- 将徽标获奖等"漂绿"效果最小化，解除报告团体的财务压力。

信息框10 旅游和酒店业更多的计划

公司	企业社会责任
日本航空公司（JAL）	● 利用空中运输能力履行社会责任，改善网络、促进旅游、帮助与社会建立关系 ● 利用空中网络致力于联合国（全球影响）十项原则，促进和平和繁荣 ● 为旅行者提供安全舒适的飞行体验 ● 发生灾难时提供帮助 ● 为增进日本与世界的联系做贡献，培养文化和经济交流 ● 利用飞机评估对流层受到的环境影响
印度航空公司（Air Inidia）	● 强调负责任的商业实践、良好的管理、支持可持续的变化、达到高质量标准 ● 致力于减少贫困和营养不良、促进教育、老年人护理、安全饮用水 ● 鼓励性别平等、妇女赋权，帮助孤儿院和老人保健院 ● 修复能体现国家丰富艺术和遗产的建筑物 ● 支持退伍军人、战争遗孀、农村地区的体育和残奥会 ● 为总理国家救助基金、理论技术发起人和农村发展项目提供资金支持
国际航空运输协会（IATA）	● 制定并成功实施至2020年和2050年的排放目标 ● 投资技术创新和替代燃料 ● 飞机操作、起飞程序和基础设施的效能 ● 与飞机噪音、排放、燃料效能、未来的飞行器、替代航空燃料相关的技术 ● 操作和飞行效率 ● 更短的飞行路线，有效的机场设计 ● 致力于减少环境税和碳抵消 ● 思考环境政策，鼓励技术研究创新 ● 航空废弃物处理 ● 推广最佳的环保做法和提升公众对温室气体意识
希尔顿（Hilton）	● 到2019年雇佣100万年轻人的目标，资助与年轻人相关的项目 ● 雇佣美国退伍军人 ● 致力于志愿者服务、社区挑战、关于拐卖儿童问题的培训 ● 支持签证改革以促进旅行 ● 推动废弃物处理、水处理以及必要的认证 ● 有关环境和社会的项目，减少碳足迹

续框

公司	企业社会责任
泰姬酒店（Taj）	● 强调综合管理的可持续性 ● 提倡"回馈社区"的理念 ● 通过支持志愿者组织、政府运转的行业培训学院，为贫困的年轻人提供技能发展，提供酒店业更多的就业机会 ● 鼓励从事传统艺术创作的艺术家的作品销售和展出 ● 帮助非政府组织、小企业主和社会企业（一种以创新方法解决社会问题的组织）

八、延伸阅读

● 对企业管理、市场自由化和放松管制发展趋势，以及对利益相关方的企业角色感兴趣的读者可以在居勒·阿拉斯和戴维·克劳瑟（Güler Aras and David Crowther）编撰的《企业管理和社会责任手册》（2010）里找到感兴趣的文章。

● 为了进一步观察全球化、可持续发展和企业社会责任，由戴维·E.霍金斯（David E. Hawkins）撰写的《企业社会责任：协调明天的可持续发展和今天的收益率》（2006）一书值得一读。这本书的启示在于探讨企业社会责任的实现和与公司利润目的的融合、商业实践在全球社区的反映，以及环境。

● 班纳吉（Banerjee）（2007）充分阐释了企业社会责任自 20 世纪初至 20 世纪 50 年代，以及最近的历史发展。在 20 世纪 50 年代，企业社会责任显然已经进入管理研究，涉及"漂绿"的概念（这一概念指的是公司具有欺骗性的温和外表，以掩盖其对社会和环境具有威胁性的经营活动）。最近，企业社会责任的演化已经超越慈善的理念，发展到周密的战略层面。

● 由孙（音译）、斯图尔特和波勒德（Sun, Stewart and Pollard）（2010）编写的《重构企业社会责任：全球金融危机的教训》解释了以金融危机形式表现出的企业社会责任缺失。这些文章阐述了美国、荷兰和波兰对企业社会责任的看法、企业社会责任和其他重要的话题。

● 若干书籍讨论了旅游业企业社会责任，其中一些全书研究这一主题，另外一些也有部分章节涉及企业社会责任。其中两本书里的两个章节特别值得向读者推荐：一是采佩卢什（Tepelus）（2006）贡献的《企业社会责任管理模式》一书第十章，涉及的是相关框架支持下的旅游业人权问题；二是休（Sue）（2006）撰写的《通过旅游促进社区发展》一书第八章，用两个相关案例分析，强调了企业公民意识、旅游扶贫以及道德准则等理念。

● 弗莱纳斯（Frynas）（2009）的《超越企业社会责任：石油跨国公司与社会挑战》一书讲述的是作者对石油天然气行业的广泛研究经历，意义重大。该书讨论了遍布全球的石油天然气公司案例，尤其关注新兴经济体。该书细致讨论了企业社会责任的概念以及来自环境、管理和发展问题的挑战。

九、小结

本章融合了企业社会责任的概念及其在旅游业领域的应用，以此解释了对企业社会责任概念的整体理解，以及历史背景下的最初描述。讨论继续阐述了不同行业的企业社会责任。为了使读者获得关于企业社会责任活动的相关信息，选取了多家公司的案例，突出多种能力的贡献。航空公司运用它们航空运输的核心能力为社会作出贡献，其他公司则用多种方式影响社会和环境。在多个国家经营的公司强调适应所在国家的文化和环境、雇佣多元化的劳动力、避免种族或民族歧视。不同的公司采用新颖的方式考虑企业社会责任。企业关注的重要方面包括：定期活动帮助贫困人群、利益相关方的企业社会责任政策意识、遵守规定和审计活动以保证透明度。企业试图通过企业社会责任活动，以经济和社会发展的形式回馈社会。各种非赢利的捐赠倡议就属于这样的活动。由于能力和资源的限制，中小企业很难为企业社会责任作出重大贡献，因此建议参与更大型的倡议产生影响。本章还分别讨论了旅游业和非旅游业公司对企业社会责任的贡献，把双方的理解都呈现给读者。缺少时间的读者可以将文中的信息框作为便捷的参考。旅游业的影响和该行业的报告体系也在不同部分得到讨论。

旅游业巨大的潜能、对社会文化因素的依赖及其复杂性说明了旅游业企业社会责任的必要性。许多旅游公司一直在增加对社会发展和保护环境的贡献。旅游产业经常与环境的负面影响联系在一起。为了减少这种影响，许多航空公司采取措施尽可能少地制造废弃物、减少排放。酒店业选择了绿色发展的道路，万豪（Marriott）就是一个典型。本章并非没有局限，最大的挑战就是解释仅限于文中的关键结合点，并未深入讨论。为了克服这个问题，结尾部分的延伸阅读为那些希望进一步钻研这个主题的读者提供了线索。

十、说明

本章在正文和信息框中广泛引用了不同的机构和企业有关企业社会责任计划的最新例证。这些信息来自这些机构和企业定期出版的报告，通过互联网搜索或企业官方网站就能方便获取。因此，本章末尾不再列出引文出处。其企业社会责任或年度报告在本章中被引用的机构和企业名单如下：

- 印度工业联合会（the Confederation of Indian Industry, CII）关于印度企业社会责任的报告，题为《印度企业社会责任指南》（简要论述参见信息框1）
- 艾玛迪斯公司（Amadeus）（简要论述参见信息框2）
- 土耳其航空公司（Turkish Airlines）（简要论述参见信息框6）
- 卡塔尔航空公司（Qatar Airways）（简要论述参见信息框7）
- 思科公司（Cisco）（简要论述参见信息框3）
- 汉莎航空公司（Lufthansa）（简要论述参见信息框4）
- BCD旅游公司（BCD travel）（简要论述参见信息框8）
- 万豪（Marriott）（简要论述参见信息框9）
- 日本航空公司（Japan Airlines）（简要论述参见信息框10）
- 印度航空公司（Air India）（简要论述参见信息框10）
- 国际航空运输协会（IATA）（简要论述参见信息框10）
- 希尔顿（Hilton）（简要论述参见信息框10）

- 泰姬酒店（Taj）（简要论述参见信息框 10）
- 卡尔森嘉信力旅运公司（Carlson Wagonlit）
- 印度国家银行（State Bank of India）
- 塔塔电力公司（TATA power）
- 住房开发金融公司银行（HDFC）
- 美国银行（Bank of America）
- 沃尔玛（Walmart）
- 家乐福（Carrefour）
- 强生（Johnson and Johnson）
- 麦克森公司（McKesson）

维克兰特·考沙尔
（印度喜马偕尔中央大学）
苏曼·夏尔马
（印度喜马偕尔中央大学）

第十三章 从赚取利润到可持续发展：旅游业企业社会责任计划的关键评估

摘要

从赚取外汇来看，印度旅游业的潜力非常巨大。这也是政府启动众多项目和方案以吸引外国游客的原因所在。这也导致酒店业或航空业进行联盟以实现赢利和多元化。随着交通工具不断发展，国家变得越来越开放和全球化，旅游业迎来了更多发展良机和维度。教育和互联网的发展扩大了旅游业的范围，对于印度这样的发展中国家而言，这一新的趋势让旅游业在很多方面都是非常有潜力的行业。但另一方面，这也对自然资源带来了风险，这一行业的利益相关方开始通过企业社会责任举措应对这些挑战。如何考量这些举措，目前没有特定的参数可供参考。从某种程度来看，这些参数都是主观的。因此一些分析这些举措的需求也应运而生，从而推动可持续发展。

一、引言

根据联合国世界旅游组织 2012 年版《旅游业概览》，全世界的旅游部门为全球贡献了大约 6%—7% 的就业（直接或间接）和 5% 的收入。它是带动全球就业的主要行业之一，其中女性占旅行和旅游业劳动力的 70%。旅游业比其他行业带来更多包容性的增长。全世界都在讨论这个行业，它

第二部分　旅游业的企业社会责任

是个受人关注的话题。不管我们做什么，我们都应该分析旅游业对利益相关方的影响。利益相关方可能是任何人或机构，比如政府、公众、股东，甚至是我们的大自然母亲。印度认为旅游业是"潜力行业"。对这个行业的任何投资都能得到好的回报，但同时，如果这些投资考虑不周，我们对这个行业的任何投入都会让环境付出代价，消耗我们的自然资源，可能对遗产地形成威胁、危及动植物群落、对不同种类的动物造成伤害等。

印度拥有许多文化游览胜地，具备全年适合各类游客的气候条件。它可能是唯一一个能让游客欣赏到所有气候的国家。这个行业盈利的潜力非常可观。

经济增长和发展始终是发展中国家的优先考虑，这对于长期生存不可或缺。发展和增长方式不能仅仅考虑当下的目标，还应该为后代创造收益和机会。

为了将发展转变为可持续发展，有必要关注可持续发展的相关问题。可持续性和企业社会责任相互联系，没有企业社会责任，则很难实现可持续性，对于旅游业也是这样。如果我们不牢记我们的行为会对资源的使用、对后代留下什么资源造成直接或间接影响，就不可能实现可持续发展。人类总是很自私，使用自然资源和人造物品时，总会忽略这些产品对社会的影响。但现在情况正在发生转变，可持续发展问题的研究获得了动力。可持续发展被定义为一种实现现在的需要、但不损害后代在各方面满足其所需要的能力的战略。实现可持续发展主要关注社会、经济和环境问题，因为所有这些因素相互之间都有直接联系。发展的概念是满足人们的基本需要、给人们的生活带来变化。在印度，旅游部门给大众带来许多谋生的机会。为了实现可持续发展，国家应该兼顾经济和社会发展。仅仅解决贫困、失业、健康等问题，而不包括环境问题，人类整体福利的可持续发展就不完整。企业社会责任与可持续发展包含了同样的问题。联合国为此付出努力，提出实现可持续发展的三大支柱：

1. 社会可持续性；
2. 经济可持续性；
3. 环境可持续性。

联合国世界环境委员会的报告指出，为了实现可持续发展，社会应该顺应个体的要求，同时必须为所有人提供公平的机会。这是一个需要严肃思考的更广泛的概念。

二、研究目的

1. 本章尝试研究旅游业的企业社会责任活动怎样实现可持续旅游业的目标。

2. 本章也旨在将企业社会责任理解为保护自然环境、动植物和遗产地的措施。

三、研究方法论

本文的研究基于从各种官方来源收集的二手数据，比如旅游部、印度政府、世界旅游组织以及其他相关网站。为了获得与研究相关的统计数据和信息，同时也参照了相关领域的新闻文章和新闻稿。

四、可持续发展与企业社会责任

没有可持续性，发展不可设想，因为这样它不会有多大贡献。通过整合社会、政治、经济议题，以及最后的同时也是重要的一点，即环境问题，可持续发展确保人类的利益。贫困问题一直是印度实现发展的主要障碍。根据计划委员会下属的滕杜卡尔委员会（Tendulkar committee）对2011年人口普查的评估，印度21.92%的人口依然生活在贫困线以下。民众之间的不平等是印度面临的另一个障碍。为了给后代和现世的人们创造条件，有必要以可持续的方式促进发展。所有这些问题都可以通过各个经济部门的增长带动就业来解决。民众的可持续发展可以从更广泛的层面思考，例如通过提供盈利和增长的机会，将其消除贫困联系起来。可持续发展有许多衡量指标，为我们指明努力的方向。

"企业社会责任是商业界对经济可持续发展承担的义务和贡献，与员工、员工家庭、当地社区以及整个社会一起，以对商业和发展都有利的方式，努力提高他们的生活质量"（世界银行）。作为劳动密集型产业，旅游业提供了大量就业机会，从高技能工种到非技术工作。从长期来看，旅游业对广义概念的可持续发展作出了贡献。旅游业能够对就业作出巨大贡献，包括自我雇佣和从业员工。旅游业正在成为印度经济创业型企业的中心。

五、文献回顾

以往很多研究文献表明，企业社会责任和可持续发展互相关联。巴格瓦特（Bhagwat）（2011）分析认为，企业社会责任有助于在企业和与企业相关的群体（如顾客、员工、投资者和社区等不同的利益相关方）之间建立良好的社会关系。作者还试图解释企业在日常经营中遵循符合道德规范的从业准则对整个公众具有社会和环境方面的影响。企业社会责任和可持续发展关系密切。企业社会责任已经成为可持续发展不可缺少、不能分割的一部分。

佩恩（Payne）（2006）研究认为，全球化概念的出现和被接受，以及真正意义上地在世界范围内更广阔的市场运行，给发展中国家带来了重大影响。作者认为，如果能够正确地组织和计划，非政府组织与商业的合作关系将有助于社区和贫困人群，因而也将有助于完善社会响应这个概念。

利特菲尔德、莫杜克和哈希米（Littlefield，Murduch and Hashemi）（2003）认为，联合国千年发展目标（MDGs）通过关注减少贫困、支持妇女权利、为孩子提供教育、改善健康条件（包括卫生和相关设施），致力于提高人类福祉。提供微型金融（Microfinance）是达成这些目标的方法之一。微型金融提供各种金融服务吸收存款，为创业提供信用支持、保险和汇款服务等。作者在文章中提及，微型金融有助于提高客户收入水平、生活标准和健康状况。作者还提到，微型金融是减少贫困的办法之一。作者在研究中提供了许多例证，证实妇女儿童健康状况、儿童教育和妇女权益的改善。

夏尔马和马尼（Sharma and Mani）（2013）试着研究和分析印度商业银行的企业社会责任行为。该研究基于获得的各种二手数据，记录各种变量，如环境保护、重点行业贷款、社区福利、妇女和农民的福利。由于银行业对印度的国内生产总值贡献较大、利润丰厚，印度储备银行（RBI）（2011）强调了在银行业发起企业社会责任的紧迫性。银行业的企业社会责任通过引入普惠金融（Financial Inclusion）的概念，为没有银行账户的人群提供社会和经济收益。因此企业社会责任实践（包括环境问题）就与银行业以及对该行业的贡献联系起来。

研究文献说明，旅游业企业社会责任与可持续性相互联系。企业社会责任不仅仅与环境问题相关，还是一个非常广泛的概念，包括减少贫困、创造就业机会、为所有人提供平等的机会等措施。

六、印度旅游业社会响应态度

一个经济体的任何行业都会直接或间接促进它的发展。按照联合国对可持续性的定义，社会、经济和环境可持续性是必要的，只有这样才能说有社会响应。旅游业提供了大量的发展机会，也为印度的可持续性概念作出了贡献。印度旅游的精髓在"客人即是上帝"（"Atithi Devo Bhava"）的表述中十分清楚，每个客人都被当作上帝对待。从一开始，旅游业在印度就被当作能够创造可持续性和包容性增长的行业。这种理念在第十个五年计划中被进一步加强，被纳入各种项目和国家旅游政策。各种项目随之发起，以达到社会响应的目的。外汇收入的大部分被用于旅游目的地的环境和保护。由于政府发起的各种项目，很多邦的农村社区超越了其普通盈利模式，将旅游服务作为其成员职业。这极大地减少了农村工匠和农民的迁移。通过给游客提供服务，他们成功实现了收入多元化。印度农村地区一直缺乏就业机会，导致当地居民要么移民，要么过着低标准的生活。

可持续的旅游发展政策为包容性增长提供了解决方案。由于旅游发展带来各种社区项目，农村地区的工匠、农民和社区总体来说已经开始发展。现在，他们开始接受信息，开始学会保存他们的遗产和文化，了解其重要性，以及关注环境保护问题、气候变化、妇女权益等。基于艺术、文化和传统的印度乡村生活方式令人愉悦，充满文化多样性，富有表现力和环境可持续性。这种真实的生活经历使得现在到访印度的游客都觉得自己恢复了活力，度过了一段开心时光。作为游客和东道主之间建立深厚联系的场所，当地社区也同时受益。印度人对游客的态度和心态的转变也显而易见，他们对旅游业带来的好处非常感激。根据印度旅游部发布的可持续的印度旅游业报告，"印度广阔的地域和居住地的多样性使得它成为适合多种兴趣、各个季节的旅游目的地。"基于艺术、工艺、遗产和环境保护而制定的旅游促进战略称得上是可持续的、能贡献丰厚的回报，最终有助于保护环境和遗产。旅游业有巨大的潜能促进可持续的收入增长。印度旅游业占国内生产总值的 6.8%，是印度第三大外汇收入来源。这是旅游业对印度经济发展作出的重要贡献。2013 年，印度的外国游客抵达量达到 697 万人次，比上一年增长 5.9%。这表明国际游客对印度遗产的兴趣，也有助于促进相关服务行业的发展，如酒店、餐馆、旅行社、当地工匠业，为其提供就业和挣钱的机会，为包容性的增长创造条件。

旅游业对印度国内生产总值的贡献还比较小，但贡献在持续增长。表1 显示，旅游业在 2009—2010 年度为印度国内生产总值贡献了 6.77%，2012—2013 年度上升到 6.88%。

表 1

年份	旅游业对国内生产总值的贡献（%）		
	直接	间接	合计
2009—2010	3.68	3.09	6.77
2010—2011	3.67	3.09	6.76
2011—2012	3.67	3.09	6.76
2012—2013	3.74	3.14	6.88

来源：印度旅游部 2014—2015 年度报告。

表 2 让我们了解到不同年份旅游业给印度带来的就业机会。在过去的几年里，旅游业对就业的直接和间接贡献都十分明显，且保持持续增长。2009—2010 年度其贡献率是 10.17%，2012—2013 年度则上升到 12.36%。这是一种积极的迹象，意味着通过为当地居民提供就业机会，旅游业具有创造可持续发展环境的潜力，因而拥有强烈的社会反响。

表 2

年份	旅游业对全国就业的贡献（%）		
	直接	间接	合计
2009—2010	4.37	5.80	10.17
2010—2011	4.63	6.15	10.78
2011—2012	4.94	6.55	11.49
2012—2013	5.31	7.05	12.36

来源：印度旅游部 2014—2015 年度报告。

印度的旅游业依赖于各种独特的因素。印度文化、宗教、食物和遗产都具有多样性。旅游业最大的挑战是如何原汁原味地保存这些元素。旅游活动向游客开放遗产或者森林。如何同时维护游客和当地社区的利益，这是一个挑战。从世界范围来看，由于人类活动对气候的负面影响，探索旅游业的可持续发展问题获得了动力。但所有这些负面影响都可以通过适当的计划消除，充分利用旅游业的优势实现包容性增长，为贫困人群、农村地区的民众、最弱势的群体、妇女和青年提供生活支持。根据印度旅游部信息，可持续的旅游业意味着"将旅游业所有形式和活动的负面影响最小化、积极影响最大化，包括：1. 环境；2. 当地社区；3. 遗产（文化的、自然的、口述的、非物质的）；4. 包容性的经济增长"。印度旅游部实施了多种指导方针保证实现可持续旅游业的目标。旅游业带来巨大的就业。根据官方公布的数据，在"走进印度"项目里，旅游业每投资 100 万美元，就能创造 78 个工作岗位。报告还称，旅游业是珠宝、成衣之后第三大外汇来源。旅游业分配的预算超过一半用于资助和发展各个旅游目的地、启动农村地区旅游基础设施项目，为社会响应作出了更多贡献。部落旅游、生态旅游为可持续的旅游业概念增添了更多推动力。

七、结论

旅游业对就业和经济增长的贡献有目共睹。旅游业已经成为发展更好的基础设施、帮助乡村民众发展、为他们提供信息、让他们自给自足的渠道。如果公私关系得到更多发展，满足当地社区和游客之间的需求，就能为实现包容性的发展目标作出更多贡献，而旅游业就是渠道。生态旅游、医疗旅游、文化旅游是社会响应和可持续发展这两个概念的重要领域。

八、延伸阅读

Chowdhury, A. (2009). *Microfinance as a poverty reduction tool-a critical assessment*. United Nations, Department of Economic and Social Affairs (DESA) working paper 89.

Debroux, P. (2008). Corporate Social Responsibility and Sustainable Development in Asia: A Growing Awareness. *Soka Keiei Ronshu*, 32(1), 2.

Morduch, J., & Haley, B. (2002). *Analysis of the effects of microfinance on poverty reduction* (Vol. 1014). NYU Wagner Working Paper.

曼普里特·阿罗拉

（印度喜马偕尔中央大学）

桑迪普·库马尔·瓦利亚

（印度阿格拉森王公大学）

第十四章 印度旅游业企业社会责任的维度

摘要

　　印度旅游业的发展方式，应该是让游客宾至如归的同时，使干扰或者破坏环境降至最低程度，并维护和支持旅游目的地的本地文化。由于旅游是个多维度的活动，而且从根本上说是一种服务业，印度如果想要在世界旅游业中扮演重要角色，中央和邦政府、私营部门和自愿者组织有必要进行积极合作，以推动印度旅游业的可持续发展。研究基于二手资料，旨在研究印度政府政策和企业社会责任项目，同时分析旅游业所从事的企业社会责任活动。印度是世界上第一个规定企业根据 2013 年公司法（*Companies Act-2013*）强制实施企业社会责任的国家。在印度经济推动社区发展时，印度企业必须和政府共担责任。

一、引言

　　"企业社会责任"这个术语广泛应用于定义企业界对社会和环境承担的责任。越来越多的公司认为企业社会责任对于维护商业信誉和名声、抵御打击、提高商业竞争能力非常重要，不能将其视为间接支出。企业越来越多地与非政府组织联手，运用非政府组织在项目设计上的专长，解决更广泛的社会问题。我们知道，在一个社区里，公司拥有很大的能力。在国家经济层面上，一些公司可能参与"漂绿"，但许多大型企业正在投入时间和资金，用于环境可持续项目、可替代能源或清洁能源技术以及各种社会福利活动，让员工、顾客以及整个社区受益。在这方面，根据印度企业事务部（the Ministry of Corporate Affairs）通告，2013年公司法第135章和第七项规划以及2014年公司（企业社会责任政策）条例，自2014年4月1日起生效。自生效之日起，无论私营有限公司还是国有有限公司，只要净资产达到50亿卢比，或营业额达到100亿卢比，或净利润达到5000万卢比，每个公司都需要将此前三个财政年度平均利润的至少2%投入企业社会责任活动。企业社会责任活动不能在公司日常经营活动中进行，而必须与2013年公司法第七项规定的活动相关。

2014年公司（企业社会责任政策）条例似乎扩大了遵守义务的范围，包括控股公司和子公司以及达到规定标准的外国企业在印度设立的分部或项目办公室。公司可以承担的履行企业社会责任义务的活动包括消除饥饿、贫困和营养不良，促进预防保健、教育和性别平等，为妇女、孤儿和老人建立家园，采取措施减少社会和经济不发达地区的人数，保证环境可持续性和生态平衡、动物福利，保护国家遗产、文化和艺术，采取措施维护军人、军人遗孀和家属的利益，推动全国性的农村地区体育运动，资助总理国家救助基金和中央政府建立的任何其他推动社会发展的基金，资助由中央政府批准的研究机构科技孵化器和农村发展项目。

此外，公司还可以相互合作，共同承担企业社会责任。

公司可以通过达成至少三年可靠记录逐步增强其员工和执行部门的企业社会责任能力，如果这样做的花费不超过该公司单一财政年度企业社会责任总费用的5%。企业社会责任法规明确规定：连续三个财政年度没有达到规定标准的公司，可以免去履行企业社会责任的义务。这意味着，连续两年没有达到规定标准的公司依然需要承担企业社会责任活动，除非连续三年没有满足规定条件。在决定企业社会责任活动的过程中，将优先考虑公司运营所在地或周边地区。印度是个幅员广大的国家，美丽而多元化，旅游资源的潜力同样丰富。在印度，旅游业与经济发展、文化成长和民族融合有很强的关联。旅游可以划分为很多种类，如探险旅游、文化旅游、医疗旅游、运动旅游、水上旅游、野外生活旅游等。我们知道，在印度这样的发展中国家，旅游业已经成为经济的重要成分之一，贡献了很大一部分国民收入，尤其是带来大量的就业机会。旅游业正在经历快速增长，已经成为印度经济的主要产业之一。旅游业赚取了大量外汇，成为印度增长最快的服务业，拥有进一步扩张和多样化的巨大潜力。旅游业有许多积极影响，如直接的金融贡献、对政府收入的贡献、发展基础设施、保护自然遗产和环境、带动收入和就业、赚取外汇等。我们必须承认，印度旅游业也造成了一些负面影响，比如对环境和生态造成的负面效果、消耗自然资源、造成污染，尤其是由于基础设施不足、卫生条件差造成游客体验不佳，还有一些地方存在兜售、骚扰游客的行为。印度需要提倡生态旅游，以促进保护和维持印度自然和文化环境的多样性。印度旅游业应该以这样的方式发展：接待游客的同时，尽可能地减少侵扰和破坏环境，保护和支持当地文化。此外，由于旅游业是多层面的活动，基本上属于服务行业，如果印度要成为世界旅游业的重要参与者，中央和地方政府的所有部门、私营部门和志愿组织有必要成为积极的伙伴，参与旅游业可持续发展。本文的研究基于二手数据，主要目的是研究印度政府政策和企业社会责任项目，分析旅游业承担的企业社会责任活动。依据2013年公司法，印度是世界上第一个将企业社会责任列为商业机构义务的国家。为了促进印度经济的社区发展，印度的公司必须与政府共同分担责任。

　　旅游业与其他主要行业相比具有优势。从零开始的全新的旅游发展并不多见。在印度这样的国家，已经有许多古代城市、人造奇观和风景区。游览胜地已经存在，但基础设施和上层建筑需要改善，使游客更容易到达旅游景点。大自然给每个国家都赐予了一些引以为傲的东西。由于对促进旅游业带动本国人民经济发展、赚取外汇感兴趣，政府也参与旅游业融资。一旦决定旅游业是优先发展的领域，政府就不能袖手旁观。可能直到20世纪80年代末，印度政府都不太重视旅游业。金融机构并不热衷于为旅游企业提供贷款。情况在20世纪90年代初发生了变化。一系列鼓励措施、税收减免、低息贷款和利率补贴的酒店项目提供给投资旅游项目的企业家。税收优惠措施使得酒店和旅行社能将免税所得用于旅游项目再投资，扩张和多元化经营成为可能。旅行社参与酒店经营，酒店业拓展到旅行社等多种经营业务，使得旅游业健康发展、充满活力。旅游业已经成为印度经济的主要产业之一。为了发展印度的各种旅游，印度政府设立了旅游和文化部。企业社会责任是企业融入商业模式和政策的一种自我管理形式，是将企业行为置于监督之下的自我管理机制，确保企业活动符合法律精神或行业道德规范以及国际标准。公司履行企业社会责任不仅仅是遵守规则，而且是参与推动社会福利的活动，超越公司的利益和法律规定。企业社会责任的目的是承担企业行为的责任，鼓励对环境和利益相关方（包括顾客、员工、投资者、社区，等等）的积极影响，以及对运营所在地社区和生态、社会环境的责任感。除了从占有的资源中获得足够回报，公司通过减少废弃物和污染物、参与教育和社会项目等行为彰显自己的企业社会责任。

二、文献回顾

安尼贝·费鲁斯－科莫洛（Anibe Ferus-Comelo）（2014）在《印度旅游业作为公司自我评价的企业社会责任》一文中写道：

对研究成果的分析表明，印度旅游业的企业社会责任当前还局限在对公司选择的指标进行自我评价，在某些情况下，这仅仅是管理机构的最低要求。缺乏严格的监督管理和当地民间团体的压力，公司报告呈现的是公司对企业社会责任的理解和实践的单向交流渠道。论文总结道：该行业还没有超出传统慈善的范围去接受现代企业社会责任的原则，包括公司透明度、利益相关方多重参与以及社区赋权等。

曼希·夏尔马（Maansi Sharma）（2014）在《企业社会责任：商业与人性的融合》一文中写道：

有关旅游业企业社会责任活动无可争辩的结论是这种趋势会不断增长。梅农（Menon）认为，发展中经济体的企业社会责任活动呈现增长的趋势，许多大型企业与发达经济体的同行相比，在环境和社会治理方面有了很大提高。谢里夫（Shariff）认为，由于政府采取措施确保所有公司都积极参与并为企业社会责任活动作出相应的贡献，酒店业等服务行业也是如此，企业社会责任活动变得越来越重要。"我们觉得让酒店业和旅游业变得更加可持续，其实际上是增加社区的价值。它也是为利益相关方提供价值、找到减轻商业风险的解决方法并将其转化为机遇的重要方面。我们在凡是我们出现的地方努力树立（企业社会责任）意识，支持对环境的保护。"桑齐夫·巴蒂亚（Sanzeev Bhatia）说。凯扎克（Khizakhe）认为，作为以服务为导向的行业，企业社会责任很自然地进入了酒店业。既然企业社会责任是帮助每个人，酒店业能为社会、环境等方面的倡议作出很多贡献，例如使用LED节省能源、结合"清洁印度行动"项目（Swach Bharat）鼓励周边社区参与，等等。

阿洛克·库马尔·马图尔和阿迪蒂·维亚斯（Alok Kumar Mathur and Aditi Vyas）（2012）在他们的研究《印度制药公司企业社会责任状况分析》中写道：

制药公司除了营利之外，还积极参与社会活动、承担社会责任，这已是很显然的事。这些公司伸出援手，帮助不同领域的社会进步和可持续发展。环境、电信、健康和教育是这些公司关注的主要领域。除了采取行动将对环境的损害最小化，这些公司还为社会各个年龄段的人们提供就业机会，为他们提供职业培训项目，使他们自力更生，能够谋生。有关妇女儿童健康和发展的项目也在运行。一些项目采取与政府合作的形式，许多项目与特定领域的非政府组织共同运作。尽管付出了相当多的努力，但还有许多工作要做。

三、研究目的

1. 研究印度政府政策和企业社会责任项目。
2. 研究的主要目的是分析印度旅游部门参与的企业社会责任活动，研究印度旅游业企业社会责任面临的挑战。

四、研究方法论

该研究基于年度报告、新闻报道、教科书收集的二手数据资料，以及2013年公司法第135章第七项规划有关企业社会责任的规定。

五、分析研究

我们知道，旅游与娱乐、休闲、宗教、家庭或商务相关，通常在有限的时间段里进行。旅游业通常与国际旅行联系在一起，但也可以指在同一个国家的另一个地方旅行。世界旅游组织给游客下的定义是：游客是为了休闲、商务或其他目的，旅行停留在他们通常的居住环境之外的地方不超过连续一年时间的人。旅游已经成为受欢迎的全球休闲活动。旅游可以是国内的，也可以是国际的。国际旅游对于一国的收支平衡有收入和支出的双重含义。如今，旅游业是许多国家主要的收入来源，对游客输出国和目的国经济都有影响，在某些情况下是非常重大的影响。尽管我们许多人在生活中某些时候都曾经是"游客"，但要定义旅游到底是什么却很难。旅游是人们为了休闲、商务或其他目的，旅行停留在他们通常的居住环境之外的地方不超过连续一年时间的活动。旅游业是一个充满活力和竞争的行业，需要具备不断适应消费者各种需求和愿望的能力。此外，消费者的满意度、安全和享受是旅游业关注的核心。

旅游和旅行有区别。凡是旅游，必然会涉及方位的移动，个人必须利用各种交通工具旅行，对朝圣者或徒步旅行者来说甚至是步行。但并非所有旅行都是旅游。

● 目的：以前的一些限制，如旅游只能是娱乐消遣、探亲访友等，已经扩大到包含许多不同的目的，但旅游不能是在目的地获得报酬的活动。

● 期限：只提及最高期限，没有最低期限。旅游可以是（也可以不是）过夜停留。

参照世界旅游组织的定义，可以对旅游作出如下定义：

1. 国际旅游：包括入境旅游（非居民参观旅游一个国家）和出境旅游

（一个国家的居民在另一个国家参观旅游）。

2. 本国旅游：一个国家的居民在自己国内参观旅游。

3. 国内旅游：包括本国旅游和入境旅游（在一国范围内提供食宿设施和景点的旅游市场）。

4. 国民旅游：包括本国旅游和出境旅游（旅行社和航空公司的居民旅游市场）

5. 游客：根据需要或愿望参观不同地方的人。

作为服务行业，旅游业有许多有形和无形的组成部分。主要的有形部分包括交通、住宿和酒店业的其他部分。主要的无形部分与游客的目的和动机相关，如休闲、放松、接触陌生人群的机会和体验不同文化，或者只是单纯想做些不同的事、冒险，等等。

（一）结构和组织

旅游业由许多不同的组成部分及其相关的部分组成，例如交通、住宿、景点、活动、营销和政府管理。许多商业行为超出一个部门的范围，对旅游业一个部门的影响也会对其他部门产生重要影响。

旅游业包括：

1. 帮助游客往来于目的地的部门，如旅行社、航空公司、公共汽车公司、旅游承包商和租车公司。

2. 目的地产品的一部门，如住宿、设施和景点；

3. 旅游业的人力部门，如劳动力；

4. 公共部门或政府机构、地区旅游组织、职业协会和行业培训机构。

（二）辅助服务

旅游业的间接组成部分常被称为支持部门。旅游业的这些部门或许不会与游客有直接接触，但若缺少这些部门，旅游业就无法运行。在这些支持部门中，我们把基础设施、道路、机场、通信、公共厕所、标识、制造业、建筑业、电力、水供应、污水处理以及废物处理系统等都包括在内。旅游业辅助服务的直接要素可能是交通和水路运输。

（三）按不同旅游目的的旅游业分类

1. 生态旅游

生态旅游的定义是前往自然区域的负责任的旅游，涉及保护环境、维护当地居民的福祉、组织教育活动等。教育活动包括员工和游客。生态旅游是将保护环境、社区与可持续的旅游相结合的旅游方式。这意味着执行、参与和推广生态旅游活动的人应该遵循以下原则：

（1）将有形的、社会的、行为的以及心理的影响最小化。

（2）构建环境和文化意识，以及对环境和文化的尊重。

（3）为游客和东道主提供积极的经历。

（4）为环境保护提供带来直接的经济支持。

（5）为当地居民和私人产业带来经济收益。

（6）为游客留下值得记忆的经历，帮助提升对东道国的政治、环境和社会氛围的敏感度。

（7）设计、修建、运行对环境影响小的设施。

（8）认同自己社区里原住民的权利和精神信仰，与他们合作，为其争取权益。

2. 探险旅游

作为旅游的一种，探险旅游近年来在印度不断升温。探险旅游包括对偏远地区和奇异地域的探索、参与各种活动。喜马偕尔邦（Himachal Pradesh）等地区因滑雪设施而广受欢迎。激流漂流在印度也开始流行，游客纷纷涌向北阿坎德邦（Uttranchal）、阿萨姆邦（Assam）等地体验这种刺激肾上腺素的活动。

3. 野生动物区旅游

印度有广袤的森林覆盖，有许多美丽、奇异的野生动物，有些还是非常珍稀、濒临灭绝的物种。这促进了印度野生动物区旅游的发展。外国游客可以在印度参观的地方包括萨瑞斯加野生动物保护区、凯奥拉德奥·盖纳国家公园以及科贝国家公园。

4. 休闲旅游

游客可以旅行体验不同的气候、不同的地方，学习一些新事物，享受美景，或者更充分地了解当地文化。希望从日常生活的压力中解脱的游客在假日里得到放松和休闲。这些游客偏爱停留在安静、放松的目的地，如山上、海滩或海岛度假地。如今，为了从繁重的工作中恢复活力，游客喜欢从事各种探险活动来休闲。

5. 文化旅游

印度因丰富的文化遗产而闻名，具有神秘的色彩，这也是吸引游客的原因。吸引游客的各种节日和活动包括布什格尔市场（Pushkar fair）、泰姬节（Taj Mahotsav）和苏拉杰·昆梅拉节（Suraj Kund mela）。文化旅游也被称为遗迹旅游。人们对异域和外国文化充满好奇。文化是吸引游客前往某个目的地旅游最重要的因素。文化旅游还被称为朝圣旅游、精神旅游。人们独自或结伴出行，前往朝圣地。现代社会的宗教旅行者有更强的能力前往全世界的圣城和圣地旅行。

6. 家庭旅游

家庭旅游以家庭为单位，参与各种旅游活动，包括由于人际关系的原因拜访亲戚朋友。许多人在印度因访亲探友而旅行。在拜访亲戚朋友的时候，人们也去参观市内或城市周边的旅游景点。

7. 健康旅游

健康旅游也被称为医疗旅游。几个世纪以来，人们为了改善身体状况、恢复活力而旅行。如今，许多人长途旅行到国外的疗养地寻求医疗和照顾。医疗旅游是一个由来已久的概念，在近代备受青睐。许多发展中国家由于成本较低等优势迅速崛起为医疗旅游热门目的地。许多医院拥有特别设计的包括度假设施在内的医疗计划。健康旅游覆盖如下一个或几个方面：

（1）气候的改变；

（2）非传统疗法，如阿育吠陀、热硫磺泉、物理疗法和生活艺术；

（3）医学治疗。

8. 体育旅游

体育旅游指的是离开原来的生活环境，观看或参与一项体育运动项目。体育旅游是全球旅游业快速增长的部分。体育旅游指的是人们旅行去参加一项竞争性的体育运动项目。通常像奥运会、足球世界杯等活动是吸引游客的重要因素。体育旅游也可以是一种探险活动。探险体育运动旅游也称为探险旅游。

9. 教育旅游

教育旅游的发展由于课堂以外的知识教学和提高技能而日益流行。教育旅游的重点是参观别的国家，学习其文化，比如学生交换项目和游学等，以及组织名人授课或做研究。

10. 商务旅游

商务旅游的主要目的是工作。旅行者前往与工作相关的目的地参加会见、出席会议、参加销售产品的大会、会见客户等。商务旅游通常被称为会展旅行（MICE）(Meetings, incentives, conferences and exhibitions)。

11. 非大众型旅游（Alternative Forms of Tourism）

非大众型旅游有别于没有个人色彩的传统旅游，希望在参观者和当地社区之间建立密切的交往。游客不使用传统的旅游商品，而是偏爱使用或分享当地人的服务。这一类旅行主要关注受保护的自然环境、自然的空气和烹饪，以及当地传统。非大众型旅游如今被视为可持续发展的关键，也被称为特殊兴趣旅游。

六、旅游业对印度经济的重要性

旅游业是许多国家重要的、甚至是关键的收入来源。它的重要性在1980年的《马尼拉世界旅游宣言》中得到确认。该宣言认为，"由于对国家的社会、文化、教育、经济部门和国际关系的直接影响，旅游业是国家生活中至关重要的活动。"以游客支付所需商品和服务的形式，旅游业为当地经济带来大量收入，占世界服务贸易的30%、商品和服务总出口的6%。旅游业还为相关服务部门创造就业机会。受益的服务行业包括交通运输服务

（如航空公司、游轮和出租车行业）和酒店服务，如住宿（包括酒店和度假胜地），以及娱乐场所，如游乐园、俱乐部、购物中心、音乐演出场所、剧院等。此外，游客还会购买纪念品、服装和其他物品。

政府参与旅游业最主要的原因是考虑居民乃至整个国家的福利。这关系到经济稳定、自然资源保护、国家安全、公共卫生和就业等领域。旅游活动可能在上述各个领域发生，因此政府考虑如何规范和引导旅游业，确保其对国家利益最大化和负面因素最小化。旅游业被国家视为经济发展的有效工具。旅游业可能带来的经济收益包括如下几点：

1. 就业：旅游业是劳动密集型产业；

2. 创业机会；

3. 创造税收；

4. 发展乡村地区；

5. 创造外汇；

6. 旅游业促进其他行业发展，尤其是服务行业；

7. 旅游业为国民经济主要部门作出贡献，如收入、收支平衡、就业。

地区经济发展：

1. 收入：工资、利息、租金和利润都有助于带来收入。劳动密集型的旅游业收入的最大部分是支付给劳动者的工资，包括直接服务游客所得，以及从游客的花费中间接所得。这些所得都称为国民收入，衡量旅游业对一个国家经济的重要性主要参考旅游业创造的国民收入占比。

2. 乘数效应：旅游收入的乘数效应（或连锁效应）说明游客消费对经济的间接影响。旅游业的乘数效应是用一美元的游客消费与再花费的次数的比率来表示的。

3. 漏损：确定旅游业的经济影响远比简单计算游客的花费要复杂得多。为了满足游客的需要而进口物品和服务，这一部分价值降低了游客的花费对东道国的价值。这就是漏损。如果东道国为游客提供物品和服务的能力有限，游客越多，进口需求越大，乘数效应就会降低。进口可能包括建筑材料、汽油、信息技术，对一些小岛来说甚至包括食物和水。漏损解释了为什么旅游业产生的收入只有一部分重新用于当地经济。

4. 收支平衡：通过花费资金计入收支平衡，国际游客对接受国的收支平衡作出贡献。一年的总收入减去总支出就是一国旅游业的收支平衡表。国际旅游是"隐形"出口，有助于平衡进口，提高收支平衡。

5. 就业：联合国世界旅游组织估计，全世界大约有2.6亿人直接从事与旅游业相关的工作，约占全球就业人口的8.3%。技术的发展影响劳动力的就业机会。电脑预定系统正在取代人工系统，导致航空公司和酒店产业链代理商减少。越来越多人使用互联网预定也导致旅行社和航空公司办事处减少。呼叫中心正在逐步取代公司的分部，通常设在低工资的国家，如印度。旅游业的成功有赖于供应熟练劳动力服务于游客。

（一）投资与发展

旅游业的投资水平能够决定一个地区成功与否。投资可以来自私营部门，也可以来自公共部门。旅游业投资经常存在一个"鸡与蛋"的困境：没有一定的游客量就不愿投资，但若没有旅游设施，如宾馆、餐馆等，一个地方就无法吸引游客。旅游业通常存在溢出效应，其他行业会被吸引到这个领域，为游客和工作人员提供服务。旅游业经济效应的另一个考虑因素是机会成本。投入旅游业的资金和其他资源也可以用于其他用途，为当地社区提供其他收益。劳动力是一个很好的例子。如果当地的劳动力从事旅游业，那么其他行业（如采摘果实或农业）就可能受到影响。如果熟练劳动力短缺，就有可能从别国引进工人，这会导致经济效益更多漏损。

（二）旅游业的社会和环境影响

对旅游业发展的成本效益分析应该评估社会和环境影响，以及经济效益。可持续发展意味着旅游业应该适应社会和自然环境，而不是将目的地变得使游客和当地居民不再向往。旅游对社会和环境也有可能有负面影响，例如游客把树涂上颜色、毁坏林间小道等。在过去的十年间，自从印度政府决定提升印度旅游、增加旅游业收入以来，所有类型的旅游在印度都实现了显著增长。印度在所有类型的旅游业都表现出色的原因在于印度一直以好客、独特、富有魅力而著称，这些特性吸引了大批外国游客。为了促进各种类型的旅游业发展，印度政府设立了旅游和文化部。该部最近发起了一项名为"奇妙的印度！"的活动，以支持印度不同类型的旅游方式。其成果是在2004年，外国游客在印度的旅行中花费了大约154亿美元。作为一个拥有惊人多样性的国家，印度可以提供许多旅游及相关的活动。不管游客的兴趣是什么，印度的多样性确保所有游客都能找到合适的活动。各种旅游类型在印度发展起来，促进了印度经济发展。印度政府必须付出更多努力确保旅游业持续增长，为国内生产总值作出更多贡献。

（三）其他收益

印度旅游业的繁荣也推动酒店业的迅猛发展。酒店业是全世界增长最快的服务行业之一。酒店业为各种技能的人提供工作机会。酒店业为员工提供成长的知识，训练他们在友好的环境里向社会提供各种服务。酒店业是服务行业里一个宽泛的领域，包括住宿、活动策划、主题公园、交通、游轮以及旅游业的其他领域。酒店业是一个数十亿美元的产业，依赖于人们的空闲时间和可支配收入。游客比例的增长带动房价上升，也带动了各类型酒店和其他居住区的发展。一些国际酒店，如希尔顿、雅高（Accor）、万豪、伯格伦（Berggruen Hotels）、卡巴纳（Cabana Hotels）、Premier Travel Inn（PTI）以及洲际酒店（InterContinental Hotels）等，纷纷表示要进行大规模投资，增加65,000间房间以满足需要。印度旅游业提供网上在线预订系统，是该行业技术进步的证明之一。在线预订可以通过登录互联网预定机票以及旅行目的地的宾馆房间。旅游业在印度国内生产总值（2011）中的作用还涵盖了医疗旅游，包括传统的疗法，如瑜伽、冥想、阿育吠陀养生学、对抗疗法以及其他的传统医药体系。

七、对社会的负面影响

旅游导致的社会问题，如传统经济和文化的遗失、艺术和工艺的商业化、当地民众的迁移以及增长的犯罪行为，会导致旅游目的地不再受欢迎。为了促进旅游业的可持续发展，社会的负面影响不容忽视。

八、旅游业的企业社会责任计划

印度铁路服务和旅行有限公司（IRCTC）是一家印度铁道部主管的企业。该公司致力于按计划和时限履行企业社会责任及参与可持续发展活动。企业社会责任和可持续发展是公司管理的重要组成部分。新兴的企业社会责任和可持续发展的概念超出慈善的范畴，要求公司超越法定责任，将社会、环境和道德的因素融入公司的业务流程。这种政策包含着印度铁路服务和旅行有限公司的理念，描述了公司作为企业法人的责任，为了整个社区的福利和可持续发展，制定出开展社会活动的方针，并建立起相应的机制。这被称为"印度铁路服务和旅行有限公司企业社会责任政策"。

（一）企业社会责任政策

公司的愿景和使命如下所示。

公司的愿景：面向一系列客户群，保持一贯的高水平顾客满意度，成为高质量旅行、旅游和酒店业相关服务的领军者。

公司的使命：印度铁路服务和旅行有限公司将通过向旅客、游客和其他顾客提供增值产品和服务，瞄准印度铁路和非铁路服务，基于核心能力构建有活力的商业产品组合，成为酒店服务、旅行和旅游、包装饮用水、互联网票务等领域的领导者。

（二）范围

履行企业社会责任和参与可持续发展的活动，实现印度铁路服务和旅行有限公司企业社会责任政策强调的广泛目标：

1. 根据不同情况，关注印度铁路服务和旅行有限公司项目的外围区域/当地区域/公司单位。为了政策目的，当地区域可能包括公司开展业务所在地的附近区域。

2. 确保机构内部所有层面不断增长的承诺，以经济、社会和环境可持续的方式开展经营活动，认可所有相关方的利益。

3. 直接或间接从事有利于业务所在地当地社区及周边地区的项目，在一定时期内提高当地民众的生活质量和经济福利。

4.通过企业社会责任活动，建立印度铁路服务和旅行有限公司社区的良好意愿，帮助提升该公司作为公司实体的积极负责任的社会形象。

5.社会包容性的增长，强调社会弱势群体和该国落后地区的发展。

（三）企业社会责任和可持续发展活动的规划／项目选择

企业社会责任和可持续发展活动的规划和公司的项目选择应该遵循如下准则：

1.根据2014年公司（企业社会责任）条例第四条，公司应按照政策承担企业社会责任活动，项目或活动（包括新的和正在进行中的）不包括公司正常经营时从事的活动。根据第四条第二款规定，公司董事会可以决定通过注册的信托机构，社团，由该公司或控股公司、子公司、联营公司建立的公司等，承担由企业社会责任委员会认可的活动。

2.从2013年公司法第七项规划所列清单中选择企业社会责任活动或项目，印度铁路服务和旅行有限公司会优先考虑国家发展议程上最关注的问题，如为所有人提供安全的饮用水、提供厕所（尤其为女性）、健康和卫生、教育等。印度铁路服务和旅行有限公司企业社会责任和可持续发展政策的主要关注点是可持续发展和包容性增长，解决贫困人口、社会弱势群体的基本需求。

3.在活动选择上，关注点是该项目是否拥有高度的社会、经济和环境影响。

如下列举的是根据2013年公司法第七项规划确认的履行企业社会责任活动的主要领域：

1.消除饥饿、贫困和营养不良，促进卫生保健（包括预防保健），参与卫生项目［(包括由中央政府设立的旨在改善卫生状况的"清洁印度基金"项目（Swach Bharat）］，提供安全的饮用水。

2.推动教育发展，包括特殊教育和增加就业的职业技能培训（尤其是针对儿童、年长妇女、身体有缺陷者的培训），改善民生的计划项目。

3.促进性别平等、女性赋权，为妇女和孤儿建立家园和住宿处，建立老人院、看护中心、为老年人服务的其他设施，减少社会和经济落后群体面临的不平等。

4. 保障环境可持续发展、生态平衡，保护动植物、动物福利、农林业，保护自然资源，维持土地、空气和水的质量，包括捐助中央政府为治理恒河设立的清洁恒河基金（Clean Ganga Fund）。

5. 保护国家遗产、艺术和文化，包括修复有历史意义的建筑物、场所和艺术品，建立公共图书馆，促进和发展传统艺术、手工艺。

6. 帮助退伍军人、战争遗孀及其家属的措施。

7. 推动乡村体育、全国认可的体育运动、残奥运动和奥运会运动项目的训练。

8. 捐助总理国家救助基金或由中央政府为少数民族和妇女等设立的其他社会经济发展、救助、福利基金，向中央政府认可的学术机构技术孵化器提供捐助。

9. 农村发展项目。

10. 贫民窟项目。

九、2013 年印度旅游部有关活动的陈述

印度旅游部提出如下倡议开展宣传活动：

1. 倡议发起"清洁印度行动"，确保旅游点可接受的清洁水平和卫生习惯。

2. 这是一项自愿活动，政府没有划拨预算。

3. 这项活动通过私营单位和公共部门利益相关方的参与来维持，作为其企业社会责任的一部分。

4. 旅游部一直敦促企业和其他的公共、私营部门认领重要历史遗迹和旅游目的地，保持其良好的环境。

5. 石油天然气委员会表示愿意接纳"清洁印度行动"范围内的如下重要历史遗迹，作为企业社会责任的一部分：

a. 阿格拉的泰姬陵（Taj Mahal at Agra）；

b. 马哈拉施特拉的埃罗拉石窟（Ellora Caves in Maharashtra）；

c. 马哈拉施特拉的埃勒凡塔石窟（Elephanta Caves in Maharashtra）；

d. 德里红堡（Red Fort in Delhi）；

e. 海得拉巴的戈尔康达堡（Golkonda Fort Hyderabad）；

f. 被称为"七寺城"的马哈巴利普拉姆（Mahabalipuram）。

石油天然气委员会将统筹兼顾，对这些历史遗迹进行整体升级美化，包括对这些历史遗迹的清洁和维护。

● 印度考古局（Archaeological Survey of India）确认已经同意石油天然气委员会认领对六处历史遗迹的工作。重点是历史遗迹的整体展示和周边环境。印度考古局在这一过程中确认石油天然气委员会有关这些历史遗迹的活动和工作。

● 印度巴拉特重型电力有限公司（Bharat Heavy Electricals Ltd.）表示愿意认领对孟买的印度之门、赫里德瓦尔（Haridwar）的圣阶（Har Ki Pauri）（"清洁印度行动"范围内的景点）的工作，作为公司企业责任的一部分。

（一）认领瓦拉纳西石梯（Varanasi Ghats）工作

● 瓦拉纳西被认为是继德里、阿格拉、斋浦尔之后印度最主要的旅游目的地之一。然而，由于瓦拉纳西石梯的不卫生状况，瓦拉纳西城的形象和外国游客的参观受到极大的负面影响。

● 为了改善瓦拉纳西的基础设施，旅游部将在 PIDDC 计划下提供中央财政支持。一项名为"改善瓦拉纳西主要石梯基本旅游设施"的重大项目在 2013—2014 年度被列为优先计划。

● 为了日常保养和维护，12 处石梯的工作划分给公司认领。

苏拉布国际（Sulabh International）已经认领了对一些石梯的工作，与瓦拉纳西市镇（Varanasi Nagar Nigam）签署了备忘录。

（二）其他活动

Le Passage 旅游集团的企业社会责任在 2010 年 6 月得到进一步增强。公司成立了一个独立部门协调和发展公司的作用，整合公司多年来在保护环境、帮助改善社会弱势群体生活、野生动植物保护方面持续的努力。

公司在"Le Passage 与因缘"中重述了负责任的商业/企业社会责任，通过精心计划的"人-星球-繁荣可持续旅游"活动，在公司和客户之间创造因缘机会。

（三）"Le Passage 与因缘" - 理念

我们相信并信守安全、有尊严的旅游业。我们还认为孩子是人类的父亲，我们有责任尽可能帮助那些弱势群体的孩子远离街道、帮助他们度过安全的童年、支持他们的教育。这本质上是要将他们培养成受教育的、负责任的公民，有希望通过体面的工作维持自己的生活。

我们倡议的活动包括：

1. 绿色的工作场所；
2. 保护野生动植物；
3. 社区发展；
4. 自然灾害救灾工作。

十、发现

旅游业相对其他行业来说有优势。旅游业是世界上增长最快的行业之一。在印度，旅游业的增长在下个世纪初有望转化为实际的繁荣。因为经济自由化，商务旅行者大量涌入印度，国际休闲游客的增长趋势进一步增强。旅游行业的准则是：每个曾经度假的人都感觉自己是旅游专业人士。我们必须承认，成功的旅游业发展离不开高度的专业主义。这些涌入印度的商务和休闲人士见多识广，拥有丰富的国际经验，他们需要最高标准的设施和服务。训练印度的专业旅游公司达到这些要求势在必行。全新的旅游发展并不多见。在印度这样的国家，已经有许多古代城市、人造奇观和风景区。印度经济的旅游业当下正在经历巨幅增长。游览胜地已经存在，但基础设施和上层建筑需要改善，使游客更容易到达旅游景点。大自然给每个国家都赐予了一些引以为傲的东西。由于对促进旅游业带动本国人民经济发展、赚取外汇感兴趣，政府也参与旅游业融资。旅游业已经成为印度经济的主要产业之一。为了发展印度的各种旅游，印度政府设立了旅游和文化部。该部最近发起了称为"奇妙的印度！"的活动，鼓励发展不同类型的旅游。在印度，企业社会责任的概念由 2013 年公司法第 135 条规定，鼓励公司花费前三年平均利润的至少 2% 用于企业社会责任活动。根据 2013 年公司法，印度是全世界第一个规定企业社会责任是商业机构义务的国家。旅游业由于政府倡导的一系列活动赚取到外汇。印度旅游提供了不同文化、传统、节日和名胜古迹。游客有很多选择。印度是一个拥有丰富的文化和传统多样性的国家。这也反映在旅游业中。印度不同地区拥有各种名胜古迹。尽管国际旅游业增长放缓，印度同行却并未受到影响。印度经济中旅游业的增长基于如下因素：

1. 居民收入普遍增长；
2. 旅游目的地积极的宣传活动；
3. 印度经济快速增长；
4. 旅游业国家行动计划目标；
5. 地区社会经济发展；
6. 就业机会增加；
7. 中产阶级国内旅游的发展；
8. 国家遗产和环境的保护、修复；
9. 国际旅游业发展；
10. 印度在全球旅游业中的增长份额。

十一、结论

旅游业在印度国内生产总值（2011）中的作用在过去的几十年里令人印象深刻。旅游业对印度经济增长作出了巨大贡献，吸引了大量外国和本国游客。印度旅游业经历了惊人的增长。从商业和假期两个角度计算，印度旅游业都实现了增长。

我们必须承认，成功的旅游业发展离不开高度的专业主义。这些涌入印度的商务和休闲人士见多识广，拥有丰富的国际经验，他们需要最高标准的设施和服务。训练印度的专业旅游公司达到这些要求势在必行。全新的旅游发展并不多见。在印度这样的国家，已经有许多古代城市、人造奇观和风景区。印度经济的旅游业当下正在经历巨大的增长。印度旅游业的蓬勃发展也带动了酒店业的巨大变化。游客比例的增长带动房价上升，也带动了各类型酒店和其他居住区的发展。印度旅游业提供网上在线预订系统，是该行业技术进步的证明之一。在线预订可以通过登录互联网预订机票以及旅行目的地的宾馆房间。

在过去的十年，自从印度政府决定提升印度旅游、增加旅游业收入以来，所有类型的旅游在印度都实现了显著增长。印度在所有类型的旅游业都表现出色的原因在于印度一直以好客、独特、富有魅力而著称，这些特性吸引了大批外国游客。

为了发展印度的各种旅游，印度政府设立了旅游和文化部。该部最近发起了称为"奇妙的印度！"的活动，鼓励发展不同类型的旅游。在印度，企业社会责任的概念由2013年公司法第135条规定，鼓励公司花费前三年平均利润的至少2%用于企业社会责任活动。根据2013年公司法，印度是全世界第一个规定企业社会责任是商业机构义务的国家。印度的企业必须与政府共同承担社区发展的责任。

旅游导致的社会问题，如传统经济和文化的遗失、艺术和工艺的商业化、当地民众的迁移，以及增长的犯罪行为，会降低旅游目的地的吸引力。为了旅游业的可持续发展，社会的负面影响不容忽视。

十二、延伸阅读

Business Maps of India. (2010) Types of Tourism Industry page retrieved on 23 April 2015 from http://business.mapsofindia.com/tourism-industry/types

Ghuliani, C. (2013 Nov 22) India Companies Act 2013: Five Key Points About India's "CSR Mandate" 2013 NOVEMBER 22 blog retrieved on 18 April 2015 from http://www.bsr.org/en/our-insights/blogview/india-companies-act-

2013-five-key-points about-indias-csr-mandate

Hotel & Resort Insider LLC. (2007) The different types of tourists in tourism industry page retrieved on 22 April 2015 from http://www.hotelresortinsider. com/news_story.php?news_id=139465&cat_id=8

Iasija, M. (2012) What are the main benefits that India gets from Tourism? page retrieved on 30April2015 from http://www.preservearticles. com/201101072776/benefits-that-india gets-from-tourism.html

Investopedia (2015) Definition corporate social responsibility page retrieved on 19 April 2015 from http://www.investopedia.com/terms/c/corp-social-responsibility.asp

Kerala State Industrial Development Corporation (KSIDC). (2015) Events happening in KSIDC (2014) page retrieved on 30 April 2015 from http://www.ksidc.org/events.php

Lalnunmawia, H. (2015) DEVELOPMENT AND IMPACT OF TOURISM INDUSTRY IN INDIA page Retrieved on 20 May 2015 from http://www.trcollege.net/articles/74 development-and-impact-oftourism-industry-in-india

Press Trust of India New Delhi. (2015) Contribution of travel, tourism to GDP to rise by 7.5 (2014 October 2) retrieved on 15 May 2015 from http://www.business standard.com/article/pti-stories/contribution-oftravel-tourism-to-gdp-to-rise-by-7-5-in 2014-114100200405_1.html

Ugurlu, T. (2015) Definintion of Tourism (UNWTO Definition of Tourism) / What Is Tourism?2010-03-30 blog Retrieved on 17 April 2015 from http://www.tugberkugurlu.com/archive/definintion-of-tourismunwto-definition-of tourism-what-is-tourism

United Nations Industrial Development Organisation. (2007) What Is CSR page retrieved on 22 April 2015 from http://www.unido.org/en/what-we-do/trade/csr/what-is-csr.html

Wikipedia. (2015) Definition corporate social responsibility page retrieved on 30

April 2015 from http://en.wikipedia.org/wiki/Corporate_social_responsibility
Wikipedia. (2015) Economy of India page retrieved On 30 April 2015 from http://en.wikipedia.org/wiki/Economy_of_India Wikiversity(2015)Tourism/ Introduction page retrieved on 20april 2015 from http://en.wikiversity.org/wiki/Tourism/Introduction

普拉霍特·考尔

（印度政府学院德拉巴西分校）

第十五章　理解可持续旅游：利益相关方在目的地语境中构建的话语

摘要

"可持续旅游"的定义仍在发展之中，将其定义和机制理论化的学者们试图将其作为政策框架，并赋予这个经常被引用的术语很多不同的意义。过去几十年来，在旅游业的计划和运营中，不同形式的可持续议题变得越发重要。旅游业的发展及其效益必须为目的地带来的不利影响买单，将这些影响最小化也成为全球关注的焦点。在这方面的努力鼓励行业专家和政策制定者推行"可持续旅游"。不同层次的利益相关方对这些危险很敏感，并试图保护旅游目的地及旅游业。旅游业将不断发展，目前也是世界上最大和发展最快的行业。旅游业的不断发展预计对生物多样性、本土文化和环境造成重大影响，而这些也正是推动旅游发展的根本所在。

一、研究的问题

1. 可持续旅游是否有普遍认同的定义？
2. 旅游目的地利益相关方怎样将可持续旅游概念化？
3. 在可持续旅游构想的战略领域，利益相关方将可持续旅游的哪些方面列为优先？它们又是怎样结合成一种话语的？

二、方法论和理论框架

除了回顾相关文献，还深入采访、调查了来自印度和国外旅游业不同部门的利益相关方，其中包括旅游经营者、宾馆、交通运输经营者、导游、旅游局、旅游业教育者、非政府组织，以及在特定目的地从事休闲、旅游、娱乐相关服务的利益相关方。调查对象在大多数情况下倾向于接受非正式的谈话。根据联合国环境规划署（UNEP，2011），可持续旅游框架范围内有七个重要领域（如图1所示）。

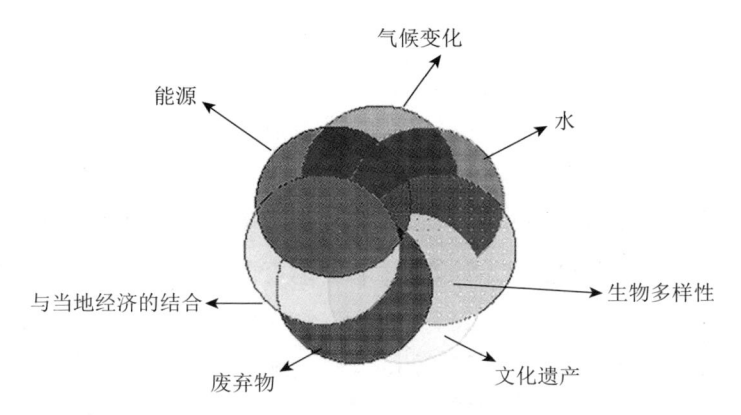

图1 可持续旅游：联合国环境规划署划定的核心领域

在实际研究中，为了理解利益相关方的观点，上述领域都开展了讨论。主要的利益相关方被当作不同的"典型群体"进行引导式的调查，以获得初步信息。每一个"典型群体"包含来自这个行业主要部门的三至五名代表。研究分析了利益相关方对这些战略领域的认知水平。这些领域对不同群体的利益相关方有不同的内涵。比如可持续发展背景下的水问题对于旅行社和度假酒店有不同的含义。前者的业务可能不会直接涉及与水相关的问题，但后者与这个问题有直接紧密的关联。旅游体验是对不同供应方感受的复杂组合。一些供应方与游客直接接触，其他许多则在后台工作。上述提及的利益相关方，不管是独自还是集体，并不代表为最终旅游产品而工作的整个供应链。为了克服这些局限，旅游目的地的其他利益相关方的意见，比如居民、旅游教育者、非政府组织、销售当地工艺品的商贩和维护旅游基础设施的人们，都被纳入研究的范围。一个目的地的旅游包含上述特征，因此可持续性问题也面对这些复杂性。通过对几个旅游目的地有代表性的样本分析，本研究考察了旅游业不同群体的看法。例如主要的部门，如住宿，根据不同预算而划定的经济型、奢华型、小众化等类型，选取不同的宾馆、度假村为代表，以得到这个部门不同层次更广泛的代表信息。调查对象就可持续旅游业框架内的所有主要领域发表看法。可持续旅游业框架内不同行业典型群体关注的主要领域在详细的讨论中确定。对概念化的数据进行一定程度的数量分析以及进一步的质量分析，以理解"可持续旅游"概念的含义。除了利益相关方的观点，还分析了由不同机构出版的有关旅游目的地的文献，如旅游委员会、旅行社、宾馆、非政府组织等，以理解这些机构对旅游业可持续性的观点。研究还分析了在互联网上能找到的不同利益相关方出版的材料和文献，以获取相关信息。

考虑到所研究问题的复杂性，符合逻辑的选择是通过合适的分析框架更清晰地理解研究中碰到的问题。话语理论有助于发现不同利益相关方如何定义、领会、努力实现"可持续旅游"。这种理论也可以用于理解在识别、定义和解决旅游业背景下的可持续性问题各个阶段占主导的话语背后的原因。

作为方法的话语分析被当作一种工具，帮助"解构"不同的沟通方式，揭示涉及某一问题的人们在思考过程中存在的假设和判断。它的起源通常被认为与十七世纪哲学家戈特弗里德·威廉·莱布尼茨（Gottfried Wilhelm Leibniz）的著作有关。根据伯顿（Burton）等研究者（1979）研究，话语分析是比认识论和意识形态更好的选项，因为认识论总体来说仅仅集中在发现哲学上的现实主义和理想主义真理。根据巴特里斯（Butteriss C.）等研究者（2000）引用塞缪尔斯（Samuels）（1990）的说法，话语分析重点关注社会建构主义的概念，假设任何现实最终都是人或社会的产物。在理解"可持续旅游"的语境中，该理论有助于从不同利益相关方的角度作为建构的现实理解这个流行概念。在概念方面，该理论用于理解不同利益相关方之间，谁的观点决定性地定义这个概念、这个概念涉及的问题以及在演变框架内占据优势的问题。

通过分析不同利益相关方在讨论"可持续问题"时使用的语言，本文试图理解导致不同利益相关方诸多差异的原因，以及不同利益相关方在现存不受欢迎的事态面前的功能局限性。

话语分析也基于对语言特定作用的充分承认，尽管这些作用未被广泛接受。它假设语言并不仅仅是社会空间现实交流的工具。社会空间独立于语言而存在，而不是像假设的那样是语言"创造"了现实。该理论的这个方面尤其用于分析不同利益相关方赋予"可持续旅游"的含义。本文研究的旅游语境中的可持续问题，是作为利益相关方"创造"并"分享"的一种现实来分析的。

三、主要部分

本研究尝试理解导致旅游目的地利益相关方理解和执行"可持续旅游"概念不同观点的因素。下文将讨论调查对象对不同事件表达的观点。建立理论的学者和试图建立政策框架的行业机构对"可持续旅游"的概念依然没有达成一致。在过去的二十年，各种形式的可持续问题在旅游业规划和运作的所有领域至少在理论上都存在了。旅游牵涉人的临时活动、从一个地方到另一个地方去寻求不一样的经历（Cohen，1974）。这种活动通常会对目的地造成大范围的影响，在生产和消费过程中消耗大量的资源。许多资源无法量化或者征调。例如仅仅是休闲旅游活动的排放量就占世界排放量的5%—14%。如果旅游业的排放量与各国排放量比较，将是全球第五大污染源（联合国环境规划署，2012）。由于以上原因，旅游业在过去几十年里已经与"可持续问题"交织在一起。尽管性质不断演化，这个问题是国际、国家和地方层面有关旅游业的重要议题。不同作者和机构对"可持续性"这一术语的定义不同。在实践中，给它下定义的人在特定语境中根据自己的价值观、动机和目标，可以对它的核心特征作出大幅度的修改、阐释，甚至操控。如果这个术语以普通形式被接受，应用于旅游业语境，则通常是在社会经济和环境领域被概念化。

在过去二十年制定旅游政策的过程中，"可持续的旅游发展"这一理念已经被普遍接受,是世界范围内发展旅游业的可取的、政治正确的方式（Sharpley,2003）。尽管这个概念看上去有点简单,根据作者的看法,它通常指的是"旅游业的环境、经济和社会文化方面的协调,这三个方面的适当平衡以确保长期可持续性"。根据毛弗斯和蒙特（Mowforth and Munt）（2009, p.20）, 可持续性的概念"充满了能量",服从于"领导权"。因此,"可持续旅游"这一术语在每个语境中都受到"可持续发展"模糊含义的约束。根据斯特布勒和古德（Stabler and Good）（1996）的说法,这一术语有超过三百种定义,所有这些定义造成"可持续旅游"这一术语含义模糊不清、具有争议。

这些作者还认为,"理论转化为实践碰上的困难使得理解更复杂"。巴特勒（Butler）（1999）进一步阐述了这个术语的定义问题,认为"缺乏普遍认同的可持续旅游或者按照可持续旅游原则发展的旅游业概念"。

"可持续旅游"的主题起源于"可持续发展"的概念,随着时间的推移,从"可持续性"的持续争论中独立演化出来。根据亨特（Hunter C.）（2007）的看法,这种情形导致"过于简单化、缺乏灵活性的可持续旅游范式的出现,它无法对特定情况作出解释"。这个概念需要再定义,吸收可能应用于目的地语境旅游研究的不同方法。

上述讨论清楚地表明,从不同行为者的角度、通过合适的个案实证研究理解这个概念十分重要。这些行为者包括休闲旅游服务和产品的消费及生产环节的不同参与方。本研究尝试通过目的地不同利益相关方采取的多元途径理解"可持续旅游"的概念。在本研究中,目的地被选为适合旅游分析的空间单元,因为目的地是"最可控的主要研究单元"。在旅游目的地这个层面上,"可以研究游客（需求方）、行业（供应方）和东道主（包括当地居民和环境）的多重互动"（Timur, 2008）,通常包含各种"互补的或相互竞争的组织,多个部门、基础设施和一系列公共与私有部门的联系,形成多种多样的、高度碎片化的供应结构"（Pavlovich, 2003）。本研究运用了按照空间单元的上述特征考察利益相关方的方法。这种方法最初属于公司战略管理学,但旅游学者也尝试将其应用于理解目的地语境中的旅游业。除了从多个角度理解这个概念,还分析了利益相关方在旅游目的地实现旅游可持续性的途径，以理解与这个重要战略问题相关的潜在动力。表1从数量上总结了利益相关方在不同问题上的观点。

表1 调查对象关于可持续旅游的观点

问题	非常赞同	赞同	既不赞同也不反对	反对	强烈反对	总计
你所在的旅游目的地是否需要可持续旅游？	55（64.7%）	10（11.7%）	9（10.5%）	8（9.4%）	3（3.5%）	85（100%）
你所在的旅游目的地目前是可持续的吗？	15（21.7%）	12（17.4%）	13（18.8%）	20（28.9%）	9（13%）	69（100%）
是否有必要制定严格的法律确保旅游更可持续？	45（58.4%）	21（27.3%）	3（3.9%）	7（9.1%）	1（1.3%）	77（100%）
你所在的旅游目的地是否有可持续旅游的做法？	23（29.1%）	20（25.3%）	12（15.2%）	16（20.2%）	8（10.1%）	79（100%）
执行可持续旅游的成本	54（69.2%）	17（21.8%）	4（5.1%）	3（3.8%）	0（0%）	78（100%）
你所在的旅游目的地需要可持续旅游计划来挽救	36（45%）	28（35%）	6（7.5%）	9（11.3%）	1（1.3%）	80（100%）

在讨论中发现，在大多数旅游目的地，相当多数量（75%）的旅游企业代表用别的术语如"负责任的旅游""生态旅游""绿色旅游"等作为"可持续旅游"的代名词。根据自己的方便，许多调查对象交替使用这些术语。与利益相关方的讨论发现，他们对"可持续旅游"的理解差异很大。这个概念构想的目标从根本上取决于利益相关方对概念的理解程度，以及他们忠实执行这些目标的意愿。研究表明，非常有必要从主要行为者的角度加强对这个概念的综合理解，辨别目的地语境下对"可持续旅游"的概念和操作层面的含义共同起作用的那些因素。为了使利益相关方获得更完整的理解，需要向他们明确解释可持续旅游框架内的影响因素。

多数调查对象认同可持续旅游规范实践的重要性，但同时也有相对较少的受访者因为他们所在目的地缺乏足够措施让旅游业成为可持续发展的行业而感到担心。

在讨论中，大多数调查对象（90%）在某种程度上将可持续旅游与环境保护联系在一起，不同程度地认为它是可持续旅游"不可分割"的要素。受访者共同的担心是旅游交通带来的空气和噪音污染、旅游点产生的塑料垃圾等问题。住宿行业的代表还表达出的一个担心是：旅行者需要一些在旅游目的地难以生产的物品和难以提供的服务，例如要披萨、汉堡包等快餐，在印度小镇要酒精饮料，而这些物品在当地并不常见。这些代表认为，在这些规模小的、偏远的目的地实现旅游"可持续"需要游客在需求方面的合作。

旅游企业将"可持续旅游"规范作为政策工具的做法并不明显。尽管一些调查对象在原则上认同可持续旅游，但他们中的大多数无法引用具体事例说明如何在旅游目的地为实现"可持续旅游"的目标做贡献。

研究发现，由于旅游目的地不同的地理特征，旅游业不同部门对"可持续旅游"也有一些特别的理念。例如来自印度水资源短缺的拉贾斯坦邦（Rajasthan）的调查对象更多地强调在住宿地的水资源保护，也很关注旅游活动中的节水；来自相对"不干净"地区的调查对象则强调卫生和清洁；来自游客较少光顾的目的地的受访者则希望吸引更多游客，使当地的旅游可持续发展；而游客云集的目的地调查对象则强调需要管理机构在旅游目的地承载能力方面作出更明确的指导。

调查对象还觉得，在他们的行业实践中履行"可持续旅游"原则可能会增加额外成本，终端消费者（游客）未必愿意支付额外的钱。因此，他们的产品和服务就可能比那些不执行"可持续旅游"做法的同行价格更高。调查对象觉得价格竞争力是他们客户最关心的关注点之一，这通常是商业成功的关键因素。然而，相对较少数量（25%）的调查对象认为，为了可持续发展适当提高价格不会打消客户的消费念头，另一方面还会激发有可持续发展意识的客户接受服务。

尽管可持续性的三个支柱，即经济、社会和生态，都同等重要，但参与讨论者透露，大多数目的地的利益相关方并没有均衡关注这三个方面，坚持可持续性的特定方面也并非受到任何特定政策的显著影响。

四、讨论

这篇研究文章主要关注目的地语境下的旅游业利益相关方，供研究的利益相关方选自拥有不同旅游特色和地理特征的旅游目的地。受访者的数量可能不足以描述完全清晰的图景，因为"可持续性"是一个非常抽象的术语，它的维度是多层面的。仅仅把联合国环境规划署有关可持续旅游框架内的核心领域考虑在内会限制研究的范围，但它是一个合理的切入点。由于时间和资源有限，本研究无法进行全球调查，挑选出的调查对象通过可行的方式（如电话或电子邮件），在较大程度上亲自接受访谈。虽然有诸多不足，本研究有助于我们加强对利益相关方在实现可持续旅游的动力方面的理解。可以设计一个研究项目，挑选各个大洲和不同性质的多个目的地，理解目的地语境下利益相关方的行为和在旅游业可持续问题上的不同立场。

五、结论

尽管总体来说，可持续性的概念上在全球规划的几乎所有方面都变得日益重要，但就旅游业而言，其采纳的似乎是通常依附于该行业的相同的总路线。任何特定的概念或一致接受的"可持续发展"的概念性框架迄今为止没有任何演化，这可应用于目的地语境整合不同的利益相关方。当这个概念应用于目的地语境，它就服从于许多由利益相关方附加给它的意义。在理论上学者和政策制定者都在努力使"可持续旅游"成为双方都接受的概念，也在尝试共同努力达到固有目标的战略。政策制定层面和学术层面对概念的理解与该行业利益相关方相互作用、并在行业实践中真正赋予可持续性实际含义的层面并不一致。利益相关方经常使用他们所理解的"可持续旅游"的替代术语，例如，某些目的地当地的居民希望旅游业变得更加"负责任""绿色""生态友好",并能回馈当地社区。总体来说,目的地的利益相关方并没有令人信服地传达"可持续旅游"的综合形象和工作方法,在可持续旅游概念的战略领域存在认识上的差距。比较稳妥的结论是,尽管可持续旅游在各个层面的旅游规划和发展中都是一个高度优先的概念,但要利益相关方贯彻这一概念,则需要更好地理解和洞察利益相关方的动力。这个概念需要在目的地语境中进一步发展,目的地类型可以在各自可持续旅游发展特征的基础上深化。

钱德雷什·辛格
(印度斋浦尔旅游研究中心)

第十六章 鼓励全球旅游业的企业社会责任和可持续旅游发展

摘要

本章旨在鼓励全球旅游业贯彻企业社会责任和可持续旅游发展，描述了企业社会责任的理论和实际的定义、企业社会责任和企业财务绩效（CFP）、可持续旅游发展的概况、企业社会责任在全球旅游的重要意义、全球旅游中可持续旅游发展的重要意义、可持续旅游发展和利益相关方、可持续旅游发展和环境状况。企业社会责任的成果和可持续旅游发展对旅游业至关重要，旅游业需要服务供应商和客户、提升经济绩效、加强竞争力，并在全球旅游中获得成功。因此，旅游业需要支持企业社会责任和可持续旅游发展，最终满足客户的需求。本章探讨的是支持企业社会责任和可持续旅游发展有潜力提升绩效，并在全球旅游中取得可持续的竞争优势。

一、引言

旅游业越来越关注企业社会责任（Sandve, Marnburg, & Øgaard, 2014）。企业社会责任被认为是公司为了改善环境、社会和经济而自愿作出的贡献（Tamajón & Aulet, 2013）。旅游业企业社会责任被视为一种可持续性（Holden, 2000）。旅游相关行业的企业社会责任的意义在不断增长（Kang, Lee & Huh, 2010）。从寻求盈利的公司角度来看，社会责任活动投资的含义和收益是财务状况的重要问题（Inoue & Lee，2011）。

企业社会责任是为社会创造价值的创新手段，是旅游组织（Manente，Minghetti & Mingotto，2014；Starr，2013）加强与社区的联系（Kasim，2006）、参与社会和环境事务（Henderson，2007），以及可持续性地利用被认为威胁到遗产旅游业的资源（Chhabra，2009）的方式。旅游业企业社会责任研究通常属于可持续旅游的范畴（Garrod & Fyall，2000），如同一般的企业社会责任倡议一样有类似的复杂动因和障碍（Ayuso，2006）。

旅游业的可持续性是一个新兴的概念，可持续旅游并没有形成一个通用的定义（Doiron & Weissenberger，2014）。可持续发展的定义是维持所有生物的和谐共存，对彼此不构成威胁（Ekinci，2014）。可持续发展是一个不断变化的动态概念和进程，对其的理解随着社会发展而变化（Cottrell，Vaske & Roemer，2013）。为了响应社会公正的关注，旅游业研究者和业内人士提出了关于可持续发展面临的挑战等一系列议题，成功开拓了旅游业运营的可持续道路（Chen，2015）。

本文的优势在于整合了企业社会责任和可持续旅游发展的文献。企业社会责任和可持续旅游现有的文献对研究者和从业者的贡献即描述了这一领域功能应用的综合观点，呼吁企业社会责任和可持续发展的不同部门将该领域在全球旅游业的影响最大化。

二、背景

现代企业社会责任的起源可追溯至十九世纪的工业界慈善家的著作（Blowfield & Murray，2008）。企业社会责任指的是法律规定的公司自愿行为（McWilliams & Siegel，2001）。企业社会责任为公司提供了一种影响利益相关方的态度和看法的方式，从而使积极的关系转变为商业优势（Munasinghe & Kumara，2013）。许多研究者探讨了企业社会责任对旅游相关行业公司表现的影响（Kang et al.，2010；Lee & Park，2009）和整体的影响（Brammer & Millington，2008；McWilliams & Siegel，2000）。

可持续性被视为一种应对旅游业负面影响、保持旅游业长期可行性的工具（Liu，2003）。可持续原则日益影响旅游业的公共和私营部门作出决策，有关这个主题目前有大量研究文献（Hunter，1997）。可持续发展是使得社区更具弹性最常见的方法之一（Edwards，2009）。可持续发展结合了资源利用的长期视角（Amir，Ghapar，Jamal & Ahmad，2015）。

三、鼓励全球旅游业企业社会责任和可持续旅游发展

这一部分描述了企业社会责任的理论和实践概念；企业社会责任和企业财务绩效（CFP）；可持续旅游发展概况；企业社会责任在全球旅游业中的意义；可持续旅游发展和利益相关方；可持续旅游发展和环境状况。

（一）企业社会责任的概念

谢尔登和帕克（Sheldon and Park）（2011）将企业社会责任定义为组织机构考虑所在社区的需要而开展的业务在经济、社会、环境、法律、道德和慈善等方面的影响。考虑到与公司相关的其他利益相关方的期望，企业社会责任超出利益相关方报告的要求（Freeman，1984），企业社会责任被视为一种管理工具，嵌入公司运行和价值链（Porter & Kramer，2006）。企业社会责任可以创造积极声誉，加强雇员的忠诚度、士气和生产率（Porter & Kramer，2002）。企业社会责任活动可以加强雇员对公司的认同和忠诚度（Kim，Lee，Lee & Kim，2010）。

资源基础理论（RBV 理论）解释了由此产生的机遇。该理论认为，企业社会责任能产生资源和能力，为公司带来可持续的竞争优势（Branco & Rodrigues，2006）。企业社会责任带来的诚信加强了公司与重要利益相关方的关系，因而能降低交易成本、获得经济收益（Barnett，2007）和盈利能力（Van Beurden & Gössling，2008）。企业社会责任降低了公司的交易成本（Jones，1995）、增加了市场机遇（Fombrun，Gardberg & Barnett，2000）。企业社会责任伴随着一系列组织机构的活动，包括员工福利方案、利益相关方参与、社区行动、慈善捐助、负责任的供应链管理、道德领导力以及环境管理（Coles，Fenclova & Dinan，2013）。

企业社会责任包含商业道德的应用以及利益相关方、投资者和股东的重要价值（Schmidheiny, Chase & DeSimone, 1997）。企业社会责任包括多个层面，每个层面都有代表性的自愿活动（Godfrey & Hatch, 2007; Waddock & Graves, 1997）。卡罗尔（Carroll）(1979)说，公司的自愿活动分为两个层面：道德责任和慈善责任。道德责任指的是并非由法律规定、但社会期望企业实现的活动，而慈善责任包括公司自由决定、超出社会预期的行动（Carroll, 1979）。

克拉克森（Clarkson）(1995)指出，企业社会责任的多面性可以通过利益相关方的体系得到更充分的评估，这种体系评价公司如何处理与主要利益相关方的关系。主要利益相关方包括股东、员工、供应商、顾客和公共利益相关方，如社区和自然环境（Hillman & Keim, 2001）。公司需要完成不同的活动、执行各种政策，满足每个利益相关方的需求，取得优秀的财务业绩（Peloza & Papania, 2008）。公司针对不同的主要利益相关方进行的自愿活动代表企业社会责任的不同层面（Peloza & Papania, 2008）。

企业社会责任有助于反映潜在的社会思潮，是一个机构对责任的理解（Ketola, 2006），包括成为有益于社会的贡献者这种道义上的责任，以及期望更大的责任带来企业绩效上升这种自利的愿望（Falck & Heblich, 2007）。在新自由主义的世界里，企业社会责任被提倡为一种强制性的机构反应（Harvey, 2005）。企业社会责任的例证包括采纳先进的人力资源管理计划、减少使用有损环境的物质、参与慈善活动、制造融合社会属性的产品以及支持当地的商业（Barnett, 2007）。

林德格伦和斯万（Lindgreen and Swaen）(2010)认为，利益相关方的参与和交流传播代表现代企业社会责任研究的两个重要议题。机构的交流传播方式对于企业社会责任活动在创造商业利益方面是否成功至关重要（Noland & Philips, 2010）。交流传播的模式（如年度报告、网站、新闻稿等）用于向利益相关方的受众传达各式资讯，如企业社会责任信息（Guthrie, Ward & Cuganesan, 2008; Stones, Grantham & Vieira, 2009）。尽管网络传播给人留下非正式的印象，企业社会责任交流传播却与战略问题相关（例如公共关系、公共事务和风险管理）（Chi & Hong, 2009）。传播并不一定能很好地反映透明度和执行力，研究者和利益相关方应该意识到企业社会责任传播的可能性（Kolk & Pinkse，2006）。

企业社会责任具备有用的商业功能，如在招聘和保留员工、形象和品牌建设、广告、品牌差异化、竞争等方面（Pearce & Doh，2005）。企业社会责任的理念包括遵守良好的商业道德（Kim & Miller，2008；Yaman & Gurel，2006）、利贫旅游（pro-poor tourism）和消除贫困（Hall，2007；Schlicher，2007）、遵守行为规范等自愿行动（Dodds & Joppe，2005）、认证计划（Font & Harris，2004；Tepelus & Cordoba，2005）、环境措施（Ayuso，2006；Blanco，Rey-Maquieira & Lozano，2009）以及绿色营销（El Dief & Font，2010；Hudson & Miller，2005）。

（二）企业社会责任与企业财务绩效

尽管利益相关方的框架提供了企业社会责任的多维性（Clarkson，1995），但此前的研究并没有探讨旅游业相关企业的企业社会责任某些具体方面与企业财务绩效的关系。探讨企业社会责任议题与企业财务绩效关系的旅游业文献采取的都是类似的方法（Lee，Seo & Sharma，2013）。学者们表现出对企业社会责任的兴趣，并从宏观社会和组织两个层面考察了对企业财务绩效的影响（Lindgreen & Swane，2010）。企业财务绩效以公司市场价值和短期利润的方式实现（Schuler & Cording，2006）。许多研究探讨了企业社会责任与企业财务绩效之间的联系（Margolis & Walsh，2003）。研究发现，根据不同的因果关系，二者的相互关系可以是正面的（Orlitzky，Schmidt & Rynes，2003）、负面的（Aupperle，Carroll & Hatfield，1985），或中性的（Ullmann，1985）。

许多学者发现，旅店和餐馆行业的企业社会责任与企业财务业绩之间存在正面关系（Lee & Park，2009；Nicolau，2008）。李和帕克（Lee and Park）(2009)运用一种综合的企业社会责任标准，结合企业社会责任的不同方面，研究酒店和娱乐公司的企业社会责任与企业财务绩效之间的关系。企业社会责任实践可以提升酒店的品牌形象，增加顾客的忠诚度和满意度（Kucukusta，Mak & Chan，2013）。企业社会责任对企业财务绩效的积极影响包括：增加产品认知度（Parket & Eilbirt，1975）、增加就业积极性（Stodder，1998）、营造积极的雇员态度（Brammer，Millington & Rayton，2007）、改善企业的公共形象（Fombrun & Shanley，1990）。通过结合非经济因素创造竞争优势，实施企业社会责任的公司能得到额外的回报（Godfrey，2004），因而支持这一论点：为社会负责的行动可以保证公司在满足其他利益相关方的同时，实现投资者的价值最大化（Mackey，Mackey & Barney，2007）。

探讨旅游业营销的著作注意到从经济利益优先到可持续性的转变（Jamrozy，2007），也研究了旅游业的企业社会责任与企业财务绩效之间的联系。尽管旅游业的企业社会责任与股票价格之间存在明显的正面关系（Nicilau，2008），但对企业社会责任的认识仍存在巨大的差异（Font，Walmsley，Cogotti，McCombes & Häusler，2012；Holcomb，Upchurch & Okumus，2007）。在各种定量定性分析支持下，多数研究发现了企业社会责任与企业财务绩效的积极关系（Griffin & Mahon，1997；Orlitzky et al.，2003）。这种观点导致如下观念被广泛接受：企业社会责任能够带来竞争优势、改善财务绩效，以及实现公司更高的价值。但这种观念一直受到批评，被认为是把企业社会责任仅仅视为商业案例的极度偏见（Lee，2008）。

有关旅游业企业社会责任与企业财务绩效的关系，阿尔瓦雷斯（Alvarez）等研究者（2001）认为，企业创建的时间长短、规模、连锁成员、利益相关方的压力、管理操作技巧的使用等持续有效地影响了企业履行环境管理实践的程度，显示了环境管理和财务业绩之间的积极关系。卡尔莫纳（Carmona）等研究者（2004）认为，企业集团化与更高层面的环境绩效相关，但并不一定与财务绩效相关。克拉韦尔（Claver）等研究者（2007）解释，环境保护不会产生直接的财务影响，但通过改善管理系统会带来间接影响。更好的方法不是仅仅考察企业社会责任对经济业绩的贡献，而是与社会目标的融合，自然地成为商业战略的一部分（Porter & Kramer，2006）。

（三）可持续旅游发展概述

在有关可持续旅游的大量文献中，成功实现可持续旅游是日益受到关注的重要主题（Waligo, Clarke & Hawkins, 2013）。利益相关方的缺失或无效参与是实现可持续旅游的主要障碍，怎样最好地解决这个问题并不明晰（Walogo et al., 2013）。当气候变化的因素也考虑在内时，可持续旅游的等式变得更加复杂，因为它不仅仅要维持一种稳定的状态，而且需要适应变化中的自然环境，而气候预测伴随着各种不确定性（Doiron & Weissenberger, 2014）。提倡可持续旅游实用框架的研究相当多（Chen, 2015）。在可持续旅游研究的最初阶段，重点放在当地居民的态度上（Burns & Sancho, 2003）。

可持续发展被认为是跨越一系列类型发展阶段的连续统一体（Brida, Osti & Barquet, 2010）。可持续旅游的发展范式包含三个维度：经济、社会文化和环境（Spangenberg, 2002）。若没有制度化的认识去管理、调整和促进增长，很难实现可持续旅游这三个层面的平衡（Eden, Falkheden & Malbert, 2000）。旅游业界广泛接受的可持续发展的定义是"三重底线"（TBL），即以政策和行动尝试平衡社会、经济和环境成本和收益（Hall & Lew, 2009）。

为了评估复杂的概念（如可持续性和可持续发展），依靠已建成的框架[（如可持续性棱镜模型（prism）]十分有用。为了创造一个更加完整的模型，可持续性棱镜模型围绕着相互联系的四个方面：环境可持续性、经济可持续性、社会文化可持续性和制度可持续性（Cottrell et al., 2013）。环境可持续性与自然资本、可再生资源和不可再生资源的流行程度相关。经济可持续性包含人造资本，包括大多数类型的基础设施（如公路、铁路和建筑物），提高人类物质福利、就业和生活水平。社会文化可持续性包括人力资本（如认知、经历、知识、技能和行为）以及基本人权。制度可持续性关注社会资本，包括社会机构、政府组织、人际关系、参与式计划过程、合作以及权力关系（Valentin & Spangenberg, 2000）。

可持续性模型允许建立当地社区的计划和管理可持续性参数和标准

（Cottrell & Cutumisu，2006）。可持续性参数涉及人们在特定情景下关注的生物物理的、社会的、管理的条件以及其他条件（Miller，2001）。就可持续性模型而言，标准是对管理目标在数量上的概括，并详细说明影响参数的适当水平（Miller & Twining-Ward，2005）。越来越多的研究人员认识到平等、正义、消除贫困、当地社区赋权应该是可持续发展的本质（Ahn, Lee & Shafer，2002）。环境友好型的经营活动可以树立旅游实体关注人类生存环境的良好形象（Weaver，2013）。米勒（Miller）等研究者（2009）指出，游客不愿意改变对环境的行为，包括在敏感环境地区步行、驾车以及露营。科特雷尔（Cottrell）等研究者（2007）认为，对可持续旅游发展的评估，应该将当地社区的满意度考虑在内。

尽管旅游业引进了各种认证项目，消费者对这些做法还是比较困惑（Font & Harris，2004）。由于缺乏旅游业利益相关方能接受的统一的可持续性标准，"漂绿"行为（Font，2001；Sloan, Legrand & Chen，2012）就发展起来，其指的是一种营销花招，假借关注环境，实际上推动旅游产品的销售，而不践行任何可持续性概念。在践行可持续政策和行动方面，许多研究者强调道德（Holden，2009）和行为准则（Twynam & Johnston，2002）的重要性。各方普遍存在一种紧迫感，需要构建一个旅游业利益相关方能广泛接受的可持续运行模式（Chen，2015）。

巴兰坦（Ballantyne）等研究者（2009）认为，将旅游者接纳为环境保护伙伴对推动可持续管理十分重要。弗农（Vernon）等研究者（2005）提供了一种制定可持续政策的协作方式，涉及居民、政府和旅游企业。巴克莱（Buckely）（2012）指出，规则是改善可持续管理的主要推动力。雅萨拉塔（Yasarata）等研究者（2010）认为，政治参与是推动可持续性概念的关键。韦尔福德和伊特尔修斯（Welford and Ytterhus）（2004）指出，旅游部门包装、出售的产品和服务取决于是否有干净的海域、未遭受破坏的山脉、未受到污染的水、干净的街道、保存完好的建筑以及不同的文化传统。

阿米尔（Amir）等研究者（2015）认为，社区适应力（community resilience）的诸多理论已经存在几十年，正扩展到反映社区应对环境变化时更广泛的能力。随着全球温度上升和极端天气变得更加不可预测，社区适应力的概念近年来变得尤为重要（Newman，Beatley & Heather，2009）。社区依附和社区参与是影响可持续旅游发展支持水平的重要因素（Lee，2013）。

基于社区的旅游已成为发展乡村传统行业可行的选择，因为旅游可以为当地居民带来经济收益（Mehmetoglu，2001），推动目的地发展（Boo & Busser，2006），为旅游者提供高质量的经历和更强的环保意识（Lepp，2007）。作为旅游业持续发展的结果，社区居民的生活方式或许可以影响旅游业内部结构性的变化，如当地经济的变化（Simpson，2008）、社会变化（Bull & Lovell，2007）、文化变化（Lee，Kang，Long & Reisinger，2010）以及环境变化（Dyer，Gursoy，Sharma & Carter，2007）。

计划和利用旅游业作为加快经济发展替代方式的社区必须发展可持续旅游，以满足社区居民的需求（Puczkó & Rátz，2000）。没有社区居民的支持和参与，可持续旅游不容易发展（Nicholas，Thapa & Ko，2009）。理解居民支持的例子有助于推动可持续旅游发展，因为社区可以评估这些例证，预测当地居民的支持程度（Lee，2013）。影响当地社区支持可持续旅游发展的因素包括态度（Lepp，2008）、感知效果（Yoon，Gursoy & Chen，2001）、社区依附（Nicholas et al.，2009）和感知收益（Nunkoo & Ramkissoon，2011）。

旅游部门对可持续发展做着充分讨论，因为这种发展能满足旅游者的需求、提供加快经济增长的机会、保护有形的地点、提高居民的生活质量，同时通过旅游发展和环境质量的共存，增加未来的发展机遇（Eagles，McCool & Haynes，2002）。基于社区的旅游发展成为可持续管理的重要工具（Sebele，2010）。通过衡量经济、社会、文化和环境因素，社区居民决定是否依赖旅游业的收益和成本（Gursoy，Chi & Dyer，2010）。可预知的收益对支持旅游发展的影响是积极的（Gursoy & Kendall，2006），可预知的成本对支持旅游发展的影响则是消极的（Gursoy & Rutherford，2004）。

（四）企业社会责任对全球旅游业的意义

企业社会责任已成为商务和管理研究非常流行的领域（Burchell，2008；Crane，Matten & Spence，2008）以及近来众多文献元分析（meta-analyses）的主题（Lindgreen & Swaen，2010；Orlitzky，Siegel & Waldman，2011）。越来越多关于企业社会责任的综合文献关注点集中在企业社会责任的思想基础、目的、管理以及绩效评估和对外公开的发展（Kotonen，2009）。企业社会责任对可持续旅游发展具有有益的贡献（Henderson，2007）。丰特（Font）等研究者（2012）认为，大量的旅游公司正在把企业社会责任的概念融入自己的商业模式，着眼于改善环境、当地社区的生活质量以及员工的福利。企业社会责任相关的研究已开始更加关注酒店服务业降低成本和资源消耗等话题（Bohdanowicz & Zientara，2009；Kasim，2007）。

就企业社会责任的环境因素而言，研究的水平和方式在过去的十年里快速增长，企业社会责任的研究重点主要有生态旅游（Chiu，Lee & Chen，2014）、博物馆和遗产（Edwards，2007）、大众旅游（Weaver，2014）、旅游运营商和航空公司（Coles，Fenclova & Dinan，2011；Dodds & Kuehnel，2010）、休闲与运动（Salome，van Bottenburg & van den Heuvel，2013）以及目的地（Frey & George，2010）。威尔斯（Wells）等研究者（2015）认为，企业社会责任的研究集中在企业社会责任应用的一系列问题、前提和后果。许多研究强调旅游业企业社会责任的利他动机（Rivera，2004；Tzschentke，Kirk & Lynch，2004）。企业的主要动机是降低成本、提供竞争优势（Stabler & Goodal，1997），同时将满足对其承担更大责任的预期要求合理化（Cheyne & Barnett，2001）。旅游经营者（Wijk & Persoon，2006）和酒店（Holcomb et al.，2007）应该在其供应链里承担实践的责任。

利益相关方的概念来自旅游规划者早期的贡献（Murphy，1985），在旅游业中愈加重要（Hall，2007）。关于企业社会责任，旅游业相关的产业有很多内部和外部的利益相关方（Coles et al.，2013）。文献将内部利益相关方定义为所有者或股东、员工，外部利益相关方包括消费者、供应商、供应链成员、政府部门、第三方部门组织，在某些情况下更为广泛，包括社会、环境以及后代（Tamajón & Aulet，2013）。内部利益相关方是企业社会责任活动的重要生产者（Blowfield & Murray，2008；Bohdanowicz & Zientara，2009）。一些利益相关方群体是旅游业有关环境方面的企业社会责任的研究对象，这些群体主要是经理人（Dief & Font，2010；Frey & George，2010）和游客（Lee，Jan & Yang，2013；Ramkissoon，Smith & Weiler，2013）。少量的研究探讨了社区以及多重利益相关方（如政府和公园管理部门）的看法（Imran, Alam & Beaumont，2014）。

有关酒店和旅游业大公司的企业社会责任的文献越来越多，而对旅游业中小企业的企业社会责任研究还有许多空白（Tamajón & Aulet，2013）。托马斯（Thomas）等研究者（2011）认为，尽管中小企业构成国际旅游系统的重要部分，对它们的研究却远远不够。强调中小企业在履行和沟通企业社会责任方面的局限性（Lepoutre & Heene，2006）的研究文献多从缺乏对管理系统知识和沟通企业社会责任的认识开始论述。中小企业更多地通过非正式渠道与利益相关方建立更紧密的关系，因而具备更强的对话和参与能力（Murillo & Lozano，2006；Spence，2007）。许多中小企业主不愿参与企业社会责任行动有多方面的原因，包括缺乏财政资源、时间和知识。然而，来自利益相关方更大的压力需要旅游业对更加可持续的行动要求作出回应（Font et al.，2012）。

旅游业的企业社会责任研究还处在未充分发展的早期阶段（Coles et al.，2013），碎片化的知识主体远远落后于主流的企业社会责任研究（Ayuso，2006）。在有关传统遗产旅游的研究文献里，缺乏可持续的道德准则研究（Chhabra，2009；Garrod & Fyall，2000）。环境保护和结构良好的企业社会责任战略是对环境和社会负责任的文化旅游的核心（Manente et al.，2014；Starr，2013）。结构良好的企业社会责任战略有助于达成遗产旅游景点的财务指标（这可能变得更加困难和富有挑战性）（Garrod & Fyall，2000），同时也有助于在旅游和环境之间建立紧密关系的认同（Butler，1991）。企业社会责任实践是遗产旅游资源应对旅游业压力和大量游客的关键（Bulter，1991）。

对所有企业来说，正面的企业形象对消费者形成认知和选择很重要，对服务业（如酒店和旅游业）的企业也很重要（Singal，2014）。消费者对产品或服务作出购买决定，主要基于产品或服务特性的整体性（Lancaster，1966），其依据个人偏好和价值来衡量。如果消费者关注企业社会责任，愿意为服务业（如酒店和旅游业）支付更多（Kang，Stein，Heo & Lee，2012；Mohr & Webb，2005），企业社会责任便成为服务提供商信誉和消费者态度的重要指示器（Walker & Kent，2009）。此外，应该承认企业社会责任在激发员工积极性方面的价值和优点。员工可能是企业社会责任最重要的来源，他们对顾客满意度等结果能产生重要影响。酒店服务企业不仅承担一些企业社会责任活动，还就这些活动与不同的利益相关方进行沟通（Holcomb et al.，2007；Sen，Bhattacharya & Korschun，2006）。

旅游业相关的行业（如航空业、娱乐业、酒店业和餐饮业等）当下参与各种企业社会责任活动（Holcomb et al.，2007；Holden，2003）。企业社会责任活动包括社区参与、环境管理、消费者关系以及员工关系（Holcomb et al.，2007）。企业社会责任的益处得到许多旅游企业、中介机构、行业协会、游说团体和非政府组织的认可（Bohdanowicz & Zientara，2009；Dodds & Kuehnel，2010）。企业社会责任在旅游业管理中得到广泛认可（Lynes & Andrachuk，2008）。企业社会责任活动与消费者满意度、酒店的机构价值观之间存在积极的关系（Lee & Heo，2009）。

企业社会责任对公司业绩的许多方面有积极影响，如公司声誉（Brammer & Millington，2005；Turban & Greening，1996）、消费者满意度（Luo & Bhattacharya，2006）、作为雇主的吸引力（Backhaus，Stone & Heiner，2002；Turban & Greening，1996）以及对雇员的机构承诺（Peterson，2004）。康（音译，Kang）等研究者（2010）研究了企业社会责任活动在旅游业相关行业（如航空业、娱乐业、酒店业和餐饮业等）业绩表现中的正面影响和负面影响，发现酒店和餐馆的公司价值有明显改善。

（五）可持续旅游发展在全球旅游业中的意义

关于可持续旅游，政策制定者需要考虑促进社会平等、环境协调、可持续的经济发展措施（Brown，2011）。考虑到旅游业在发展中国家社会经济发展中的脆弱性和重要性，旅游研究持续推动着利益相关方在实际应用方面的认知（Njoroge，2014）。

在20世纪70年代和80年代，环境问题（如空气污染、水污染和濒危物种）在美国和欧洲引起了公众关注和政府干预（Choi & Sirakaya，2005）。在同一时期，有关可持续性的讨论尝试解决最紧迫的环境问题（Liu，2003）。随着人类社会迈进21世纪，可持续性和可持续发展变得更加重要，可持续发展的概念在政治议程中被当作组织框架而得到广泛应用（Dymond，1997）。

（六）可持续旅游发展和利益相关方

弗里曼（Freeman）（1984）认为，利益相关方是一个机构环境的重要组成部分。利益相关方的概念认为，机构占据了与各种利益团体组成的关系网络的中心（Neville，Bell & Menguc，2005）。所有利益相关方团体的支持对于一个机构的长期生存都是必要的（Sheehan，Ritchie & Hudson，2007）。与关注内部利益相关方的传统管理不同，利益相关方管理方式关注内部、外部或连接一个机构的利益相关方（Polonsky & Scott，2005）。

戈斯林（Gossling）等研究者（2009）认为，利益相关方的合作关系推动了实施可持续旅游的兴起，这意味着实施可持续旅游主要依靠有效的利益相关方参与。尽管利益相关方的兴趣在上升，但有效的利益相关方的参与复杂而不确定，并且其也是被低估的（Friedman & Miles，2006）。由于多个不同的利益相关方往往观点迥异，合作也是复杂的（Ladkin & Bertramini，2002），涉及旅游业利益相关方话题的实证研究很少得到保存（Dodds，2007）。尽管可持续旅游包含旅游发展的经济、社会和环境层面，但多数研究集中在环境和经济发展层面，而忽略社会层面和利益相关方进程（Ryan，2002）。

有许多旅游研究涉及利益相关方的识别和分析（Byrd，2007）。旅游文献所指的不同利益相关方类型（Markwick，2000），按照类型学可以分为六类：旅游者、行业、当地社区、政府、特殊利益团体、教育机构。互惠的伙伴关系对旅游规划至关重要（Murphy，1988）。尽管在不同的旅游背景下利益相关方的组成有变化，但利益相关方毫无疑问会影响旅游发展计划（Hall，2007）。重要的是，在实施更加可持续的旅游管理时承认不同的利益相关方，并将其对这些问题的不同看法考虑在内（Hardy & Beeton，2001）。在旅游规划过程中，利益相关方应该是可持续旅游计划的接受者（Southgate & Sharpley，2002）。

目的地的组织结构被视为一个相互依赖的多个利益相关方组成的网络（Cooper, Scott & Baggio，2009），旅游者的体验质量和目的地提供的服务都依赖于此（March & Wilkinson，2009）。利益相关方合作是一种广泛接受的方式，用于解决旅游发展中多个利益相关方由于缺乏理解和共同目标而造成的问题（Ladkin & Bertramini，2002）。管理者在制定可持续旅游战略时，不会考虑到利益相关方的看法（Currie, Seaton & Wesley，2009）。伍德兰和埃科特（Woodland and Acott）（2007）认为需要更加理解利益相关方参与的机会和障碍，探讨利益相关方参与可持续发展的影响因素。

实现可持续旅游发展的问题在于实际应用和范式的复杂性（Dewhurst & Thomas，2003）。利益相关方存在许多问题，如低水平的认知、协调的问题和官僚主义、被剥夺权利的感觉、脆弱的共同利益、不清晰的目标、不愿对当前行为作出重大改变（Dodds & Butler，2010）。利益相关方需要有机会讨论那些影响其生活质量的问题，需要赋予采取行动的足够权力（Wall & Mathieson，2006）。

（七）可持续旅游发展和环境状况

哈博恩（Harborne）等研究者（2000）认为，旅游业和基础设施的快速发展对海滩、红树林和珊瑚有重要影响。旅游业是对珊瑚造成干扰的源头之一。由于并非所有的潜水者都遵守良好的操作习惯、拥有丰富的经验，潜水者和船只对珊瑚会造成有形的损坏（Doiron & Weissenberger，2014）。单个潜水者造成的损害可以通过警示、监督、禁止携带照相设备等综合措施来降低（Davenport & Davenport，2006），但随着时间的推移，不断增加的潜水者数量依然会带来累积损害。

自然资源管理和全球变暖等旅游发展问题影响到许多个人和团体（Jamal & Stronza，2009）。必须承认，旅游业、游客、居民和环境之间存在紧张状况（Bramwell & Lane，1993）。要求利益相关方的更多参与是对传统政策的否定。传统的政策往往缺乏信息充分的、公开的公众参与进程（Baker，2006）。实施多个利益相关方参与的可持续旅游需要领导能力、激励结构、制定优先次序、远见卓识、应变能力和金融资源（Farrell & Twining-Ward，2005）。

虽然旅游业表现出适应能力，但受影响的旅游目的地的前景也可能被毁，单个企业面临严重的金融困难并可能崩溃（Ghaderi & Henderson，2013）。由于采伐森林、水土流失、泥沙输移、污染物和过量营养流入海岸水域（这对珊瑚礁已经造成了严重破坏）的问题加剧，发展给生态系统带来许多间接影响（Harborne Afzal & Andrews，2001；Mehrtens，Rosenheim，Modley & Young，2001）。随着自然灾害事件更加普遍，这个话题受到学者和从业者的更多关注，对旅游业的风险和灾害管理、危机管理的兴趣也日益增长（Ghaderi，Som & Henderson，2012）。

商业可行性是一个考虑因素，但并不占据优先位置。利润最大化必须与符合当地社区需求的自然和遗产保护保持平衡（Farrell，1999）。由于海洋变暖和酸化、海平面上升、极端天气状况增多，气候变化可能对海岸生态系统造成严重影响，包括对红树林和珊瑚礁（Doiron & Weissenberger，2014）的影响。高海平面温度是珊瑚发生"漂白"现象的预报器（Wilkinson & Souter，2008）。在海岸生态系统中，红树林和珊瑚礁有效保护海岸免受海浪袭击（Alongi，2008）。

四、未来研究方向

本章的重点是深度整合有关企业社会责任和可持续旅游发展的研究文献。现有的企业社会责任和可持续旅游发展的文献为从业者和研究人员提供了有益参考，对企业社会责任和可持续旅游发展的功能应用作出了全面描述，呼吁不同部门为企业社会责任和可持续旅游发展在全球旅游业的商业影响最大化做贡献。企业社会责任和可持续旅游发展领域现有文献的分类为进一步研究提供了潜在机会。未来的研究方向应该拓宽企业社会责任和可持续旅游发展的实施以及在以知识为基础的机构的应用。

在促进企业社会责任和可持续旅游发展的研究中,从知识管理相关变量(例如知识分享行为、知识创造、机构学习、学习方向以及学习动机)的角度来看,从业者和研究人员应该承认跨学科方法的适用性。这有助于引入更多学科(如战略管理、营销、金融以及人力资源)对企业社会责任和可持续旅游发展进行更全面的考察,以便结合或转换现有的理论和方法对该领域进行研究。

五、结论

本章着眼于促进在全球旅游业的企业社会责任和可持续旅游发展,描述企业社会责任和企业财务绩效等理论性和实践性的概念、可持续旅游发展的概况、企业社会责任在全球旅游业中的意义、可持续旅游发展与利益相关方,以及可持续旅游发展与环境状况。企业社会责任和可持续旅游发展的理念已经成为旅游业企业战略的重要部分。环境保护、为员工提供合理的工作条件、为当地社区福利作出贡献是旅游机构战略的重要方面。旅游业与其从事业务所在地的社区关系紧密,因此对这些地区的社会经济发展有重大影响。对于消费者和员工而言,企业社会责任战略与可持续旅游发展的融合在全球旅游业中变得更加重要。

企业社会责任和可持续旅游发展使商业机构获得应对当前和潜在对手的竞争优势,提高了价值创造战略。旅游机构应该认识到它们的责任,通过树立榜样、培训内部和外部利益相关方,以业界内外的企业经验为基础,鼓励一种负责任的文化。从长远来看,为了将来更好地运营,旅游业有必要建立企业社会责任战略、鼓励可持续旅游发展。对于那些寻求在全球旅游业向供应商和顾客提供服务、提高商业业绩、增强竞争力、确保成功的旅游企业来说,企业社会责任和可持续旅游发展的成就十分重要。因此,旅游企业有必要鼓励企业社会责任和可持续旅游发展,创新不断探索功能进步的战略,积极响应顾客在企业社会责任和可持续旅游发展方面的需求。鼓励企业社会责任和可持续旅游发展有可能提高机构业绩,在全球旅游业中获得可持续的竞争优势。

六、延伸阅读

Aguinis, H., & Glavas, A. (2012). What we know and don't know about corporate social responsibility: A review and research agenda. *Journal of Management*, 38(4), 932–968. doi:10.1177/0149206311436079

Barnett, M. L., & Solomon, R. M. (2012). Does it pay to be really good? Addressing the shape of the relationship between social and financial performance. *Strategic Management Journal*, 33(11), 1304–1320. doi:10.1002/smj.1980

Beritelli, P., & Laesser, C. (2011). Power dimensions and influence reputation in tourist destinations: Empirical evidence from a network of actors and stakeholders. *Tourism Management*, 32(6), 1299–1309. doi:10.1016/j.tourman.2010.12.010

Bonilla-Priego, M. J., Najera, J. J., & Font, X. (2011). Environmental management decision-making in certified hotels. *Journal of Sustainable Tourism*, 19(3), 361–382. doi:10.1080/09669582.2010.530350

Bramwell, B. (2011). Governance, the state and sustainable tourism: A political economy approach. *Journal of Sustainable Tourism*, 19(4/5), 459–477. doi:10.1080/09669582.2011.576765

Chao, Y. L., & Lam, S. P. (2011). Measuring responsible environmental behavior: Self-reported and other-reported measures and their differences in testing a behavioral model. *Environment and Behavior*, 43(1), 53–71. doi:10.1177/0013916509350849

Chou, C. J. (2014). Hotels' environmental policies and employee personal environmental beliefs: *Interactions and outcomes. Tourism Management*, 40, 436–446. doi:10.1016/j.tourman.2013.08.001

Chun, J. S., Shin, Y., Choi, J. N., & Kim, M. S. (2013). How does corporate ethics contribute to firm financial performance? The mediating role of collective organizational commitment and organizational citizenship behavior. *Journal of Management*, 39(4), 853–877. doi:10.1177/0149206311419662

Clacher, I., & Hagendorff, J. (2012). Do announcements about CSR creates or destroy shareholders wealth? Evidence from UK. *Journal of Business Ethics*, 106(3), 253–266. doi:10.1007/s10551-011-1004-9

Daphnet, S., Scott, N., & Ruhanen, L. (2012). Applying diffusion theory to destination stakeholder understanding of sustainable tourism development: A case from Thailand. *Journal of Sustainable Tourism*, 20(8), 1107–1124. doi:10.1080/09669582.2012.673618 de Grosbois, D. (2012). Corporate social responsibility reporting by the global hotel industry: Commitment, initiatives and performance. *Journal of Hospitality Management*, 31(3), 896–905. doi:10.1016/j.ijhm.2011.10.008

Garay, L., & Font, X. (2012). Doing good to do well? Corporate social responsibility reasons, practices and impacts in small and medium accommodation enterprises. *International Journal of Hospitality Management*, 31(2), 329–337. doi:10.1016/j.ijhm.2011.04.013

Goodwin, H. (2011). *Taking responsibility for tourism.* Oxford, UK: Goodfellow Publishers.

Gregory-Smith, D., Wells, V. K., Manika, D., & Graham, S. (2015). An environmental social marketing intervention among employees: Assessing attitude and behaviour change. *Journal of Marketing Management*, 31(3/4), 336–377. doi:10.1080/0267257X.2014.971045

Hansen, S. D., Dunford, B. B., Boss, A. D., Boss, R. W., & Angermeier, I. (2011). Corporate social responsibility and the benefits of employee trust: A cross-disciplinary perspective. *Journal of Business Ethics*, 102(1), 29–45. doi:10.1007/s10551-011-0903-0

Hawkins, R., & Bohdanowicz, P. (2012). *Responsible hospitality. Theory and practice.* Oxford, UK: Goodfellow Publishers.

Huimin, G., & Ryan, C. (2011). Ethics and corporate social responsibility: An analysis of the views of Chinese hotel managers. *International Journal of Hospitality Management*, 30(4), 875–885. doi:10.1016/j.ijhm.2011.01.008

Karaye, Y. I., Ishak, Z., & Che-Adam, N. (2014). The mediating effect of stakeholder influence capacity on the relationship between corporate social responsibility and corporate financial performance. Procedia: *Social and Behavioral Sciences*, 164, 528–534. doi:10.1016/j.sbspro.2014.11.142

Kasim, A., & Ismail, A. (2012). Environmentally friendly practices among restaurants: Drivers and barriers to change. *Journal of Sustainable Tourism*, 20(4), 551–570. doi:10.1080/09669582.2011.621540

Nelson, F. (2012). Blessing or curse? The political economy of tourism development in Tanzania. *Journal of Sustainable Tourism*, 20(3), 359–375. doi:10.1080/09669582.2011.630079

Ruhanen, L. (2013). Local government: Facilitator or inhibitor of sustainable tourism development? *Journal of Sustainable Tourism*, 21(1), 80–98. doi:10.1080/09669582.2012.680463

Sampaio, A. R., Thomas, R., & Font, X. (2012). Why are some engaged and not others? Explaining environmental engagement among small firms in tourism. *International Journal of Tourism Research*, 14(3), 235–249. doi:10.1002/jtr.849

Segarra-Oña, M., Peiro-Signes, A., Verma, R., & Miret-Pastor, L. (2012). Does environmental certification help the economic performance of hotels? Evidence from the Spanish hotel industry. *Cornell Hospitality Quarterly*, 53(3), 242–256. doi:10.1177/1938965512446417

Smith, A. M., & O'Sullivan, T. (2012). Environmentally responsible behaviour at the workplace: An internal social marketing approach. Journal of Marketing Management, 28(3/4), 469–493. doi:10.1080/0267257X.2012.658837

Tsai, H., Tsang, N. K. F., & Cheng, S. K. Y. (2012). Hotel employees' perceptions on corporate social responsibility: The case of Hong Kong. *International Journal of Hospitality Management*, 31(4), 1143–1154. doi:10.1016/

j.ijhm.2012.02.002

Wang, Y., & Bramwell, B. (2012). Heritage protection and tourism development priorities in Hangzhou, China: A political economy and governance perspective. *Tourism Management*, 33(4), 988–998. doi:10.1016/j.tourman.2011.10.010

Xu, F., & Fox, D. (2014). Modelling attitudes to nature, tourism and sustainable development in national parks: A survey of visitors in China and the UK. *Tourism Management*, 1, 142–158. doi:10.1016/j.tourman.2014.03.005

七、关键术语及定义

以社区为基础的旅游（Community-Based Tourism）：涉及当地社区的旅游，尤其是在发展中国家和原住民的乡村地区。

企业社会责任（Corporate Social Responsibility）：企业对其所在社区和环境的责任感。

环境可持续性（Environmental Sustainability）：维持对环境质量长期有益的因素和做法。

利益相关方（Stakeholder）：在组织机构中拥有利益的个人、组织或机构。

可持续性（Sustainability）：人类福祉所依赖的环境和自然资源消耗没有明显恶化的持续发展。

可持续发展（Sustainable Development）：以低增长率、无污染、减少环境影响为特征的经济发展。

可持续旅游业（Sustainable Tourism）：游客参观某地，对其环境、社会和经济只带来积极影响的旅游方式。

三重底线（Triple Bottom Line）：决定作为可持续机构的企业生存能力的政策和行为所带来的财政、社会、环境效应。

甲森沙

（泰国宣素那他皇家大学）

第十七章　旅游业在印度经济发展中的作用

摘要

本章分析了旅游业在印度经济增长中的作用。旅游业和酒店业占印度国内生产总值的 6.8%。作为一个拥有 30 个世界遗产和丰富文化资源的国家，印度旅游业和酒店业拥有巨大潜力吸引更多游客。旅游业对创造工作机会的乘数效应可以加速经济增长。本章采用了描述性研究设计，分析了国外游客到来导致的经济变量之间的相互联系。本章评估了喀拉拉邦和古吉拉特邦的成功故事，作为对旅游业的重点研究。二手数据来源被用于分析旅游业的趋势及其在印度经济发展中的作用。国内生产总值的构成和国外游客的到来高度相关。国外游客的增速和印度服务业的增速具有高度的正相关，也和喀拉拉邦和古吉拉特邦的国内生产总值高度相关。

一、引言

旅游业和酒店业是一个国家社会文化认同和遗产吸引力的重要指标。在全球化时代，通过创造就业、赚取外汇、发展地区旅游潜力等途径，旅游业和酒店业加快了经济增长。

根据世界旅游理事会（World Travel and Tourism Council）（2014）信息，旅行和旅游业对世界国内生产总值的贡献率预计从 2013 年的 9.5% 上升到 2024 年的 10.3%。

旅游业和酒店业对印度国内生产总值的贡献率是 6.8%，对就业的贡献率是 7.7%，创造 181.3 亿美元外汇（IBEF，2014）。旅游业和酒店业是印度第三大外汇来源（Make in India，2015）。旅游业和酒店业的市场规模预计从 2013 年的 1221 亿美元上升到 2022 年的 4189 亿美元（IBEF，2014）。相比其他行业，旅游业投资创造更多就业机会。在旅游业投资 100 万卢比，大约能为酒店服务业创造 89 个工作机会。相比而言，农业部门能创造 45 个就业机会，制造业能创造 13 个工作机会（Planning Commission，2007）。

酒店行业每年收入 4000 亿至 5000 亿美元（IBEF，2015）。随着外国游客数量上升，印度的旅游和酒店业已经成为朝阳产业。如图 1 所示，抵达印度的外国游客量从 2005 年至 2014 年的复合年增长率（CAGR）为 7.85%。

旅游和酒店业对国内生产总值的贡献从 2006 年至 2014 年的复合年增长率（CAGR）为 10%，如图 2 所示。旅游业和酒店业贡献的持续增长显示了在支持性的政策框架，更好的基础设施、法律和秩序状况下，旅游业加快经济增长的潜力。

外国游客是外汇的重要来源。对于印度这样处于国际收支逆差的国家，旅游业为增加外汇储备起到了建设性作用。旅游业和酒店业对外汇储备的贡献从 2005 年的 75 亿美元增加到 2013 年的 181 亿美元（IBEF，2015），如图 3 所示。

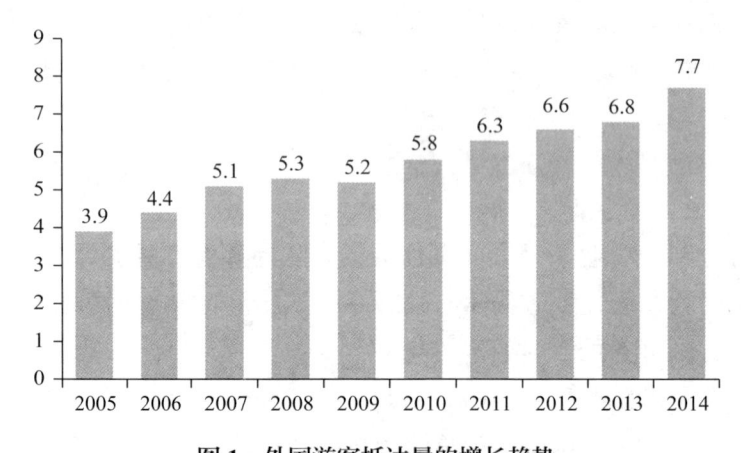

图 1　外国游客抵达量的增长趋势

来源：印度品牌基金会（India Brand Equity Foundation），2015。

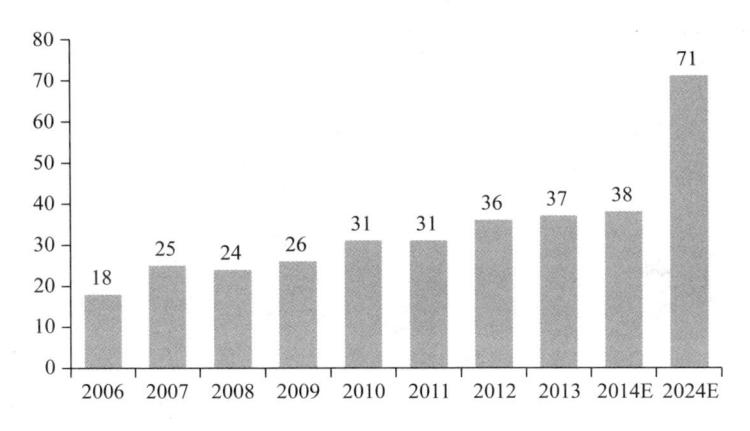

图 2　旅游业和酒店业对印度国内生产总值的贡献趋势

来源：印度品牌基金会（India Brand Equity Foundation），2015。

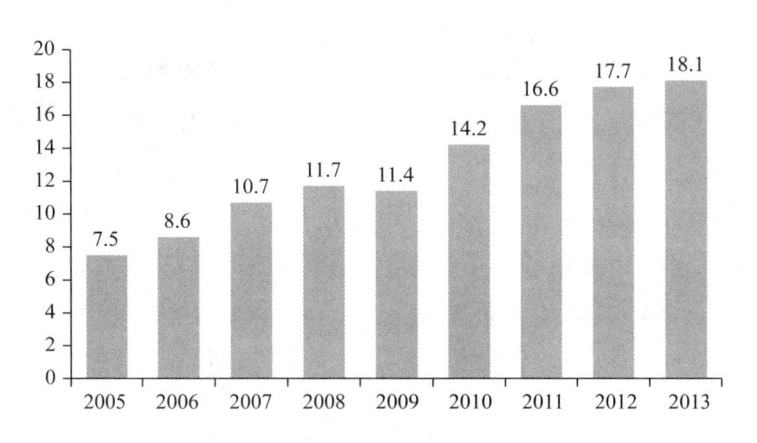

图 3　来自外国游客的外汇收入

来源：印度品牌基金会（India Brand Equity Foundation），2015。

外国游客只占游客总量的一小部分。预计到2024年，外国旅行者的开销只会占15.3%，大部分消费（84.7%）将会来自国内旅行者（IBEF，2015）。

在莫迪政府向43个国家提供游客落地签的政策之后，2015年1月的游客抵达量比2014年1月增长了1214.9%。2015年1月，25203名游客利用落地签进入印度，而2014年1月的数字是1903（IBEF，2015）。

二、研究目标

1. 评估旅游业在印度经济增长中的作用。
2. 评估旅游业在喀拉拉邦和古吉拉特邦的发展。

三、文献回顾

许多研究者考察过经济增长与旅游业的联系。大多数研究发现一国的旅游业与经济增长有明显的关系。苏雷什、高塔姆和库马尔（Suresh, Gautam and Kumar）（2011）研究了印度旅游业、贸易和经济增长的关系。研究发现，实际国内生产总值、国际贸易、外国游客到达量之间存在长期关系，但这些变量之间没有短期的因果关系。卡卡尔和赛普那（Kakkar and Sapna）（2012）也发现了旅游业对印度经济的积极影响。另一方面，旅游业也会对一国文化产生不良影响。印度果阿（Goa）就被视为对文化产生负面影响的例子——旅游业导致毒品问题、人口拐卖和其他社会恶习加剧。

一些作者研究了旅游业对印度各地区的经济影响。卡什亚普（Kashyap）（2014）分析了旅游业对喜马偕尔邦农村地区经济发展的影响。在西姆拉（Shimla）地区，卡什亚普发现古卢（Kullu）的平均每个家庭宾馆为1658名游客服务，西姆拉的平均每个家庭宾馆则为1415名游客提供服务。有人认为，家庭宾馆为农村地区的经济增长作出了贡献，同时保存了当地的生态和文化。

多数研究关注经济指标与旅游业的关系，劳动力短缺却被忽略。波达尔（Poddar）（2015）研究了旅游业的劳动力缺口和旅游业在印度经济中的作用。旅游业和酒店业不同部门的劳动力短缺问题也被充分讨论。研究发现，劳动力短缺是旅游业和酒店业发展的一个严重问题。研究建议，类似于技能发展培训课程（"Hunar Se Rozgaar Tak"）这样的计划应该在印度所有的邦实行，使所有的邦都受惠于这些计划。

班德卡尔和桑卡拉纳拉亚南（Bandekar and Sankaranarayanan）（2014）评估了旅游业对印度国内生产总值的贡献。作者运用相关与回归法评估旅游业对国内生产总值产生贡献的各种变量的影响。研究发现，国内消费、赚取外汇和外国游客到达量对旅游业为经济增长的贡献有非常重要的影响，而游客输出、旅游业对就业的贡献、资本投资、政府开支对旅游业为经济增长的贡献没有任何重要影响。

对旅游业的计量经济学分析可用于预测游客的流入，为保证游客停留期间的舒适度和应变做准备。米尔（Mir）（2014）评估了旅游业的经济影响。根据二手数据的研究发现，时间和游客流入量之间有重要关系。这种关系可用于预测游客的流入量，安排相应的资源。研究的结论是，旅游可以作为社会经济发展的手段。

大多数研究都忽略了政治状况的影响。政治考量可能成为旅游业的决定因素（Eilat & Einav，2004）。在关于国际旅游业的决定因素的研究中，埃拉特和埃纳夫（Eilat and Einav）（2004）运用了三维数据模型分析。研究发现，价格弹性对发达国家的旅游业影响较大，而对发展程度较低的国家价格波动的影响较小。其他重要因素包括潮流时尚、共同语言、共同边界、距离。有观点认为，政治风险是有吸引力的旅游的重要影响因素，而汇率极大地影响流向发达国家的游客量。

纳萨库马尔、易卜拉欣和哈伦（Nanthakumar, Ibrahim & Harun）（2008）评估了消费者价格指数（CPI）对游客到达量的影响。使用的变量包括到达游客总量、实际国内生产总值以及消费者价格指数。研究发现，与国内生产总值相比较，消费者价格指数对游客到达量有更大的因果效应。贝托尼奥（Betonio）（2013）发现，消费者价格指数对游客到达量意义重大。贝托尼奥（2013）研究了亚洲国家经济变量对游客到达量的影响。使用的变量包括消费者价格指数、人均国内生产总值、汇率、资本形成总额和外国直接投资。研究发现，外国直接投资和资本形成总额对游客到达量有重要的积极影响。

聪塔（Tsounta）（2008）认为旅游是一件奢侈品。聪塔（2008）发现，收入弹性、经济低迷都影响旅游业，东加勒比货币联盟（Eastern Caribbean Currency Union）的案例便是如此。研究还发现恐怖袭击对旅游业的负面影响。外国直接投资对旅游业的影响是正面的。乌伊萨尔和克朗普顿（Uysal and Crompton)（1984）也发现，收入是影响旅游业的重要因素。他们在研究外国游客流入土耳其的决定因素时，将推广支出和其他经济变量包含在内，如收入、相对价格、汇率和交通成本等。研究发现，价格、收入、汇率是决定外国游客流向土耳其的重要因素，推广支出影响最小。

运用 P-VaR 方法，萨米米（Samimi）等研究者（2011）研究了发展中国家的旅游业和经济增长。研究发现，旅游与国内生产总值存在正向的弹性关系。长远来看，旅游业带动经济发展。研究建议，发展中国家应该发展基础设施、开发度假地、支持旅游部门。

帕特尔（Patel）（2012）也关注基础设施和景点的维护，认为对遗迹缺乏妥善维护和污染阻碍了游客流向印度，建议各地区利用自己的优势吸引游客，乡村旅游业应该得到鼓励。

四、研究方法论

本研究运用描述性的研究方法，利用二手数据，使用描述性的工具和关联对数据进行分析。二手数据来源于旅游部和政府部门等可靠的网站。

五、旅游业和酒店业的发展机遇

随着与别国关系的不断改善，莫迪政府加强与南亚区域合作联盟（SAARC）国家的文化联系，前往印度的游客数量有望上升。最近莫迪总理访问外国的重点就是寻求加强与别国的社会文化关系。

为了提升印度旅游业，可以从精神健康和知识分享方面进行探索。印度因其精神财富丰富的文化而受到赞扬，政策制定者可以提升文化多样性和精神健康，与别国加强文化联系。冥想、瑜伽等拥有吸引游客的巨大潜力。

莫迪总理加强印度东北部地区联系和发展的政策为当地提供了吸引游客的好机会。印度东北各邦的旅游业和酒店业有巨大潜力。

在电子签证、落地签、医疗签证等方面的政策支持下，与邻国发展友好关系，与国外的印度社区建立联系等都将进一步推动印度旅游业的发展。

运动赛事也可以在印度举行,这将为人们提供参观印度、探索印度丰富文化遗产的机会。这些活动有利于促进旅游业和酒店业发展。

印度政府通过支持性的外国直接投资政策鼓励旅游业和酒店业。在相关规定约束下,政策允许在旅游业和酒店业进行100%的外国直接投资。

印度拥有30个世界遗产地(Make in India,2015)。这些遗产地有助于印度吸引游客。野生动物保护区也是旅游胜地。

印度较长的海岸线是推动其旅游业发展的另一个潜在优势。

六、医疗旅游

以合理的价格提供国际水平的医疗服务,带动了印度医疗旅游的增长。到2017年,印度的医疗旅游市场预计价值1582亿美元,在2012年786亿美元的基础上保持15%的年增长率(The Times of India,2014)。2015年到访印度的医疗旅游者约为50万人次,年增长率为30%(IBEF,2014)。

其他可供选择的药物或治疗方法,如印度韦达养生学、顺势疗法、冥想、瑜伽等,进一步增加了印度医疗旅游的吸引力。根据毕马威(KPMG)和印度工商联合会(Federation of Indian Chambers of Commerce & Industry,FICCI)的一份报告,印度是亚洲排名前三的医疗旅游目的地(The Times of India,2014)。

七、旅游业在印度经济发展中的角色

为了评估旅游业对印度经济的影响,选取了2010年至2013年共四年的数据,尝试说明游客到达量增长率与印度服务业增长率之间的相互关系(表1)。

在游客到达量增长率与印度服务业增长率这二者之间存在重要的正相关关系。皮尔森相关系数(Pearson correlation coefficient)为0.982,假设机率值(P value)为0.018。因而二者的相关性在5%的有效级。服务业对印度国内生产总值的贡献率是57%(IBEF,2015)。旅游业具备提供就业和加快国内生产总值增长的潜力。

为了在全球范围内促进印度旅游业，印度政府 2002 年发起"不可思议的印度！"运动，取得了令人满意的效果。在发起这项运动之前，到达印度的游客量几乎停滞不前，如图 4 所示，仅有 240 万人次。

"不可思议的印度！"运动发起之后，如图 5 所示，游客到达量从 2003 年至 2013 年的复合年增长率达到 9.7%。

为了分析经济变量对外国游客到达量的影响，将经济变量和外国游客到达量进行了对比。经济变量包括国内生产总值、外国直接投资、印度卢比与美元的汇率、国内资本形成总额（gross domestic capital formation）、消费者价格指数。

表 1　游客到达量增长率与印度服务业增长率对比

		游客到达量增长率	服务业增长
游客到达量增长率	皮尔森相关系数	1	0.982*
	有效度（双侧检验）		0.018
	年数	4	4
服务业增长	皮尔森相关系数	0.982*	1
	有效度（双侧检验）	0.018	
	年数	4	4

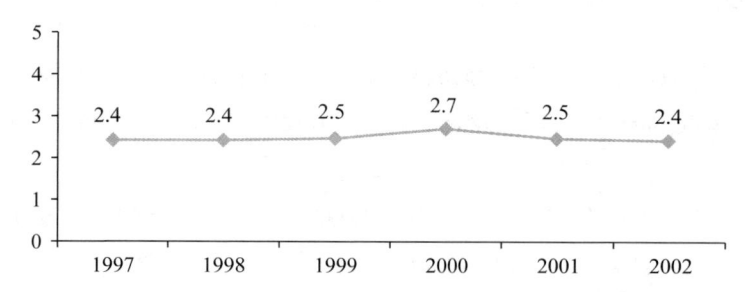

* 相关度在 0.05 有效级（双侧检验）

图 4　"不可思议的印度！"运动发起之前游客到达量（百万人次）

来源：印度品牌基金会（India Brand Equity Foundation），2014。

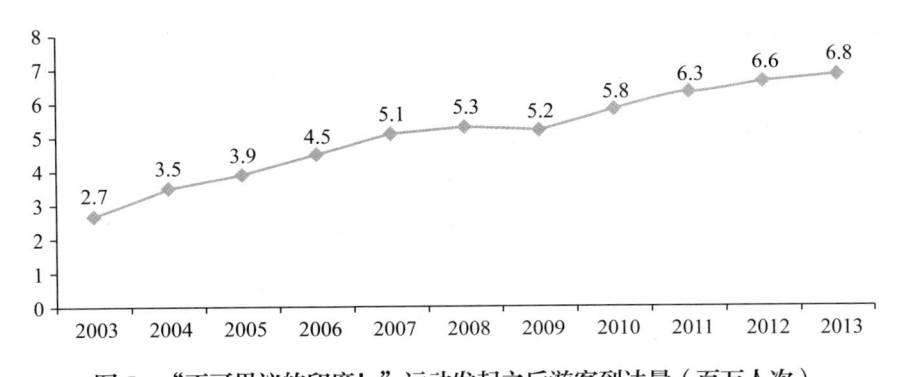

图 5 "不可思议的印度！"运动发起之后游客到达量（百万人次）

来源：印度品牌基金会（India Brand Equity Foundation），2014。

贝托尼奥（Betonio）（2013）也运用居民消费者价格指数（CPI）、汇率、人均国内生产总值、资本形成总额、外国直接投资等经济变量来确定游客到达的效应。其他很多研究也运用了这些变量来确定游客到达量，如迪威塞克拉（Divisekera）（2003）、阿克蒂尔克（Akturk）（2006）采用消费者价格指数，聪塔（Tsounta）（2008）采用国内生产总值，宋、李、威特和费（音译，Song, Li, Witt and Fei）（2010），埃拉特和埃纳夫（Eilat and Einav）（2004）采用汇率，于瓦希尔（Juwaheer）等研究者（2011）采用资本形成总额，聪塔（2008）采用外国直接投资。

八、变量

回顾文献之后，提取如下变量来评估它们对印度经济增长的联系和影响。

- 外国游客到达量：外国游客到达的数量被选为一个变量，用以研究到达模式，发现经济变量与外国游客到达之间的联系。外国游客到达量的数据来自印度政府外交和旅游部门。一国旅游的吸引力可以用外国游客数量来判断。
- 国内生产总值（GDP）：国内生产总值表明一国的生活水平。研究发现，国内生产总值的增长会对旅游需求产生积极影响（Betonio，2013）。有关国内生产总值的数据从印度储备银行提供的经济数据中获得。

●汇率：汇率决定游客在目的国相对于自己国家的购买力。由于美元被广泛接受，本研究使用印度卢比和美元的换算。

●国内资本形成总额：资本形成总额代表资产购置的增长。资本形成总额对游客有间接影响（Betonio，2013），长期来看，可以作为衡量更好的基础设施和旅游设施的指标。

●消费者价格指数（CPI）：消费者价格指数上升会影响游客的购买力。戈诺波罗斯（Gounopoulos）等研究者（2012）使用消费者价格指数评估宏观经济冲击对游客到达量的影响。因为游客的花费与消费者价格指数相互关联，消费者价格指数被当作替代参考物。那萨库马尔（Nanthakumar）等研究者（2008）用消费者价格指数研究其在马来西亚对游客到达量的影响。有观点认为，消费者价格指数和国内生产总值在亚洲已经成为决定游客到达量的重要因素。

●外国直接投资（FDI）：外国直接投资是外国投资者对一个国家经济增长、政策、法律体系、民主价值观的信心指示器。贝托尼奥（2013）认为，外国直接投资可以当作决定旅游需求的一个供给因素。

相关数据选取自2005—2013年。数据从印度储备银行、计划委员会、行业政策部门和旅游部获得。

所有的经济变量都显示了与外国游客到达量的重要正相关关系。国内资本形成总额与皮尔森相关系数的相关性最高，达到0.992，假设机率值（P value）为0.00。接着是国内生产总值，相关系数为0.984（假设机率值为0.00）；消费者价格指数相关系数为0.960（假设机率值为0.00）；外国直接投资也显示了重要的正相关性，相关系数为0.807（假设机率值为0.008）。汇率在这些变量中相关度最低，相关系数为0.723（假设机率值为0.028）。如表2所示。

表 2　游客到达量与经济变量的相关度

		外国游客到达量	外国直接投资	国内生产总值	卢比兑美元汇率	国内资本形成总额	消费者价格指数
外国游客到达量	皮尔森相关系数	1	0.087**	0.984**	0.723*	0.992**	0.960**
	有效度（双侧检验）		0.008	0.000	0.028	0.000	0.000

** 相关度在 0.01 有效级（双侧检验）

* 相关度在 0.05 有效级（双侧检验）

表 3　变量的描述性统计

变量	平均值	标准偏差
外国游客到达量（百万人次）	5.49	0.98036
外国直接投资（百万印度卢比）	29,777.77	14,176.09
国内生产总值（十亿印度卢比）	42,231.62	8843.24
印度卢比兑美元汇率	47.45	5.39
国内资本形成总额（十亿印度卢比）	17,141.57	4403.75
消费者价格指数	476.89	119.25

在研究时段内，外国游客到达量平均值为549万人次，外国直接投资平均值为297.7777亿印度卢比，国内生产总值平均值为422,316.2亿印度卢比，印度卢比兑美元汇率平均值为47.45，国内资本形成总额平均值为171,415.7亿印度卢比，居民消费价格指数平均值为476.89。

九、旅游业案例研究

印度的一些邦把发展旅游业放在优先位置，付出了不懈努力挖掘旅游业潜力，实现经济增长。本文探讨的两个案例是喀拉拉邦（印度西南部）和古吉拉特邦（印度西部）。

（一）喀拉拉邦

旅游业对经济增长的贡献可以用喀拉拉邦的例子来说明。喀拉拉邦是印度第一个（1986年）宣布旅游业为产业的邦，将自己定位为健康旅游的国际游客目的地。政策举措获得了很好的结果。根据麦肯锡（CII-McKinsey）的报告，喀拉拉邦的医疗旅游有望在2017年达到40亿美元，与2006—2007年度的3.33亿美元相比，实现了可观的增长（The Times of India，2011）。

在喀拉拉邦的例子中，旅游业对经济的直接、间接和辐射影响比全国平均水平要高。2009—2012年期间，喀拉拉邦旅游业总附加值的影响是9.5%，同期印度全国合计是7%。如表4所示（Kerala，Vision 2030）。

表4 旅游业对总附加值的贡献

国家/邦	直接影响	间接和辐射影响	总的影响
印度	3.8%	3.2%	7%
喀拉拉邦	4.7%	4.8%	9.5%

来源：kerala.gov.in。

对就业的影响更加显著。旅游业直接、间接和辐射就业的综合效应占喀拉拉邦整体就业的23.5%，而整个印度只有10.2%。如表5所示（Kerala，Vision 2030）。

表5 旅游业对就业的贡献

国家/邦	直接影响	间接和辐射影响	总的影响
印度	4.4%	5.8%	10.2%
喀拉拉邦	9.9%	13.6%	23.5%

来源：kerala.gov.in。

2005—2013年游客到达量与该邦的国内生产总值相关度在表6中显示。

如表 6 所示，喀拉拉邦游客到达量与该邦国内生产总值有显著的正相关关系。皮尔森相关系数为 0.927，假设机率值（P value）为 0.00。

表 6　喀拉拉邦游客到达量与国内生产总值的相关度

		喀拉拉邦国内生产总值	喀拉拉邦游客到达量
喀拉拉邦国内生产总值	皮尔森相关系数	1	0.927**
	有效度（双侧检验）		0
	年数	9	9
喀拉拉邦游客到达量	皮尔森相关系数	0.927**	1
	有效度（双侧检验）	0	
	年数	9	9

** 相关度在 0.01 有效级（双侧检验）

（二）古吉拉特邦

古吉拉特邦决定将旅游业作为最优先考虑的事务，宣布 2006 年为旅游年。政府各个部门共同努力使古吉拉特邦成为旅游友好邦。旅游业预算从 2005 年的 3 亿印度卢比上升到 2013 年的 50 亿印度卢比。2012 年古吉拉特邦的旅游业增长率是全国增长率的两倍（narendramodi.in 2015）。

2002 年旅游业对古吉拉特邦国内生产总值的贡献是 2.5%，2022 年预计将上升至 10.2%（IBEF，2014）。古吉拉特邦政府与阿米塔布·伯昌（Amitabh Bachchan）先生一起，花费 1300 万美元发起一项名为 "Khushboo Gujarat Ki" 的旅游推广活动（IBEF，2014）。

为了评估游客对古吉拉特邦经济增长的影响，本文尝试对游客到达量与国内生产总值的相关性作出分析。有关游客数量的二手数据来自古吉拉特邦旅游部门，该邦的国内生产总值数据来源于计划委员会。本文选取 2008—2013 年的数据来计算相关性。

研究发现，古吉拉特邦游客到达量与国内生产总值之间有显著的正相关关系。皮尔森相关系数为 0.998，假设机率值（P value）为 0.00。如表 7

所示。

表7　古吉拉特邦游客到达量与国内生产总值的相关度

		古吉拉特邦国内生产总值	古吉拉特邦游客到达量
古吉拉特邦国内生产总值	皮尔森相关系数	1	0.998**
	有效度（双侧检验）		0
	年数	6	6
古吉拉特邦游客到达量	皮尔森相关系数	0.998**	1
	有效度（双侧检验）	0	
	年数	6	6

** 相关度在0.01有效级（双侧检验）

旅游预算分配从2006年的3.5亿印度卢比上升到2012年的20亿印度卢比（Vibrant Gujarat，2014）。预算分配在古吉拉特邦产生了积极效果。在2006—2012年期间，游客到达量与预算分配之间存在显著的正相关关系，如表8所示。皮尔森相关系数为0.956，假设机率值（P value）为0.011。因此可以推论，针对旅游业重点突出的预算分配能有效提升一个邦的游客到达量，为该邦和国家经济增长作出贡献。

表8　古吉拉特邦旅游业预算分配与游客到达量的相关度

		古吉拉特邦旅游业预算分配	古吉拉特邦游客到达量
古吉拉特邦旅游业预算分配	皮尔森相关系数	1	0.956*
	有效度（双侧检验）		0.011
	年数	5	5
古吉拉特邦游客到达量	皮尔森相关系数	0.956*	1
	有效度（双侧检验）	0.011	
	年数	5	5

* 相关度在0.05有效级（双侧检验）

十、结论

研究发现，国内生产总值、消费者价格指数、国内资本形成总额、汇率、外国直接投资与游客到达量存在明显的正相关关系。国内资本形成总额对游客到达量影响最大。旅游业是一个被忽略的领域。印度的一些邦，如喀拉拉邦、古吉拉特邦，认识到旅游业对经济发展的潜能，并付出了不懈的努力促进旅游业。

游客到达量在这两个邦显著增长。游客到达量与喀拉拉邦、古吉拉特邦的国内生产总值显示出明显的正相关度。在全国层面，游客到访增长率与服务业增长率有显著的正相关度。"不可思议的印度！"运动在提升游客到访数量方面非常成功。

每个邦都应该认识到自己的独特优势，在向国内外游客推广时找到各自的定位。应该加强基础设施建设，提高连通性和宾馆的舒适度。法律和秩序应该成为每个邦的最优先事项。警方和各邦政府应该团结合作，为游客提供安全的环境。印度需要一个整体的办法，发挥旅游业的潜力，以提高印度在全球旅游市场的份额、提供就业、加快经济发展。古吉拉特邦旅游业的成功故事和莫迪总理突出重点的旅游推广方式（加强文化联系、放宽签证限制、与外国发展更友好的关系等）有望将旅游业转变为充满活力的经济部门，这不仅为印度创造就业、加快印度经济发展，而且还能将印度打造成受外国游客青睐的旅游目的地。

拉杰什·蒂瓦里
［印度注册金融分析师（ICFAI）］
比马尔·安久姆
（印度 DAV 学院）

第十八章　旅游业的若干影响因素

摘要

通常而言，所有企业都只能在经济环境里运行。企业业绩的变化与商业周期的扩张或收缩密切相关。经济形势对利润的影响可能比公司在其行业内的业绩更大。酒店业的公司绩效也依赖经济状况。因此，公司的影响力与经济状况（或经济形势）密切相关。

一、引言

通常而言，所有企业都只能在经济环境里运行。企业业绩的变化与商业周期的扩张或收缩密切相关。经济形势对利润的影响可能比公司在其行业内的业绩更大。酒店业的公司绩效也依赖经济状况。因此，公司的影响力与经济状况（或经济形势）密切相关（Hollman & Forrest，1991）。

换句话说，旅游业的扩张或活动提高了宾馆的入住率和销售额，直接加强了酒店业的发展。另一方面，旅游业的发展能极大地改善商业环境，这对酒店企业业绩也会产生间接效应。范霍夫（Verhoef）等研究者（2013）发现，旅游业发展带来的经济状况改善能提高公司收入、提高旅游相关企业的财务绩效，旅游业的扩张有望促进酒店业的公司业绩。

酒店业通常被视为一个周期性的行业，原因是酒店企业的固定成本（企业在生产层面的成本）高于可变成本（随着企业提高或降低生产而导致的成本上升或下降）。由于固定成本高，酒店对商业环境非常敏感。在经济低迷时期，酒店无法降低成本，随着销售下降，酒店的产值也下降。由于成本不能降到低于收益变动，酒店的利润主要跟销售相关。蒂德曼（Tiedemann）（2009）指出，由于固定成本高，酒店行业需要维持高收益、产生足够的利润才能生存。除了经济形势，旅游业的发展或增长也能对酒店企业的业绩产生重要影响。

本研究分析了世界范围内经济形势和旅游业增长对旅游酒店公司业绩的影响。为了衡量公司业绩，大部分研究使用资产收益率/股权收益率（Gursoy et al.，2009；Andereck & Nyaupane，2011）。

本研究对旅游业文献的贡献有如下几点：

首先，运用不同的公司业绩指标检验经济形势和旅游业增长对酒店业的影响。因此，本研究在评估经济形势和旅游业增长对酒店业公司业绩的影响时，不仅考虑销售收入、利润和股票行情，还考虑整体的财务状况。

其次，本研究也将酒店和旅游业一些意料之外的危机因素的影响考虑在内。一些实证研究发现，地震、恐怖袭击、微生物感染如重症急性呼吸综合征（非典型肺炎，SARS）的爆发，严重影响世界范围内的酒店业绩（Mansfeld & Pizam，2006）。

二、旅游业的经济因素

经济因素和行业因素，哪个对旅游酒店业公司业绩产生的影响更大？经济形势的变化可以视作经济因素，而外国旅游市场的发展、外国游客的增长可以视为特定的行业因素。

既然假定酒店的商业成功与经济形势密切相关，分析经济的总体状况对酒店业公司业绩的影响是有意义的。然而，现有的酒店和旅游业文献中，关于商业环境和公司业绩关系的研究相对较少。酒店业周期被定义为整个酒店业收入的起伏期。酒店业周期模型展示了酒店业的增长，显示酒店业每四至五年经历一次快速发展。酒店业周期模型能为从业者和研究人员提供有价值的参考。

另一个研究领域关注经济变量的重要性，这些经济变量可以概括经济形势，说明酒店企业的财务业绩（股票收益）（Nordin，2011）。选定的五项经济变量（预期通货膨胀率、货币供应、国内消费、利率期限结构、工业产值）能决定美国酒店业股票的收益。研究发现，预期通货膨胀率、货币供应的增长率和国内消费对酒店业股票收益影响很大。此外，不仅是经济变量，一些非经济事件，包括战争、总统选举、自然灾害、大型体育活动、恐怖袭击等，都会对酒店股票收益产生重大影响。

总体来说，改善的商业状况能提高旅游企业的股票业绩，旅游企业的财务成功能促进商业发展。贾法里（Jafari）（2005）研究了四类与旅游业相关的行业（航空业、娱乐场、酒店业和餐饮业）的销售额与美国经济增长之间的协整和因果关系。测试结果表明，国内生产总值与所有四个行业的销售额没有任何协整关系，也就是说，国内生产总值与行业销售额之间没有长期联系。然而，国内生产总值的增长可能带动所有四个行业的销售额增长，但行业销售额在短期内不会带来国内生产总值的增长。

旅游业的发展有望对酒店产生直接的有利影响，通过改善经济形势来影响酒店业，从而提高酒店的公司绩效。实证研究认为，旅游发展能改善经济形势（Bastakis et al.，2014）。海德和德克罗普（Hyde and Decrop）（2011）提出一个旅游业带动的增长假说，认为旅游业的增长是西班牙经济发展的重要因素。基于协整和因果关系测试的实证结果支持这一假说。协整测试显示，旅游业收入与国内生产总值之间存在长期关系；而因果关系测试结果表明，旅游业扩张能带动经济发展。

三、旅游业的公众参与

公众有多种方式参与旅游业规划，包括组织旅游咨询委员会、举办公共听证会、举行代表小组讨论会和/或调查。一项被证实有效的独特方法称为名义群体技术（the Nominal Group Technique）（NGT），是一种集体观点达成共识的系统方法。这种方法列举出与话题或问题相关的想法清单，以及实现这些想法的单独或集体措施的有利条件。在规划决策阶段，这种方法有助于确定优先目标、集中精力。

自从三十多年前被引进之后，名义群体技术已经获得广泛认可。作为一种特别有用的方法，它有助于就某些问题寻求达成共识的讨论获得系统性的创意。它需要参与者为产生的创意排列出自己的偏好，产生比别的方法更有条理的信息。

四、旅游业的环境影响

旅游发展主要依靠自然、社会和文化环境。因此，维护和改善目的地旅游环境的质量至关重要。然而，旅游业发展通常是一把双刃剑，既带来积极影响（如创造就业、改善形象），但如果没有很好的规划、发展和管理，也会造成对生物物理环境（如水污染、空气污染、生态系统退化）和社会文化环境（如传统文化的遗失）的负面影响。因而，有必要监测和评估旅游业对环境的影响。实际上，一些发达国家（如澳大利亚、美国、英国）和发展中国家（如印度、尼泊尔）已经对旅游业的环境影响做了广泛调查，旅游相关领域在中国研究者中已经成为热门研究话题（Leiper，2008）。

世界旅游业对环境影响的研究的兴起，反映出对旅游业造成环境负面影响的关注在上升。1978年以来，中国实行开放政策，进行了重大的经济改革，在随后的几十年里取得令人瞩目的经济发展。旅游业也快速发展起来。例如，2009年入境中国的游客数量达到1.265亿人次，是1978年的70.3倍；赚取外汇达到397亿美元，是1978年的152.4倍。此外，中国在2009年接待了19亿人次国内游客，比1993年增长了4.6倍；国内旅游收入达到1455亿美元，比1993年增长了11.8倍（中国国家旅游局，2009）。

与旅游相关的环境问题不仅对旅游目的地的形象造成负面影响，也对当地旅游业的可持续发展造成负面影响。许多国家已经意识到，把旅游业发展作为经济振兴和增长的手段变得日渐重要。

各种定义的共同点是，旅游环境是以人为中心，尤其是以游客为中心的一组因素或相互作用。这些因素被描述为"条款""体系""位置""方面""因素""环境"或"条件"。差异主要是有关旅游环境的内容和范围。

例如，方（音译，Fang）(2008)指出，旅游环境是"物质和人的环境，由所有自然和人的因素组成，包括空气、水、土地、动植物、设施、风景、颜色、声音和其他环境因素"。关于旅游环境的这种解释强调环境的生物物理学层面。根据施瓦茨（Schwartz）等研究者（2008）所述，旅游环境"应该是旅游活动依靠的所有外部条件的总和，包括社会和政治环境、生态环境和旅游资源"。显然，这种定义在内容和范围上远远超出生物物理学的范围。

五、旅游业的社会文化环境

旅游发展有助于目的地的现代化、社会文化的重建和传统艺术的复兴。旅游发展也能加强和巩固当地居民的自豪感，促进与外部世界的交流，有助于发展一种良性的外国文化示范效应。话虽这么说，旅游发展也可能对目的地的社会生活和当地文化造成负面影响。自从20世纪80年代以来，旅游发展的社会文化影响已经引起中国研究者越来越多的关注。尽管关于自然环境的研究在一些文献中仍然占据主导地位，许多有关旅游影响的社会文化层面的研究已将重点放在游客的示范效应、当地生活方式、传统文化和社会结构的改变、不同道德行为的接纳、文化真实性的遗失以及传统工艺的商业化（Havitz et al., 2013）。

斯贝克曼和戴维斯（Spekman and Davis）(2004)提出一种概念性的框架，分析旅游业不同发展阶段和社区的旅游与人类环境的相互作用。这个框架描述了四种关系：按照旅游发展的不同阶段，分别是依赖、合作、矛盾、一致。在旅游业的新兴阶段，旅游对社区的人类环境影响甚微。随着旅游业规模不断发展壮大，旅游业给社区带来积极的影响。

同样，社区的旅游和人类环境开始改善，两者之间是合作关系。随着游客数量不断增加并超过当地居民人口数量，旅游业的发展将增加社区付出的代价，导致客流拥堵、道路阻塞。此外，可能会出现一些严重威胁当地居民生命的疾病。结果是旅游与人类环境之间的合作关系转变为矛盾。度假旅游"疲劳症"破坏了该地区的传统民间文化、摧毁了当地发展的基础、改变了发展的方向、损害了当地社区的利益。这些负面影响导致旅游目的地的矛盾（Reisinger & Mavondo，2006）。然而，当社区不同的利益相关方认识到将从发展中获益，旅游与人类环境之间关系的调整将解决旅游发展带来的诸多矛盾，二者从而回归积极的关系。

六、旅游业在社区的社会矛盾

本文填补了旅游业与社会矛盾研究上的一些空白。第一，关于社会矛盾的功能及其与旅游发展的关系，尤其是在少数族裔居住的地点，实证的证据相对缺乏；第二，当存在这种关注的时候，主要指向减少矛盾。然而，社会紧张和政治矛盾可以是所有社会关系必要的、积极的部分，是社会变革的必需品（Paulraj & Chen，2007）。

第三，矛盾通常伴随着合作、团结和联盟的形成，但在旅游研究中，矛盾与合作/团结/联盟的出现之间的关系很少被讨论；第四，关于旅游发展与矛盾，需要社会矛盾的理论基础支持实证研究；第五，尽管最后一个方面不是本文的重点，鉴于世界范围内许多村庄存在的由于经济发展而征用的土地赔偿问题引发的普遍矛盾，对这种形式的分析尤其重要。

七、旅游管理的价值创造资产

本文借用"知识资本"（Intellectual Capital）这个综合性术语指代为公司价值作出贡献的"无形"资产（Gomez-Bezares & Roslender，2011）。"知识资本"没有统一概念，对它的考察主要通过由内部资本、外部资本和人力资本构成的三层面模式来进行（Ridinger et al.，2013）。此外，尽管研究者认为这三个因素在产生将来的现金流方面起到关键作用，但关于怎样衡量"知识资本"却没有达成共识（Heidenreich & Handrich，2013）。

"知识资本"传统上的记录并不常见，这不足为奇，因为很难给它赋予量化值。然而，尽管酒店业受到"知识资本"资产的重要影响，尤其是通过培训（人力资本）、有效流程（内部资本）、品牌化（外部资本），却很少有研究关注酒店业"知识资本"的信息披露。实际上，在如今高度竞争的酒店业运营环境中，顾客体验被当作酒店地位和竞争优势的关键（Melkonian & Picq，2009）。

（一）知识资本

一个缺乏统一定义的多维度的概念，多种术语交替使用。

（二）内部资本

内化在公司的结构、流程和能力当中的非人力的、累计的知识。内部资本一直保持到"员工下班回家"。这些是公司拥有和（或）掌握的唯一的"知识资本"资源。例如专利、概念、商标、研发、硬件、软件、数据库、管理方式、信息系统流、企业文化。它包含商标、管理哲学、企业文化、管理进程、扩张、重新上市/重组、信息系统、财务关系、收入、战略、促销手段和商业奖励等（Gebauer & Reynoso，2013）。

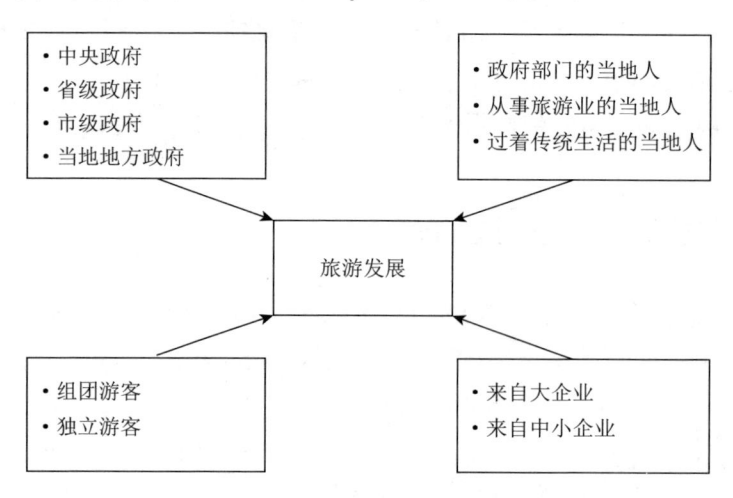

图1 旅游发展的四个主要群体

（三）外部资本

存在于公司与外部利益相关方关系中的价值，通常指公司的"客户资本"。例如营销渠道、品牌名称、信誉、流通渠道、客户满意度、连锁加盟、供应商和伙伴。外部资本包括品牌、品牌提升和发展、忠诚计划、客户、客户意识和满意度、客户忠诚度、预定渠道、令人满意的供应商、连锁协议、信誉、合资企业、慈善事业和无形债务等。

（四）人力资本

无法由机器替代或记述的与个人相关的资源。这是一种潜在的战略更新的关键资源。个人选择让公司获得这种资源。例如教育、技能、态度、专业技术、创新性、智能灵活度、素质、员工培训以及管理层。人力资本包括员工（角色、人口统计）、员工（指定的）、员工（文化的多样性）、教育、工作知识、工作能力、企业家精神、创新与创造力、内部培训、员工数量、管理层、员工价值/自豪感/反馈、事业发展、员工利益、员工安全、事业机遇、员工慈善和保留等（Chen，2000）。

P. 普列姆坎那

（印度斯坦艺术和科学学院）

第十九章 协调企业社会责任与气候变化减缓和适应战略 构建巴厘岛社区适应能力

摘要

在旅游业，建立社区适应能力应对气候变化风险颇具挑战，因为这会受制于贫穷、缺乏沟通、知识、低水平的制度能力以及缺乏政府和旅游业权威机构的支持。以巴厘岛为例，本章旨在展现旅游业如何通过企业社会责任举措实施气候变化减缓和适应战略，同时支持当地社区增强应对气候变化风险的能力。本章通过深入采访、专题小组讨论（FGD）和观察收集数据进行研究。本研究的发现表明，旅游业的企业社会责任可以提供社区适应能力，通过环境、经济和社会责任应对气候变化。总而言之，旅游业的企业社会责任举措在帮助社区应对环境挑战中扮演了重要角色。

一、引言

气候变化的威胁已经伴随我们许多年。然而，为了实施减缓和适应战略而付出的意愿，以及决定由谁来支付的问题，一直是主要的障碍（Prideaux，McKercher & McNamara，2013）。当政府和监管者讨论该怎么做的时候，商业界简单地后退一步是很容易的（Hawkins，2006）。然而，旅游业不能等待，气候变化可能会对旅游业形成相当大的压力，尤其是在海岸地区或岛屿，如海岸侵蚀、风暴、缺水和温度上升。此外，消费者、利益相关方和政府期望值在上升，希望旅游公司清楚其业务对社会和环境的影响（de Grosbois，2012）。

研究文献一直强调在处理当地和全球环境问题（包括气候变化）时企业社会责任的重要性。例如波丹诺维茨（Bohdanowicz）（2007）认为，希尔顿环境报告体系（Hilton Environmental Reporting，HER）是一个有效的工具，能衡量和监控企业的环境倡议以及企业社会责任是否成功实施。与其类似，谢尔登和帕克（Sheldon and Park）（2011）认为，在解决环境退化、气候变化、社会和人权问题方面，企业社会责任起到重要作用。然而，很少有研究关注旅游和社区的适应能力。本章旨在弥补这个缺憾，阐明旅游业管理者如何协调企业社会责任倡议与气候变化减缓和适应战略。作为好公民的部分责任，这有助于带来商业优势，提高社区适应能力。

本章由五部分组成，引言是其中一部分。背景部分在回顾文献的同时，提供了用于本研究的理论框架和研究方法。第三部分阐述巴厘岛案例研究的主要发现，包括巴厘岛旅游企业应对气候变化的企业社会责任倡议实例。第四部分深入讨论这些发现，重点关注巴厘岛旅游业承担企业社会责任的动机、促进者和阻碍者。最后，第五部分得出总体结论，给出进一步研究的建议。

二、背景

（一）构建气候变化的社区适应能力

由于气候变化的后果会影响到地方层面，构建社区对气候变化的适应能力很重要。林塞思（Lindseth）（2004）认为，有效降低全球气候变化的影响依赖地方社区采取的行动。同样，萨阿韦德拉和巴德（Saavedra and Budd）（2009，P.250）认为，"为了成功应对气候变化，有必要考虑减缓和适应战略的重点是提高社区的能力，以适应并接受变化和意外"。

构建社区适应能力富有挑战性。来自旅游业和其他行业的经验证明揭示了类似的发现，这种能力受到诸多限制，如贫穷、缺乏交流和知识、低水平的制度能力以及缺乏政府或旅游管理部门的支持（Goldman & Riosmena, 2013; Marfai & Hizbaron, 2011; Ruiz Meza, 2014）。为了克服这些障碍，世界旅游组织（UNWTO）通过达沃斯宣言呼吁旅游业减少温室气体（GHG）排放、调整适应气候变化、改善科技运用、确保对发展中国家的财务支持（Becken, 2008; Becken, 2012; UNWTO, 2007）。

此外，通过《世界旅游业道德准则》（UNWTO, 2001），世界旅游组织呼吁旅游公司、政府、社区和游客减少碳足迹。国际标准组织（ISO）对企业社会责任，或ISO26000，规定企业必须实施相应的减缓和适应战略应对气候变化问题（ISO, 2010）。作为公司履行政府要求的一部分责任、响应世界旅游组织的呼吁，旅游业可以通过多种行动在构建社区适应能力中发挥领导作用。这可能包括传达气候变化对社区的影响、使公众接受低碳生活方式、支持基层行动。

恩格尔（Engle）（2011）提出构建社区适应能力的两种方式。第一种来自脆弱性评估，例如财产损失、极端事件中的伤亡数字、生态系统的损害。第二种来自恢复性框架，重点是评估一个系统或组织应对挑战或极端事件的能力。气候变化政府间小组第三份评估报告推荐两种战略：宏观战略和微观战略（McCarthy et al., 2001）。宏观战略包括加强宏观层面的适应能力，例如改善教育和培训、增加财富、改善医疗保健和收入分配以提高一个国家应对气候变化和其他压力的能力。微观战略包括加强微观层面的适应能力，例如海平面升高的应对计划、计划水资源保护应对将来的旱灾、调整对气候变化最敏感的社会部门和经济部门的管理。

根据决定因素的不同范围和广度，适应能力会有所不同。在不同的环境下，这些决定因素存在和起到的作用也不同。许多研究尝试去解释不同规模活动适应能力的决定因素。表1归纳了现有文献里对适应能力决定因素的理解。

第二部分 旅游业的企业社会责任

表 1 不同范围内适应能力的决定因素

范围	适应能力的决定因素	研究地点/环境	来源
地方/社区层面	亲属网络，社会经济体系和政治体系、使用财政、技术和信息资源、基础设施	全球	Smith & Wandel（2006）
地区层面	发展造雪系统的金融资本、扩大供水的能力、创造多样化产品的能力、与当地社区的积极关系	滑雪场	Scott & McBoyle（2007）
国家层面	管理、公民权利和政治权利、文化能力	全球	Brooks, Neil Adger & Mick Kelly（2005）
国际层面	（1）可获得的技术选择范围 （2）可获得的资源及在人口中的分布 （3）重要机构的结构、决策权的衍生分配、决策标准 （4）人力资本储备，包括教育和个人安全 （5）社会资本储备，包括财产权的定义 （6）风险扩散进程的系统介入 （7）决策者管理信息的能力 （8）公众对压力来源的感知属性和在当地表现的意义	全球	McCarthy, Canziani, Leary, Dokken & White（2001）

从表 1 可以看出，金融资本和政府是所有层面的决定因素。波西（Posey）（2009）发现，城市金融能力影响市政领导采取集体行动应对环境变化。因而，旅游业通过企业社会责任预算为构建适应能力作出财务贡献十分重要。

（二）联结旅游业企业社会责任和气候变化战略以构建社区适应能力

在全面回顾文献的基础上，拉赫马瓦蒂、狄雷斯和蒋（音译）（Rahmawati，DeLacy and Jiang）（2015）提出一个概念性的框架，将气候变化、旅游业和企业社会责任联系起来，以构建社区适应能力。这个框架论证了气候变化减缓和适应战略如何概念化并呈现为企业社会责任的一部分。该框架强调通过企业社会责任实践解决气候变化问题，旅游业管理者将使利益相关方受益，包括企业主和当地社区。通过企业社会责任倡议构建社区适应能力需要经历两个阶段：（1）理解气候变化与旅游业的关系；（2）应对气候变化的风险（Rahmawati，DeLacy & Jiang，2015）。本章重点关注第二个阶段。

这个框架已经用于巴厘岛的案例研究，以加强理解旅游企业如何通过企业社会责任实践应对气候变化风险、帮助社区适应能力建设。巴厘岛是发展中国家的一个小岛，在气候变化的影响面前十分脆弱。此外，巴厘岛严重依赖旅游业，旅游业大约占其经济活动的40%（Statistic Indonesia and Department of Culture and Tourism）。巴厘岛大约一半的人口直接或间接从事旅游业相关的工作，气候变化对旅游业的影响使得当地社区处于脆弱的境地。

通过深入访谈、专题小组讨论（FGD）和观察，本文收集了研究所需的实证数据，用定性方法加以分析。九个旅游企业的经理人或企业主接受了访谈，十四个调查对象（包括村民、旅游企业代表）参与了专题小组讨论。本研究挑选的旅游企业从非星级饭店到五星级酒店、运输公司、潜水服务公司，覆盖了巴厘岛从南到北的所有区域。这样挑选的目的是获得对巴厘岛旅游业不同利益群体的全面理解。专题小组讨论在巴厘岛北部的一个村子里举行。深入访谈和小组讨论围绕如下问题展开：（1）当前的巴厘岛旅游业，有哪些企业社会责任计划与气候变化减缓和适应战略相结合？（2）这些企业社会责任计划如何构建对气候变化的社区适应能力？（3）哪些还没有做到？将来需要怎么做？

三、主要发现

（一）旅游企业减缓气候变化的环境责任倡议

与巴厘岛旅游企业的经理人或企业主访谈得知，多数受访者都在自己的机构里实施了气候变化减缓战略，作为公司企业社会责任的一部分（见表2）。最常见的减缓战略包括提供"绿色"区域，保持生物多样性，重新造林，废弃物利用、减少、循环倡议，张贴客房节能环保标签，减少用水，雇佣当地居民，使用当地供应商。然而，只有一家受访公司实施了碳抵消项目。多数受访公司与政府的预期一样，提供60%的土地作为绿化区域，其余40%土地修建建筑物。一些受访公司超出政府的要求，将80%的土地用于绿化，只有20%的土地用于酒店设施。

表2 受访者对企业社会责任倡议减缓战略的实施情况

企业社会责任倡议	受访者1号	受访者2号	受访者3号	受访者4号	受访者6号	受访者10号	受访者11号	受访者12号	受访者13号
建筑土地比例：20%—35%建筑物，65%—80%绿地	√	√	√	√	√	√	√	√	√
保护生物多样性	√	√	√	√	√	√	√	√	√
重新造林	√	√	√	√	√	√	√	√	√
碳抵消项目	×	×	×	√	×	×	×	×	×
废弃物再利用、减少、循环利用	√	√	√	√	√	√	√	√	√
减少用水，循环水利用	√	√	√	√	√	×	√	√	√
节能：使用LED灯	√	√	√	√	√	√	√	√	√
环保标签	√	√	√	√	√	√	√	√	√
每个房间的房卡控制系统	×	√	√	√	√	×	√	×	√
雇佣当地居民	√	√	√	√	√	√	√	√	√
使用当地供应商减少碳足迹	√	√	√	√	√	√	√	√	√

续表

企业社会 责任倡议	受访者1号	受访者2号	受访者3号	受访者4号	受访者6号	受访者10号	受访者11号	受访者12号	受访者13号
选择环境友好型的供应商/伙伴	√	√	√	√	√	×	√	×	√

来源：笔者，2014。

备注：×表示受访者企业没有该项目，√表示受访者企业有该项目。

以下是巴厘岛酒店业三个具体的例子，主要考察它们如何在日常经营中实施减缓战略。这些案例说明，具有环保责任的旅游企业能通过交流和树立气候变化意识来加强社区适应能力。

1. A 公司：乌布德（Ubud）的一家度假酒店（受访者 4 号）

A 公司为当地商人所有，占地 10 公顷，坐落在乌布德一个安静美丽的村子里。作为环境保护承诺的一部分，该度假酒店仅仅使用了 20% 的面积用于修建酒店建筑物等设施，80% 的面积用作绿地。由于在保护环境、实施气候变化减缓措施方面的持续努力，这家酒店获得了好几项当地、全国和国际奖项。

该度假酒店采取了如下措施降低能源消耗：(1) 使用当地工人铺就的传统巴厘岛茅草屋顶，有利于保护环境，在旱季隔开炎热，在雨季保持室内温暖；(2) 每幢房屋、每个房间都装配大玻璃窗，充分利用自然通风和自然光；(3) 用窗帘和百叶窗挡住太阳的热量；(4) 灯泡换成 LED 灯或其他节能灯；(5) 室外（包括停车场）照明采用计时器；(6) 在不影响安全的前提下，晚上交通量较小时，减少灯光照明；(7) 登记住宿时将房间空调温度设定为 23℃以节省能源；(8) 所有房屋、每个房间都装配节能电子门卡。

该酒店运作的一个项目是将保护生物多样性与巴厘岛的再造林行动结合起来。这包括由国家公园基金会之友组织的活动，在珀尼达岛（Nusa Penida）再造林一公顷。此外，这家酒店还有一个被称为"每位客人种一棵树"的特别项目。这个项目与再造林项目不一样，通常由公司自己的预算支持。"每位客人种一棵树"为客人提供在巴厘岛保留美好回忆的机会。客人可以捐钱维护这棵树的生长，作为回报，他们可以在树的前面标上自己的名字。这个项目受到客人的欢迎，尤其是度蜜月的客人。从营销的角度看，这能与客人创建牢固的关系，吸引客人旧地重游。

这个度假地的污水处理设施能将酒店内的用水循环使用，用于灌溉花园。根据参加访谈的经理的描述，这项技术在2012年进行了升级改造，扩建沉淀池、增加泥沙过滤器和碳过滤器，以提高水质、减少污染。

这家酒店的招聘和供应战略也有助于碳足迹最小化。酒店雇佣了190名员工，99%是当地人。所有供应商也是当地的。该酒店挑选环境友好型的供应商/伙伴，进一步减少碳足迹。酒店在管理中培养雇员和当地社区更强的环境意识，包括对气候变化的认识。他们积极支持由乌布德酒店餐馆协会在当地社区共同管理的一些项目：例如"无车日"，培养社区成员减少碳足迹的意识；地球日倡议，鼓励社区承担再造林的任务；清洁海岸行动，提倡没有塑料制品的清洁环境。

2. B公司：位于沙努尔（Sanur）的精品酒店集团（受访者12号）

受访者12号是沙努尔地区的社区领袖和旅游业主。他的集团拥有好几家酒店和其他旅游业务。在访谈中，他说自己的集团已经着手实施企业社会责任倡议应对气候变化问题。他的集团公司因此获得一项绿色酒店奖和Tri Hita Karana奖（白金）。他的倡议包括一些与其他酒店类似的项目，例如减少、回收利用废弃物，使用LED灯，培养客人保护环境的意识。

更重要的是，受访者12号也是B基金会的领袖。该基金会对沙努尔旅游的可持续发展作出了巨大贡献。B基金会管理着几个环保项目，由沙努尔的旅游企业通过企业社会责任基金提供支持，例如以下几点：

● 再造林：每年至少组织一次。B基金会提供资金直到树木长成。尼姆树（Neem Tree）由于具有氧气制造能力和作为建造传统船只原材料的经济价值，以及有助于治疗糖尿病、哮喘和风湿病等有益健康的特性，得以优先种植。为了保护巴厘岛的生物多样性，该基金会还安排种植处于灭绝危险的当地树种。

● 保护红树林：当地居民从红树林清理垃圾，尤其是塑料制品。基金会为当地居民提供资金种植、保护红树林，直到红树林完全长成。这就是"实现成长目标，而非种下就走"。

- **保护珊瑚礁**：一些旅游企业和其他大公司，尤其是依赖珊瑚礁生态系统维持生意的潜水公司，通过企业社会责任项目资助对珊瑚礁的保护。

- **干净和绿色的计划**：树立社区保护环境，保持沙努尔清洁、绿色的意识，鼓励游客参观并保持社区健康。基金会通过好几个项目教育年轻一代保持沙努尔的清洁和绿色，包括倡议减少和循环利用废弃物、植树、清洁学校和海滩。

- **教育**：教育年轻一代自力更生、具备国际视野，同时保持巴厘岛人的价值观。

3. C 公司：管理杜阿岛（Nusa Dua）的几家酒店（受访者 3 号）

根据受访的经理得知，这家公司管理大约 350 公顷土地。这些土地以前是不毛之地，现在是引人入胜的旅游区，成为国际公认的世界六大旅游目的地之一（受访者 3 号）。受访者解释，他的企业远景是成为一家"世界级的公司，用环境友好型和社会文化方式开发管理度假村"。作为巴厘岛最主要的公司之一，政府政策规定其参与一项伙伴和社区发展项目，即 PKBL 环境建设项目（Program Kemitran dan Bina Lingkungan，PKBL）。这个项目设计了一系列企业社会责任计划，通过减缓和适应战略及构建社区适应能力来应对气候变化问题。下面是这个公司一些有特点的企业社会责任计划。

该公司致力于在土地上保持低比例的建筑物，65% 的土地用于绿化面积和开放空间。这些区域种植本土树种，保护巴厘岛的生物多样性。在建设过程中，管理方有意识地避免砍掉已经长成的当地树种，比如酸枣（Bekul fruit）（Ziziphus Mauritiana L. or Ziziphus jujube）和爪哇凤果（Badung trees）（Garcinia Dulcis）。此外，这家公司只采用巴厘岛当地材料修建建筑，聘用当地人修建宾馆，极少有岗位向外国人开放。

C 公司的废水处理系统收集杜阿岛九家五星级酒店的废水。这些酒店使用过的水变成"灰水"，可用于浇灌酒店花园或高尔夫球场。公司经理说：

这些水有三倍的经济价值，没有一滴水被浪费。第一，干净水是这些酒店从当地水务公司购买的。第二，这些酒店需要付费把液体废弃物输送到污水处理区。第三，酒店还需付费购买循环水来浇灌花园。因此，我认

为每家酒店都会节约用水，降低运营成本。（受访者3号）

为了保护海洋生态系统，该公司还建立了一项新的基金，通过资助本地区的珊瑚移植，保护本地区的珊瑚礁。旅游业务配合珊瑚礁基金会、政府，用巴厘岛当地的手工艺品建造一座水下公园，如巴厘岛火舞（Kecak dance）雕像和湿婆神（Wisnu goddess）雕像等。公司还有一项"收养珊瑚项目"，酒店客人可以通过这个项目支持珊瑚礁保护。

（二）作为气候变化适应战略的旅游企业经济责任倡议

针对当前的气候状况，适应战略通过增加产品多样化来降低气候变化的成本（McCarthy, et al., 2001; Parry, Canziani, Palutikof, van der Linden & Hanson, 2007; Scott, Freitas & Matzarakis, 2009）。这意味着适应战略和公司的经济责任结合于同一个目标：使公司盈利并可持续发展，同时为所在社区的适应战略和福祉做贡献。

关于旅游业，斯科特（Scott）等研究者（2008, P.18）提醒："所有旅游企业和目的地都需要适应，将风险最低化，在新的机遇面前需要可持续投资。"斯科特等研究者（2009）将气候变化适应分为五种类型：（1）技术适应，包括应对气候变化和弱点的新技术和创新；（2）商业管理适应，包括运营技巧，如产品多样化、营销战略和保险；（3）行为适应，包括游客（如穿着适合天气的服装、选择一年中不同的时间休假、选择合适的旅游活动以避开极端天气状况）和员工（如改变着装要求以在极端天气保护员工、在极端炎热的天气减少户外活动，使用防晒霜保护员工健康和安全）；（4）政策适应，包括政府计划和战略的改变；（5）研究和教育，包括通过社区教育和提高公众意识，加强对气候变化影响的理解和适应。

根据巴厘岛旅游业经理人和企业主的访谈发现，大多数受访者企业都实施了作为企业社会责任一部分的适应战略。包括提供全年旅游服务、适当的紧急计划、商业保险、员工及其家庭保险、教育和培养员工及游客的意识。一些企业还实施了海滩养护计划、保护水资源的生物孔隙项目，以及使用可再生能源。在一些深度走访的过程中，企业经理让研究人员观察不同类型的减缓和适应战略。走访过程中拍摄的一些照片反映了这些观察，提供了巴厘岛旅游企业履行气候变化适应战略的一些例子。

图 1　巴厘岛旅游业应对气候变化风险的适应战略

来源：笔者，2014 年。

下文进一步提供了巴厘岛三家企业的适应战略。这些例子表明：正确引导的旅游经济活动能支持适应战略、增强社区适应能力。

1. B 公司：位于沙努尔的精品酒店集团（受访者 12 号）

作为沙努尔酒店集团的所有者，受访者 12 号说他的所有业务都得到了保护，免于不可预期的商业干扰和自然灾害的影响。他还为 1500 名员工及其家庭提供了医疗保险。酒店向客人提供全年活动，包括因天气变化而不适合户外活动的替代计划。这些主要包括巴厘岛当地的娱乐项目、温泉和按摩疗养、儿童活动区、健身房、配备免费音乐娱乐的酒吧和餐馆。沙努尔还受政府出资修建的围墙或篱笆保护（见图 1 照片 1）。

在社区层面，受访者 12 号说，B 基金实施了几项活动，加强社区适应战略，包括以下两点：

- 推广：B 基金每年举办沙努尔节，向世界介绍这个村庄。这项活动由旅游企业资助，整个沙努尔社区参与。2014年，沙努尔节吸引了大约6万名游客，为当地社区带来可观的经济效益。

● 安全与稳定：运用企业社会责任资金，B基金为当地人提供文化安全（pecalang）。这保护沙努尔免受人类和自然的双重威胁。B基金与政府合作，提供紧急计划保护整个社区和游客防御海啸，包括海啸预警和社区防范意识（见图1照片2）。海啸意识小组帮助构建社区对海啸的威胁意识，向社区传授海啸来临时的正确做法。正如受访者12号所说：

万一海啸袭击沙努尔，我们计划修建一座能容纳2000人的高楼，这个计划正在商谈过程中。计划中的高楼将高于海平面15米。

2. C公司：管理杜阿岛的几家酒店（受访者3号）

C公司采取了一系列经济计划帮助酒店适应气候变化风险。受访者3号的说法很明确：

我不是这方面的专家，但我可以说，这家公司有应对海啸、洪水和地震的紧急计划。应对经济危机，我们有财务部门，我相信他们有办法应对经济萧条。所有酒店都有财产保险和商业保险。关于健康问题，所有员工（约10000人）都有医疗服务，每家酒店都有一个为游客和员工服务的诊所。这个区还有巴厘国际医疗中心解决健康问题。

此外，受访者3号解释，C公司实施了一系列企业社会责任计划改善社区福利、提高收入水平，例如为小企业提供低息贷款、补助金和创业研讨会。2014年，公司花费20多亿印尼盾（20万美元）资助一个创业项目，鼓励当地人通过支持性的补助金、贷款开放经营，与国际网络衔接，扩大经营规模。

为了保护巴厘文化，受访者12号说他的公司举办每年一次的杜阿岛节。这为利益相关方带来多重效益。首先，当地艺术家和学生获得在节日期间表演一个星期的报酬。这有助于鼓励巴厘艺术家、舞蹈者和表演者保护当地文化。其次，当地宾馆和餐馆从接待前来参观节日活动的游客中获益。

宾馆和餐馆获利颇丰，热情支持这类帮助它们的业务可持续发展的活动。最后，游客乐于无偿分享巴厘岛的独特文化。这有助于他们丰富假日经历、创造美好回忆。游客越快乐，就会出行越多，从而促进旅游业的业务增长以满足游客的需要。酒店和餐馆雇佣更多当地人，促进更多巴厘岛的艺术家和表演者就业。

C公司还向政府捐助资金用于老旧房屋和基本定居设施的翻新。一旦房屋建成，就鼓励房主建一个小菜园，种植辣椒、香茅、姜、香蕉、姜黄、菠菜、椰子和其他食物帮助维持生计。通过这种方式，C公司不仅教会贫困人群种植有利于环保的树木，还帮助他们实现食物自给自足。

3. D公司：一家在巴厘岛经营交通、旅游和酒店业务的公司（受访者6号）

作为旅游行业多家公司（交通、旅游和酒店）的所有者，受访者6号对社区作出了很大贡献。他解释其经营业务对当地社区的经济责任。公司选择巴厘岛北部和东部较偏远的地区经营住宿业务，首要考虑是改善当地社区的经济，同时保护巴厘岛人在乡村里的文化活动。

我不太确定这是不是企业社会责任的一部分。我的首要考虑是在这个地区修建宾馆，因为我想减少乡村的贫困。我在三处建了酒店，那些社区（缺乏生产的贫困地区）需要就业。酒店发展为这些乡村带来了新的基础设施，如更好的道路、电力和供水。有了更好的基础设施，当地人能从旅游业获得稳定的收入。因此，当地人不需要到城市里去挣钱。我向巴厘酒店学院支付费用，把当地人培养成酒店员工，如服务员、管家、厨师等。我认为这是企业社会责任，因为当地人留在当地就能有更好的收入，他们能与家人生活在一起，庆祝他们的文化活动。这有助于减少通勤引起的碳排放。你能计算出雇佣当地人可以减少多少碳排放吗？（受访者6号）

作为交通和旅游企业的业主，他理解公司对环境的影响。因此，他购买了10公顷土地，种植了2500棵树，认为这有助于保护当地人免受气候变化风险。他说：

你能算算我这么做对减少碳排放的贡献吗？我种植的这些树木能保持水土，将来会有足够的水，土地因为堆肥而质量更好，因此将来会有足够的食物。(受访者6号)

除了这些贡献，受访者还说明了他的公司实施的多项适应战略。如热水器使用太阳能电池板，提供贫困保险，建立资金储备，为员工提供医疗服务（400名员工及家人），教育员工和客人保护环境，提供温泉疗养和巴厘岛娱乐活动作为室内活动，为员工提供健康食品保证他们的健康。此外，公司还计划利用技术，将竹子废弃物变成新的可再生能源资源。他解释道：

我有一个新的方案，就是和我的美国朋友合作，从竹子废弃物中提取能源。但愿这个计划能减少垃圾，创造新的就业机会，为社区提供便宜的能源。但我没法说太多，因为这还停留在计划阶段，没有实际行动。(受访者6号)

总结这三家公司的例子，巴厘岛旅游企业采取的适应战略可概括如下：
● 商业经营管理适应：通过产品多样化（如温泉疗养、巴厘岛娱乐活动、音乐、儿童区、健身房等）、市场营销战略（沙努尔节、杜阿岛节）、保险（商业、财产和医疗保险）。
● 行为适应：鼓励游客适应（如调整假期时间和活动）和员工适应（如改变着装要求、减少户外活动）。
● 政策适应：游说、支持政府计划和战略，为气候变化受影响的人以及可能受到气候变化风险影响的人提供保护。
● 通过社区参与研究和教育，提升公众对气候变化的意识。

（三）旅游企业社会责任计划增强社区适应能力

通过承担社会责任计划，旅游企业能够提高应对气候变化的社区适应能力。这有利于利益相关方，包括企业主，尤其是当地社区。这种观念得到莫拉蒂斯和科丘斯（Moratis and Cochius）(2011)的支持。他们认为，创造效益是企业责任的重要成分，但并不是唯一的成分；公司需要在经济效益和社会责任之间寻求平衡。这种观点认同组织机构对所在社区的社会责任和盈利性之间的相互关系。下文提供了两个机构的独特例子，加上专题小组讨论的结果，用于解释旅游企业的社会责任能提高社区对气候变化的适应能力。

1. 受访者 10 号：来自巴厘岛北部小村庄的故事

将环境被破坏的地区改造成著名的潜水区，这是巴厘岛北部一个小村庄的成功故事。在这个村庄第一个开展旅游业务的企业主接受了访谈。受访者 10 号 1989 年来到这个村庄，与社区领袖讨论他的计划。他完全凭直觉和感情选择了这个地方，计划修建一些别墅酒店。他的直觉和感情主要来自他的一个梦，他认为应该为社区做些事情。

在他的梦中，他被要求保护"水下资产"，他认为那就是珊瑚礁，鱼类和渔民生活的源泉。他与社区商谈其计划的方式很独特。当地社区在村庄庙宇里聚会的时候，他解释了他的梦，向人们保证他是带着良好的意愿来改变当地的状况。当时，村庄很不发达（没有基础设施、缺水缺电），环境遭到破坏。在发展他的规划时，受访者 10 号采取了这些行动：(1) 通过种树、设计漂亮的花园和周边环境，创造生态景观；(2) 停止所有破坏性的捕鱼方式，让珊瑚重新生长。

简而言之，他调动了当地人的环保意识和参与热情，为当地人制定了环保计划。通过文化和精神方式，他打开了当地人的心扉，建立了一种维护环保利益的社区团结精神。一旦社区建立了共同的目标，下一个步骤就是去旅游目的地进行有教育意义的实地旅行。受访者 10 号带领几位社区领袖前往杜阿岛，向他们介绍发展可持续旅游业的观念。结果，他修建酒店得到当地社区的热烈支持。土地清理进展顺利，村庄的环境变得有吸引力。酒店雇佣当地劳动力，使用当地产品和供应者。

受访者 10 号解释，他的精神引导他符合道德地盈利（通过公平交易、公平对待员工），再向环境和社区回馈这些收益。珊瑚保护带来社区繁荣，更多鱼类来到这片珊瑚区生活，从而吸引更多游客进行潜水活动。这个项目已经获得好几个奖励，包括：

- SKAL，国际可持续旅游奖世界最佳水下生态旅游项目；

- Kansas 奖，印度尼西亚以社区为基础的最佳海岸管理项目；
- Kalpataru 奖，印度尼西亚最有声望的环境奖；
- 联合国发展规划署（UNDP）2012 年赤道奖。

受访者为社区和环境保护所做的一切远远超过企业社会责任的范围。他使整个社区参与由当地人管理的珊瑚礁保护项目，他把商业收入利润的大约 10% 回馈给这个保护项目。这个比例远远高于印度政府为本国企业规定的 2% 的利润用于企业社会责任（印度是第一个规定企业必须将特定数量的利润用于企业社会责任项目的国家）（Daniels，2014）。

2. 机构 E：巴厘岛酒店和餐馆协会（受访者 2 号）

机构 E 是巴厘岛酒店、度假村和别墅酒店总经理和／或企业主的专业协会。2013 年，该协会由 116 名成员构成，在巴厘岛总共雇佣约 3 万人。其中的一位经理解释，根据不同的经营规模和预算，每家酒店都有一定程度的企业社会责任项目。企业社会责任项目的范围很广，从环境保护到社会活动。一些成员还用更协调的方式，共同发起企业社会责任倡议。机构 E 协调的企业社会责任计划包括以下几点：

- **环境**：协会运作的环保项目鼓励巴厘岛的旅游企业支持"巴厘岛清洁和绿色项目"（Bali Clean and Green Program）。协会每月召开绿色团队的会议，讨论酒店和餐馆如何实施减缓战略。它从协会成员酒店和餐馆收集用水用电的数据，建立环境友好型供应商（如太阳能板公司或环保袋供应商）网络。

- **教育**：协会管理企业社会责任奖学金，支持贫困学生完成高中和大学学业。它还为这些奖学金获得者提供领导力和创业精神讲习班，帮助他们在将来追求合适的事业或是自己创业。

- **安全**：有关气候变化，协会采取了多项干预措施，比如降低灾害风险（对酒店进行海啸防备认证），丹戎伯诺阿（Tanjung Benoa）海啸庇护和撤离计划，综合安全审查，与合作伙伴共同应对艾滋病、狂犬病和其他健康问题。

- **体育和文化活动**：协会在巴厘岛组织体育赛事、支持文化活动，鼓励人们保持健康幸福。

受访的机构 E 经理认为，他们在构建社区适应能力方面发挥了重要作用。然而，这些干预的影响却很有限，正如他所解释的：

我们希望，鼓励总经理们教育他们的员工认识气候变化问题将会对更广泛的社区带来积极影响。我们成员机构的 3 万名员工至少会给他们的家庭带去共鸣。然而，相对于巴厘岛的人口，这个数量显得很少。因此，这些倡议并不能改变整体人口的行为。这些责任不能仅仅由酒店业来推动。与政府和旅游业其他部门的合作很重要。（受访者 2 号）

3. 通过专题小组讨论丰富访谈资料

登青和林肯（Denzin and Lincoln）（2011）认为，"相比于观察和个人访谈，专题小组更能为研究者提供社会互动的动因，让研究者获得在特定人群中产生的独特记忆、态度、意识形态、实践和愿望"（Denzin and Lincoln, 2011, p.559）。专题小组讨论有助于进一步丰富在深度访谈中获得的资料。这些讨论的结果（如下文所示）也确定了旅游企业有能力构建社区适应能力应对气候变化。

- 一些酒店资助一家基金会保护珊瑚礁。在保护珊瑚礁免受由气候变化引起的珊瑚白化的过程中，该基金会做得很成功。
- 一家潜水公司提供人力、氧气罐和其他设备，帮助清除对珊瑚礁有威胁性的物种。
- 另一家潜水公司资助一个从海滩清除塑料垃圾的项目。
- 社区团体"海洋卫士"（pecalang laut）由多家旅游企业资助，主要任务是教育社区民众不要从海滩取沙修建房屋。
- 由旅游经营者资助的"生物岩"项目（Biorock），包括修建一艘由太阳能板转换能源驱动的船只。这个项目的设计目的是应对气候变化问题，同时也教育社区民众将太阳能作为替代能源使用。

专题小组讨论提供了社区层面对企业社会责任计划成效的深入了解。参与讨论者认为他们业务所在村庄的经济和环境条件都得到了改善。他们认为，旅游企业实施的企业社会责任计划提高了社区对气候变化的适应能力：(a) 为村民（作为员工或供应商）提供了稳定的收入；(b) 为开办工艺品商店、咖啡馆、餐馆和浮潜租赁的村民提供新的商业机会；(c) 保护珊瑚礁免于"珊瑚白化"；(d) 教育员工、游客和社区培养环境意识、尊重微妙的环境。

此外，专题小组讨论也发现一些其他信息，包括哪些没有做到、还需要做什么。专题小组讨论的参与者都有计划提高所在社区的能力，应对气候变化的负面影响，这主要包括修建排水系统、为整个社区制定应急计划、修建蓄水池、种植更多的树木。然而，他们也承认，实现这些计划需要政府资金支持和旅游企业的捐助。来自旅游业的多数讨论者表达了对这些计划的支持，例如：

如果村民提出好的倡议、采取实际行动，旅游企业会支持他们。（专题小组讨论5号参与者）

我们可以向客人收取碳抵消费用。但我更主张村庄作出统一规定，村庄里的所有酒店都遵从规定。有一天，我在一次会议上提出这个倡议，但有人说向游客收取这项费用是非法的。结果我就停止了这种做法。这真是胡扯！我认为，只要保持管理透明，客人是愿意帮助保护环境的。（专题小组讨论8号参与者）

专题小组讨论还发现，村民和旅游企业都同意需要一个组织管理村庄的旅游发展，保护村庄免于气候变化风险和其他威胁。这个组织可以管理旅游行业的企业社会责任资金，支持环境、社会和文化活动。专题小组讨论的参与者认为这样的组织需要透明运作，以获得旅游业所有利益相关方的持久支持。

四、讨论

本章的实证研究结果发现：通过环境、经济、社会的企业社会责任计划，旅游企业能直接和间接加强社区应对气候变化的适应能力。对社区产生直接成效的一些企业社会责任活动包括如下几点：

● 对保护珊瑚礁的支持，不仅保护环境，也为当地社区、渔民和游客带来了好处。

● 减少和循环利用废弃物项目为经营废弃物管理和回收的社区团体带来收入。例如酒店和宾馆的餐厨残渣被拉到养猪场，酒店的有机废弃物也被一些社区团体用于制造堆肥，增加额外收入。

● 再造林计划为社区带来许多收益。这些收益包括：改善土壤质量，减少旱灾和洪水的风险，旅游行业为维护树木生长投入的资金能增加社区收入，水果生产有助于保障社区食品安全。

● 为员工及其家庭提供医疗保健减轻了政府为整个社区提供此类服务的负担，有助于社区在将来应对气候变化问题。

● 雇佣当地人、从当地供应商直接采购的企业社会责任计划为当地社区带来了直接的经济收益，减少了碳足迹。

这些发现与马济卢（Mazilu）（2013，p.263）的观点一致。马济卢认为，"通过投资生物多样性资产，旅游业有潜力为保护环境和减少贫困作出贡献。通过拉近民众与自然和环境的接触，增加民众对环境的了解，传播环境问题意识"。这些发现证实了这个观点：旅游部门有巨大的能力和影响力应对气候变化威胁。

C公司游说、参与和支持政府计划和战略促进的政策调整产生了积极的效果。政府出资修建了海岸墙或栅栏。栅栏保护了许多旅游业务、当地人及其财产免受海平面上升或潮汐影响。此外，应急预案保护整个利益相关方社区，将自然灾害的死亡人数降至最低。如同麦卡锡（McCarthy）等研究者（2001）定义的那样，减缓海平面上升和其他自然灾害的影响可归类为加强微观层面适应能力的战略。

C公司企业社会责任倡议资助的商业管理调整，比如资助杜阿岛节，成功改善了当地社区和周边地区的收入分配。这个节日吸引了更多游客，促进更多产品和服务的销售，更多学生、舞蹈者、艺术家、司机、导游、农夫、供应商和社区其他成员挣到了钱。这间接地帮助了构建社区对气候变化的适应能力。

但什么动机能促使旅游经营者通过企业社会责任实施这种适应战略？塞缪尔和约安娜（Samuel and Ioanna）(2007) 发现，40 家英国企业提供企业社会责任的主要原因是：公司名誉、利益相关方压力、经济表现、真正的关心和社会文化兴趣。然而，在巴厘岛旅游业访谈中获得的实证证据揭示了不同的动机。精神信念似乎才是巴厘岛旅游企业参与企业社会责任的主要原因。

巴厘岛北部村庄的故事（参见上文受访者 10 号的部分）清楚地表明：精神信念引导的保护项目，以一种超越政府预期的方式处理气候变化问题。这种精神信念与商业理念一致，那就是"利益相关方需要当成伙伴对待。相互尊重和忠诚度越高，机构保持可持续性的机会越大"（Elkington，1999，p.219）。精神"呼唤"和 Tri Hita Karana 哲学（字面意思是"幸福的三种原因"）激励着巴厘岛的企业主支持社区、保护自然。Tri Hita Karana 哲学来源于巴厘岛的灵性论，这种信念的主要思想是，如果人类与自然环境、人类之间的关系、人类与神灵的关系能保持和谐，繁荣就会到来。

本次研究的多数受访者认为他们是受到精神信念的驱使。两位参与者是这么说的：

履行企业社会责任之前，我不太关注法律义务。我对人（家庭和员工）和自然尽最大努力。你或许知道"播种什么就收获什么"。那就是我的生活和商业的动机。不像政客那样口若悬河。我不需要宣传。我对世界行善，世界就会回报我。（受访者 6 号）

我们履行企业社会责任并不是由于法律义务，更多的是出于我们的信仰。如果我们行善，自然会回报我们。同样，如果我们尊重社区和员工，我们作为酒店管理方将会从他们的支持中受益。没有社区的支持，酒店将无法运行。（受访者 4 号）

多数受访者也表示，他们有企业社会责任计划的预算、来自机构内部管理层高层的强力支持、员工和社区的支持，以及客人的额外资助。机构和社区之间良好的协调和沟通也有助于企业社会责任计划的成功。此外，强大的亲密关系网络代表社会资本，支持着社区处理气候变化问题。

然而，研究也发现一些制约因素。许多经济活动和政府政策依然与环保计划相冲突。大多数受访者指出，政府缺乏应对气候变化风险的倡议、计划和战略。一些受访者认为，政府没有一个向商业界和社会沟通气候变化威胁的总体规划。旅游业的许多经理人甚至因为巴厘岛资源的过度开发而指责政府，怀疑一些官员由于个人利益而涉嫌非法行为。这些看法在如下评论中十分明显：

当局没有大计划处理气候变化风险，我能帮上什么？我做了我能做的。如果他们需要我的帮助，我可以帮忙。（受访者6号）

正如我们早些时候解释的那样，我们一直承诺帮助目的地应对气候变化威胁。问题是政府缺乏从气候变化中拯救巴厘岛的总体规划。一个简单的例子，政府在一个地方填海，而在另一个地方挖沙。我认为政府应该停止将巴厘岛卖给投资者，要启动发展战略，应对气候变化，建设可持续发展的旅游业。（受访者3号）

尽管有这些制约因素，但实证研究发现，大多数受访者认为企业社会责任计划有助于构建社区应对气候变化的适应能力。但是，企业社会责任能力受公司预算的限制，如同一名受访者所说：

我同意酒店的企业社会责任有助于社区适应能力建设，但受制于每家公司的企业社会责任项目预算。举例来说，我们向苏旺（Suwung）地区的一些社区团体捐赠了两辆卡车和资金，用于回收酒店的废弃物。但是，我们无法支持向我们寻求资金帮助的所有基金会。但我认为，一个酒店的小项目加上其他酒店的一个个小项目，在将来能产生很大的影响。（受访者1号）

五、解决方案和建议

如前文所述，多数受访者表示他们有企业社会责任活动预算以及来自管理层高层、员工和社区的支持。然而，政府的支持有限。中央政府应该给予更多的政治支持和指导，使地方当局能与其他利益相关方以伙伴关系的形式合作（Bulkeley & Kern，2006）。此外，本研究建议政府扮演积极的角色，向所有利益相关方沟通关于气候变化的风险，塑造地方的气候变化政策。重要的是让旅游业界的经理人参与制定保护旅游目的地、避免气候变化风险的"宏大计划"。

即使没有立竿见影的影响，表现不错的企业社会责任计划也应该继续实施以及得到政府的支持，以保证将来的收益性和旅游目的地的可持续性。科特勒和李（Kotler and Lee）（2005）认为，行为变化不会突然发生。例如一项减少垃圾的活动或许会有很多里程碑式的事件，但直到第三年才会有真正的行为改变。为确保应对气候变化的行为调整在地方和国家层面得到持续关注，旅游业界与政府的合作十分重要。

六、未来研究方向

阿奎里斯和格拉瓦（Aguinis and Glavas）（2012，p.960）认为"企业社会责任研究或许有助于我们留下一个更美好的世界"。为了达到这个目标，有必要进一步研究。本章几个重要的发现引发更多需要进一步探索的问题。第一，构建应对气候变化的适应能力，旅游业界需要怎样介入才能达到更广泛的社区？研究可以考察旅游企业在加强社会适应能力方面为什么受到局限。第二，政府和旅游企业怎样才能共同合作应对将来的气候变化风险？政府缺乏对暴露在气候变化风险中的旅游目的地的沟通和保护机制，政府行为的缺失值得研究。最后，可以提供怎样的激励机制鼓励旅游企业在企业社会责任项目中应对气候变化？研究那些超出政府预期、已经实施企业社会责任活动的公司缺乏动机的根本原因将有助于丰富这方面的认识。

七、结论

本研究发现，巴厘岛的一些旅游企业有很强烈的责任感实施与气候变化减缓和适应战略相关的企业社会责任计划。然而，本研究的发现不能理解为代表整个行业，而只是对当前实施的不同计划的说明。

这些发现支持拉赫马瓦蒂、狄雷斯和蒋（音译）（Rahmawati, DeLacy and Jiang）（2015）提出的概念框架，即旅游企业可以通过环境、经济和社会责任，直接或间接地增强社区应对气候变化的适应能力。"旅游企业减缓气候变化的环境责任倡议"部分说明，履行环境责任的旅游企业通过沟通和建立气候变化意识，能够降低运营成本、加强社区的恢复能力。"作为气候变化适应战略的旅游企业经济责任倡议"部分强调旅游企业在履行经济责任的同时，也能够调整他们的做法以解决气候变化相关的风险。这在使公司盈利、保持可持续发展的同时，有利于所在社区的适应能力和福祉。"旅游企业社会责任计划增强社区适应能力"部分强调旅游业对所在社区提供支持的同时，可以发展有利于环保和盈利的相互关系。

通过整体研究气候变化与企业社会责任行为，而不是将它们作为单独的实体分开研究，本研究填补了学术文献的一个空白。这项工作有助于旅游经营者将企业社会责任计划与应对气候变化问题的尝试结合起来，增强当地社区的适应能力。这些发现很有说服力，或许可以说服旅游业经理人相信解决气候变化威胁的收益会大于成本。实施与气候变化相关的企业社会责任能减少公司的开支（如能源成本）、提高公司声誉、增强抵御风险的适应能力。

八、关键术语及定义

适应性（Adaptation）：适应气候变化风险的策略。

气候变化（Climate Change）：长期存在的天气模式的可变性。

社区的气候变化适应能力（Community Adaptive Capacity to Climate Change）：社区应对气候变化挑战的能力。

社区适应能力（Community Adaptive Capacity）：社区应对挑战的能力。

企业社会责任（Corporate Social Responsibility, CSR）：与企业实现可持续性的努力相符，企业对保护环境、支持社区发展、实现经济增长作出的贡献。

减缓（Mitigation）：减少温室气体向大气层排放的策略。

旅游（Tourism）：为了休闲目的从一个地方旅行到另一个地方的活动。

普图·英达·拉赫马瓦蒂

（澳大利亚维多利亚大学）

泰瑞·狄雷斯

（澳大利亚维多利亚大学）

蒋敏（音译，Min Jiang）

（澳大利亚维多利亚大学）

第二十章 作为旅游业治理方式的社会责任：富埃特文图拉岛生态保护区研究

摘要

本章是一项探索式研究的成果，是西班牙拉古纳大学一群教授展开的一项名为"富埃特文图拉岛（Fuerteventura Island）生态保护区旅游治理最佳设计"的研究（GOBTUR）（CSO2012-38729-C02-01）。该项目得到了西班牙经济和竞争力部下属的研究和管理总局资助，由阿古斯丁·桑塔纳-塔拉韦拉（Agustin Santana-Talavera）领导。项目旨在分析企业社会责任作为旅游业治理方式的作用，收集一套商业合作和企业社会责任的实证研究。文章分析了旅游业中的公私合作和代理商所能发挥的作用，以及其战略和局限性。之后，文章聚焦于西班牙加那利群岛的富埃特文图拉岛，公开了一些公私合作的案例和旅游住宿安排方面的调研模式。

一、引言

当前，旅游业需要提高旅游目的地的竞争力和可持续性。这两个概念相互联系。竞争力意味着在旅游规划中考虑环境和背景因素（Velasco González, 2010），反过来，旅游规划应该吸收可持续发展的基本原则（OMT, 2005）：（1）环境资源使用最优化，尊重生态过程和自然资源；（2）为维护和改善游客接待团体的独特文化资产作出贡献；（3）长期经济活动的可行性。

然而，这些任务不是靠公司独自完成。竞争力和可持续性需要不同利益相关方的合作和共同的社会责任。因此，新的管理模式已经出现。那些意识到这种状况的旅游区已经建立起跨行业行政合作措施、公共部门和私营部门参与决策的网络。在这种环境中可以谈论管理，因为其涉及私营机构参与管理任务（Ibáñez，1999）。如果缺乏协调，公共部门和私营部门设定目标和采取措施就没有效率。扮演指导和协调角色的政府和理解自己在经营所在地社会责任的公司面临一个新的环境。此外，如果这个区域是生态保护区，如同富埃特文图拉岛（加那利群岛，西班牙）的例子，生态保护区旅游治理（GOBTUR）分析的中心目标，这种情形就不仅受到强调，而且变成了一种必要的前提。

企业社会责任是一个更多出现在旅游部门的概念，尤其与酒店业相关。企业社会责任强调当前社会经济、政治和法律模式经历的变化。它不仅重新定义商业的作用，还重新定义国家、所有公共部门和私营部门的作用（Mira Vidal，2012）。问题是，在生物保护区制定旅游规划时，企业社会责任的界限在哪里？

促进和推动某个特定地区发展的公共政策把合作关系视为提高旅游部门效率的有效过程。这解释了为什么一个特定区域的发展比拥有类似潜力的地区更加强劲、有序和分散化（Velasco González，2010）。

旅游目的地将不同部门、不同级别的政府，甚至是相互冲突的利益方集中在一起。因此，有必要把按照政治和行政标准实施的规划转变成一种利用别的因素解决问题的方式。就此而言，管理和共同的社会责任的概念言之有理。旅游和自然密切相关。旅游业的繁荣直接依赖于它提供活动和服务所在地的生态环境状况。在这些环境中，遵从休闲价值的旅游活动是这个区域的主要文化活动之一，也是相关的教育和美学价值的体现（Blanke & Chiesa，2011，p.82）。一方面，旅游业对生物多样性和自然环境有强烈的负面影响，可能导致生态系统退化（例如旅游设施的发展导致栖息地减少，旅游活动导致生长环境遭到破坏、不可再生能源和水资源的过度使用，以及随之而来的从住宿、酒吧和餐馆等场所运送固体、液体废弃物的困难）。与此同时，旅游业对环境保护也有积极作用。旅游业为政府和社区保护生物多样性和自然、在生态系统中提供有质量的服务、提高游客关于生物多样性和保护环境的意识、开展支持环保的活动等方面提供了经济动力。

尽管有这些危机，旅游业还是持续增长。新的信息和通讯技术（ICT）、改善的交通推进了旅游目的地的全球化和相互之间的竞争。这个进程增加了目的地的压力，迫使目的地更加专业化、差异化。在差异化的过程中，新的模式开始出现，生态保护区成为可持续旅游的一种形式。旅游治理与可持续发展联系起来，这在企业行为中体现的是企业社会责任政策，一般而言，则是包含所有感兴趣的利益相关方的社会责任政策。

本文的目的是分析作为旅游业治理形式的社会责任的作用，总结当前公共政策最有意义的指导方针，为随后的实证研究，尤其是应用于富埃特文图拉岛酒店业的研究奠定基础。富埃特文图拉岛酒店业研究的重点是社会责任的环境层面，以及酒店业与其他公共和私营部门机构的关系。这项工作的目的是开启计划和研究模式，以便将来进行分阶段的研究，确保每个阶段都有有效的指标。

上述概念将在下文中研究。第二部分考查了公共部门和私营部门在旅游业方面的合作和相关机构的作用，以及其战略和局限性。第三部分分析了作为一种治理方式的旅游业企业社会责任，收集了一组关于商业合作和企业社会责任的实证研究。第四部分总结了近年来在企业社会责任和旅游业领域里，欧洲层面和国家层面实施的最重要的公共行动。第五部分关注加那利群岛的富埃特文图拉岛作为生态保护区的特性（它被描述为公共部门和私营部门合作的典范），以及对酒店从业人员的调查研究。最后一部分包括相关结论，为富埃特文图拉岛酒店业的研究计划奠定基础。

二、公共部门和私营部门在旅游业的合作

目前，旅游业与网络和治理的概念联系在一起。影响一名游客作出目的地决策的决定是（或应该是）由目的地所有活跃成分所造成的。参与目的地推广的行为者之间的协作网络或合作由强大的组织机构支持，能对旅

游目的地产生积极的结果。然而，偶然的目的地之间并没有正式或非正式的联系，它们的行为要么是独立的，要么是没有联系的，或两者都是（Muñoz Mazón & Fuentes Moraleda，2013）。

穆尼奥斯·马松（Muñoz Mazón）（2009）认为，旅游目的地机构之间合作进程的性质可以分为两类：（1）合作是为了申请和管理拨款或财政支持，这能导致持续的关系；（2）合作作为一种发展机制，是长期本土战略的一部分，规范其行为，导向负责任的承诺。第二种情况中，公共机构拥有终极责任建立正式或非正式的合作机制。

旅游规划的基本单位是目的地。目的地有时可以超出既定的区域范围。当地的、地区的、国家的和国际的公共机构分布在不同地区，拥有不同责任（因此当设定目标和执行措施推动旅游发展时，决定和行动不要重合），与参与的不同机构合作。有利于其他工作方式的传统标准和单独行动被搁置一旁，尤其是在比较成熟的旅游目的地。在这个意义上，旅游治理被理解成一种网络，为了改善共同决策、建立好的团队合作渠道、设计新的管理方法和公私发展，要求区域的发展不受等级体系和市场原则的影响（Denters & Rose，2005；Natera，2004）。竞争力、可持续性和治理已经成为旅游目的地相互作用的各个机构的参考，已经融入旅游业的政策和实践中（OMT，2011）。

欧盟经济和社会理事会（EESC）（2005）认为，在旅游业政策和公私合作方面，有必要让每个机构负责自己领域的行为，以及在旅游政策和旅游治理之间寻找协调机制和工具。目的是实现这个行业的竞争力和可持续性。欧盟经济和社会理事会2005年报告列举了公共部门和私营部门可能存在的四种关系类型（见表1）。对于欧洲旅游业来说，合作是最重要的，因为合作改善了这个行业的竞争力和可持续性。

旅游业的公私部门合作中存在不同类型的部门目标以及社会、经济和环境的收益。由于旅游业的独特性，这个部门的环境目标尤其重要。旅游业的基本产品是自然的魅力。尊重自然能给予游客期望的产品质量和竞争力，因而公共机构和私营机构应该帮助维持这种状况，确保旅游业的可持续性。

尽管有局限性，相关机构的作用和它们能采取的战略是多种多样的（见表8的总结）。关于公共部门的作用，存在多层面的行政机构，如当地的、地区的、国家的和国际的机构，以及依赖于它们的团体和机构。它们组成一套机构：关于教育的、推广的，甚至一些公营企业（public enterprises），它们的目标是追求公共利益。总体来说，公共部门为商业提供基本服务（如负责旅游信息和推广的机构）。公私合作由新形式的金融活动的贡献决定（如推广和基础设施），但从根本上说，公共部门制定公共政策和管理框架，领导发展负责任的、可持续的做法。国际组织提供推广的、调解的和管理的框架。

表1 旅游业公共部门和私营部门的关系类型

关系类型	特征
对立	对抗性的关系。 私营部门指责公共部门缺乏足够的基础设施、公共服务质量低劣。公共部门被视为危害旅游部门的收税员，而旅游部门面临着很强的价格竞争。公共部门认为私营的旅游部门有问题，它的公共目标也被扭曲，尤其是在环境保护、自然资源可持续性和对当地社区的企业社会责任方面。
共存	相互容忍的关系。 每个部门独立工作，尊重彼此的权利和责任领域、履行各自的职责。这是旅游业不是主要活动、经济多元化的地区共同的情形。
协调	协调的关系。 公共部门和私营部门有一些政策、战略和行动的协作，同时都不丧失各自的目标。其主要的手段是信息和交流。这种关系有助于实现旅游业经济的、社会的和环境可持续性的目标。
合作	合作的关系。 公共部门和私营部门在它们的战略、行动和政策中设定共同的目标。采用经济的、社会的和环境可持续性的短期、中期、长期标准。手段多样化：长期商业投资计划、合资企业、伙伴关系、联合机构，等等。地方层面的合作是最有效的。

来源：欧洲经济和社会委员会，2005。

私营部门由企业、消费者、社会机构、工会、商业协会和有兴趣的公民组成。在某些情况下，它们的兴趣和目标在个体层面发生变化，同时也在社会层面发生变化，因为它们的行动对整个社会有直接或间接的影响。

它们的责任也是如此。经济机构和社会机构主要关注它们自己的和共同的利益，因此它们向公共利益靠得更近，更容易协调。它们有许多协会和私有机构，但分布在不同行业，如消费者协会、环保协会、社区协会等。它们往往是围绕旅游业建立起来的伙伴关系中的好伙伴，能够吸引别的机构。它们实施一些特定项目、公共活动和压力集团的活动。工会和民间团体发现问题、呼吁改善现状，可以在共同寻求解决方案时为公司提供一些建设性的合作。通过消费和投资决策的方式，消费者和投资者能够为在社会上采取负责任行为的公司提高市场回报。媒体能增强对公司正面和负面影响的意识。例如在同公司打交道的时候，公共机构和其他兴趣团体应该表现出社会责任。

总之，合作进程的根本目的是加强和融合每个合作机构各自的目标。每个机构都必须提供自己的目标，包括单独的和集体的，并试着与其他机构的目标融合。可持续发展行动和政策是合作的核心。这种合作是经济的、社会的和自然的，短期、中期和长期视野的联合，旅游业所有机构的参与是融合的关键因素（Albareda Vivó，2009；Natera，2004）。

三、作为治理方式的旅游业社会责任

基于这些前提，企业社会责任意味着一种近年来发展起来的全球治理方式。这是当初由大公司推动、作为企业自我调控的一种方式，管理其活动所造成的社会环境风险。霍伊夫勒（Haufler）（1999，2000）认为存在一个由企业领袖组成的认知圈以创造、采纳社会责任政策。这些领袖属于企业社会责任商业协会，如世界可持续发展工商理事会（WBCSD）、欧洲企业社会责任（CSR Europe）、商务社会责任国际协会（BSR）、商业论坛、国际商业领袖论坛（IBLF）和社区商业（BITC），其目的是提倡好的实践和新的管理工具，参与国家和国际论坛。全球化自身是一种过程，导致公共机构认识到它们自己无法控制市场和全球经济活动，也正是它们鼓励自我调节的私有倡议（Ibáñez，1999，2005）。对这些规划的总结见表2。

表 2　私有计划规则和规定的分类

规定	特点
内部组织规则	商业和职业协会组织本部门和其他相关部门的个人和公司。
技术标准规则	商业协会制定本部门和其他相关部门公司产品的特征和规格。有时，一个公司或一组公司强制执行这些标准。
公司行为准则	公司实施最佳做法，避免政府在某些层面的干预（如环境、消费者保护）。
国际合同	公司自愿选择应用于合同关系的私法规范。
国际商业仲裁	建立一系列规定，减少或消除国际分歧。
公司行为评估标准	针对各个部门的独特标准。

来源：Ibáñez，2005，pp.143-144。

公共机构可以支持现有的规则，或者发挥更积极的作用，甚至在自我调控的框架下作为冲突调解者。根据福克斯（Fox）等研究者（2002）的看法，公共部门能采用的实施上述影响力的功能包括较少强制性的行为，主要有四类：命令、促进、协调、支持。

卡齐和奥布莱恩（Quazi and O'Brien）（2000）认为，企业社会责任是一种贯穿企业活动、影响所有领域的范式。企业社会责任成为一种将企业活动负面影响最小化，为公司、利益集团和社会生成一种共同价值观的更有效替代方式。采佩卢什（Tepelus）（2008）解释，企业社会责任是一种概念框架，引导关于旅游业可持续性讨论的进展，其中私营部门的责任得到明确的认可和分配。企业社会责任需要被视为旅游业（尤其是酒店业）的一个整体概念（Bohdanowicz, 2007; Holcomb et al., 2007）。阿尔瓦雷达·比沃（Albareda Vivó）（2009）将企业社会责任与私有利益推动的各种形式的全球治理联系在一起，这在国际政治背景下具有极大的重要性。企业社会责任是一种倡议，汇聚了全球经济的演变、跨国公司的力量、更积极的公民社会（民间团体）的出现、对商业的作用的关注等。企业社会责任是企业文化的一种转变，从追求价值和经济利益最大化到承诺为可持续发展作出贡献。这样，企业在可持续发展进程中与不同的社会机构、政府、国际组织、全球民间团体和社会运动合作（European Economic and Social Committee，2005）。

世界各地的旅游目的地需要交流经验，以便在可持续性和竞争力等共同目标上进行协作。这种合作的积极效应就是集合最佳的可持续管理工具。网络表现出互补性，替代工具以有组织的方式出现，代表不同的城市、企业、机构和信息通讯技术（ICT）。然而在负面影响中，值得注意的是可能发生的利益冲突会阻碍合作，有时候导致网络中更强大的成员获利更多。

酒店企业是目的地的主要活动方。酒店在实施企业社会责任政策方面发挥着重要作用，因为其活动在创造就业和收入方面占相当大的比例（World Travel & Tourism Council，2013）。酒店企业有经济和社会影响（Brunt & Courtney，1999），尤其对环境有影响（Bohdanowicz，2005）。企业社会责任与一系列对企业和环境的积极效应有关系，因为客户作出购买决定的时候会对此作出积极的评价。企业社会责任提升企业的声誉和品牌形象，增加其竞争力（Fernández Allés & Cuadrado Marqués，2011；Forética，2011；García & Armas，2007a，2007b）。

总体来说，已发表的关于这个问题的研究是探索性的、分析性的，目的是为了研究酒店的环境和社会治理，或者定量分析盈利性和企业社会责任政策的经济及金融影响。为了从实证的观点关注这个主题，表3回顾、总结了有关酒店业企业社会责任和公私合作的一些有趣的研究结果。

表3 酒店业企业社会责任和公私合作研究摘要

作者	贡献
希尔曼和凯姆 （Hillman and Keim） （2001）	企业社会责任和公司行为相关性证明，企业社会责任活动应该分解为战略性的（股东）和利他性的（社会参与）。基于分解模式的判断，他们得出结论：在增加值方面公司行为与战略性的企业社会责任之间存在正相关关系，公司行为与利他性的企业社会责任之间存在负相关关系。
特谢拉和莫里森（Teixeira and Morrison）（2004）	超过50%的小酒店企业不参与协会，因为成本太高。半结构化的个人面谈调查。
阿尤索（Ayuso）（2006）	酒店经理对于企业社会责任和可持续旅游的概念存在普遍的混淆，同时普遍忽略他们的决定对当地经济和社会文化环境的影响。

续表

作者	贡献
特谢拉、库尼亚、席尔瓦（Teixeira, Cunha & Silva）（2006）	通过评估巴拉那州的库里蒂巴（Curitiba）小酒店公司，确定企业与政府合作的形式。
波丹诺维茨（Bohdanowicz）（2007）	案例研究：希尔顿国际和斯堪迪克酒店——希尔顿环境报告体系（HER）。为了提高对设施性能的管理，希尔顿公司管理团队决定创立希尔顿环境报告体系，一个对其所有设施进行环境评估的基准体系。波丹诺维茨在文章中报告了这个由添加系统（Addsystems）创建的电脑化信息工具的标准和程序。这个信息工具可以用来帮助其他酒店企业开发它们自己在企业社会责任领域的报告、监测和基准测试体系。
卡罗·冈萨雷斯（Caro González et al.）（2007）	提出旅游活动中企业社会责任的测量尺度。
霍尔库姆等人（Holcomb et al.）（2007）	研究《酒店》杂志排名前十的酒店公司社会责任水平。80%的酒店以某种形式的慈善捐赠履行了社会责任。60%采取了不同的政策，40%在商业目标中提及企业社会责任。影响最小的是与环境和价值观念相关的领域。他们参照的是公司的年度报告和企业社会责任活动。
马苏卡多、特谢拉（Massukado & Teixeira）（2007）	积极的合作态度，表现为联合、共同的目标、团队合作。半结构化的访谈。
帕拉·洛佩斯（Parra López）（2007）	考察了加那利旅游企业知识网络合作与发展的实践。得出的结论是：旅游企业、加那利的机构和协会在合作方面付出了相当大的努力，但这不是最有价值的方面。对经理人和组织机构进行以深度访谈为基础的问卷调查。
柯蒂斯、霍夫曼（Curtis & Hoffman）（2009）	在巴西格拉马杜和卡内拉（Gramado and Canela）的旅游目的地，由于缺乏信任，组织机构间没有建立起相互关系，区域聚合没有得到战略层面的利用。利用人口调查和访谈，做比较性的描述研究和定量分析。
梅里内罗·罗德里格斯、普利多－费尔南德斯（Merinero Rodríguez & Pulido-Fernández）（2009）	确定三座典型的安达卢西亚城市机构并评估它们的关系。应用社交网络分析和相关内容分析。公共行政机构与私有行为者的相互关系是关键因素，这是长久以来的观点，并被正式提出。当地旅游发展程度和相关的动力之间存在直接关系，但还不太确定这种关系的因果方向。在旅游发展程度较高、关系更多的地区的目的地，私营部门更重要；在旅游发展的初级阶段，公共部门更重要。对调查对象进行非结构化的访谈以确定利益相关方，对确认的机构进行深度访谈和后续调查。同时也使用二手资源（来自旅游机构、推广材料等方面的信息）。

续表

作者	贡献
安德里格西、霍夫曼（Andrighi & Hoffman）（2010）	分析乌鲁比西（Urubici）机构内部成员之间的关系以及公共部门和私营部门的关系。他们无法确定当地旅游机构网络的存在。
杜奇、特谢拉（Ducci & Teixeira）（2010）	在公司创立和发展阶段，合作发挥了重要作用。研究公共机构与酒店公司在建立社会资本时如何合作，以及合作在这种资本形成中的贡献。对一个特定案例的定性研究。
马蒂亚斯·克鲁斯、普利多-费尔南德斯（Matías Cruz & Pulido-Fernández）（2012）	研究阿根廷的维拉格塞尔和皮纳马（Villa Gesell and Pinamar）。他们分析了当地机构之间的关系，然后作了比较。他们认为，一个地区的可持续旅游发展与有关机构的关系动力之间存在直接关系。此外，在旅游发展程度较高、关系更多的地区的目的地，私营部门更重要；在旅游发展的初级阶段，公共部门更重要。尽管他们对安全、环境和当地认同方面感兴趣，但在案例研究中很难建立机构之间的联系。对主要调查对象进行非结构化的访谈以确定相关机构，对确认的机构进行调查。
梅洛·萨克拉门托、特谢拉（Melo Sacramento & Teixeira）（2012）	尽管承认合作的好处，但酒店业之间的竞争和不信任导致合作有限。他们认为政府的行动才刚开始或不存在。两个部门之间的合作不充分。多个探索性、描述性的案例研究和比较。
特谢拉（Teixeira）（2012）	研究酒店公司、协会和机构之间的合作形式。缺乏信任、过度官僚主义是合作失败的两个原因。对酒店经理人和业主进行访谈。
穆尼奥斯·马松、富恩特斯·莫拉莱达（Muñoz Mazón & Fuentes Moraleda）（2013）	研究旅游目的地关系资本的重要性和机构合作能力。运用社会网络分析的研究方法，使得决策成为可能。这应用于旅游目的地推广领域的关系分析。
罗德里格斯-安东等人（Rodríguez-Antón et al.）（2013）	分析西班牙三种连锁酒店的企业社会责任行为。其中两种连锁酒店主要关注环境保护措施，第三种则更多关注社会事务。案例研究。

四、欧洲和国家层面在企业社会责任事务和旅游部门的公共行动脉络

多年以来，企业社会责任的概念已经从雇主的个人责任演变为最广泛意识上的社会责任（Carroll，1999；Kotler & Lee，2005；Lozano，2006；

Waddock，2004；Wood，2010）。欧盟委员会（European Commisson）（2001，p.7）将"企业社会责任"定义为"企业自愿将社会关注和环境关注融入商业运行以及与其代理商的关系之中"。

从内部维度来看，企业社会责任包含适当的人力资源管理、健康和安全地工作、适应改变的能力、环境影响和自然资源管理。企业社会责任的外部维度包括在当地社区发展中的作用、选择商业伙伴和供应商、意识到消费者的需求、关心人权问题和全球环境问题（European Commission，2001）。因此，企业态度的改变需要两类行动：一类是个体性质的，公司在运营中实施企业社会责任的主要方面；另一类是集体性质的，包括公共部门、商业协会和其他团体的参与（González-Morales，2008）。

十年后，欧盟委员会（2011，p.7）提出了一种新的企业社会责任概念，即"企业对社会影响的责任"。公司应该遵守法律，将社会关注、环境关注和道德关注以及对人权的尊重和消费者关注融入公司商业运行和核心战略。这种融合应该与相关方密切合作完成，目的是从长远视角实现其他机构乃至社会创造共同价值的最大化，同时确认、防止和减缓可能的负面后果。公司的规模和活动的性质对企业社会责任政策能发展到什么程度具有一定影响。在多数中小企业（SMEs）的案例中，企业社会责任进程将可能继续是非正式的、直觉性的。

公共部门的机构意识到企业社会责任的重要性，对企业实施综合治理政策。作为一种长期战略，这种做法带来了经济和社会效益。在这个意义上，公共机构改变了商业决策的环境。公司将企业社会责任纳入它们的目标，以实现政府倡议提出的期望（Lizcano & Moneva，2004；Server Izquierdo & Capó Vicedo，2009）。

欧盟在旅游部门的目标和政策关注四个重点（European Commission，2010）：（1）鼓励欧洲旅游部门的竞争力；（2）促进可持续、负责任和高质量的旅游业发展；（3）巩固欧洲作为可持续发展的高质量旅游目的地形象；（4）将欧盟促进旅游业发展的财政政策潜能发挥到极致。

鉴于当前的经济危机及其社会后果，欧盟委员会（2011，pp.10-18）提出了修订的2011—2014企业社会责任战略，由八个方面的行动和提议组成

（概要见表4）。

表4 欧洲企业社会责任更新战略的行动和提议（2011—2014）

行动	提议
1. 提高企业社会责任的可见度、传播好的实践做法	1. 2013年为公司及其员工和其他相关方建立多边企业社会责任平台，目的是获得与各个部门相关的企业社会责任公共承诺和发展的后续行动。 2. 从2012年开始启动一项公司和其他相关方企业社会责任伙伴关系的欧洲奖励体系。
2. 提高和监测商业信任	3. 为了解决有关产品环境影响误导市场的问题（"漂绿"：即赋予一种产品虚假的生态美德），预定2012年实施针对有关不公平贸易做法的2005/29/EC指令，考虑对这个问题采取特定措施的必要性。 4. 为了增进对期望值的共同理解、就公民对企业的信任度和企业社会责任的态度开展定期调查，开始与公民、企业界和其他相关方讨论21世纪的公司作用和潜力。
3. 加快自我调控和共同调控进程	5. 在2012年与公司和其他相关方将一项进程付诸行动，发展一套自我调控和共同调控良好做法的规则，这在原则上应该提高企业社会责任进程的有效性。
4. 提高企业社会责任的市场回报	6. 作为2011年公共采购指令评估的一部分，促进公共采购更好地结合社会和环境考虑，不增加签约部门或公司的行政负担，或质疑向经济效益最好的提议授予合同的原则。 7. 研究所有投资基金和金融机构的要求，告知其客户（公民、企业和公共管理当局）其采纳的任何符合道德规范或负责任的投资标准、遵守的规则或规范。
5. 提高公司的社会和环境信息公开	8. 为确保公平竞争的环境，如单一市场法案宣布的那样，欧盟委员会将提交一份所有行业公司提高社会和环境信息透明度的提议。对该提议的可能选项正在做影响评估，该提议还将包括竞争力测试、中小企业测试。欧盟委员会正在酝酿一项政策，鼓励公司使用基于普通生命周期的方法去衡量、比较评估它们的环境表现，这也可用于信息公开。
6. 提高企业社会责任在教育、培训和研究中的融合	9. 2012年，在欧盟"终身学习"和"青年在行动"项目框架下，为企业社会责任教育和培训项目提供更多财政支持，提高教育专业人士和公司对企业社会责任领域合作重要性的认识。
7. 强调国家和地方性层面企业社会责任政策的重要性	10. 2012年，与成员国建立一种有关企业社会责任事务国家政策的同行评审机制。欧盟委员会要求成员国参照国际公认的企业社会责任原则和指导方针，与商业界和其他相关方合作，至2012年年中提出或修订促进企业社会责任的优先行动国家计划，以支持欧盟2020战略。

续表

行动	提议
8. 提高欧洲和全球企业社会责任方式的协调	11. 对超过 1000 名员工的欧洲公司作出的承诺进行随访，把企业社会责任的原则和指导方针、ISO26000 关于在运营中的社会责任指导标准考虑在内。欧盟委员会要求欧洲的大企业在发展自己的企业社会责任方式时，将下列原则和指导方针中至少一条考虑在内：联合国全球契约、经济合作与发展组织的跨国公司指导原则、ISO26000 社会责任标准、所有欧洲跨国公司承诺遵守的三方原则宣言、国际劳工组织的社会政策。 12. 在联合国指导原则的基础上，与企业和相关方一同致力于发展相关行业少数公司的人权指导方针以及中小企业指导方针。 13. 发布欧盟关于联合国指导原则应用的优先事务报告，随后发布定期状况报告。欧盟委员会希望所有欧洲公司如同联合国指导原则规定的那样承担它们的人权责任。欧盟委员会要求成员国至 2012 年年底制定出联合国指导原则的国家实施方案。 14. 确定在将来的计划中推动负责任的企业行为方式，推动第三国经济复苏、更包容和可持续地发展。

来源：欧盟委员会，2011。

　　正如上文讨论的那样，旅游目的地当前面临着社会、经济和环境的挑战，因此寻找合适的工具衡量可持续行动的有效性十分重要。对这些方面及后续行动的评估有助于地方管理当局得到作出决策的真实信息、建立旅游规划的聪明办法、确定需要改善的领域、优先发展必要的计划、有效管理风险、建立绩效标准。在这个意义上，欧盟委员会（2013）提出欧洲旅游指数（ETIS）系统，用于旅游目的地可持续管理。这是一种综合的、方便使用的、灵活的、适用于所有目的地的体系。它可以用于监测、管理、衡量和改善可持续行动，而无需特殊培训。欧洲旅游指数目前处在试用阶段。三个试验阶段分别从 2013 年 7 月 15 日、2013 年 12 月 1 日和 2015 年 2 月 1 日开始。在第一阶段，大约 100 个欧洲旅游目的地表达了参与测试的兴趣。

　　在西班牙国家层面，议会官方公报于 2006 年 8 月 4 日发布了劳动和社会事务委员会的协议，内容是有关加强和推广企业社会责任的小组委员会报告。这份协议强调参与企业社会责任的机构在这一过程中的作用（包括企业、商业集团、工会、大学、研究中心、消费者、投资者、非政府组织和媒体），并根据福克斯（Fox）等人（2002）的分类将提议的措施排序：强制或管理（授权型），促进或鼓励（促进型），协作或合作（合作型），认同或提倡（支持型）（见表5）。

表5　西班牙的公共企业社会责任政策：角色和措施

类型	措施
授权型	1. 建立最低标准，监控遵守程度 2. 透明度和记忆 3. 负责任的投资 4. 工作环境
促进型	1. 推广支持企业社会责任发展的工具和实践 2. 有助于企业社会责任的财政和金融框架 3. 促进公司企业社会责任的公共政策 4. 促进企业社会责任实践和措施的融合 5. 发展商业界实施企业社会责任的认识，向不同社会机构提供企业社会责任相关信息和该领域的教育 6. 提倡和培养为社会负责任的消费 7. 社会行动
合作型	公共管理机构可以作为不同机构之间伙伴关系的参与者、合作者或推动者
支持型	这种支持可以有多种形式，包括公开披露官方文件、通过颁奖或表扬直接认可公司或财团的努力或竞争的示范效应，以及公共部门的裁决或管理实践

来源：议会官方公报，2006年8月4日，D系列，第424号。

西班牙就业和移民部社会经济、个体经营和企业社会责任国家办公室公布了2009年1月至2011年11月开展的企业社会责任事务工作。作为政府咨询机构的国家企业社会责任理事会（CERSE）成立于2009年1月20日。国家企业社会责任理事会的主要目的是促进和鼓励企业社会责任政策，向政府提议这一领域的相关措施。国家企业社会责任理事会的一大特点就是下列机构都参加了这个组织，其中包括：商业组织和工会，中央、地区和地方政府，其他在企业社会责任领域被认可的组织和机构。企业社会责任在协调各个机构合作的过程中发挥了主要作用，企业社会责任在经济危机背景下的作用，对新的生产模式、竞争力和可持续发展的贡献等问题都得到了研究。

在旅游业方面，西班牙工业、能源和旅游部发起了2012—2015国家综合旅游计划（PNIT）。该计划包括一系列提高业界企业和旅游目的地竞争力的措施，恢复西班牙（在旅游方面）的全球主导地位，为创造财富、就业和福利作出贡献。该计划的指导方针呼吁在政策设计、决策、旅游业投资金融等方面公共部门和私营部门合作的重要性。这项计划是在以前的计划基础上形成的（2020地平线计划、战略营销计划、西班牙旅游质量综合计划、21世纪海岸计划等）。该计划的七个目标是：（1）增加旅游活动和盈利能力；（2）创造高质量的就业；（3）推动统一市场；（4）提高国际定位；（5）提高西班牙的凝聚力和品牌意识；（6）鼓励公私管理；（7）鼓励摆脱西班牙旅游业的季节性。伴随这些目标的的三项措施是：（1）加强认识、企业精神和培训；（2）增加旅游供给；（3）需求多样化。

提议的措施之一是鼓励那些差异化的、有竞争性的目的地恢复原状，寻找新的机制推动创新非常关键。伴随这项措施最重要的行动是私营部门进入决策圈、西班牙国家旅游局（Turespaña）（推广西班牙品牌的公共机构）的融资，以及有创新精神的企业家投身旅游项目。

五、富埃特文图拉岛生态保护区和公私行动

加那利群岛由七个岛屿组成。这些岛屿不仅大小不一，而且地形、风景、文化和传统各异。主要由于地形和风景的不同，加那利群岛在政治上分成两个省：圣克鲁斯－德特内里费和大加那利岛拉斯帕尔马斯（Santa Cruz de Tenerife and Las Palmas de Gran Canaria）。西边的岛屿属于圣克鲁斯－德特内里费省（包括特内里费岛、拉帕尔马岛、戈梅拉岛和埃尔耶罗岛），有大片绿色的区域，地形崎岖，小沙滩上布满火山石和黑沙。与之相反，东边大加那利岛拉斯帕尔马斯省的岛屿（大加那利岛、富埃特文图拉岛和兰萨罗特岛）更接近非洲，主要是不毛之地，有许多长长的白沙滩。

富埃特文图拉岛是加那利群岛的第二大岛（1731平方公里），也是加那利群岛最古老的岛屿。富埃特文图拉岛代表构成加那利群岛的地理现象。它拥有类似沙漠的地貌、开阔的地形、赭色的火山风景（Santana et al., 2010）。该岛的海岸线可以分成两个区域，迎风面布满悬崖，背风面有许多壮观的长沙滩，拥有亚热带海洋气候的适宜温度，游客评价很高（Criado, 1992; Paredes & Rodriguez, 2002; Rodriguez, 2005）。

富埃特文图拉岛的传统经济活动是粗放式的自由牧场放羊（现在更加集约化，主要在围场里放养）、近海渔业、种植豆类等蔬菜（主要是土豆、洋葱、鹰嘴豆和扁豆）。这些活动的就业人口占岛上人口的2%。

富埃特文图拉岛的旅游发展始于20世纪60年代，与建筑业的繁荣同步。得益于公共和私有投资，岛上有了基本的基础设施、供水和下水道系统。然而，自2000年以来，由于游客数量、旅游业和相关活动的增长，超过86%的劳动力在服务部门就业，如酒店、贸易、旅游、教育和行政管理等。根据加那利统计办公室2011年的数据（ISTAC, 2013a），建筑业的就业人口占总人口的8%。上述数据说明，伴随着游客住宿、游客和就业的增长，富埃特文图拉岛的经济发展主要依赖旅游业和建筑业。

尽管这种发展的动力在2008年由于国际周期性的环境（全球金融危机）而中断，但游客数量在2011年回升。富埃特文图拉岛是游客抵达量年度增幅最大的岛屿。游客数量的上升影响了富埃特文图拉岛的自然环境，从而影响到乡村景观的保护。

值得注意的是，富埃特文图拉岛的旅游业发展是在加那利群岛乃至西班牙这样一个旅游业是世界标杆和支柱产业的国家。由于接待的游客数量众多，西班牙作为旅游目的地在国际上举足轻重，这种情况已经持续了几十年。从游客抵达量来看，2012年西班牙在世界上最重要的旅游目的地排名中名列第四，达到5770万人次，旅游业带来的收入为559亿美元（OMT, 2013）。

从内部的角度看，旅游业对国内生产总值和就业的重要影响显示出其对西班牙经济的重要性。旅游研究所的数据显示（IET, 2013），经过两年的下降，旅游业在代表国内生产总值的经济活动中接近11%（2011年占

10.8%）。

在就业方面，2012年，进入第五个年头的国际经济危机继续对西班牙经济造成负面冲击，尤其是对就业。尽管所受影响比别的行业小，旅游业还是受到经济大背景的影响。在西班牙，由于属于服务活动，旅游业是高度劳动密集型的行业；由于在创造就业方面的重要性，旅游业也是经济的重要战略部门。西班牙经济中11.8%的就业人口在从事某种形式的旅游活动。同样，在地区经济中，如这些岛屿的旅游业在就业中占的比重很高，旅游就业人口占每个岛就业人口的25%以上。

2012年，旅游业占加那利群岛整个地区国内生产总值的29.6%（1228.1万欧元）和就业的34.75%（255,121份工作）（Exceltur，2013）。加那利群岛2012年在全国旅游支出中名列第二，仅次于加泰罗尼亚；游客到达量排名第三，仅次于加泰罗尼亚和巴利阿里群岛（Balearic Islands），在到访加那利群岛的10,229,909名游客中，16.1%的游客（1,644,433）选择富埃特文图拉岛作为目的地（ISTAC，2013b）。

富埃特文图拉岛因其独特的自然条件、风景和气候，从一开始就被作为阳光沙滩型的旅游胜地进行推广。然而现在面临周边有类似条件的旅游目的地日益增长的竞争压力，公共行政机构正在推广一种差异化的战略，向游客提供个性化定制旅游的独特经历。因此，该岛正在努力赋予纪念物和自然资源更多文化的、人类学的、历史的意义，引导游客心目中的富埃特文图拉岛形象朝着更可持续的方向发展（Rodriguez et al.，2012 and 2010；Santana Díaz & Rodríguez，2011）。

还应该提及的是，在富埃特文图拉岛的案例中，有关可持续性的旅游发展战略至今没有一个参照（Rodriguez et al.，2012）。作为旅游目的地，该岛也缺乏直接或间接与自然保护和自然资源管理相关的活动。然而近年来，公共管理机构提出更新战略，保护模式出现了与以往不同的变化。这些战略关注一种新的旅游业模式，尽管很多地方在多个保护机构登记在册，然而自相矛盾的是，这些地方仍被认为缺乏保护（Diaz，2010）。富埃特文图拉岛在2009年成为生态保护区，并且自2005年以来一直在申报成为国家公园，这些意味着重大的社会经济转变，这些活动也需要新的功能（乡村食宿、口译中心等）。目前，变化不是很大，只需要一些产品和服务与阳光沙滩旅游相匹配，因此整个经济结构不会发生重大的变化（Santana，Rocaspana & Reguant，2011）。

如上所述，该岛已经开启的负责任的可持续发展道路十分重要。一整套价值（关于自然的、文化的、海洋的）和该岛关于可再生能源、水资源管理和负责任的捕鱼等承诺意味着富埃特文图拉岛意识到"生态保护区"这个头衔应有的责任，需要公共部门和私营部门以某种方式参与决策过程。

从气候上说，富埃特文图拉岛属于沙漠和半沙漠气候，这有利于在某些区域保存自然状况免受人类的破坏。西部海岸100多公里的海岸线保持了几乎未受到破坏的特征。

成为生态保护区需要根据土地划分体系在三个基本领域实行分区：（1）核心区：保护自然资源，允许研究和监测活动；（2）缓冲区：核心区的周围，鼓励各个领域（社会、经济、教育、信息、旅游、休闲）的可持续发展战略，可进行试验性的活动提高自然资源（渔业、植被、农作物）的生产率；（3）过渡区：面积更大，人类活动更多，可进行可持续活动，所有居民通过公共部门或私营部门参与，为可持续发展管理作出贡献。

生态保护区的基本功能主要是：（1）保护地形、生态系统、物种和遗传多样性；（2）发展、整合文化和传统保护；（3）提供与可持续发展和保护（治理）相关的教育、培训和研究活动的后勤支持。

富埃特文图拉岛成立了三个委员会（教区牧师、科研和参与）整合参与生态保护区管理的所有机构，各不相同但功能相互联系。所有机构之间存在一个咨询流程。

同样，加那利群岛政府正在制订一些各个机构参与的旅游行动计划，其中一项就是旅游竞争力计划"加那利群岛：火山体验Ⅱ"（旅游和国内贸易秘书处2011年1月14日决议）。加那利群岛，拉帕尔马岛、富埃特文图拉岛和埃尔耶罗岛委员会、特内里费岛、拉帕尔马岛、戈梅拉岛和埃尔耶罗岛酒店协会（ASHOTEL）、酒店业和富埃特文图拉岛旅游协会（AEHTF）签署了一项协议支持这项计划，协调各方合作。这项计划以西班牙旅游计划前景2020可持续性模式为基础，关注各项目标，推动可持续性承诺。这些目标包括在公私部门共同责任和社会参与的基础上推动旅游规划和目的地管理、培养融合与发展战略视野的能力。

这项计划的目标是发展一系列创新行动，促进这三个岛屿的游客来源多样化，确保全年游客有规律的流入，包括成熟的旅游区和一些欠开发区域。计划的目的是在开发"阳光沙滩"新产品的同时，根据市场需求设计创新产品。

有关各方的分工承诺如下：

1. 西班牙国家旅游局（Turespaña）和加那利群岛旅游部门负责整合行动项目和计划，拓宽协议目标的范围。

2. 拉帕尔马岛、富埃特文图拉岛和埃尔耶罗岛的政府致力于执行行动计划中的大部分措施，分配必要的人力和物质资源达到这些要求，达到最佳结果。

3. 特内里费岛、拉帕尔马岛、戈梅拉岛和埃尔耶罗岛酒店协会、酒店业和富埃特文图拉岛旅游协会保证自己的会员参与到计划中，积极配合达到计划目标，完成16,500欧元投资，调整产品和服务的范围。

这些行动计划的成本大约是230万欧元，由签署计划的各方共同承担。加那利群岛旅游部门和西班牙国家旅游局每个财政年度将资金划给富埃特文图拉岛政府。该岛政府从预算中划拨出自己的份额，规定详见表6。

表6 富埃特文图拉岛行动资金来源

公共机构	年份	第一年	第二年	第三年	合计
西班牙国家旅游局（Turespaña）	2010	48,333			
	2011		96,667		
	2012			110,556	
	合计				255,556

续表

公共机构	年份	第一年	第二年	第三年	合计
加那利群岛政府	2010	74,239			
	2011		103,883		
	2012			77,433	
	合计				255,555
富埃特文图拉岛政府	2010	69,478			
	2011		111,100		
	2012			74,978	
	合计				255,556
合计		192,050	311,650	262,967	766,667

来源：BOE，2011年2月7日第32号。

一个包含这三家公共机构的监测委员会即将成立，主要负责向当地居民和游客发布管理措施和公共信息。从表7可见富埃特文图拉岛政府制订的相关行动计划。这项计划分为三个主要理念：(1)"加那利群岛，一种火山体验"产品定义的步骤；(2)实施产品的步骤；(3)整合商业化进程的步骤。预算拨款比较多用于火山区道路附近的住宿处（19.3%），观鸟区和火山区风景点住宿处（12%），为旅行社、旅游经营者和专业记者举办的对外推广计划（12%）。

表7 富埃特文图拉岛市政府"加那利群岛：火山体验Ⅱ之富埃特文图拉岛"相关行动

行动	概念	第一年	第二年	第三年	合计
1	"加那利群岛：火山体验Ⅱ"产品概念				
1.1	火山区足够的小路	50,883.33	51,650.00	45,133.33	147,666.66
1.2	小组设计，告知和标示火山区的道路		30,666.67	26,833.33	57,500.00

续表

行动	概念	第一年	第二年	第三年	合计
1.3	火山和观鸟区之间的路线设计准备	13,800.00			13,800.00
1.4	足够的养鸟区和火山区风景	30,666.67	30,666.67	30,666.67	92,000.00
1.5	小组设计，告知和标示养鸟区		26,833.33	19,166.67	46,000.00
1.6	潜水点技术规范定义和说明	11,500.00			11,500.00
1.7	管理	20,000.00	20,000.00	20,000.00	60,000.00
1.8	火山区足够的博物馆	15,333.33	23,000.00	23,000.00	61,333.33
1.9	火山学资源清单	23,000.00			23,000.00
2	产品				
2.1	形成火山产品指南		15,333.33	15,333.33	30,666.66
2.2	国际火山学大会		30,666.67		30,666.67
3	外国推广计划：				
3.1	为旅行社、旅游经营者和专业记者举办的对外推广计划		30,666.67	61,333.34	92,000.01
3.2	在岛上的酒店业设施关于"火山"的产品推广（地图、宣传册、海报等）	26,866.67	21,500.00	21,500.33	69,867.00
3.3	多媒体推广材料"火山之路"		30,666.67		30,666.67
	合计	192,050.00	311,650.00	262,967.00	766,667.00

来源：BOE，2011年2月7日第32号。

分析公共和私营利益相关方的作用之后，关于富埃特文图拉岛上致力于游客住宿处的公司社会责任研究做了一个问卷调查。相关的答案有助于分析公共部门和私营部门行动的效果，指导将来的行动。这将是评估基于可持续性的新的旅游管理模式的第一步。

问卷调查分为四个部分：

第一部分：社会责任行动

1. 实施的企业社会责任行动
2. 应用的环境保护行动
3. 实施企业社会责任行动的原因
4. 实施企业社会责任行动的困难

第二部分：与公共机构、私营机构的关系

1. 与公共和私营伙伴合作的程度
2. 与公共部门合作的行动
3. 与供应商和客户公司合作的行动

第三部分：创新（最近三年引进的创新形式）

第四部分：住宿处的描述性数据（设施的年限、规格等）

对问卷回答的分析有望对如下方面作出评估：

1. 酒店住宿处的企业社会责任：适应变化，对环境影响和自然资源的管理，当地社区的发展，与商业伙伴、供应商和消费者的合作。
2. 与各级政府、其他经济和社会机构的互动。
3. 基于可持续性的旅游治理新模式的可能性。

六、解决方案与建议

近年来，欧洲和国家层面与企业社会责任和旅游业最相关的公共行动强调了公共部门和私营部门战略合作的重要性。这种战略在地区层面运行很成功。在西班牙富埃特文图拉岛的例子中，协同决策程序开始启动，目的地现代化计划开始实施，以帮助克服发展不景气的状况。

鉴于旅游业网络概念和治理的重要性，本文反映了公共部门和私营部门在旅游业的合作及其二者之间的关系类型，以及不同机构可以发挥的不同作用及其战略和局限性。

此外，旅游政策的发展在这些岛屿上更加复杂。一方面，在加那利群岛，市政府是（西班牙）三级政府机构之外增加的一级行政机构；另一方面，岛屿之间的交通和沟通、环境和文化差异、相互之间旅游生命周期的不同阶段带来更多问题。这需要每个岛屿的利益相关方参与以及信息标准化，以便更好地决策。

本研究项目强调了旅游业企业社会责任作为一种治理方式的重要性，并特别考察了酒店业。企业社会责任被当作企业文化的改变和范式的转移，需要整体构思。这就是为什么企业社会责任需要转换为社会责任，尤其是当研究对象是生态保护区的时候。在这个意义上，分析酒店业在企业社会责任中的重要性十分关键，尤其是在环境保护、与公共部门和其他社会经济机构的关系等方面。本章结合探索性和分析性的实证研究，分析酒店业的公私合作和企业社会责任。因此，应用于富埃特文图拉岛酒店业的实证研究与加那利群岛旅游业有定量相关性。这种研究有助于评估该行业的企业社会责任，以及与不同级别的政府、其他经济和社会机构的相互关系。这种实证分析将是评估基于可持续性的旅游管理新模式的第一步。

表8 公共和私营机构在社会责任中的作用和局限性（来源：笔者汇编）

公共和私营机构	国际社会机构	国家行政机构	地区行政机构	地方行政机构	地方发展机构	大学	企业	其他组织机构
总目标	建立框架	匹配	支持	推动	动员和激励	支持	创作就业和财富	合作
作用	定义和设计社会责任的主要内容。成员国之间交换观点。	定义国家层面的总目标和战略。协调不同行政部门。提供财政支持和基础设施。建立法律框架。	制定地区综合发展计划。为地方发展提供资源。衔接地方和国家层面。	设计社会责任发展战略。在机构内执行计划。协调政策与地方机构。促进对信息、援助和评估的感受。	鉴别地方企业的问题。促进创新，激励所有机构参与社会责任。协调政策和资源，甄别信息、训练和评估。	培养社会责任人力资源。调查分析。向商业部门技术转移。技术支持和信息提供。	在内部外部所有层面实施社会责任项目。将人力资源和材料用于生产用途。促进当地经济发展和多样化。创新与现代化。	为成功实现社会责任创造必要的参与条件。为公民社会增添活力。支持和实施地方倡议。

第二部分　旅游业的企业社会责任

续表

公共和私营机构	国际社会机构	国家行政机构	地区行政机构	地方行政机构	地方发展机构	大学	企业	其他组织机构
总目标	建立框架	匹配	支持	推动	动员和激励	支持	创作就业和财富	合作
局限性	参与进程的机构之间距离遥远，不可能实现精确沟通。	远离地方问题和需求。	财政自主性较小。有再现国家机构官僚等级结构的趋势。缺乏引进社会责任的完整计划。	缺乏经验和熟练资源。对地方经济问题兴趣不大。保留着残缺过时的方法。	对地方当局强烈的经济和组织依赖。缺乏明确的机构和法律框架。与当地社区融合存在问题。缺乏有资质的人手。	须克服过去的心态。缺乏在社会责任中自身角色的意识。参与度低。缺乏实践经验。	对当地社区影响有限。与地方当局和机构缺乏沟通渠道。对企业关系缺乏兴趣。	组织涣散。缺乏对社会责任事务持续的承诺。

阿古斯丁·桑塔纳-塔拉韦拉
（西班牙拉古纳大学）
奥尔加·冈萨雷斯-莫拉莱斯
（西班牙拉古纳大学）
何塞·安东尼奥·阿尔瓦雷斯-冈萨雷斯
（西班牙拉古纳大学）
亚伊萨·阿马斯-克鲁斯
（西班牙拉古纳大学）
玛丽亚·安赫莱斯·萨恩菲勒-富梅罗
（西班牙拉古纳大学）

第二十一章　企业可持续性：企业社会责任的基础——塔塔咨询公司（TCS）案例研究

摘要

当讨论企业利润的时候，每个人都会谈论企业社会责任。社会是每家企业的重要利益相关方，因此履行对社会的责任是相关企业的天然职责。企业社会责任可以包含很多议题，但是问题在于，如果企业没有聚焦于可持续性，将会发生什么？答案是很明显的，如果没有可持续性，某些类型的企业社会责任就不会呈现其真正的优势。可以这么说，如果牺牲了可持续性，尽管有短期利益，但长期利益会受到影响。我们今天所作所为带来的损失，会遗留给后代承担。本章旨在通过塔塔咨询公司（TCS）的案例分析企业可持续性。

一、引言

"无人能够阻挡一个时代的思潮。"

维克多·雨果（Victor Hugo）的话恰好可以用来形容2011年初的企业可持续性。在过去的二十年里，可持续性信息得到广泛传播。企业社会责任和可持续发展的复杂性需要全球合作面对，在战略协调的基础上作出最佳决定。

当今的企业需要将可持续性和风险管理完全融入其战略，不仅要将可能的损失最小化，还要从可持续计划中寻求新的商机。企业可持续报告是企业的自觉行为，展示企业的意识和对社会、环境、经济、业绩管理负责任的行为。这是企业战略行为的一部分，以一份报告的形式呈现给不同的利益相关方。

可持续性是可持续发展的战略。这意味着可持续性是公司将经济、环境和社会层面融入公司管理，监测公司长期增长、效率、业绩和竞争力的战略。将公司管理和可持续性与公司业绩评估措施联系起来，公司可持续报告也就愈显重要。

（一）企业社会责任的含义和定义

"企业社会责任"这个术语在 20 世纪 60 年代开始流行。企业社会责任，也被称为企业良知、企业公民意识，或者可持续的责任企业／负责任的企业，是企业融入商业模式进行自我约束的一种形式。企业社会责任政策的作用是作为一种自律机制，确保企业的行为符合法律精神、道德标准和国际准则。按照一些模式，公司实施企业社会责任超出合规的范畴，从事"超越公司利益和法律要求，推动社会进步的行动"。企业社会责任的目的是承担企业行动的责任，鼓励对环境和利益相关方（包括消费者、员工、投资者、社区等）的积极影响。

在企业社会责任中，公司制定一些计划评估和承担公司行为对环境和社会福利造成的影响。这一术语通常应用于公司超出监管者或者环境保护团体的要求。企业社会责任也可能指的是"企业公民意识"。这可能会带来短期成本，无法为公司立即创造经济效益，但促进了社会和环境的积极变化。

"企业社会责任"或"企业公民意识"等用语依旧在使用，但逐渐被更广泛的术语"企业可持续性"取代。不像关注"附加"政策的术语那样，"企业可持续性"描述的是围绕社会和环境考虑构建的商业实践。"企业可持续性"是描述符合道德规范的企业实践等更传统的术语的一个演变。

（二）企业可持续性的概念

可持续性的概念对不同的人含义不一。与可持续性概念相关的反应和判断多种多样，有的观点认为可持续性仅仅是一种时尚，也有观点认为它是有关保护环境、寻找可持续的生活方式和商业模式，这是当今世界面临的最重要的问题。不管你的个人观点如何，商业领袖们都意识到可持续的工作场所和商业实践能让他们的公司在21世纪更具竞争力。

（三）企业可持续性的含义

企业可持续性是一种商业方法，通过创造一个面向自然环境的"绿色"战略，关注公司在社会、文化和经济环境中如何运行的每个方面，发掘长期的消费者和雇员价值。它还制定公司战略，通过透明度和适当的员工发展，促进公司长盛不衰。

可持续发展的概念包含经济、社会和环境这三个支柱之间的平衡。经济支柱建立在通过商业行为获得必要的资本、使用产生的收益基础之上。社会支柱包括个人和社区。环境支柱关注环境保护，尤其是环境的改善和避免耗尽有限的自然资源。

（四）企业可持续性的定义

可持续性的理念来自企业责任的概念。可持续性的经典定义出自联合国在第一届里约热内卢地球峰会上的表述："人类之手掌握着可持续发展，换句话说，（我们要）满足当下的需求和愿望，但同时不要危害后代满足他们自身需求的能力。"

最近一个以商业为导向的定义出自道琼斯可持续指数，用于衡量公司的可持续行动："企业可持续性是一种商业方法，通过抓住机会及管理、规避经济、环境和社会发展所带来的风险，创造长期的股东价值。公司领袖通过企业战略和管理驾驭可持续产品和服务的市场潜力，实现长期的股东价值，同时成功降低和避免可持续性的成本和风险。"

《商业生态学》对其定义是："企业可持续性的意思为：你的服务和产品在市场上并不仅仅依靠出众的形象、力量、速度、包装等去竞争。企业还必须为顾客提供能够降低消费、能源使用、配送成本、经济集中、水土流失、大气污染以及其他形式的环境危害的产品或服务。"

（五）企业可持续性的重要性

可持续性之所以重要，是因为我们今天作出的所有选择和采取的所有行动都将对未来产生影响。为了避免后代的选择受到限制，我们现在需要作出合理的决定。企业可持续性对公司的重要性表现在如下几个方面。

1. 可持续性与商业：对于在商业环境里工作的那些人，可持续性包括考虑产业和制造业的长期效果。经济的可持续性包括发展持久的贸易体系，确保这些体系比以前的方式对环境影响更小。与此同时，企业可持续性关注商业行为对环境和社会的影响。

2. 可持续性与投资：商业对可持续性如此感兴趣的原因之一是投资者总在寻找好的商业实践。一些投资者寻找一个有价值的项目，提高可持续性措施便可引入投资者。投资者或许还会考虑一个行业的生命周期，考察一个产品的长期环境和碳足迹。在全球和地区可持续性中有可靠记录的公司能通过员工的生产能力、更好的公众长期支持和良好的公众口碑引来投资。

3. 可持续性与竞争力：近年来，民众越来越意识到环境承受的压力，实施可持续战略的行业明显获得更好的收益，建立起它们自己的消费者渠道。可持续性的规定也有助于提高企业竞争力，因为它迫使该行业进行创新，开发新的解决方案，从而促进提供最佳产品的公司利润上升。消费者对改善可持续性的要求上升，促使以前对绿色事务不感兴趣的公司突然改善它们的可持续性实践。这有利于提升它们相对于别的公司的竞争力。

4. 可持续性与政府许可：另一个促进可持续性的原因是近年来西方国家出台大量法案，鼓励企业降低对环境的影响。碳排放、水供应和能源安全与企业成本挂钩。政府在处理污染水和空气的公司时越来越坚定。

5. 可持续性与商业实践：可持续性对公司的有利之处在于，其既是提高公司员工信心的长期战略，也是对政府立法的回应。积极响应清晰可见的可持续实践的公司对新型的注重道德规范的投资者更具吸引力，通过政府许可、增加对环保人士和社区其他成员的销售收回可持续性的管理成本。

二、文献回顾

关于新出现的企业可持续性的概念，不同的作者和研究人员有不同的观点。这一话题在过去的几十年里很热门，在可预见的将来也会如此。以下是不同研究者的不同观点：

1. 根据威尔逊（Wilson）（2003）的观点，企业可持续性可以看作一种新的、正在演变的公司管理范式。特意使用"范式"（Paradigm）这个术语，是因为企业可持续性是传统的增长和利润最大化模式的替代称呼。虽然企业可持续性承认公司增长和利润的重要性，它也要求公司追求社会目标，尤其是与可持续发展相关的事务，如环境保护、社会公正和经济发展。他认为，企业可持续性的概念包括四个已经建立的概念要素：（1）可持续发展；（2）企业社会责任；（3）利益相关方理论；（4）企业责任理论。

2. 根据萨尔茨曼、施特格尔和约内斯库－萨默斯（Salzmann，Steger and Ionescu-Somers）（2005）的定义，企业可持续性管理是公司"在利益驱动下对公司活动带来的环境和社会事务的反应"。从聚焦商业的角度来看，企业可持续性可定义为"通过抓住机遇，管理经济、环境和社会发展带来的风险，创造利益相关方长期价值的商业做法"。

3. 按照维瑟（Visser）（2007）的说法，企业可持续性的概念指的是如何管理公司、社会与环境的相互联系。然而，企业社会责任的研究对环境依然关注不多，而主要集中在组织结构层面。

4. 卡罗尔（Carroll）（1979）给企业社会责任概念下的定义是：公司在自愿的基础上将社会、环境和健康关注融入其商业战略（政策）和运行中，以及与利益相关方的互动中。企业的社会责任包含社会对组织机构在特定时间点的经济、法律、道德和任意的期望。

5. 弗里德曼（Friedman）（1962）的观点从股东的角度出发，被当作企业社会责任最经典的观点。他认为"公司的社会责任就是增加利润"。追求利润最大化的股东是公司的焦点，社会责任活动不属于组织机构的范畴，而是政府的主要任务。这种观点也可以理解成商业公司的企业社会责任"仅仅体现在为公司的目标作出的贡献，即为公司的所有者创造长期价值"。

三、研究目标

1. 讨论企业可持续性的重要性。
2. 研究塔塔咨询公司的企业可持续性。
3. 提出如何保持企业可持续性的建议。

四、研究方法论

本研究是分析型的，使用塔塔咨询公司年度报告和可持续性报告中的二手数据。其他相关的二手信息来自出版的书籍，以及在各种期刊杂志发表的文章、会议和工作文件、网站和报告等。为了收集塔塔咨询公司的数据，研究了该公司五年的可持续性报告。

五、企业可持续性：塔塔咨询公司（TCS）案例研究

（一）公司概况

塔塔咨询服务有限公司（TCS，以下简称"塔塔咨询公司"）是印度一家提供信息技术（IT）服务、咨询和商业解决方案的公司，总部设在孟买。塔塔咨询公司在全世界46个国家运营，拥有超过208处办公室。它是塔塔集团的子公司，也是印度孟买证券交易所和印度国家证券交易所的上市公司（Tata Group，2014）。塔塔咨询公司是印度市值最大的公司。按照2013年的收入，塔塔咨询公司也是印度最大的信息技术服务公司。该公司目前是全球排名前四的最有价值的信息技术服务品牌。2013年，塔塔咨询公司在福布斯世界创新公司排行榜上名列第40位，是排名最靠前的信息技术服务公司，也是印度排名最高的公司。按照收入，它是全世界第10大信息技术服务提供商。

塔塔咨询公司是为全球商业提供实效服务的公司，提供咨询导向的信息技术、业务流程外包（BPO）、基础设施、工程和保证服务的综合解决方

案。凭借独特的全球网络传递模式，该公司的服务被视为软件开发的优秀标准。

1. 业务领域：服务

塔塔咨询公司帮助客户优化流程，以实现效率最大化，保证信息技术基础设施的活力和稳定性。公司提供的解决方案包括：

- 保证服务；
- 商业信息和业绩管理；
- 业务流程外包；
- 云服务；
- 连结的市场方案；
- 咨询；
- 工程和行业服务；
- 企业方案；
- 中小企业技术支持；
- 信息技术基础设施服务；
- 信息技术服务；
- 移动方案和服务；
- 平台方案。

2. 业务领域：行业

塔塔咨询公司拥有丰富的经验和专长帮助公司实现商业目标，在激烈的竞争中获胜。公司帮助许多行业的客户解决复杂问题、降低风险、保持良好运行。公司服务的行业包括：

- 银行业和金融服务业；
- 建筑业；
- 能源行业和公共事务行业；
- 政府；
- 保健行业；
- 高科技行业；
- 保险业；

- 生命科学行业；
- 制造业；
- 媒体和信息服务行业；
- 金属和采矿行业；
- 零售业和消费品行业；
- 电信行业；
- 旅游业、运输业和酒店业。

3. **业务领域：软件**

- TCS BaNCS；
- TCS MasterCraft；
- TCS 技术产品。

（二）研究结构

整个研究分为如下几个范畴：

1. 需求方面的可持续性；

2. 金融可持续性（现金流）；

3. 金融可持续性（信用等级）；

4. 供给方面的可持续性；

5. 职业健康与安全；

6. 社区参与；

7. 企业社会责任；

8. 环境影响；

9. 与可持续性相关的其他项目。

1. 需求方面的可持续性

除了保证公司商业业绩的可持续性，专业的生态可持续性团队服务于各个行业，为客户提供下一代可持续性的服务。将可持续性融入商业战略，在整个价值链释放环境效益，这是很重要的附加值。塔塔咨询公司能够在多个方面保持可持续性。为了研究，选取了该公司五年的可持续性报告

（2009—2014），发现该公司非常成功地维持了自己的发展。可持续报告各部分所占比例见表1。

从表1看出，塔塔咨询公司能够维持各部分的可持续性，如息税前利润、毛利等，实际上从2009年至今基本在增长。另一方面，总人数增长和净人数增长开始呈现下降的趋势。

表1 需求方面的可持续性

需求方面的可持续性	2009—2010	2010—2011	2011—2012	2012—2013	2013—2014
销量增长	17.40%	29.60%	23.10%	16.80%	17.40%
息税前利润	26.50%	28.10%	27.60%	27.00%	29.10%
毛利	46.20%	45.30%	45.80%	46.10%	47.30%
总人数增长	38,063	69,685	70,400	69,728	61,200
净人数增长	16,668	38,185	39,969	37,613	24,268

2. 金融可持续性（现金流）

现金流是每个公司的支柱。许多例子表明，公司多年盈利，但由于现金流不足，便只能在更长的时间里艰难度日。因此从现金流的角度看，可持续性必须体现在其他领域。

表2清楚地表明，塔塔咨询公司在过去的五年里能够维持可持续性，尤其是银行存款。其他指标仅仅是一般好，但2013—2014年度信贷额度为零，并不理想；与2009—2010年度相比，公司也没能维持现金和派息率，但好在2010—2011年度与2013—2014年度维持大致相当的水平。

表2 金融可持续性（现金流）

强劲现金流	2009—2010	2010—2011	2011—2012	2012—2013	2013—2014
现金和现金等价物	2.282亿美元	3.485亿美元	3.914亿美元	3.39亿美元	2.45亿美元
银行存款	8.131亿美元	7.132亿美元	12.948亿美元	13.61亿美元	24.06亿美元
信贷额度	2.468亿美元	3.07亿美元	8.214亿美元	9.83亿美元	—

续表

强劲现金流	2009—2010	2010—2011	2011—2012	2012—2013	2013—2014
市值	339亿美元	519亿美元	449亿美元	567亿美元	700亿美元
派息率	68.60%	36.63%	43.70%	40%	37%

3. 金融可持续性（信用等级）

信用等级是从公司的负债能力衡量公司可持续性最重要的参数。这方面的可持续性有助于了解公司如何维持生存。

像塔塔咨询公司这样全球运营的公司，维持金融可持续性非常困难，尤其是信用等级是由著名的评级机构评定。然而，该公司在过去五年里成功维持其金融可持续性，连续被著名评级机构穆迪（Moody's Investor Service）评定为A3级投资级发行人。

表3　金融可持续性（信用等级）

评级机构	2009—2010	2010—2011	2011—2012	2012—2013	2013—2014
穆迪	A3投资级发行人 Baa1参考外币债务评级前景稳定	A3投资级发行人 Baa1参考外币债务评级前景稳定	A3投资级发行人 Baa1参考外币债务评级前景稳定	A3投资级发行人 Baa1参考外币债务评级前景稳定	A3投资级发行人 Baa1参考外币债务评级前景稳定
标准普尔	BBB主体信用评级	BBB主体信用评级	BBB主体信用评级	BBB主体信用评级	BBB主体信用评级

4. 供给方面的可持续性

超过25万名员工的可持续内外部社区是塔塔咨询公司的中坚力量，他们积极参与推动可持续项目的发展。从外部来说，该公司利用自己在信息技术方面的优势，通过志愿者行动、捐助和公益活动等在教育和技能培训、健康环境和平权行动等领域实施了许多企业社会责任计划。此外，一些促进供应链和采购可持续性的计划能够保证与供应商的可持续性目标保持一致。

从表4可以看出，塔塔咨询公司能够保持可持续性，尤其是在员工方面。员工数量（包括女性员工比例）、分包商支出和员工成本在过去五年都在增长。该公司为年轻人提供了大量就业机会，招聘的大学毕业生数量每年都在增长，平均年龄大约是28—29岁。公司把员工当作企业的支撑体系，采取措施尽力留住员工，但在留住女性员工方面效果不大。女性员工离职的主要原因是结婚或其他家庭事务。在留住女性员工方面，公司正在尽最大的努力。

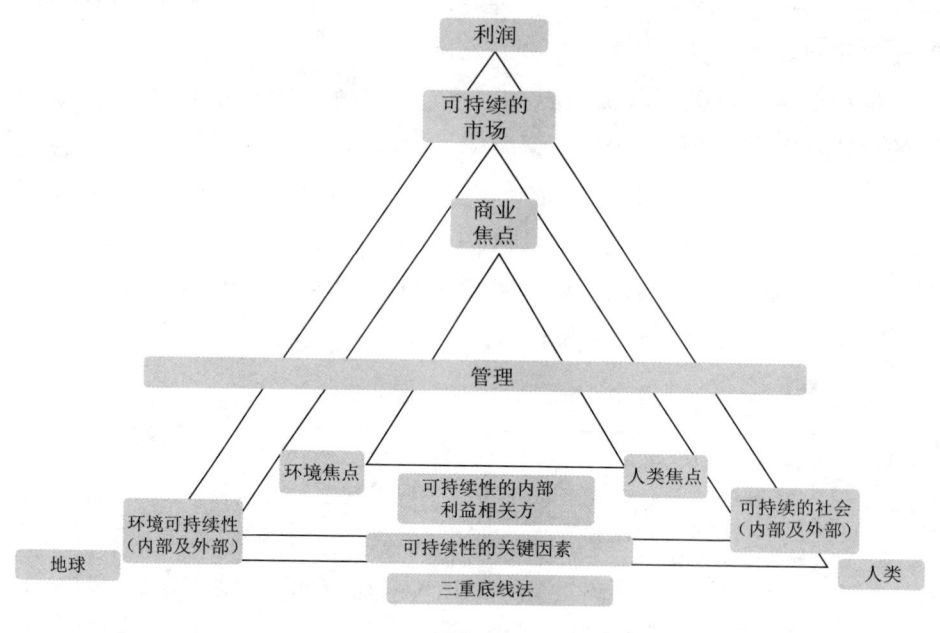

图1

表4 供给方面的可持续性

员工相关数据	2009—2010	2010—2011	2011—2012	2012—2013	2013—2014
员工数量	160,429	198,614	238,583	276,196	300,464
员工平均年龄	28	28	（约）28	（约）28	（约）28.7
人才引进——员工招聘人数（包括应届毕业生）	38,063	69,685	70,400	69,728	61,200
人才引进——应届毕业生招聘人数	18,804	26,458	32,263	37,165	22,718

续表

员工相关数据	2009—2010	2010—2011	2011—2012	2012—2013	2013—2014
女性员工比例	30.40%	30%	32%	32.40%	32.70%
分包商支出（花费数量）	3.512亿美元（占收入5.5%）	4.65亿美元（占收入5.7%）	4.542亿美元（占收入4.5%）	6.24亿美元（占收入5.4%）	8.83亿美元（占收入6.6%）
人员流失——信息技术服务领域	11%	13.10%	11.10%	9.40%	10.40%
人员总流失——包括业务流程外包部门	11.80%	14.40%	12.20%	10.60%	11.30%
女性员工流失	12.90%	31.32%	32.50%	35.50%	35.30%
初级员工流失	65%	16%	13%	11.70%	12.50%
员工成本	31.938亿美元	41.276亿美元	51.472亿美元	65.49亿美元	75.44亿美元

5. 职业健康与安全

保证员工的职业和健康安全是公司的道德义务，这是人力资源帮助公司成长的唯一途径。

塔塔咨询公司在制定保障员工职业健康和安全的各项措施方面做得很成功，得到国际标准化组织的认可。公司为员工提供了良好的工作环境。在为员工提供的96个设施中，22个符合国际标准。

表5 职业健康与安全

职业健康与安全	2009—2010	2010—2011	2011—2012	2012—2013	2013—2014
失时工伤率	0.05	0.03	0.05	0.08	0.05
职业健康安全评价体系（OHSAS）	18001：2007标准	18001：2007标准	18001：2007标准	18001：2007标准	18001：2007标准
国际标准化组织（ISO）	14001：2004	14001：2004	14001：2004	14001：2004	14001：2004

续表

职业健康与安全	2009—2010	2010—2011	2011—2012	2012—2013	2013—2014
外部认证机构的企业认证	67处设施（包括7处海外设施）	67处设施（包括7处海外设施）	67处设施（包括7处海外设施）	76处设施（包括13处海外设施）	96处设施（包括22处海外设施）
参与培训	超过10万名	超过7.5万名	—	—	—
培训工时	—	—	超过22万工时	超过24万工时	超过38万工时

6. 社区参与

公司必须参与社区活动促进社区发展。

塔塔咨询公司的慈善信托掌管着公司三分之二的资产。公司一直坚持为社区工作投入资金，有效履行企业社会责任。公司对国内生产总值、就业、出口、员工满意度以及其他方面的贡献过去五年都在增长，清楚地表明了公司对经济发展的真切关注和贡献。

表6 社区参与

社区参与	2009—2010	2010—2011	2011—2012	2012—2013	2013—2014
信托基金掌管的股东股权和资产数量占比	三分之二	三分之二	三分之二	三分之二	三分之二
塔塔集团投入社区工作的资金	约为已付股利的49%	约为已付股利的49%	约为已付股利的49%	约为已付股利的49%	约为已付股利的49%
直接和间接经济影响——承受的总税务支出	2.611亿美元	4.653亿美元	6.569亿美元	7.41亿美元	9.96亿美元
对国内生产总值的贡献	全国国内生产总值的14%（仅指信息技术行业）	—	占国内生产总值0.75%	占国内生产总值0.75%	占国内生产总值0.92%
直接和间接就业——全球就业印记	超过80万名	超过80万名	超过80万名	超过87万名	超过87万名

续表

社区参与	2009—2010	2010—2011	2011—2012	2012—2013	2013—2014
占印度出口份额	—	—	超过3%	超过3%	超过4%
直接就业有关的间接就业比例	每1个直接工作带动4个间接工作	每1个直接工作带动4个间接工作	每1个直接工作带动4个间接工作	每10个直接工作带动32个间接工作	每10个直接工作带动32个间接工作
广泛的地区发展——Ⅱ/Ⅲ层面的职工总数	8.7%	14%	9.7%	10.30%	13.20%
无形收益——女性员工比例	三分之一	三分之一	三分之一	三分之一	三分之一
员工满意度（PULSE调查）	95.16%	93.3%	93.3%	95%	95%

7. 企业社会责任

不履行社会责任的公司无法生存。社会希望公司能为各种项目提供帮助。塔塔咨询公司过去五年用于企业社会责任的支出基本保持稳定增长。

表7　企业社会责任

企业社会责任	2009—2010	2010—2011	2011—2012	2012—2013	2013—2014
企业社会责任支出	940万美元	660万美元	1007.5万美元	1007.5万美元	1613万美元

8. 环境影响

我们无法想象一家破坏环境的公司能够生存。现在，几乎每个国家都有关于环境安全的规章制度，公司必须保护环境。针对环境可持续性——从设计可持续的基础设施、有效运营，到接洽供应链伙伴参与绿色采购和处理活动，塔塔咨询公司采取了一整套方法降低能源、水和原材料的使用，减少废物和碳足迹。公司的办公室和信息技术基础设施都做了可持续性设计，能将资源效率利用最大化。

表8清晰地列出了塔塔咨询公司的活动对环境的影响。过去五年的数据显示，公司降低了碳足迹以及电力、淡水和纸张的消耗。公司正在努力

增加太阳能使用和雨水收集。但在控制有毒废物方面，公司做得不好。

表8　环境影响

环境影响	2009—2010	2010—2011	2011—2012	2012—2013	2013—2014
光解水能力（升/每天）	38,100	40,100	55,600	86,600	90,800
电力消耗（千瓦时/全职员工/每月）	267	246	231	216	196
碳足迹（直接运营排放＋非直接运营排放）每吨二氧化碳当量/全职员工/每年	2.44	2.35	2.12	1.99	1.97
碳足迹（范围3——商务飞行）每吨二氧化碳当量/全职员工/每年	0.52	0.44	0.42	0.34	0.31
淡水消耗（升/全职员工/每月）	1253	1104	1073	1076	1072
处理后的循环水（千升）	268,901	306,652	526,729	610,577	805,051
雨水收集潜力（立方米）	87,602	96,741	135,430	148,769	217,396
产生的废弃物（千克/全职员工/每年）	14.7	19.9	16.9	18.2	17.7
纸张消耗（令/1000名全职员工/每月）	87	72	65	55	51
柴油发电机组排放——硫氧化物（吨）	3.79	4.26	5	10	5

续表

环境影响	2009—2010	2010—2011	2011—2012	2012—2013	2013—2014
有毒废物——柴油发电机润滑油（升）	12,563	18,723	16,596	20,323	31,806
不间断电源废电池（数量）	5182	6711	7147	5992	2714

9. 与可持续性相关的其他项目

如前文所叙，一个公司应该维持一定数量的企业可持续性成分。

表9列出的项目是塔塔咨询公司在自己擅长的领域之外做得比较成功的方面。公司每年的研发投入很大，过去的五年一直在增长，这表明公司一直在尝试一些新事物。它的净销售额、留存收益也在增长。过去五年，员工国籍的数量也在增长，这清楚地说明了该公司在全球的良好声誉。它成功地维持了公司的可持续性。

表9 与可持续性有关的其他项目

其他项目	2009—2010	2010—2011	2011—2012	2012—2013	2013—2014
研发	1830万美元	2340万美元	8470万美元	2960万美元	3270万美元
总资产	61.5亿美元	73亿美元	81亿美元	96亿美元	115亿美元
净销售额	63.4亿美元	—	101.7亿美元	115.7亿美元	134.4亿美元
留存收益	41.2亿美元	50亿美元	65亿美元	80亿美元	100.3亿美元
股东数量	690,186	665,659	656,328	600,465	598,756
年贡献超过1亿美元的客户数量	409	458	522	556	714
劳动力国籍数量	80	99	110	118	118

（三）维持可持续性的建议

从上文的讨论我们明白，在这个竞争激烈的世界，任何公司生存都不容易。社会关注着公司的行动及其对社会的影响。为了不使形象受到影响，公司必须认真考虑每个决定。如下几点建议有助于公司保持可持续性：

- 建立巧妙、完整的公共政策：在碳定价、温室气体排放全国限额与交易体系或新能源生产入网电价补贴政策等方面，公司需要政府指出清晰、稳定的方向。只有给出清晰、一致和完整的政策，公司才能安心地投资保持可持续性的新技术、新标准和员工培训。

- 融入价值链成员，包括行业和非政府组织的伙伴：有效的合作是在一个价值链或行业加快可持续性的关键。公司可尽一切可能在运营中提高其对环境和社会的影响力，但只有联合价值链的所有其他成员（如供应商、经销商等）的行动，才能产生重大的进步。

- 构建负责任的消费全国对话：没有消费者的支持，公司的作用有限。如果消费者不愿意购买或支付对环境负责任或公平贸易的产品，可持续活动将陷入停滞。正如一位商业领袖所说："大多数人购买产品是因为它的价格和特点——而不是因为材料来源可持续，也不是因为产品可以循环使用。"

- 在组织机构中传达可持续性目标：在一个组织机构中构建可持续性并不容易。可持续性或企业社会责任在很多公司受到侵蚀。即使可持续性更广泛地融入公司的商业单元，传达交流依然是一个挑战。

- 将可持续性嵌入企业文化：新的领袖可能会把企业社会责任部门或负责可持续性的高级职位视为成本中心，取消或大幅度减少这些部门和岗位。公司需要将可持续性嵌入其文化，可持续战略不会因为新总裁而失去动力。

- 创造条件支持可持续相关的创新：许多商业领袖仍旧把可持续性相关的创新视为风险。大公司的投资者追求需求增长、季度利润以及代表大量时间和资源投资的大品牌。小公司也有小的机构缺陷。在一个利润极其微薄、适时生产制的时代，许多商业领袖在努力为那些无法保障回报的创造性的追求和长期项目争取投资。

- 吸收社会许可，实施商业战略：运行社会许可指的是社区成员默许一家公司在其所在的区域运营。维持社会许可是一项战略需要，可持续发展的经理人会思考如何将可持续性作为一种管理风险、创造效率的方式。

● 减轻可持续报告的负担：一些知名的全球报告措施包括全球报告计划、ISO14001标准、碳披露计划和道琼斯可持续指数。它需要大量的人力资源投资，执行降低影响的项目，时间将得到更充分利用。在可持续商业实践方面，公司需要更多的时间去实践、更少的时间写报告。

六、结论

可持续性显然已经成为公司的战略优先。可持续性的概念远远超出企业社会责任。这已经成为公司观察业务的战略视角（strategic lens）。上述研究非常明显地表明塔塔咨询公司作为全球知名的大品牌为可持续发展作出的贡献。可持续性的领域不同寻常的一点是，公司通常认为政府应该在制定公司规则和目标方面有更大作为。

七、延伸阅读

Corporate Social Responsibility. (n.d.). Retrieved December 22, 2014, from http://www.investopedia.com/terms/c/corp-social-responsibility.asp

Corporate social responsibility (n.d.). Retrieved December 19, 2014, from the Wikipedia: https://en.wikipedia.org/wiki/Corporate_social_responsibility

Corporate sustainability (n.d.). Retrieved December 19, 2014, from the Wikipedia: https://en.wikipedia.org/wiki/Corporate_sustainability

Ioannou, I., & Serafeim, G. (2014). The Consequences of Mandatory Corporate Sustainability Reporting: *Evidence from Four Countries*. Retrieved December 20, 2014, from http://www.hbs.edu/faculty/Publication%20Files/11-100_7f383b79-8dad-462d-90df-324e298acb49.pdf

Jose, P. D., & Saraf, S. (2013). Corporate Sustainability Initiatives Reporting: *A*

Study of India's most Valuable Companies. Indian Institute of Management Bangalore.Working Paper No.428, p3. Retrieved December 21, 2014, from http://www.iimb.ernet.in/research/sites/default/files/WP%20No.%20428_0.pdf

K-NET Group. (n.d.). *A multi-dimensional view of corporate responsibility*. Retrieved December 18, 2014, from http://www.csrquest.net

Kocmanová, A., Hřebíček, J., & Dočekalová, J. M. (2011). *Corporate Governance And Sustainability, Economics And Management*. Vol. 16. P.p-543-550, ISSN 1822-6515.

KPMG International. (2011). *Corporate Sustainability A progress report*. Retrieved December 18, 2014, From http://www.kpmg.com/global/en/issuesandinsights/ articlespublications/documents/corporatesustainability-v2.pdf

Marrewijk, M. V. (2002). *Concepts and Definitions of CSR and Corporate Sustainability: between agency and communion*. Journal of Business Ethics, Vol. 44, No. 2/3, Corporate Sustainability Conference 2002 doi:10.1007/978-94-007-4126-3_32

Rowe, A., & Bansal, T. (2013). *Ten Steps to Sustainable Business in 2013*. Ivey Business Journal, Issue Jan.-Feb. 2013. Retrieved December 23, 2014,from http://iveybusinessjournal.com/topics/socialresponsibility/ten-ways-to-help-companies-become-sustainable-in-2013#.VJr1W14Aw

Sharma, A. & Kiran, R. (2013). *Corporate Social Responsibility*: Driving Forces and Challenges. International Journal of Business Research and Development, Vol. 2 No. 1, pp. 18 - 27, ISSN 1929 - 0977

Society for Human Resource Management. BSR and Aurosoorya. (2011). Advancing Sustainability: *HR's Role*. Retrieved December 20, 2014, from http://www.shrm.org/Research/SurveyFindings/Articles/Documents/11-0066_ AdvSustainHR_FNL_FULL.pdf

Why Sustainability is Important to Your Business. (n.d.). Retrieved December 20, 2014, from http://www.doityourself.com/stry/why-sustainability-is-important-to-your-business

第二部分　旅游业的企业社会责任

Yilmaz, A. K., & Flouris, T. (2010). *Managing corporate sustainability: Risk management, Process based perspective*. African Journal of Business Management ISSN 1993–8233 Vol.4 (2), pp. 162–171, February, 2010. Retrieved December 24, 2014, from http://www.academicjournals.org/AJBM

塔兰吉特·考尔

（印度 PG 政府学院 46 分校）

参考文献汇编

Aaker, D. A., & Bagozzi, R. P. (1982). Attitudes toward public policy alternatives to reduce air pollution. *Journal of Marketing, 1*, 85–94.

Ackerman, R., & Raymond, B. (1976). *Corporate Social Responsibility: The Modern Dilemma*. Reston Publishing. Afiya, A. (2005). CSR – Making business sense. *Caterer & Hotelkeeper, 195*(4392), 5.

Agarwal, & Nag. (2013). Sustainable Food Waste Prevention Strategies to Achieve Food Security in India. *International Journal of Agriculture and Food Science Technology*, 189–194.

Aguilera, R., Rupp, D. E., Williams, C. A., & Ganapathi, J. (2007). Putting thes back in corporate social responsibility: A multilevel theory of social change in organizations. *Academy of Management Review, 32*(3), 836–863. doi:10.5465/AMR.2007.25275678

Aguinis, H., & Glavas, A. (2012). What we know and don't know about corporate social responsibility a review and research agenda. *Journal of Management, 38*(4), 932–968. doi:10.1177/0149206311436079

Ahn, B. Y., Lee, B., & Shafer, C. S. (2002). Operationalizing sustainability in regional tourism planning: An application of the limits of acceptable change framework. *Tourism Management, 23*(1), 1–15. doi:10.1016/S0261-5177(01)00059-0

Airports Authority of India. (2014). Retrieved from http://www.aai.aero/public_notices/aaisite_test/Education_csr.jsp

Albareda Vivó, L. (2009). *La contribución de las autoridades privadas a la gobernanza global: Las élites empresariales en las iniciativas de responsabilidad social de la empresa. (Unpublished doctoral dissertation).* Universitat Autònoma de Barcelona, España.

Ali, S. (2013). *Corporate social responsibility (CSR) in hospitality industry with special reference to McDonald: A measure of consumer loyalty.* Academic Press.

Alongi, D. M. (2008). Mangrove forests: Resilience, protection from tsunamis, and responses to global climate change. *Estuarine, Coastal and Shelf Science, 76*(1), 1–13. doi:10.1016/j.ecss.2007.08.024

Alonso-Almeida, M. (2013). Environmental management in tourism: Students' perceptions and managerial practice in restaurants from a gender perspective. *Journal of Cleaner Production, 60*(1), 201–207. doi:10.1016/j.jclepro.2012.11.034

Alonso-Almeida, M. M. (2011). La dirección y el gobierno de las empresas turísticas desde la perspectiva de género. In M. M. Alonso-Almeida & J. M. Rodriguez-Antón (Eds.), *Turismo y Género* (pp. 49–74). Madrid: Editorial Sintesis.

Álvarez García, J., Vila Alonso, M., Fraiz Brea, J. A., & Río Rama, M. C. (2013). Análisis de las relaciones de depen- dencia entre los factores críticos de la calidad y los resultados. Sector de alojamiento turístico en España. *Investigaciones Europeas de Dirección y Economía de la Empresa, 19*(2), 74–89. doi:10.1016/j.iedee.2012.08.001

Alvarez, M., Burgos, J., & Céspedes, J. (2001). An analysis of environmental management, organizational context and performance of Spanish hotels. *Omega, 29*(6), 457–471. doi:10.1016/S0305-0483(01)00033-0

Alvi, N. (2012, June 9). *Times of India Delhi.* Retrieved May 29, 2015, from http://timesofindia.indiatimes.com/city/ delhi/Dont-throw-away-party-leftovers/articleshow/13943807.cms: http://timesofindia.indiatimes.com

Amar, N. (2014). *Profitability and sustainability from waste management practices in hotels and its impact on environ- ment*. New Delhi: Jaypee Business School.

Amir, A. F., Ghapar, A. A., Jamal, S. A., & Ahmad, K. N. (2015). Sustainable tourism development: A study on com- munity resilience for rural tourism in Malaysia. *Procedia: Social and Behavioral Sciences, 168*, 116–122. doi:10.1016/j. sbspro.2014.10.217

Andereck, K. L., & Nyaupane, G. P. (2011). Exploring the nature of tourism and quality of life perceptions among residents. *Journal of Travel Research, 50*(3), 248–260. doi:10.1177/0047287510362918

Anderson, J. C., & Gerbing, D. W. (1988). Structural equation modeling in practices: A review and recommended two step approach. *Psychological Bulletin, 103*(3), 411–423. doi:10.1037/0033–2909.103.3.411

Anderson, W. T. Jr, & Cunningham, W. H. (1972). The socially conscious consumer. *Journal of Marketing, 36*(July), 23–31. doi:10.2307/1251036

Andrighi, F. F., & Hoffmann, V. E. (2010). Redes e coperaçâo na Destinaçâo Turística de Urubici/SC. *Turismo em Análise, 21*(1), 149–164. doi:10.11606/issn.1984–4867.v21i1p149–164

Aras, G., & Crowther, D. (2010). *A Handbook of Corporate Governance and Social Responsibility*. Gower Publishing Limited.

Arlow, P. (1991). Personal characteristics in college students' evaluations of business ethics and corporate social respon- sibility. *Journal of Business Ethics, 10*(1), 63–69. doi:10.1007/BF00383694

Arunima, K. E., Abhijit, R., & Rubiya, N. (2012, January 8). *Hotel Waste Management Rain Drops*. Retrieved May 25, 2015, from https:// businessimpactenvironment.wordpress.com/2012/01/08/hotel–waste–management–rain–drops/: https:// businessimpactenvironment.wordpress.com

Arvaniti, Magkos, & Zampelas. (2003). Organic food: nutritious food or food for thought? A review of the evidence. *International Journal of Food Sciences and*

Nutrition, 54(5).

Ashforth, B. E., & Mael, F. (1989). Social identity theory and the organization. *Academy of Management Review, 14*(1), 20–39.

Asia & the Pacific Region. (1997–2013). Retrieved from http://www.tourism.nic.in/writereaddata/CMSPagePicture/file/ marketresearch/Incredible%20India%20final%2021-7-2014%20english.pdf

Asongu, J. J. (2007). *Strategic Corporate Social Responsibility in practice*. Lawrenceville, GA: Greenview Publishing Company.

Auger, P., Devinney, T. M., Louviere, J. J., & Burke, P. F. (2008). Do social product features havevalue to consumers? *International Journal of Research in Marketing, 25*(3), 183–191. doi:10.1016/j.ijresmar.2008.03.005

Aupperle, K. E., Carroll, A. B., & Hatfield, J. D. (1985). An empirical examination of the relationship between corporate social responsibility and profitability. *Academy of Management Journal, 28*(2), 446–463. doi:10.2307/256210

Aymerich Martínez, J., & Meseguer Artola, A. (2004). Investigación descriptiva: análisis de información. In A. Meseguer & J. Vilaseca (Eds.), *Estadística aplicada*. Catalunya: Fundació Universitat Oberta de Catalunya.

Ayuso, S. (2006). Adoption of voluntary environmental tools for sustainable tourism analysis: Analysing the experience of Spanish hotels. *Corporate Social Responsibility and Environmental Management, 13*(4), 207–220. doi:10.1002/csr.103

Babakus, E., & Boller, G. W. (1992). An empirical assessment of the SERVQUAL scale. *Journal of Business Research, 24*(3), 253–268. doi:10.1016/0148-2963(92)90022-4

Babor, T. F., Caetano, R., Casswell, S., Edwards, G., Giesbrecht, N., Graham, K., & Rossow, I. et al. (2003). *Alcohol: No Ordinary Commodity – Research and Public Policy*. Oxford, UK: Oxford University Press.

Backhaus, K. B., Stone, B. A., & Heiner, K. (2002). Exploring the relationship between corporate social performance and employer attractiveness. *Business &*

Society, *41*(3), 292–318. doi:10.1177/0007650302041003003

Badan Pusat Statistik (BPS) & Department of Culture and Tourism (DCT). (2009). *Bali Tourism Satellite Account 2007*. Jakarta, Indonesia: Statistics Indonesia (BPS) and Department of Culture and Tourism (DCT).

Baker, C. (2014). *Waste Management World a welcome sign: Hotels adopt reuse and recycling*. Retrieved May 29, 2015, from http://www.waste-management-world.com/articles/print/volume-7/issue-7/features/a-welcome-sign-hotels-adopt- reuse-and-recycling.html: http://www.waste-management-world.com

Baker, S. P., O'Neill, B., Ginsburg, M. J., & Li, G. (1992). The Injury Fact Book (2nded.). New York: Oxford University Press.

Baker, S. (2006). *Sustainable development*. London, UK: Routledge.

Balasubramanian, S. K., & Cole, C. (2002). Consumers search and use of nutrition information: The challenge and promise of the nutrition labeling and education act. *Journal of Marketing*, *66*(3), 112–127. doi:10.1509/jmkg.66.3.112.18502

Ballantyne, R., Packer, J., & Hughes, K. (2009). Tourists' support for conservation messages and sustainable management practices in wildlife tourism experiences. *Tourism Management*, *30*(5), 658–664. doi:10.1016/j.tourman.2008.11.003

Bandekar, B., & Sankaranarayanan, K. G. (2014). Contribution of Tourism Sector to India's GDP. *Radix International Journal of Research in Social Science*, *3*(10). Accessed 4th May 2015 from http://www.zantyecollege.ac.in/uploads/1_con- tent_files/0_34_1423722945.pdf

Banerjee, S. B. (2007). *Corporate Social Responsibility: The Good, the Bad and the Ugly*. Edward Elgar Publishing Limited. doi:10.4337/9781847208552

Bansal, S. K., & Bhalla, R. (2014). Corporate Sustainability Reporting: A Study of Economic Sustainability Aspect by Selected India Corporations. *International Journal of Current Research and Academic Review*, *2*(5), 37–46.

Bansal, P., & Clelland, I. (2004). Talking trash: Legitimacy, impression management, and unsystematic risk in the context of the natural environment. *Academy of Management Journal, 47*(1), 93–103. doi:10.2307/20159562

Barclay, D, Higgins, C. & Thompson, R. (1995). The Partial Least Square (PLS) Approach to causal modelling: Personal computer adoption and use as an illustration. *Technology Studies, 2*(2), 285–309.

Barnett, M. L. (2007). Shareholder influence capacity and the variability of financial returns to corporate social respon- sibility. *Academy of Management Review, 32*(3), 794–816. doi:10.5465/AMR.2007.25275520

Barometer April, U. N. W. T. O. 2014 and Bureau of Immigration (BOI). (n.d.). Retrieved from http://tourism.nic.in/ writereaddata/CMSPagePicture/file/ marketresearch/statisticalsurveys/India%20Tourism%20Statistics%20at%20 a%20 Glance%202014.pdf

Bartlett, M. S. (1951). A further note on tests of significance in factor analysis. *British Journal of Psychology, 4*, 1–2.

Bastakis, C., Buhalis, D., & Butler, R. (2004). The perception of small and medium sized tourism accommodation providers on the impacts of the tour operators' power in Eastern Mediterranean. *Tourism Management, 25*(2), 151–170. doi:10.1016/S0261-5177(03)00098-0

Batra, A. (2013). *SAJMR Spectrum: A Journal of Multidisciplinary Research, 2*(1). Retrieved on 25 May 2015 from http://prj.co.in/setup/socialscience/ paper44.pdf

Baum, J. A., & Oliver, C. (1991). Institutional linkages and organizational mortality. *Administrative Science Quarterly, 36*(2), 187–219. doi:10.2307/2393353

Bear, S., Rahman, N., & Post, C. (2010). The Impact of Board Diversity and Gender Composition on Corporate Social Responsibility and Firm Reputation. *Journal of Business Ethics, 97*(2), 207–221. doi:10.1007/s10551-010-0505-2

Becken, S., & Hay, J. E. (2012). *Tourism and Climate Change Mitigation and*

Adaptation. Retrieved February 19, 2015 from http://VU.eblib.com.au/patron/FullRecord.aspx?p=98213

Becken, S. (2008). The UN Climate Change Conference, Bali: What It Means for Tourism. *Journal of Sustainable Tour- ism, 16*(2), 246–248. doi:10.2167/jost162r.0

Becker. (2004). *Future Actions, School of Hospitality Management and Tourism*. Dublin Institute of Technology. Ac– cessed on 19/02/2012 at http://arrow.dit.ie/cgi/viewcontent.cgi?article=1004

Becker-Olsen, K. L., Cudmore, B. A., & Hill, R. P. (2006). The impact of perceived corporate social responsibility on consumer behavior. *Journal of Business Research, 59*(1), 46–53. doi:10.1016/j.jbusres.2005.01.001

Bentler, P. M., & Bonett, D. G. (1980). Significance tests and goodness of fit in the analysis of covariance structures. *Psychological Bulletin, 88*(3), 588–606. doi:10.1037/0033-2909.88.3.588

Berens, G., Riel, C. B. V., & Bruggen, G. H. V. (2005). Corporate associations and consumer product responses: The moderating role of corporate brand dominance. *Journal of Marketing, 69*(3), 35–48. doi:10.1509/jmkg.69.3.35.66357

Berens, G., van Riel, C. B. M., & van Rekom, J. (2007). The CSR-quality trade-off: When can corporatesocial responsibility and corporate ability compensate each other. *Journal of Business Ethics, 74*(3), 233–252. doi:10.1007/s10551-006-9232-0

Betonio, M. (2013). *Tourism in Asia: Determinants of Tourist arrivals in Asian Countries*. De La Salle University. Accessed 2nd May 2015 from https://www.academia.edu/6813875/Tourism_in_Asia_Determinants_of_Tourist_Arrivals_in_Asian_Countries

Bhagwat, P. (2011, March). Corporate social responsibility and sustainable development. *Proceedings of the Articles and Case Studies: Inclusive & Sustainable Growth Conference, 1*(1).

Bhattacharya, S. (2013, June 9). *The National, World*. Retrieved May 29, 2015, from http://www.thenational.ae/news/ world/south-asia/mumbais-dabbawalas-begin-deliveries-to-hungry-children: http://www.thenational.ae

Bhattacharya, C. B., Daniel, K., & Sen, S. (2009). Strengthening stakeholder-company relationships through mutually beneficial corporate social responsibility initiatives. *Journal of Business Ethics*, *85*(2), 257–272. doi:10.1007/s10551- 008-9730-3

Bhattacharya, C. B., & Sen, S. (2004). Doing better at doing good: When, why and how consumers respond to corporate social initiatives. *California Management Review*, *47*(1), 9–24. doi:10.2307/41166284

Bhosale, J. (2013, November 28). *The Economic Times*. Retrieved May 27, 2015, from http://articles.economictimes. indiatimes.com/2013-11-28/news/44547246_1_cold-storage-facilities-wastage-cold-chain-infrastructure: http://articles. economictimes.indiatimes.com

Bien, A. (2008). A simple user's guide to certification for sustainable tourism and ecotourism. CESD – Center on Eco- tourism and Sustainable Development.

Biswas, A. K., & Tortajada, C. (2012, August 12). *World Economic Forum*. Retrieved May 26, 2015, from https://agenda. weforum.org/2014/08/india-perishable-food-waste-population-growth/: https://agenda.weforum.or

Bitner, M. J., Booms, B. H., & Mohr, L. A. (1994). Critical service encounters: The employee's viewpoint. *Journal of Marketing*, *58*(4), 95–106. doi:10.2307/1251919

Blanco, E., Rey-Maquieira, J., & Lozano, J. (2009). Economic incentives for tourism firms to undertake voluntary en- vironmental management. *Tourism Management*, *30*(1), 112–122. doi:10.1016/j.tourman.2008.04.007

Blanke, J., & Chiesa, T. (2011). *The Travel & Tourism Competitiveness Report 2011*. Geneva, Switzerland: World Economic Forum (WEF).

Blowfield, M., & Murray, A. (2008). *Corporate responsibility: A critical introduction*. Oxford, UK: Oxford University Press.

Blume, A. W., & Resor, M. R. (2007). Knowledge about health risk and drinking behavior among Hispanic women who are or have been of child-bearing age. *Addictive Behaviors, 32*(10), 2335–2339. doi:10.1016/j.addbeh.2007.01.028 PMID:17324525

Bohdanowicz, P. (2005). European hoteliers' environmental attitudes: Greening the business. *The Cornell Hotel and Restaurant Administration Quarterly, 46*(May), 188–204. doi:10.1177/0010880404273891

Bohdanowicz, P. (2007). A case study of Hilton environmental reporting as a tool of corporate social responsibility. *Tourism Review International, 11*(2), 115–131. doi:10.3727/154427207783948937

Bohdanowicz, P., & Zientara, P. (2009). Hotel companies' contribution to improving the quality of life of local communi- ties and the well-being of their employees. *Tourism and Hospitality Research, 9*(2), 147–158. doi:10.1057/thr.2008.46

Bollen, K. A. (1989). A new incremental fit index for general structural equation models. *Sociological Methods & Re- search, 17*(3), 303–316. doi:10.1177/0049124189017003004

Boo, S., & Busser, J. A. (2006). Impact analysis of a tourism festival on tourists' destination images. *Event Management, 9*(4), 223–237. doi:10.3727/152599506776771562

Bowen, H. R. (1953). *Social responsibilities of the businessman.* New York: Harper & Row.

Bowen, H. R. (1957). *Responsabilidades sociais do homem de negócios.* Rio de Janeiro: CivilizaçãoBrasileira.

Boxenbaum, E. (2006). Corporate social responsibility as institutional hybrids. *The Journal of Business Strategy, 23*(1), 45–63.

Brady, M. K., Cronin, J. J. Jr, & Brand, R. R. (2002). Performance-onlymeasurement of service quality: A replication and extension. *Journal of Business Research, 55*(1), 17–31. doi:10.1016/S0148-2963(00)00171-5

Brammer, S., Jackson, G., & Matten, D. (2012). Corporate Social Responsibility and institutional theory: New perspec- tives on private governance. *Socio-economic Review*, *10*(1), 3–28. doi:10.1093/ser/mwr030

Brammer, S., & Millington, A. (2005). Corporate reputation and philanthropy: An empirical analysis. *Journal of Busi- ness Ethics*, *61*(1), 29–44. doi:10.1007/s10551-005-7443-4

Brammer, S., & Millington, A. (2008). Does it pay to be different? An analysis of the relationship between corporate social and financial performance. *Strategic Management Journal*, *29*(12), 1325–1343. doi:10.1002/smj.714

Brammer, S., Millington, A., & Rayton, B. (2007). The contribution of corporate social responsibility to organizational com- mitment. *International Journal of Human Resource Management*, *18*(10), 1701–1719. doi:10.1080/09585190701570866

Bramwell, B., & Lane, B. (2000). *Tourism collaboration and partnerships: Politics, practice and sustainability*. Clev- edon, UK: Channel View Publications.

Branco, M. C., & Rodrigues, L. L. (2006). Corporate social responsibility and resource-based perspectives. *Journal of Business Ethics*, *69*(2), 111–132. doi:10.1007/s10551-006-9071-z

Bremner, C. (2014) *Top 100 City Destinations Ranking - Analyst Insight from Euromonitor International*. Retrieved on 30 January 2015 from http://blog.euromonitor.com/2014/01/euromonitor-internationals-top-city-destinations-ranking.html

Brida, J. G., Osti, L., & Barquet, A. (2010). Segmenting resident perceptions towards tourism: A cluster analysis with a multinomial logit model of a mountain community. *International Journal of Tourism Research*, *12*(5), 591–602.

Brooker, G. (1976). The self-actualizing socially conscious consumer. *The Journal of Consumer Research*, *3*(September), 107–112. doi:10.1086/208658

Brooks, N., Neil Adger, W., & Mick Kelly, P. (2005). The determinants of vulnerability and adaptive capacity at the national level and the implications for adaptation. *Global Environmental Change, 15*(2), 151–163. doi:10.1016/ j.gloen- vcha.2004.12.006

Brown, K. (2011). Sustainable adaptation: An oxymoron? *Climate and Development, 3*(1), 21–31. doi:10.3763/ cdev.2010.0062

Brown, T. J., & Dacin, P. A. (1997). The Company and the Product: Corporate Association and Consumer Product Response. *Journal of Marketing, 61*(1), 68–84. doi:10.2307/1252190

Brugarolas, M., Martinez-Carrasco, L., Martinez, P. A., & Rico, M. (2005). Determination of the surplus that consumers are willing to pay for an organic wine. *Spanish Journal of Agricultural Research, 3*(1), 43–51. doi:10.5424/ sjar/2005031-123

Brunt, P., & Courtney, P. (1999). Host perceptions of sociocultural impacts. *Annals of Tourism Research, 26*(3), 493–515. doi:10.1016/S0160-7383(99)00003-1

Buckely, R. (2012). Sustainable tourism: Research and reality. *Annals of Tourism Research, 39*(2), 528–546. doi:10.1016/j. annals.2012.02.003

Bulkeley, H., & Kern, K. (2006). Local government and the governing of climate change in Germany and the UK. *Urban Studies (Edinburgh, Scotland), 43*(12), 2237–2259. doi:10.1080/00420980600936491

Bull, C., & Lovell, J. (2007). The impact of hosting major sporting events on local residents: An analysis of the views and perceptions of Canterbury residents in relation to the Tour de France 2007. *Journal of Sport & Tourism, 12*(3/4), 229–248. doi:10.1080/14775080701736973

Burchell, J. (2008). *The corporate social responsibility reader*. London, UK: Routledge.

Burns, P. M., & Sancho, M. M. (2003). Local perceptions of tourism planning: The case of Cuellar, Spain. *Tourism Management, 24*(3), 331–339. doi:10.1016/ S0261-5177(02)00069-9

Burton, S., Creyer, E. H., Kees, J., & Huggins, K. (2006). Attacking the obesity epidemic: The potential health benefits of providing nutrition information in restaurants. *American Journal of Public Health*, *96*(9), 1669–1675. doi:10.2105/ AJPH.2004.054973 PMID:16873758

Business Maps of India. (2011). *Role of Tourism Industry in India GDP*. Retrieved on 22 April 2015 from http://busi- ness.mapsofindia.com/sectors/tourism.html

Butler, R. (1999). Understanding Tourism. In *Leisure Studies: Prospects for the Twenty-First Century*. State College, PA: Venture Pub.

Butler, R. W. (1991). Tourism, environment, and sustainable development. *Environmental Conservation*, *18*(3), 201–209. doi:10.1017/S0376892900022104

Byrd, E. T. (2007). Stakeholders in sustainable tourism development and their role: Applying stakeholder theory to sustainable development. *Tourism Review*, *62*(2), 6–13. doi:10.1108/16605370780000309

C. S. R. Identity. (2011). Retrieved from http://csridentity.com/punjab/index.asp

Carmona, E., Céspedes, J., & De Burgos, J. (2004). Environmental strategies in Spanish hotels: Contextual factors and performance. *Service Industries Journal*, *24*(3), 101–130. doi:10.1080/0264206042000247786

Caro González, F. J., Castellanos Verdugo, M., & Martín Rojo, I. (2007). Propuesta de una escala de medición de la re- sponsabilidad social corporativa (RSC) en la actividad turística. In Conocimiento, Innovación y Emprendedores: Camino al Futuro (pp. 230–251). Logroño, España: Servicio de Publicaciones de la Universidad de la Rioja.

Carroll, A. B. (1979). A three-dimensional conceptual model of corporate performance. *Academy of Management Re- view*, *4*(4), 497–505.

Carroll, A. B. (1979). A three-dimensional model of corporate social performance. *Academy of Management Review*, *4*(4), 497–505. doi: 10.2307/257850

Carroll, A. B. (1979). Three-dimensional conceptual model of corporate performance. *Academy of Management Review*, *4*(4), 497–505. Retrieved from http://dirasat.io/elmp/files/z119.pdf

Carroll, A. B. (1983). Corporate social responsibility: Will industry respond to cut-backs in social program funding? *Vital Speeches of the Day*, *49*, 604–608.

Carroll, A. B. (1999). Corporate Social Responsibility: Evolution of Definitional Construct. *Business & Society*, *38*(3), 268–295. doi:10.1177/000765039903800303

Carroll, A. B., & Shabana, K. M. (2010). The business case for corporate social responsibility: A review of concepts, re- search and practice. *International Journal of Management Reviews*, *12*(1), 85–105. doi:10.1111/j.1468-2370.2009.00275.x

Castelló, I., & Lozano, J. M. (2011). Searching for New Forms of Legitimacy Through Corporate Responsibility Rhetoric. *Journal of Business Ethics*, *100*(1), 11–29. doi:10.1007/s10551-011-0770-8

Chamorro, A., & Banegil, T. M. (2006). Green marketing philosophy: A study of Spanish firms with ecolabels. *Corporate Social Responsibility and Environmental Management*, *13*(1), 11–24. doi:10.1002/csr.83

Chaney, I. M. (2000). External search effort for wine. *International Journal of Wine Marketing*, *12*(2), 5–21. doi:10.1108/ eb008706

Chatdrive. (2014). *Six travel trends to watch in 2014 & beyond*. Report of Working Group on Tourism, XI Five Year Plan. Retrieved on 05 May 2015 from http://chatdrive.com/uncategorized/2014-outlook-us-higher-education-not-for- profits-and-independent-schools/

Chen, J. S. (2000). An investigation of urban residents' loyalty to tourism. *Journal of Hospitality & Tourism Research (Washington, D.C.)*, *24*(1), 5–19. doi:10.1177/109634800002400101

Chen, J. S. (2015). Tourism stakeholders attitudes toward sustainable development: A case in the Arctic. *Journal of Retailing and Consumer Services*, *22*, 225–230. doi:10.1016/j.jretconser.2014.08.003

Cheyne, J., & Barnett, S. (2001). The greening of accommodation: Stakeholder perspectives of environmental programs in New Zealand hotels and luxury lodges. *Journal of Corporate Citizenship*, *1*(1), 115–126. doi:10.9774/ GLEAF.4700.2001.sp.00011

Chhabra, D. (2009). Proposing a sustainable marketing framework for heritage tourism. *Journal of Sustainable Tourism*, *17*(3), 303–320. doi:10.1080/09669580802495758

Chintan Environmental Research and Action Group. (n.d.). Retrieved May 26, 2015, from http://www.chintan-india.org/documents/fact_sheets/chintan_waste_tales_fact_sheet.pdf: http://www.chintan-india.org

Chin, W. (1998). The Partial Least Square Approach to Structural Equation Modeling. In G. A. Marcoulides (Ed.), *Modern Methods for Business Research* (pp. 295–336). Mahwah, NJ: Lawrence Erlbaum Associates, Publisher.

Chi, S., & Hong, Y. (2009). Netizens' evaluations of corporate social responsibility: Content analysis of CSR news stories and online readers' comments. *Public Relations Review*, *35*(2), 147–149. doi:10.1016/j.pubrev.2008.09.012

Chiu, Y. T. H., Lee, W. I., & Chen, T. H. (2014). Environmentally responsible behavior in ecotourism: Antecedents and implications. *Tourism Management*, *40*, 321–329. doi:10.1016/j.tourman.2013.06.013

Choi, G., & Parsa, H. G. (2006). Green practices II: Measuring restaurant managers' sychological attributes and their willingness to charge for the "green practices. *Journal of Foodservice Business Research*, *9*(4), 41–63. doi:10.1300/J369v09n04_04

Choi, H. C., & Sirakaya, E. (2005). Measuring residents' attitude toward sustainable tourism: Development of sustainable tourism attitude scale. *Journal of Travel Research*, *43*(4), 380–394. doi:10.1177/0047287505274651

Chomvilailuk, R., & Butcher, K. (2010). Enhancing brand preference through corporate social responsibility initiatives in the Thai banking sector. *Asia Pacific Journal of Marketing and Logistics*, *22*(3), 397–418.

doi:10.1108/13555851011062296

Clark. (2006). Corporate social responsibility: A marketing tool for major hotel brands. *HSMAI Marketing Review, 23*(1), 42–45.

Clarkson, M. B. E. (1995). A stakeholder framework for analyzing and evaluating corporate social performance. *Academy of Management Review, 20*(1), 92–117. doi: 10.2307/258888

Claver, E., Molina, J., Pereira, J., & López, M. (2007). Environmental strategies and their impact on hotel performance. *Journal of Sustainable Tourism, 15*(6), 663–679. doi:10.2167/jost640.0

Coles, T., Fenclova, E., & Dinan, C. (2011). Responsibilities, recession and the tourism sector: Perspectives on CSR among low-fares airlines during the economic downturn in the UK. *Current Issues in Tourism, 14*(6), 519–536. doi: 10.1080/13683500.2010.544719

Coles, T., Fenclova, E., & Dinan, C. (2013). Tourism and corporate social responsibility: A critical review and research agenda. *Tourism Management Perspectives, 6*, 122–141. doi:10.1016/j.tmp.2013.02.001

Colman, V., Well, B., & Mosher, J. M. (1985). Preventing alcohol-related injuries: Dram shop liability ina public health perspective. *Western StateLaw Review, 12*, 417–517.

Comelo, A. F. (2014). CSR as corporate self-reporting in India's tourism industry. *Social Responsibility Journal, 10*(1), 53 – 67. Retrieved on 20 May 2015 from http://www.emeraldinsight.com/doi/abs/10.1108/SRJ-112012-0144

Consumer Affairs. (2009). *Many consumers misread nutrition panels.* Retrieved from http://www.consumeraffairs.com/ news04/2009/06/nutrition_panel.html

Cooper, C., Scott, N., & Baggio, R. (2009). Network position and perceptions of destination stakeholder importance. *Anatolia: An International Journal of Tourism and Hospitality Research, 20*(1), 33–45.

Corporate Leadership Council. (2004). *Driving employee performance and retention through employee engage- ment: A quantitative analysis of the effectiveness of employee engagement strategies.* Retrieved November 19, 2008, from https:llwww.hrleadershipcouncil. comiViewDocument.aspx?documentId=b6cOOca 7 –4e31–4f52–84f4–f91 c 1d32db4a&programId=ca65c82e–6d52–4c5e–8167– 8b 154a5b 1 c 13 &old =TRUE&documentType=RESEARCH&P racticeStructureID=CA65C82E– 6D52–4C5E–8167–8B154A5B1C13

Cotterill, H. (2007). Training & recruitment. *Travel Trade Gazette & Ireland*, 48–48.

Cotterill, H. (2007). Training & recruitment. *Travel Trade Gazette UK & Ireland*, 48–48.

Cottrell, S. P., & Cutumisu, N. (2006). Sustainable tourism development strategy in WWF Pan Parks: Case of a Swedish and Romanian national park. *Scandinavian Journal of Hospitality and Tourism*, 6(2), 150–167. doi:10.1080/15022250600658838

Cottrell, S. P., Vaske, J. J., & Roemer, J. M. (2013). Resident satisfaction with sustainable tourism: The case of Frank– enwald Nature Park, Germany. *Tourism Management Perspectives*, 8, 42–48. doi:10.1016/j.tmp.2013.05.005

Cottrell, S. P., Vaske, J. J., & Shen, F. (2007). Modeling resident perceptions of sustainable tourism development: Ap– plications in Holland and China. *Journal of China Tourism Research*, 3(2), 219–234.

Crane, A., Matten, D., & Spence, L. J. (2008). *Corporate social responsibility: Readings and cases in a global context.* London, UK: Routledge.

Creyer, E. H., & Ross, W. T. Jr. (1997). Tradeoffs between price and quality: How a value index affects. *The Journal of Consumer Affairs*, 31(2), 280–302. doi:10.1111/j.1745–6606.1997.tb00392.x

Criado, C. (1992). *La evolución del relieve de Fuerteventura.* Fuerteventura/ Puerto del Rosario, España: Cabildo Insular de Fuerteventura.

Cronin, J. J. Jr, & Taylor, S. A. (1992). Measuring service quality: A reexamination and extension. *Journal of Marketing, 56*(3), 55–68. doi:10.2307/1252296

Currie, R. R., Seaton, S., & Wesley, F. (2009). Determining stakeholders for feasibility analysis. *Annals of Tourism Research, 36*(1), 41–63. doi:10.1016/j.annals.2008.10.002

Curtis, L. F., & Hoffman, V. E. (2009). Relacionamentos interorganizacionais, em contexto de aglomeração territorial: Um estudo no setor hoteleiro das destinações turísticas de Gramado e Canela (RS). Anais do Encontro da Associação Nacional dos Programas de Pós–Graduação em Administração, São Paulo.

Dahlsrud, A. (2008). How corporate social responsibility is defined: An analysis of 37 definitions. *Corporate Social Responsibility and Environmental Management, 15*(1), 1–13. doi:10.1002/csr.132

Daniels, C. (2014). The Two Percent. *PRWeek (U.S. Edition), 17*(10), 28–31.

Davenport, J., & Davenport, J. L. (2006). The impact of tourism and personal leisure transport on coastal environments: A review. *Estuarine, Coastal and Shelf Science, 67*(1/2), 280–292. doi:10.1016/j.ecss.2005.11.026

Davis, C. F. (1991). Agents without principles? The spread of the poison pill through the intercorporate network. *Ad- ministrative Science Quarterly, 38*(4), 583–613. doi:10.2307/2393275

Davis, K. (1973). The case for and against business assumption of social responsibilities. *Academy of Management Journal, 16*(2), 312–323. doi:10.2307/255331

De Grosbois, D. (2012). Corporate Social Responsible reporting by the global hotel industry: Commitment initiatives and performance. *International Journal of Hospitality Management, 31*(3), 896–905. doi:10.1016/j.ijhm.2011.10.008

Deephouse, D. L. (1996). Does isomorphism legitimate? *Academy of Management Journal, 39*(4), 1024–1039. doi:10.2307/256722

Denters, B., & Rose, L. E. (2005). *Comparing Local Governance: Trends &d Developments*. New York: Palgrave Macmillan. Denzin, N. K., & Lincoln, Y. S.

(2011). *The Sage handbook of qualitative research*. Thousand Oaks, CA: Sage.

Department of Industrial Policy and Promotion. (2014). *Fact Sheet on Foreign Direct Investment*. Accessed 27th April 2015 from http://dipp.nic.in/English/Publications/FDI_Statistics/2014/india_FDI_May2014.pdf

Dewald & Jones. (2006). Sommeliers' Role and Influence as a Wine Marketer in the United States. *3rd International Wine Business Research Conference*.

Dewhurst, H., & Thomas, R. (2003). Encouraging sustainable business practices in a non-regulatory environ- ment: A case study of small tourism firms in a UK national park. *Journal of Sustainable Tourism, 11*(5), 383–403. doi:10.1080/09669580308667212

Díaz, F. (2010). *Estudio para el Plan de Ordenación de los Recursos Naturales (PORN) de la Propuesta de Parque Na- cional de Fuerteventura en su Primera Fase*. Fuerteventura/Puerto del Rosario, España: Cabildo Insular de Fuerteventura.

Dief, M. E., & Font, X. (2010). The determinants of hotels' marketing managers' green marketing behaviour. *Journal of Sustainable Tourism, 18*(2), 157–174. doi:10.1080/09669580903464232

Díez Martín, F., Blanco González, A., & Prado Román, C. (2010). Medición de la legitimidad organizativa: El caso de las Sociedades de Garantía Recíproca. *Cuadernos de Economía y Dirección de la Empresa, 13*(43), 115–143. doi:10.1016/ S1138-5758(10)70012-8

DiMaggio, P. J., & Powell, W. W. (1991). The Iron Cage Revisited: Institutional Isomorphism and Collective Rationality in Organization Fields. In W. W. Powell & P. J. DiMaggio (Eds.), *The New Institutionalism in Organizational Analysis* (pp. 63–82). Chicago, IL: University of Chicago Press.

DnaIndia. (2011). *How India is planning to secure its 7,500-km coastline*. Accessed 27th March 2015 from http://www. dnaindia.com/india/report-how-india-is-planning-to-secure-its-7500-km-coastline-1592439

Dodds, R., & Joppe, M. (2005). *CSR in the Tourism Industry? The Status of and Potential for Certification, Codes of Conduct and Guidelines*. Academic Press.

Dodds, R., & Butler, R. W. (2010). Barriers to implementing sustainable tourism policy in mass tourism destinations. *TOURISMOS: An International Multidisciplinary Journal of Tourism*, 5(1), 35–53.

Dodds, R., & Joppe, M. (2005). *CSR in the tourism industry? The status of and potential for certification, codes of conduct and guidelines*. Washington, DC: CSR Practice, Foreign Investment Advisory Service, Investment Climate Department.

Dodds, R., & Kuehnel, J. (2010). CSR among Canadian mass tour operators: Good awareness but little action. *Interna- tional Journal of Contemporary Hospitality Management*, 22(2), 221–244. doi:10.1108/09596111011018205

Doiron, S., & Weissenberger, S. (2014). Sustainable dive tourism: Social and environmental impacts–The case of Roatan, Honduras. *Tourism Management Perspectives*, 10, 19–26. doi:10.1016/j.tmp.2013.12.003

Drydale, J. A., & Galipue, J. A. (2008). *Profitable menu planning* (4th ed.). Pearson Centers for Disease Control and Prevention.

Dryzek, J. S. (1997). *The Politics of the Earth: Environmental Discourses*. New York: Oxford University Press.

Ducci, N. P. C., & Teixeira, R. M. (2010). Articulaçao de redes sociais por empreendedores na formação do capital so– cial: Un estud0 de caso de uma empresa do setor de turismo no interior do Paraná. *Turismo em Análise*, 21(1), 165–189. doi:10.11606/issn.1984-4867.v21i1p165-189

Dutton, J. E., & Dukerich, J. M. (1991). Keeping an eye on the mirror: Image and identity in organizational adaptation. *Academy of Management Journal*, 34(3), 517–554. doi:10.2307/256405

Dwyer, L. (2005). Relevance of triple bottom line reporting to achievement of sustainable tourism: A scoping study. *Tourism Review International*, 9(1), 79–94. doi:10.3727/154427205774791726

Dyer, P., Gursoy, D., Sharma, B., & Carter, J. (2007). Structural modeling of resident perceptions of tourism and associated development on the Sunshine Coast, Australia. *Tourism Management, 28*(2), 409–422. doi:10.1016/j.tourman.2006.04.002

Dymond, S. J. (1997). Indicators of sustainable tourism in New Zealand: A local government perspective. *Journal of Sustainable Tourism, 5*(4), 279–293. doi:10.1080/09669589708667292

Eagles, P. F. J., McCool, S. F., & Haynes, C. F. (2002). *Sustainable tourism in protected areas: Guidelines for planning and management.* Gland, Switzerland: International Union for the Conservation of Nature. doi:10.1079/9780851995892.0000

Eden, M., Falkheden, L., & Malbert, B. (2000). The built environment and sustainable development: Research meets practice in a Scandinavian context. *Planning Theory & Practice, 1*(2), 260–272.

Edwards, C. (2009). *Resilient nation.* London, UK: Demos.

Edwards, D. (2007). Corporate social responsibility of large urban museums: The contribution of volunteer programs. *Tourism Review International, 11*(2), 167–174. doi:10.3727/154427207783948874

Egels-Zandén, N., & Wahlqvist, E. (2007). Post–partnership strategies for Refining corporate responsibility: The business social compliance initiative. *Journal of Business Ethics, 70*(2), 175–189. doi:10.1007/s10551-006-9104-7

Ehrenberg, A. S. C. (1988). *Repeat Buying Facts, Theory and Applications* (2nd ed.). New York: Oxford University Press.

Eilat, Y., & Einav, L. (2004). Determinants of international tourism: A three-dimensional panel data analysis. *Applied Economics, 36*(12), 1315–1327. doi:10.1080/000368404000180897

Ekinci, M. B. (2014). The Cittaslow philosophy in the context of sustainable tourism development: The case of Turkey. *Tourism Management, 41*, 178–189. doi:10.1016/j.tourman.2013.08.013

Elkington, J. (1994). Towards the sustainable corporation: Win-win-win business strategies for sustainable development. *California Management Review, 36*(2), 90–100. doi:10.2307/41165746

Elkington, J. (1997). *Cannibals with Forks: The Triple Bottom Line of 21st Century Business* (2nd ed.). Oxford, UK: Capstone Publishing Ltd.

Elkington, J. (1999). *Cannibals with forks: the triple bottom line of 21st century business*. Oxford, UK: Capstone.

Ellen, P. S., Webb, D. J., & Mohr, L. A. (2006). Building corporate associations: Consumer attributions for corporate socially responsible programs. *Journal of the Academy of Marketing Science, 34*(2), 147–157. doi:10.1177/0092070305284976

Engle, N. L. (2011). Adaptive capacity and its assessment. *Global Environmental Change, 21*(2), 647–656. doi:10.1016/j.gloenvcha.2011.01.019

Epstein, M. (2008). *Making sustainability work.* Sheffield, UK: Green Leaf Publishing.

Esrock, S. L., & Leichty, G. B. (1998). Social responsibility and corporate web pages: Self-presentation or agenda-setting? *Public Relations Review, 24*(3), 305–319. doi:10.1016/S0363-8111(99)80142-8

Euromonitor International Travel in India. (2015). Retrieved on 16 Aug 2015 from https://www.euromonitor.com/ travel-in-india/report-2014

European Commission. (2001). *Fomentar un marco europeo para la responsabilidad social de las empresas.* Brussels, Belgium: European Commission.

European Commission. (2001). *Libro verde. Fomentar un marco Europeo para la responsabilidad social de las empre- sas.* Retrieved January 22, 2015, from: http://eur-lex.europa.eu/LexUriServ/site/es/com/2001/com2001_0366es01.pdf

European Commission. (2010). *Europa, primer destino turístico del mundo: un nuevo marco político para el turismo europeo. COM (2010) 352 final.* Brussels, Belgium: European Commission.

European Commission. (2011). *Estrategia renovada de la UE para 2011-2014 sobre la responsabilidad social de las empresas*. Brussels, Belgium: European Commission.

European Commission. (2011). *Estrategia renovada de la UE para 2011-2014 sobre la responsabilidad social de las empresas*. Retrieved January 22, 2015, from: http://eur-lex.europa.eu/LexUriServ/LexUriServ.do?uri=COM:2011:0681:FIN:ES:PDF

European Commission. (2013). *European Tourism Indicator System TOOLKIT for Sustainable Destinations*. Brussels, Belgium: DG Enterprise and Industry.

European Economic and Social Committee. (2005). *La política turística y la cooperación entre los sectores público y privado. Official Journal of the European Union, March 23 2005/C 74/02*. Brussels, Belgium: European Commission.

Exceltur. (2013). *Impactur 2012. Estudio del impacto económico del turismo sobre la economía y el empleo de las Islas Canarias*. Comunidad Autónoma de Canarias, España: ISTAC, Gobierno de Canarias.

Falck, O., & Heblich, S. (2007). Corporate social responsibility: Doing well by doing good. *Business Horizons, 50*(3), 247–254. doi:10.1016/j.bushor.2006.12.002

Falk, R. F., & Miller, N. B. (1992). *A Primer for Soft Modeling*. Akron, OH: The University of Akron Press.

Fang, E., Palmatier, R. W., & Steenkamp, J.-B. E. M. (2008). Effect of service transition strategies on firm value. *Journal of Marketing, 72*(5), 1–14. doi:10.1509/jmkg.72.5.1

Farmaki, A., Altinay, L., Botterill, D., & Hilke, S. (2015). Politics and sustainable tourism: The case of Cyprus. *Tourism Management, 47*, 178–190. doi:10.1016/j.tourman.2014.09.019

Farrell, B. H. (1999). Conventional or sustainable tourism? No room for choice. *Tourism Management, 20*(2), 189–191.

Farrell, B. H., & Twining-Ward, L. (2005). Seven steps towards sustainability: Tourism in the context of new knowledge. *Journal of Sustainable Tourism*, *13*(2), 109–122. doi: 10.1080/09669580508668481

Fatma, M., & Rahman, R. (2014). Building a corporate identity using corporate social responsibility: A website based study of Indian banks. *Social Responsibility Journal*, *10*(4), 591–601. doi:10.1108/SRJ-01-2013-0002

Fatma, M., & Rahman, Z. (2015). Consumer perspective on CSR literature review and future research agenda. *Manage- ment Research Review*, *38*(2), 195–216. doi:10.1108/MRR-09-2013-0223

Fatma, M., Rahman, Z., & Khan, I. (2015). Multi- item stakeholder based scale to measure CSR in the banking industry. *International Strategic Management Review*, *2*(1), 9–20. doi:10.1016/j.ism.2014.06.001

Feldman, P. M., & Vasquez-Parraga, A. Z. (2013). Consumer social responses to CSR initiatives versus corporate abili- ties. *Journal of Consumer Marketing*, *30*(2), 100–111. doi:10.1108/07363761311304915

Fernández Allés, Mª T., & Cuadrado Marqués, R. (2011). La Responsabilidad Social Empresarial en el sector hotelero: Revisión de literatura científica. *Cuadernos de Turismo*, *28*, 47–57.

Fitzgerald, J. (2013, September 3). *Ricardo-AEA*. Retrieved May 26, 2015, from http://www.ricardo-aea.com/cms/will- india-s-food-waste-help-fuel-their-economic-growth/#.VWVg9BGJjVI: http://www.ricardo-aea.com

Fombrun, C. J., Gardberg, N. A., & Barnett, M. L. (2000). Opportunity platforms and safety nets: Corporate citizenship and reputational risk. *Business and Society Review*, *105*(1), 85–106. doi:10.1111/0045-3609.00066

Fombrun, C. J., & Shanley, M. (1990). What's in a name? Reputation building and corporate strategy. *Academy of Man- agement Journal*, *33*(2), 233–258. doi:10.2307/256324

Font, X. (2001). Environmental certification in tourism and hospitality: Progress, process and prospects. *Tourism Man- agement, 23*(3), 197–205. doi:10.1016/ S0261-5177(01)00084-X

Font, X., & Harris, C. (2004). Rethinking standards from green to sustainable. *Annals of Tourism Research, 31*(4), 986–1007. doi:10.1016/ j.annals.2004.04.001

Font, X., Walmsley, A., Cogotti, S., McCombes, L., & Häusler, N. (2012). Corporate social responsibility: The disclosure– performance gap. *Tourism Management, 33*(6), 1544–1553. doi:10.1016/j.tourman.2012.02.012

Food and Agriculture Organization of the United Nations. (2014). *Food wastage foot print -youtube*. Viale Delle Terme Di Caracalla.

Forética. (2011). *Informe Forética 2011. Evolución de la responsabilidad social de las empresas en España*. Madrid, España: Forética.

Fornell, C., & Lacker, D. (1981). Evaluating structural equation models with unobservable variables and measurement error: Algebra and stadistic. *JMR, Journal of Marketing Research, 28*(February), 39–50. doi:10.2307/3151312

Fornell, C., & Larcker, D. F. (1981). Structural equation models with unobservable variables and measurement error: Algebra and statistics. *JMR, Journal of Marketing Research, 18*(3), 382–388. doi:10.2307/3150980

Fox, T. (2013). *Global Food: Waste Not, Want Not*. London: Institute of Mechanical Engineers.

Fox, T., Ward, H., & Howard, B. (2002). *Public Sector Roles in Strenghening Corporate Social Responsibility: A Baseline Study*. Washington, DC: The World Bank.

Freeman, R. (1984). *Strategic management: A stakeholders approach*. Zürich: Pitman. Fremdenverkehrslehre. Freeman, R. E. (1984). *Strategic management: A stakeholder approach*. Boston, MA: Pitman.

Frey, N., & George, R. (2010). Responsible tourism management: The missing link between business owners' attitudes and behaviour in the Cape Town tourism industry. *Tourism Management, 31*(5), 621–628. doi: 10.1016/

j.tourman.2009.06.017

Friedman, A. L., & Miles, S. (2006). *Stakeholders: Theory and practice*. Oxford, UK: Oxford University Press. Friedman, T. L. (2000). *The Lexus and the Olive Tree: Understanding Globalization*. New York: Anchor Books.

Frynas, J. G. (2009). *Beyond Corporate Social Responsibility: Oil Multinationals and Social Challenges*. Cambridge University Press. doi:10.1017/CBO9780511581540

Fuchs, H. (2010). *Corporate Social Responsibility: Responsible Tourism Page*. Retrieved on 17th Nov. 2015 from http://www.tourism-review.com/travel-tourism-magazine-responsible-tourism-csr-and-independent-certification-article1276#tim00mQVrAXViIEY.99

Fukey, L.N & Surya, S. (2014). Connect among Green, Sustainability and Hotel Industry: A Prospective Simulation Study International Scholarly and Scientific Research & Innovation. *International Journal of Social, Education, Economics and Management Engineering, 8*(1).

Gaggl, P. (2013). New approaches in sustainability Reporting: From Theory to Practice: Sustainability reporting training PwC. Presentation given on 4-7 November at Cyprus University of Technology, Limassol.

Galaskiewicz, J., & Wasserman, S. (1989). Mimetic processes within an interorganizationai field: An empirical test. *Administrative Science Quarterly, 34*(3), 454–479. doi:10.2307/2393153

Gallardo Vázquez, D., Sánchez Hernández, M. I., & Corchuelo Martínez-Azúa, M. B. (2013). Validación de un instrumento de medida para la relación entre la orientación a la Responsabilidad Social Corporativa y otras variables estratégicas de la empresa. *Revista de Contabilidad. Spanish Accounting Review, 6*(1), 11–23.

Ganapathy, S. P., Natarajan, J., Gunasekaran, A., & Subramanian, N. (2014). Influence of eco-innovation on indian manufacturing sector sustainable performance. *International Journal of Sustainable Development and World*

Ecology, 21(3), 198–209. doi:10.1080/13504509.2014.907832

Garay, L., & Font, X. (2012). Doing good to do well? Corporate social responsibility reasons, practices and impacts in small and medium accommodation enterprises. *International Journal of Hospitality Management, 31*(2), 329–337. doi:10.1016/j.ijhm.2011.04.013

Garcia de los Salmones, M. M., Herrero, A., & del Bosque, I. R. (2005). Influence of corporate social responsibility on loyalty and valuation of services. *Journal of Business Ethics, 61*(4), 369–385. doi:10.1007/s10551-005-5841-2

García, F. J., & Armas, Y. (2007a). Aproximación a la incidencia de la responsabilidad social-medioambiental en el rendimiento económico de la empresa hotelera española. *Revista Europea de Dirección y Economía de la Empresa, 16*(1), 47–66.

Garrod, B., & Fyall, A. (2000). Managing heritage tourism. *Annals of Tourism Research, 27*(3), 682–708. doi:10.1016/ S0160-7383(99)00094-8

Gebauer, H., & Reynoso, J. (2013). An agenda for service research at the base of the pyramid. *Journal of Service Man- agement, 24*(5), 482–502. doi:10.1108/ JOSM-04-2013-0090

Gessa, A., Ruiz, A., & Jimenez, M. A. (2008). *La responsabilidad social corporativa como modelo de gestión hotelera. Implantación y desarrollo en la red de paradores. Estableciendo puentes en una economía global.* Madrid: ESIC Editorial.

Gestion . (n.d.). Retrieved from: http://gestion.cabildofuer.es/ fuerteventurabiosfera/index.php/component/content/article/61

Ghaderi, Z., & Henderson, J. C. (2013). Japanese tsunami debris and the threat to sustainable tourism in the Hawaiian Islands. *Tourism Management Perspectives, 8*, 98–105. doi:10.1016/j.tmp.2013.09.001

Ghaderi, Z., Som, A., & Henderson, J. C. (2012). Tourism crises and island destinations: Experiences in Penang, Ma- laysia. *Tourism Management Perspectives, 2*(3), 79–84. doi:10.1016/j.tmp.2012.03.006

Gluckman, R. L. (1990). A consumer approach to branded wines. *International Journal of Wine Marketing, 2*(1), 27–46. doi:10.1108/eb008577

Glynos, J., Howarth, D., Norval, A., & Speed, E. (2009). *Discourse Analysis: Varieties and Methods.* Centre for Theoreti- cal Studies in the Humanities and Social Sciences. University of Essex National Centre for Research Methods (NCRM) Networks for Methodological Innovation (NMI), project Discourse Analysis Network. Retrieved from http://eprints.ncrm.ac.uk/796/1/discourse_analysis_NCRM_014.pdf

Godfrey, P. C. (2004). The relationship between corporate philanthropy and shareholder wealth: A risk management perspective. *Academy of Management Review, 30*(4), 777–798. doi:10.5465/AMR.2005.18378878

Godfrey, P. C., & Hatch, N. W. (2007). Researching corporate social responsibility: An agenda for the 21st century. *Journal of Business Ethics, 70*(1), 87–98. doi:10.1007/s10551-006-9080-y

Goldman, M. J., & Riosmena, F. (2013). Adaptive capacity in Tanzanian Maasailand: Changing strategies to cope with drought in fragmented landscapes. *Global Environmental Change, 23*(3), 588–597. doi:10.1016/j.gloenvcha.2013.02.010 PMID:25400331

Gond, El-Akremi, Igalens, & Swaen. (n.d.). *Corporate Social Responsibility Influence on Employees.* No. 54–2010 ICCSR Research Paper Series.

González–Morales, O. (2008). *Iniciativa empresarial: Nuevos escenarios y nuevos retos para un desarrollo sostenible.* Valencia, España: Tirant lo Blanch.

Gossling, S., Hall, C. M., & Weaver, D. B. (2009). *Sustainable tourism futures: Perspective on systems, restructuring and innovations.* Abingdon, UK: Routledge.

Gounaris, S., & Dimitriadis, S. (2003). Assessing service quality on the Web: Evidence from business–to–consumer portals. *Journal of Services Marketing, 17*(5), 529–548. doi:10.1108/08876040310486302

Gounopoulos, D., Petmezas, D., & Santamaria, D. (2012). *Forecasting Tourist*

Arrivals in Greece and the Impact of Macroeconomic Shocks from the Countries of Tourists' Origin. Accessed 6th June 2015 from http://epubs. surrey. ac.uk/153962/1/Forecasting_Tourist_Demand_and_The_Impact_of_ Macroeconomic_Shocks_Final.pdf

Government of Kerala. (2014). *Gross Domestic Product of Kerala and India from 2004-05 to 2012-13.* Accessed 3rd June 2015 from http://www.ecostat.kerala. gov.in/docs/pdf/stateincome/2014/gdpreport0405to1213.pdf

Graci, S., & Dodds, R. (2008). Why go green? The business case for environmental commitment in the Canadian hotel industry. *Anatolia, 19*(2), 251–270. doi:10.1080/13032917.2008.9687072

Green Building and Design Magazine. (2014, May/June). *Green Building and Design Magazine.* Retrieved May 29, 2015, from http://gbdmagazine. com/2014/27–intercontinental–hong–kong/: http://gbdmagazine.com

Griffin, J., & Mahon, J. (1997). The corporate social performance and corporate financial performance debate. *Business & Society, 36*(1), 5–31. doi:10.1177/000765039703600102

Griffin, K., Flanagan, S., & Jane, S. A. T. (2008). *Integrating Sustainability into Tourism Education and Training in Ireland.* Current Reality.

Gujarat Tourism. (2015). *Statistics.* Accessed 2nd June 2015 from http://www. gujarattourism.com/downloads/statis– tic–2013–14.pdf

Gultek, H. M. (2003). *A multi-attribute survey of restaurateurs' attitudes toward wine training, local wines and wine suppliers.* (Unpublished Doctoral Dissertation). Texas Tech University.

Gultek, M. M., Dodd, T. H., & Guydosh, R. M. (2006). Attitudes towards wine-service training and its influence on restaurant wine sales. *International Journal of Hospitality Management, 25*(3), 432–446. doi:10.1016/j.ijhm.2005.02.001

Gultek, M., Dodd, T., & Guydosh, R. (2005). Restaurateurs' attitude towards local wines and its influence on local wine purchases. *International Journal of Wine Marketing, 20*(1), 38–52.

Gursoy, D., Chi, C. G., & Dyer, P. (2009). An examination of locals' attitudes. *Annals of Tourism Research*, *36*(4), 715–734. doi:10.1016/j.annals.2009.06.003

Gursoy, D., Chi, C. G., & Dyer, P. (2010). Local's attitudes toward mass and alternative tourism: The case of Sunshine Coast, Australia. *Journal of Travel Research*, *49*(3), 381–394. doi:10.1177/0047287509346853

Gursoy, D., & Kendall, K. W. (2006). Hosting mega events: Modeling locals support. *Annals of Tourism Research*, *33*(3), 603–623. doi:10.1016/j.annals.2006.01.005

Gursoy, D., & Rutherford, D. G. (2004). Host attitudes toward tourism: An improved structural model. *Annals of Tourism Research*, *31*(3), 495–516. doi:10.1016/j.annals.2003.08.008

Guthrie, J., Ward, L., & Cuganesan, S. (2008). Intellectual capital reporting media in an Australian industry. *International Journal of Learning and Intellectual Capital*, *5*(1), 48–62. doi:10.1504/IJLIC.2008.018882

Hair, J. F., Black, W. C., Babin, B. J., & Anderson, R. E. (2010). *Multivariate Data Analysis*. Englewood Cliffs, NJ: Prentice Hall.

Hall, C. M. 2003. Local initiatives for local regional development: the role of food, wine and tourism. *Tourism and Well- Being Symposium Proceedings, the 2ⁿᵈ Tourism Industry and Education Symposium 2003*.

Hall, C. M. (2007). Pro-poor tourism: Do tourism exchanges benefit primarily the countries of the South? *Current Issues in Tourism*, *10*(2/3), 111–118. doi:10.1080/13683500708668426

Hall, C. M., & Lew, A. A. (2009). *Understanding and managing tourism impacts: An integrated approach*. London, UK: Routledge.

Hall, J., Lockshin, L., & O'Mahony, B. (2001). Exploring the links between wine choice and dining occasions: Factors of influence. *International Journal of Wine Marketing*, *13*(1), 36–53. doi:10.1108/eb043369

Hall, M. C., & Lew, A. A. (2009). *Understanding and Managing Tourism Impacts: An Integrated Approach*. Abingdon, UK: Routledge.

Han, H., Hsu, L. T. J., Lee, J. S., & Sheu, C. (2011). Are lodging customers ready to go green? An examination of at- titudes, demographics, and eco-friendly intentions. *International Journal of Hospitality Management, 30*(2), 345–355. doi:10.1016/j.ijhm.2010.07.008

Hansen, Dunford, Boss, Boss, & Angermeier. (2011). *Corporate Social Responsibility and the Benefits of Employee Trust: A Cross-Disciplinary Perspective.* Springer Science+Business Media B.V.

Harborne, A. R., Afzal, D. C., Andrews, M. J., & Ridley, J. M. (2000). *Beyond data: The expanded role of a volunteer program assisting resource assessment and management in the Bay Islands, Honduras.* Paper presented at the 9th Inter- national Coral Reef Symposium, Bali, Indonesia.

Harborne, A. R., Afzal, D. C., & Andrews, M. J. (2001). Honduras: Caribbean coast. *Marine Pollution Bulletin, 42*(12), 1221–1235. doi:10.1016/S0025-326X(01)00239-9 PMID:11827108

Hardy, A. L., & Beeton, R. J. S. (2001). Sustainable tourism or maintainable tourism: Managing resources for more than average outcomes. *Journal of Sustainable Tourism, 9*(3), 168–192. doi:10.1080/09669580108667397

Harnack, L., & French, S. (2003). Fattening up on fast food. *Journal of the American Dietetic Journal of Public Health, 96*, 1669–1675. PMID:14520246

Harnack, L., & French, S. (2008). Effect of point of purchase calorie labeling on restaurant and cafeteria food choices: A review of the literature. *The International Journal of Behavioral Nutrition and Physical Activity, 5*(1), 51. doi:10.1186/1479- 5868-5-51 PMID:18950529

Harvey, D. (2005). *Spaces of global capitalism: Towards a theory of uneven geographical development.* London, UK: Verso.

Haryana Tourism. (2015). Retrieved from http://haryanatourism.gov.in/showpage.aspx?contentid=6188

Haufler, V. (1999). Self-Regulations and Business Norms: Political Risk, Political Activism. In Private Authority and International Affairs (pp. 199–222). New

York: New York State University Press.

Haufler, V. (2000). Private sector international regimens. In R. A. Higgot, G. R. D. Underhill, & A. Bieler (Eds.), *Non- State Actors and Authority in the Global System* (pp. 121–137). London: Routledge.

Haunschild, P. (1993). Interorganizationai imitation: The impact of interlocks on corporate acquisition activity. *Admin- istrative Science Quarterly*, *38*(4), 564–592. doi:10.2307/2393337

Haveman, H. A. (1993). Follow the leader: Mimetic isomorphism and entry into new markets. *Administrative Science Quarterly*, *38*(4), 593–627. doi:10.2307/2393338

Havitz, M., Kaczynski, A., & Mannell, R. (2013). Exploring relationships between physical activity, leisure involve- ment, self–efficacy, and motivation via participant segmentation. *Leisure Sciences*, *35*(1), 45–62. doi:10.1080/01490400.2013.739890

Hawkins, D. E. (2006). *Corporate social responsibility balancing tomorrow's sustainability and today's profitability*. New York: Palgrave Macmillan.

Hawkins, D. E. (2006). *Corporate Social Responsibility: Balancing Tomorrow's Sustainability and Today's profitability*. New York: Palgrave Macmillan. doi:10.1057/9780230625815

Hawks, D., Scott, K., McBride, N., Jones, P., & Stockwell, T. (2002). *Prevention of psychoactive substance use: A selected review of what works in the area of prevention*. WHO.

Hayward, L., Zubrick, S. R., & Silburn, S. (1992). Blood alcohol levels in suicide cases. *Journal of Epidemiology and Community Health*, *46*(3), 256–260. doi:10.1136/jech.46.3.256 PMID:1645082

He, H., & Li, Y. (2011). CSR and service brand: The mediating effect of brand identification and moderating effect of service quality. *Journal of Business Ethics*, *100*(4), 673–688. doi:10.1007/s10551–010–0703–y

Heidenreich, S., & Handrich, M. (2013). The power of co–creation: Examining customers' willingness to co-create as the missing link to explain the adoption of technology based services. *AMA Summer Educators' Conference Proceedings* (vol. 24, pp. 336–337). AMA.

Henderson, J. C. (2007). Corporate social responsibility and tourism: Hotel companies in Phuket, Thailand, after the Indian Ocean tsunami. *Hospital Management, 26*(1), 228–239. doi:10.1016/j.ijhm.2006.02.001

Hillman, A. J., Cannella, A. A., & Harris, I. C. (2002). Women and Racial Minorities in the Boardroom: How Do Direc- tors Differ? *Journal of Management, 28*(6), 747–763. doi:10.1177/014920630202800603

Hillman, A. J., & Keim, G. D. (2001). Shareholder value, stakeholder management, and social issues: What's the bottom line? *Strategic Management Journal, 22*(2), 125–139. doi:10.1002/1097-0266(200101)22:2<125::AID-SMJ150>3.0.CO;2-H

Hilton World Wide. (2012). Retrieved from http://www.hiltonworldwide.com/assets/pdfs/HWW_%20CorporateRespon- sibilityReportExecutiveSummary.pdf

Hindu, T. (2014, February 12). *The Hindu*. Retrieved May 26, 2015, from http://www.thehindu.com/news/national/fci- admits-194-lakh-mt-foodgrain-wasted-between-200513/article5680994.ece: http://www.thehindu.com

Hjalager. (1997). Innovation patterns in sustainable tourism: An analytical typology. *Tourism Management, 18*(1), 35–41. 10.1016/S0261-5177(96)00096-9

HN. (2015). *Luxury that doesn't cost the earth: Sustainable travel on the rise as more travelers seek to reduce their carbon footprint*. Availableathttp://www.hospitalitynet.org/news/global/147000406/4070727.html

Holcomb, J. L., Upchurch, R. S., & Okumus, F. (2007). Corporate social responsibility: What are top hotel companies report- ing? *International Journal of Contemporary Hospitality Management, 19*(Iss: 6), 461–475. doi:10.1108/09596110710775129

Holden, A. (2000). *Environment and tourism*. London, UK: Routledge.

Holden, A. (2003). In need of new environmental ethics for tourism? *Annals of Tourism Research, 30*(1), 94–108. doi:10.1016/S0160-7383(02)00030-0

Holden, A. (2009). The environment–tourism nexus: Influence of market ethics. *Annals of Tourism Research, 36*(3), 373–389. doi:10.1016/j.annals.2008.10.009

Holder, H. D. (1998). *Alcohol and the community: A systems approach to prevention*. Cambridge, UK: Cambridge University Press. doi:10.1017/CBO9780511526787

Hollender, J., & Fenichell, S. (2004). *What Matters Most: How a Small Group of Pioneers Is Teaching Social Respon- sibility to Big Business, and Why Big Business Is Listening*. New York: Basic Books.

Hollman, K. W., & Forrest, J. E. (1991). Risk management in a service business. *International Journal of Service Industry Management, 2*(2), 49–65. doi:10.1108/09564239110144993

Hospitality, B. I. (2014, September 9). *Hospitality BIZ*. Retrieved May April 20, 2015, from http://www.hospitalitybiz- india.com/detailNews.aspx?aid=20171&sid=41: http://www.hospitalitybizindia.com

Hotel Industry. (2014). *Asian Journal of Multidisciplinary Studies, 2*(4).

Hounshell, P., & Liggett, L. (1973). Assessing the effectiveness of environmental education. *The Journal of Environ- mental Education, 5*(2), 28–30. doi:10.1080/00958964.1973.10801810

Hoyer, W. D., & Macinnis, D. J. (2009). *Consumer Behavior*. Cengage Learning Inc.

Hudson, S., & Miller, G. A. (2005). The responsible marketing of tourism: The case of Canadian Mountain Holidays. *Tourism Management, 26*(2), 133–142. doi:10.1016/j.tourman.2003.06.005

Humble, J. (1975). *La responsabilidad social de la empresa*. Madrid: F. Universidad Empresa.

Hume, S., Strand, P., Fisher, C., Fitzgerald, K., & Freeman, L. (1989, September

25). Consumers go green. *Advertising Age*, 3–5.

Hunt, C. S., & Aldrich, H. E. (1996). *Why even Rodney Dangerfield has a home page: Legitimizing the world wide web as a medium for commercial endeavours*. Paper presented at Congreso Anual de la Academy of Management, Cincinnati, OH.

Hunter, C. (1997). Sustainable tourism as an adaptive paradigm. *Annals of Tourism Research*, *24*(4), 850–867. doi:10.1016/ S0160–7383(97)00036–4

Hwang, J., & Lorenzen, C. L. (2008). Effective nutrition labeling of restaurant menu and pricing of healthy menu. *Journal of Foodservice*, *19*(5), 270–276. doi:10.1111/j.1748–0159.2008.00108.x

Hyde, K. F., & Decrop, A. (2011). New perspectives on vacation decision making. *International Journal of Culture. Tourism and Hospitality Research*, *5*(2), 103–111.

IANS. (n.d.). *Tourism in India: An Introduction*. Retrieved on 17 May 2015 from http://www.ficci.com/sector/40/Proj- ect_docs/Tourism-profile.pdf

Ibáñez, J. (2005). *El control de Internet. Poder y autoridad en los mercados electrónicos.* Madrid, España: Catarata.

Ibáñez, J. (1999). La realidad de la globalización: Procesos, factores y actores de un incipiente sistema global. *Revista de Investigaciones Políticas y Sociológicas*, *1*(1), 41–61.

IBN Live. (2013, August 13). *IBN live*. Retrieved MAY 3, 2015, from http://www.ibnlive.com/news/india/govt-directs- 5-star-hotels-to-donate-leftover-food-offer-half-portions-to-guests-631019.html: http://www.ibnlive.com

Idowu, S. O., & Leal Filho, W. (2009). *Global practices of corporate social responsibility*. Berlin: Springer. doi:10.1007/978- 3-540-68815-0

IET. (2013). Balance del Turismo Año 2012. Resultados de la actividad turística en España (abril 2013). Madrid, Es- paña: IET.

Imran, S., Alam, K., & Beaumont, N. (2014). Environmental orientations and environmental behaviour: Perceptions of protected area tourism stakeholders.

Tourism Management, *40*, 290–299. doi:10.1016/j.tourman.2013.07.003

India Brand Equity Foundation. (2014). *Tourism and Hospitality*. Accessed 1st June 2015 from http://www.ibef.org/ download/Tourism–and–Hospitality–August–2014.pdf

India Brand Equity Foundation. (2015). *Service Sector*. Accessed 5th April 2015 from http://www.ibef.org/industry/ services.aspx

India Brand Equity Foundation. (2015). *Tourism and Hospitality Industry in India*. Accessed 20th May 2015 from http:// www.ibef.org/industry/tourism–hospitality–india.aspx

India.com. (2014). Retrieved on 7 Sept 2015 from http://travel.india.com/travel–blogs/latest–travel–trends–2014

Indians-Thai-Airways. (2014). Retrieved on 22th Nov. 2015 from http://articles.economictimes.indiatimes.com/2013–04– 14/news/38529310_1_direct–flights–

Inoue, Y., & Lee, S. (2011). Effects of different dimensions of corporate social responsibility on corporate financial performance in tourism–related industries. *Tourism Management*, *32*(4), 790–804. doi:10.1016/j.tourman.2010.06.019

International Standard Organization (ISO). (2010). *ISO 26000 - Guidance on social responsibility. ISO 26000: 2010(E)*. Geneva, Switzerland: International Standards Organization.

IRIS Knowledge Foundation. Mumbai, India. (2013). State of the Urban Youth, India 2012. Retrieved on 20 Nov 2015 from http://www.ncaer.org/popuppages/ EventDetails /IPF_2012/ ekharAiyarandAshokaMody.pdf

ISTAC. (2013a). *Oferta turística: Hostelería, Restauración y otros. Comunidad Autónoma de Canarias, España*: ISTAC.

ISTAC. (2013b). *FRONTUR-Canarias: Series mensuales de entradas de turistas y excursionistas. Comunidad Autónoma de Canarias, España*: ISTAC.

Jafari, J. (2005). A Systemic View of Socio–cultural Dimensions of Tourism. In *President's Commission on American Outdoors, Tourism* (pp. 33–50).

Washington, DC: United States Travel and Tourism Administration.

Jamal, T., & Stronza, A. (2009). Collaboration theory and tourism practice in protected areas: Stakeholders, structuring and sustainability. *Journal of Sustainable Tourism, 17*(2), 169–189. doi:10.1080/09669580802495741

Jamrozy, U. (2007). Marketing of tourism: A paradigm shift toward sustainability. *International Journal of Culture, Tourism and Hospitality, 1*(2), 117–130. doi: 10.1108/17506180710751669

Jennings, P. D., & Zandbergen, P. A. (1995). Ecologically sustainable organizations: An institutional approach. *Academy of Management Review, 20*(4), 1015–1052.

Jepperson, R. L. (1991). Institutions, institutional effects, and institutionalism. In W. W. Powell & P. J. DiMaggio (Eds.), *The new institutionalism in organizational analysis* (pp. 143–163). Chicago: University of Chicago Press.

Jerry, J. (2008). *Survey, research and analysis: Applications in parks, recreation and human dimensions*. State College, PA: Venture Publishing.

Jones, T. (1995). Instrumental Stakeholder Theory: A Synthesis of Ethics and Economics. *Academy of Management Review, 20*(2), 404–437.

Jones, T. M. (1995). Instrumental stakeholder theory: A synthesis of ethics and economics. *Academy of Management Review, 20*(2), 404–437. doi: 10.5465/AMR.1995.9507312924

Kahn William, A. (1990). Psychological Conditions of Personal Engagement and Disengagement at Work. *Academy of Management Journal, 33*(4), 692–724. doi:10.2307/256287

Kaiser, H. F. (1970). A second generation Little Jiffy. *Psychometrika, 35*(4), 401–415. doi:10.1007/BF02291817

Kakkar, L., & Sapna. (2012). Impact of Tourism on Indian Economy. *International Journal of Marketing, Financial Services & Management Research, 4*. Accessed 27th May 2015 from http://indianresearchjournals.com/pdf/IJMF-SMR/2012/April/9.pdf

Kalisch, A. (2002). *Corporate Futures: Social Responsibility in the Tourism Industry*. London: Tourism Concern.

Kang, K. H., Lee, S., & Huh, C. (2010). Impacts of positive and negative corporate social responsibility activities on company performance in the hospitality industry. *International Journal of Hospitality Management, 29*(1), 72–82. doi:10.1016/j.ijhm.2009.05.006

Kang, K. H., Stein, L., Heo, C. Y., & Lee, S. (2012). Consumers' willingness to pay for green initiatives of the hotel industry. *International Journal of Hospitality Management, 31*(2), 564–572. doi:10.1016/j.ijhm.2011.08.001

Karl, E., Henion, I., & Kinnear, T. (2008). *Green Market Research anyone? A study on green market research practice among companies.* National Workshop on Ecological Marketing, Austin, TX.

Kashyap, H. (2014). Economic Development through Tourism– A Case Study of Home Stay scheme of Himachal Pradesh. *Global Journal of Finance and Management, 6*(4), 345–348.

Kasim, A. (2004). Socio–environmentally responsible hotel business: Do tourists to Penang Island, Malaysia care? *Journal of Hospitality & Leisure Marketing, 11*(4), 5–28. doi:10.1300/J150v11n04_02

Kasim, A. (2006). The need for business environmental and social responsibility in the tourism industry. *International Journal of Hospitality & Tourism Administration, 7*(1), 1–22. doi:10.1300/J149v07n01_01

Kasim, A. (2007). Corporate environmentalism in the hotel sector: Evidence of drivers and barriers in Penang, Malaysia. *Journal of Sustainable Tourism, 15*(6), 680–699. doi:10.2167/jost575.0

Keller, P. (2001). Introduction. In Tourism and air transport, (pp. 15–21). Madrid: World Tourism Organization. Kerala Government. (n.d.). *Vision 2030*. Accessed 30th May 2015 from http://kerala.gov.in/docs/reports/vision2030/11.pdf

Ketola, T. (2006). From CR–psychopaths to responsible corporations: Waking up the inner sleeping beauty of companies. *Corporate Social Responsibility and Environmental Management, 13*(2), 98–107. doi:10.1002/csr.113

Khanna, A. (2014). *Hotels in India Trends and Opportunities.* New Delhi: HVS.

Khoury, G., Rostami, J., & Turnbull, J. P. (1999). *Corporate social responsibility: Turning words into action.* Ottawa, Canada: Conference Board of Canada.

Kim, H. R., Lee, M., Lee, H. T., & Kim, N. M. (2010). Corporate social responsibility and employee–company identi- fication. *Journal of Business Ethics, 95*(4), 557–569. doi:10.1007/s10551–010–0440–2

Kim, N. Y., & Miller, G. (2008). Perceptions of the ethical climate in the Korean tourism industry. *Journal of Business Ethics, 82*(4), 941–954. doi:10.1007/s10551–007–9604–0

Kinnear, T. C., Taylor, J. R., & Ahmed, S. A. (1974). Ecologically concerned consumers: Who are they? *Journal of Marketing, 38*(April), 20–24. doi:10.2307/1250192

Kirk, D. (1995). Environmental management in hotels. *International Journal of Contemporary Hospitality Management, 7*(6), 3–8. doi:10.1108/09596119510095325

Klonoski, R. (1991). Foundational Considerations in the Corporate Social Responsibility Debate. *Business Horizons, 34*(July/August), 9–18. doi:10.1016/0007–6813(91)90002–D

Knudson, W. A. (2007). The Organic Food Market. In *Business Innovation in Agriculture, Food and Natural Resources.* Michigan State University.

Kolk, A., & Pinkse, J. (2006). Stakeholder mismanagement and corporate social responsibility crises. *European Man- agement Journal, 24*(1), 59–72. doi:10.1016/j.emj.2005.12.008

Kollmuss, A., & Agyeman, J. (2002). Mind the gap: Why do people act environmentallyand what are the barriers to pro–environmental behavior? *Environmental Education Research, 8*(3), 239–260. doi:10.1080/13504620220145401

Kostova, T., & Roth, K. (2002). Adoption o fan organizational practice by subsidiaries of multinational corporations: Institutional and relational effects. *Academy of Management Journal, 45*(1), 215–243. doi:10.2307/3069293

Kotler, P. et al.. (2005). *Principles of marketing*. London: Pearson Education.

Kotler, P., Bowen, J., & Makens, J. (2003). *Marketing for hospitality and tourism* (3rd ed.). Upper Saddle River: Pearson. Kotler, P., & Lee, N. (2005). *Corporate social responsibility doing the most good for your company and your cause.* Hoboken, NJ: Wiley.

Kotler, P., & Lee, N. (2005). *Corporate Social Responsibility: Doing the Most Good for Your Company and Your Cause.* Hoboken, NJ: John Wiley and Sons, Inc.

Kotler, P., & Lee, N. (2005). *Corporate Social Responsibility: Doing the Most Good for Your Company and Your Cause.* Hoboken, NJ: John Willey & Sons.

Kotonen, U. (2009). Formal corporate social responsibility reporting in Finnish listed companies. *Journal of Applied Accounting Research, 10*(3), 176–207. doi:10.1108/09675420911006406

Kucukusta, D., Mak, A., & Chan, X. (2013). Corporate social responsibility practices in four and five-star hotels: Perspectives from Hong Kong visitors. *International Journal of Hospitality Management, 34,* 19–30. doi:10.1016/j.ijhm.2013.01.010

Kumar, L., Singh, T., Saigal, N., & Cebula, B. (2009). Dissecting the Indian Hospitality Industry. In Perspective (vol. 1). Technopak.

Kumar, R., & Sharma, S. (2014). Corporate Social Responsibility– A study on hotel industry. *Asian Journal of Multidis- ciplinary Studies, 2*(4). Retrieved on 2 May 2015 from http://www.ajms.co.in/sites/ajms/index.php/ajms/article/view/240

Kumar, N., Stern, L., & Anderson, J. (1993). Conducting interorganizational research using key informants. *Academy of Management Journal, 36*(6), 1633–1651. doi:10.2307/256824

Kumar, R., & Sharma, S. (2014). Corporate Social Responsibility– A study on hotel industry. *Asian Journal of Multi- disciplinary Studies*, *2*(4), 25–32.

Ladkin, A., & Bertramini, A. M. (2002). Collaborative tourism planning: A case study of Cusco, Peru. *Current Issues in Tourism*, *5*(2), 71–93. doi:10.1080/13683500208667909

Lämsä, A. M., Vehkaperä, M., Puttonen, T., & Pesonen, H. L. (2008). Effect of business education on women and men students' attitudes on corporate responsibility in society. *Journal of Business Ethics*, *82*(1), 45–58. doi:10.1007/s10551- 007-9561-7

Lancaster, K. J. (1966). A new approach to consumer theory. *Journal of Political Economy*, *74*(2), 132–157. doi:10.1086/259131

Lantos, G. P. (2002). The ethicality of altruistic corporate social responsibility. *Journal of Consumer Marketing*, *19*(2), 205–232. doi:10.1108/07363760210426049

Lee, C. K., Kang, S. K., Long, P., & Reisinger, Y. (2010). Residents' perceptions of casino impacts: A comparative study. *Tourism Management*, *31*(2), 189–201. doi:10.1016/j.tourman.2009.02.011

Lee, M. (2008). A review of the theories of corporate social responsibility: Its evolutionary path and the road ahead. *International Journal of Management Reviews*, *10*(1), 53–73. doi:10.1111/j.1468-2370.2007.00226.x

Lee, S., & Heo, C. Y. (2009). Corporate social responsibility and customer satisfaction among US publicly traded hotels and restaurants. *International Journal of Hospitality Management*, *28*(4), 635–637. doi:10.1016/j.ijhm.2009.02.007

Lee, S., & Park, S. (2009). Do socially responsible activities help hotel and casino achieve their financial goals? *Inter- national Journal of Hospitality Management*, *28*(1), 105–112. doi:10.1016/j.ijhm.2008.06.003

Lee, S., Seo, K., & Sharma, A. (2013). Corporate social responsibility and firm performance in the airline industry: The moderating role of oil prices. *Tourism*

Management, 38, 20–30. doi:10.1016/j.tourman.2013.02.002

Lee, T. H. (2013). Influence analysis of community resident support for sustainable tourism development. *Tourism Management, 34*(1), 37–46. doi:10.1016/j.tourman.2012.03.007

Lee, T. H., Jan, F. H., & Yang, C. C. (2013). Conceptualizing and measuring environmentally responsible behaviors from the perspective of community-based tourists. *Tourism Management, 36*, 454–468. doi:10.1016/j.tourman.2012.09.012

Lehner, P. (2013, March 02). *Recipe for cutting food waste*. Academic Press.

Leigh, B. C. (1990). The relationship of substance use during sex to high-risk sexual activity. *Journal of Sex Research, 27*(2), 199–213. doi:10.1080/00224499009551552

Leiper, N. (2008). Why 'the tourism industry' is misleading as a generic expression: The case for the plural variation, 'tourism industries'. *Tourism Management, 29*(2), 237–251. doi:10.1016/j.tourman.2007.03.015

Lepoutre, J., & Heene, A. (2006). Investigating the impact of firm size on small business social responsibility: A critical review. *Journal of Business Ethics, 67*(3), 257–273. doi:10.1007/s10551-006-9183-5

Lepp, A. (2007). Residents' attitudes towards tourism in Bigodi village, Uganda. *Tourism Management, 28*(3), 876–885. doi:10.1016/j.tourman.2006.03.004

Lepp, A. (2008). Attitudes towards initial tourism development in a community with no prior tourism experience: The case of Bigodi, Uganda. *Journal of Sustainable Tourism, 16*(1), 5–22. doi:10.2167/jost630.0

Le, Y., Hollenhurst, S., Harris, C., McLaughlin, A., & Shook, S. (2006). Environmental management: A study of Viet- namese hotels. *Annals of Tourism Research, 33*(2), 545–567. doi:10.1016/j.annals.2006.01.002

Lii, Y. S., & Lee, M. (2012). Doing right leads to doing well: When the type of CSR and reputation interact to affect consumer evaluations of the firm. *Journal of Business Ethics, 105*(1), 69–81. doi:10.1007/s10551-011-0948-0

Lin, C., Chen, S., Chiu, C., & Lee, W. (2011). Understanding purchase intention during product harm crises: Moderating effects of perceived corporate ability and corporate social responsibility. *Journal of Business Ethics, 102*(3), 455–471. doi:10.1007/s10551-011-0824-y

Lindgreen, A., & Swaen, V. (2010). Corporate social responsibility. *International Journal of Management Reviews, 12*(1), 1–7. doi: 10.1111/j.1468-2370.2009.00277.x

Lindseth, G. (2004). The cities for climate protection campaign (CCC) and the framing of local climate policy. *Local Environment, 9*(4), 325–336. doi:10.1080/1354983042000246252

Ling, P. M., & Glantz, S. A. (2002). Why and how the tobacco industry sells cigarettes to young adults: Evidence from industry documents. *American Journal of Public Health, 92*(6), 908–916. doi:10.2105/AJPH.92.6.908 PMID:12036776

Littlefield, E., Morduch, J., & Hashemi, S. (2003). Is microfinance an effective strategy to reach the Millennium Devel- opment Goals? *Focus Note, 24*, 1–11.

Liu, Z. (2003). Sustainable tourism development: A critique. *Journal of Sustainable Tourism, 11*(6), 459–475. doi:10.1080/09669580308667216

Lizcano, J.L., & Moneva, J.M. (2004). Marco conceptual de la Responsabilidad Social Corporativa. *Documentos AECA*. Serie Responsabilidad Social Corporativa, nº1.

Llamas, R. (2005). *Un análisis institucional de la implantación de la Agenda Local 21 por los Ayuntamientos españoles*. (Doctoral dissertation). University of Granada, Granada, Spain.

Llamas-Sanchez, R., Garcia-Morales, V., & Martin-Tapia, I. (2013). Factors affecting institutional change: A study of the adoption of Local Agenda 21 in Spain. *Journal of Organizational Change Management, 26*(6), 1045–1070. doi:10.1108/ JOCM-03-2012-0037

Lockwood, N. (2007, March). Leveraging Employee Engagement for Competitive

Advantage: HR's Strategic Role. *HR Magazine, 52*(3), 1–11.

Logar, I. (2010). Sustainable tourism management in Crikvenica, Crotia: An assessment of policy instruments. *Tourism Management, 31*(1), 125–135. doi:10.1016/j.tourman.2009.02.005

Lopes, E.R. (Ed.). (2010). *A constelação do turismo na economia portuguesa.* Mirandela: Edições Jornal Sol.

Lozano, J. M. (2006). De la Responsabilidad Social de la Empresa (RSE) a la Empresa Responsable y Sostenible (ERS). *Papeles de Economía Española, 108*, 40–62.

Luo, X., & Bhattacharya, C. B. (2006). Corporate social responsibility, customer satisfaction and market value. *Journal of Marketing, 70*(4), 1–18. doi:10.1509/jmkg.70.4.1

Lynes, J. K., & Andrachuk, M. (2008). Motivations for corporate social and environmental responsibility: A case study of Scandinavian airlines. *Journal of International Management, 14*(4), 377–390. doi:10.1016/j.intman.2007.09.004

Maak, T. (2007). Responsible leadership, stakeholder engagement, and the emergence of social capital. *Journal of Busi- ness Ethics, 74*(4), 329–343. doi:10.1007/s10551-007-9510-5

MacDonald, W. L., & Hara, N. (1994). Gender differences in environmental concern among college students. *Sex Roles, 33*(5/6), 369–374. doi:10.1007/BF01544595

Mackey, A., Mackey, T., & Barney, J. B. (2007). Corporate social responsibility and firm performance: Investor prefer- ences and corporate strategies. *Academy of Management Review, 32*(3), 817–835. doi:10.5465/AMR.2007.25275676

MacKinnon, D. P., Lockwood, C. M., Hoffman, J. M., West, S. G., & Sheets, V. (2002). A comparison of methods to test mediation and other intervening variable effects. *Psychological Methods, 7*(1), 83–104. doi:10.1037/1082-989X.7.1.83 PMID:11928892

Maignan, I., & Ferrell, O. C. (2000). Measuring corporate citizenship in two countries: The case of the United States and France. *Journal of Business Ethics, 23*(3), 283–297. doi:10.1023/A:1006262325211

Maignan, I., & Ferrell, O. C. (2004). Corporate social responsibility and marketing: An integrative framework. *Journal of the Academy of Marketing Science, 32*(1), 3–19. doi:10.1177/0092070303258971

Make in India. (2015). *Tourism and Hospitality*. Accessed 3rd June 2015 from http://makeinindia.com/sector/tourism- hospitality/

Malik, & Kumar. (2012). Management of hotel waste: A case study of small hotels of Haryana state. *Arth Prabhand: A Journal of Economics and Management*, 43–55.

Mandhachitara, R., & Poolthong, Y. (2011). A model of customer loyalty and corporate social responsibility. *Journal of Services Marketing, 25*(2), 122–133. doi:10.1108/08876041111119840

Mandimika, E., Taderera, E., Nyikahadzoi, L., & Wilson, M. (2008). Corporate social responsibility in the tourism sector: The case of Zimbabwe. *Journal of Academic and Business Ethics*. Retrieved from http://www.aabri.com/copyright.html

Manente, M., Minghetti, V., & Mingotto, E. (2014). Responsible Tourism and CSR: Assessment Systems for Sustainable Development of SMEs in Tourism. In CSR, Sustainability, Ethics & Governance. Switzerland: Springer.

Manente, M., Minghetti, V., & Mingotto, E. (2014). *Responsible tourism and CSR: Assessment systems for sustainable development of SMEs in tourism*. Berlin, Germany: Springer–Verlag. doi:10.1007/978–3–319–06308–9

Mansfeld, Y., & Pizam, A. (2006). Towards a theory of tourism security. In Y. Mansfeld & A. Pizam (Eds.), *Tourism, security and safety: From theory to practice* (pp. 1–28). Burlington, MA: Elsevier.

March, R., & Wilkinson, I. (2009). Conceptual tools for evaluating tourism partnerships. *Tourism Management, 30*(3), 455–462. doi:10.1016/j.tourman.2008.09.001

Marfai, M. A., & Hizbaron, D. R. (2011). Community's Adaptive Capacity due to Coastal Flooding in Semarang Coastal City, Indonesia. *Annals of the University of Oradea, Geography Series/Analele Universitatii din Oradea. Seria Geografie, 21*(2), 219–221.

Margolis, J. D., & Walsh, J. P. (2003). Misery loves companies: Rethinking social initiatives by business. *Administrative Science Quarterly, 48*(2), 268–305. doi:10.2307/3556659

Marin, L., & Ruiz, S. (2007). I need you too! Corporate identity attractiveness for consumers and the role of social responsibility. *Journal of Business Ethics, 71*(3), 245–260. doi:10.1007/s10551-006-9137-y

Markwick, M. C. (2000). Golf tourism development, stakeholders, differing discourses and alternative agendas. *Tourism Management, 21*(5), 515–524. doi:10.1016/S0261-5177(99)00107-7

Martín Rojo, I., Gaspar González, A. I., Caro González, F. J., Castellanos Verdugo, M., & Oviedo García, M. A. (2008). *La responsabilidad social corporativa en los puertos deportivos y clubes náuticos de Andalucía: Diagnóstico y propuestas de mejoras para la innovación turística.* Sevilla: C. y D. Consejería de Turismo.

Mason, P. (2003). *Tourism Impacts, Planning and Management.* Butterworth-Heinemann.

Massukado, M. S., & Teixeira, R. M. (2007). *Como cooperar em turismo? Configuraçao em redes para empresas turísticas.* Sâo Paulo: Anais do Seminário de ANPTUR.

Mathur, A. K., & Vyas, A. (2012). Situational analysis of corporate social responsibility in pharmaceutical companies of India 2012. *Pharmacophore, 3*(5), 265–279. Retrieved on 15 May 2015 from http://www.pharmacophorejournal.com

Matías Cruz, G., & Pulido-Fernández, J. I. (2012). Dinámica relacional interorganizacional para el desarrollo turístico. Los casos de Villa Gesell y

Pinamar (Argentina). *Revista de Estudios Regionales*, *94*, 167–194.

Mavropoulos, A. (n.d.). *Waste Management World*. Retrieved May 24, 2015, from http://www.waste–management–world. com/articles/print/volume–11/issue–2/features/waste–management–2030.html: http://www.waste–management–world.com

Mazilu, M. (2013). The Factors with Majors Incidence in the Development of Sustainable Tourism. In *Proceedings WSEAS Conference, Advances in Environment, Ecosystems and Sustainable Tourism, Conference STACH*.

McCarthy, J. J., Canziani, O. F., Leary, N. A., Dokken, D. J., & White, K. S. (2001). *Climate change 2001: impacts, adaptation, and vulnerability: contribution of Working Group II to the third assessment report of the Intergovernmental Panel on Climate Change*. Cambridge, UK: Cambridge University Press.

McWilliams, A., & Siegel, D. (2000). Corporate social responsibility and financial performance: Correlation or mis– specification? *Strategic Management Journal*, *21*(5), 603–609. doi:10.1002/(SICI)1097–0266(200005)21:5<603::AID–SMJ101>3.0.CO;2–3

McWilliams, A., & Siegel, D. (2001). Corporate social responsibility: A theory of the firm perspective. *Academy of Management Review*, *26*(1), 117–127. doi: 10.5465/AMR.2001.4011987

McWilliams, A., Siegel, D. S., & Wright, P. M. (2006). Corporate social responsibility: Strategic implications*. *Journal of Management Studies*, *43*(1), 1–18. doi:10.1111/j.1467–6486.2006.00580.x

Mehmetoglu, M. (2001). Economic scale of community–run festivals: A case study. *Event Management*, *7*(2), 93–102. doi:10.3727/152599501108751506

Mehrtens, C., Rosenheim, B., Modley, M., & Young, R. S. (2001). Reef morphology and sediment attributes, Roatan, Bay Islands, Honduras. *Carbonates and Evaporites*, *16*(2), 131–140. doi:10.1007/BF03175831

Melkonian, T., & Picq, T. (2009). *Collective performance of teams operating at the extreme: The case of Special Forces*. Paper presented at the EGOS,

Barcelona, Spain.

Mellinger, M. S. (2014). Do nonprofit organizations have room for advocacy in their structure? an exploratory study. *Human Service Organizations Management. Leadership and Governance*, *38*(2), 158–168.

Melo Sacramento, P., & Teixeira, R.M. (2012). Redes de cooperación y relacionamiento en el sector turístico. *Estudios y Perspectivas en turismo*, *21*, 1481–1501.

Merinero Rodríguez, R., & Pulido-Fernández, J. I. (2009). Desarrolla turístico y dinámica relacional. Metodología de análisis para la gestión activa de destinos turísticos. *Cuadernos de Turismo*, *23*, 173–193.

Meyer, J. W., & Scott, W. R. (1983). The organization of the societal sectors. In J. W. Meyer & W. R. Scott (Eds.), *Or- ganizational Environments: Ritual and Rationality* (pp. 100–121). Beverly Hills, CA: Sage.

Meyer, J., & Rowan, B. (1977). Institutionalized organizations: Formal structure as mythand ceremony. *American Journal of Sociology*, *83*(2), 340–363. doi:10.1086/226550

Mezias, S. J. (1990). An institutional model of organizational reporting practice: Financial reporting at the Fortune 200. *Administrative Science Quarterly*, *35*(3), 431–457. doi:10.2307/2393312

Millar, M., & Baloglu, S. (2011). Hotel guest's preferences for green guest room attributes. *Cornell Hospitality Quarterly*, *52*(3), 302–311. doi:10.1177/1938965511409031

Miller, G. (2001). The development of indicators for sustainable tourism: Results of a Delphi survey of tourism research- ers. *Tourism Management*, *22*(4), 351–362. doi:10.1016/S0261-5177(00)00067-4

Miller, G., Rathouse, K., Scarles, C., Holmes, K., & Tribe, J. (2009). Public understanding of sustainable tourism. *An- nals of Tourism Research*, *37*(3), 627–645. doi:10.1016/j.annals.2009.12.002

Miller, G., & Twining-Ward, L. (2005). *Monitoring for sustainable tourism transition: The challenge of developing and using indicators.* Cambridge, MA: CABI Publishing. doi:10.1079/9780851990514.0000

Ministry of Tourism and Culture. (n.d.). *Kerala's Approach to Tourism Development: A Case Study.* Accessed 15th May 2015 from http://dev01. incredibleindia.org/images/docs/trade-pdf/surveys-and-studies/study-reports/ Kerala%E2%80%99s%20 Approach%20to%20Tourism%20Development%20 A%20Case%20Study.pdf

Ministry of Tourism. (2013). India Tourism Statistics at a Glance 2013. Retrieved on 25th June 2015 from http://www. tourism.nic.in/writereaddata/ CMSPagePicture /file/marketresearch/Incredible%20India%20final%2021-7-2014%20 english.pdf

Ministry of Tourism. (2014). *Foreign Tourist Arrivals (FTAs) and Foreign Exchange Earnings (FEEs) from Tourism in India.* Ministry of Tourism, Government of India. Accessed 4th June 2015 from http://tourism.gov.in/ writereaddata/ CMSPagePicture/file/marketresearch/FTA/FTAs%20and%20 FEEs%202012_2014.pdf

Mir, L.A. (2014). An Economic Evaluation of Indian Tourism Industry. *International Journal of Scientific and Research Publications, 4*(12).

Mira Vidal, Mª M. (2012). *La dimensión internacional de la responsabilidad social empresarial: Un campo de nego- ciaciones y luchas entre distintas instituciones y actores.* (Unpublished doctoral dissertation). Universidad Complutense de Madrid, España.

Mitchell, V. W., & Greatorex, M. (1989). Risk reducing strategies used in the purchase of wine in the UK. *European Journal of Marketing, 23*(9), 31–46. doi:10.1108/EUM0000000000589

Mohr, L. A., & Webb, D. J. (2005). The effects of corporate social responsibility and price on consumer responses. *The Journal of Consumer Affairs, 39*(1), 121–157. doi:10.1111/j.1745-6606.2005.00006.x

Mohr, L. A., Webb, D. J., & Harris, K. E. (2001). Do consumers expect companies to be socially responsible? The impact of corporate social responsibility on buying behavior. *The Journal of Consumer Affairs, 35*(1), 45–72. doi:10.1111/j.1745-6606.2001.tb00102.x

Mondaq. (2015). Retrieved from http://www.mondaq.com/india/x/366528/ Corporate+Governance/Corporate+Social+ Responsibility+Indian+Companies +Act+2013

Moratis, L. T., & Cochius, T. (2011). *ISO 26000: the business guide to the new standard on social responsibility.* Shef- field, UK: Greenleaf Publishing.

Mosher, J.M. (n.d.). Senter intervention: a new approach for preventing drinking driving. *Accident.*

Mosher, J. F. (1983). Server intervention: A new approach for preventing drinking driving. *Analysis and Prevention, 15*(6), 483–497. doi:10.1016/0001–4575(83)90031–3

Mosher, J. M. (1979). Dram shop liability and the prevention of alcohol–related problems. *Journal of Studies on Alcohol, 40*(9), 773–798. doi:10.15288/jsa.1979.40.773 PMID:513772

Mosher, J. M. (1984). *Server Intervention: Present Status and Future Prospects.* Berkeley, CA: Prevention Research Center. Mowforth & Munt. (2009). *Development, Globalisation and New Tourism in the third World.* Routledge.

Moyano–Fuentes, J. E. (2001). *Nuevos modelos de competencia en ecología organizativa: análisis empírico en la industria de extracción de aceite de oliva en la provincia de Jaén, 1944-1998.* (Doctoral dissertation). University of Jaén, Jaén.

Mukherjee, W. (2010). *India Inc boosing employee-driven CSR drive.* Retrieved from: http://economictimes.indiatimes. com/news/news-by-company/corporate-trends/India-Inc-boosting-employee-driven-CSR-drive/articleshow/6234902.cms

Munasinghe, M. A. T. K., & Kumara, D. C. U. (2013). Impact of disclosure of corporate social responsibility on cor- porate financial performances of plantations companies in Sri Lanka. *Journal of Emerging Trends in Economics and Management Sciences*, *4*(3), 371–376.

Muñoz Mazón, A. (2009). *Modelo de Evaluación Relacional para Sistemas Turísticos. Una Propuesta de Análisis del Capital Social en Destinos. (Unpublished doctoral dissertation)*. Universidad Antonio de Nebrija, España.

Muñoz Mazón, A., & Fuentes Moraleda, L. (2013). La cooperación público privada en el ámbito de la promoción de los destinos. El análisis de redes sociales como propuesta metodológica. *Cuadernos de Turismo, 31*, 199–223.

Murillo Vargas, G., González Campo, C. H., & Rodriguez Orejuela, H. A. (2010). Corporate social responsibility in the context of institutional and organizational change in the Colombian financial sector. *Revista AD-Minister*, *17*(Julio-Diciembre), 59–85.

Murillo, D., & Lozano, J. M. (2006). SMEs and CSR: An approach to CSR in their own words. *Journal of Business Ethics*, *67*(3), 227–240. doi:10.1007/s10551-006-9181-7

Murphy, P. E. (1985). *Tourism: A community approach*. London, UK: Methuen.

Murphy, P. E. (1988). Community driven tourism planning. *Tourism Management*, *9*(2), 96–104. doi:10.1016/0261- 5177(88)90019-2

Nanatha Kumar, L., Ibrahim, Y., & Harun, M. (2008). Tourism Development Policy, Strategic Alliances and Impact of Consumer Price Index on Tourist Arrivals: The Case of Malaysia. *Tourismos: An International Multidisciplinary Journal of Tourism, 3*(1), 83–98. Accessed 18th April 2015 from http://www.researchgate.net/profile/Nanthakumar_Loganathan/ publication/263651507_Tourism_development_policy_strategic_alliances_and_impact_of_consumer_price_index_on_ tourist_arrivals_The_case_of_Malaysia/links/0912f50a314164af7c000000.pdf

NarendraModi. (2013). *Those who know the tourism sector know what potential there is in Gujarat: CM at Gujarat Travel Mart*. Accessed 25th February 2015 from http://www.narendramodi.in/those-who-know-the-tourism-sectorknow-what- potential-there-is-gujarat-cm-at-gujarat-travel-mart

Natera, A. (2004). *La noción de gobernanza como gestión pública participativa y reticular. Documentos de trabajo Política y Gestión*. Universidad Carlos III de Madrid, Departamento de Ciencia Política y Sociología.

National Restaurant Association. (2010). *What's hot in 2011 survey 2010*. Retrieved October 20, 2011, from http://www. restaurant.org/pdfs/research/whats_hot_2011.pdf

Neville, B. A., Bell, S. J., & Menguc, B. (2005). Corporate reputation, stakeholders and the social performance–financial performance relationship. *European Journal of Marketing*, *39*(9/10), 1184–1198. doi:10.1108/03090560510610798

Newman, P., Beatley, T., & Heather, B. (2009). *Resilient cities: Responding to peak oil and climate change*. Washington, DC: Island Press.

Newsome, D., Susan, A. M., & Dowling, R. K. (2002). *Natural Area Tourism: Ecology, Impacts and Management*. New York: Channel View Publications.

NFI. (2010). Tourism and CSR: *Bringing social responsibility to bear in the tourism industry*. Available at http://www.nfi.at/dmdocuments/factSheetCSR_EN.pdf

Nicholas, L., Thapa, B., & Ko, Y. (2009). Residents' perspectives of a world heritage site: The Pitons Management Area, St. Lucia. *Annals of Tourism Research*, *36*(3), 390–412. doi:10.1016/j.annals.2009.03.005

Nicolau, J. L. (2008). Corporate social responsibility: Worth-creating activities. *Annals of Tourism Research*, *35*(4), 990–1006. doi:10.1016/j.annals.2008.09.003

Njoroge, J. M. (2014). An enhanced framework for regional tourism sustainable adaptation to climate change. *Tourism Management Perspectives*, *12*, 23–30. doi:10.1016/j.tmp.2014.06.002

Noland, J., & Phillips, R. (2010). Stakeholder engagement, discourse ethics and strategic management. *International Journal of Management Reviews*, *12*(1), 39–49. doi:10.1111/j.1468-2370.2009.00279.x

Nordin, F., Kindström, D., Kowalkowski, C., & Rehme, J. (2011). The risks of providing services: Differential risk effects of the service-development strategies of customization, bundling, and range. *Journal of Service Management, 22*(3), 390–408. doi:10.1108/09564231111136881

Nunkoo, R., & Ramkissoon, H. (2011). Developing a community support model for tourism. *Annals of Tourism Research, 38*(3), 964–988. doi:10.1016/j.annals.2011.01.017

Nunnally, J. C., & Bernstein, I. H. (1994). Psychometric theory (3rd ed.). McGraw-Hill.

Nunnally, J. C. (1978). *Psychometric theory* (2nd ed.). New York: McGraw-Hill.

O'Donnell, M. (1985). Research on drinking locations of alcohol-impaired drivers: Implication for preventionpolicies. *Journal of Public Health Policy, 6*(4), 510. doi:10.2307/3342050 PMID:3912407

Odegaard, A. O., Koh, W. P., Yuan, J. M., Gross, M. D., & Pereira, M. A. (2012). Western- style fast food intake and cardio-metabolic risk in an eastern country. *Circulation, 126*(2), 182–188. doi:10.1161/CIRCULATIONAHA.111.084004 PMID:22753304

Oketch, M. O. (2005). The corporate stake in social cohesion. *Peabody Journal of Education, 80*(4), 30–52. doi:10.1207/ S15327930pje8004_4

Oliver, C. H. (1991). Strategic Responses to Institutional Processes. *Academy of Management Review, 16*(1), 145–179. OMT. (2005). *El potencial del turismo como estrategia de desarrollo sostenible.* Madrid, España: OMT.

OMT. (2011). *Políticas y prácticas para el turismo mundial.* Madrid, España: OMT.

OMT. (2013). *Panorama OMT del turismo internacional, edición 2013.* Madrid, España: OMT.

Orchiston, C. (2013). Tourism business preparedness, resilience and disaster planning in a region of high seismic risk: The case of the Southern Alps, New Zealand. *Current Issues in Tourism, 16*(5), 477–494. doi:10.1080/13683500.20

12.741115

Orlitzky, M., Schmidt, F. L., & Rynes, S. L. (2003). Corporate social and financial performance: A meta-analysis. *Or- ganization Studies*, *24*(3), 403–441. doi:10.1177/0170840603024003910

Orlitzky, M., Siegel, D. S., & Waldman, D. A. (2011). Strategic corporate social responsibility and environmental sus- tainability. *Business & Society, 50*(1), 6–27. doi:10.1177/0007650310394323

Osterhus, T. L. (1997). Pro-social consumer influence strategies: When and how do they work? *Journal of Marketing, 61*(4), 16–29. doi:10.2307/1252084

Ottman, J. (1992). *Green marketing: responding to environmental consumerism.* NTC Business Books.

Palmer, D. P., Jennings, D., & Zhou, X. (1993). Late adoption of the multidivisional form by large U.S. corporations: Institutional, political, and economic activity. *Administrative Science Quarterly, 38*(1), 100–131. doi:10.2307/2393256

Pani, A., Das, B., & Sharma, D. (2013). Changing Dynamics of Hospitality & Tourism Education and its Impact on Employability NMC special issue of Parikalpana. KIIT Journal of Management. Retrieved on 12 Sept 2015 from http:// www.wttc.org/site_media/uploads/downloads/india2013_1.pdf

Paradise, A. (2008, January). Influences engagement. *T&D, 62*(1), 54–59.

Parasuraman, A., Zeithaml, V. A., & Berry, L. L. (1988). SERQUAL: A multiple-item scale for measuring consumer perception of service quality. *Journal of Retailing, 64*(1), 12–40.

Parasuraman, A., Zeithaml, V. A., & Berry, L. L. (1994). Alternative scales for measuring service quality: A compara- tive assessment based on psychometric and diagnostic criteria. *Journal of Retailing, 70*(3), 201–230. doi:10.1016/0022- 4359(94)90033-7

Paredes, R., & Rodríguez, R. (2002).*Fuerteventura. Fuerteventura/Antigua, España*: RAI Ediciones.

Park Plaza Europe. (2010). Retrieved from http://www.parkplazaeurope.com/pr/PPNewsUpdate.pdf

Parket, R., & Eilbirt, H. (1975). Social responsibility: The underlying factors. *Business Horizons*, *18*(4), 5–10. doi:10.1016/0007-6813(75)90019-1

Parra López, E. (2007). Determinantes estratégicos en las redes de relaciones de las empresas turísticas en Canarias. In Innovación en la gestión directiva ante el nuevo contexto empresarial canario (pp. 55–75). Santa Cruz de Tenerife, España: Fundación FYDE–CajaCanarias.

Parry, M. L., Canziani, O. F., Palutikof, J. P., van der Linden, P. J., & Hanson, C. E. (2007). *Climate change 2007: impacts, adaptation and vulnerability: Intergovernmental Panel on Climate Change*. Cambridge, UK: Cambridge University Press.

Patel, R. (2012). India's Tourism Industry – Progress and Emerging Issues. *Arth Prabandh: A Journal of Economics and Management*, *1*(5). Accessed 4th May 2015 from http://prj.co.in/setup/business/paper29.pdf

Patricklalonde. (2013, April 17). *Stop Food Waste*. Retrieved May 25, 2015, from https://hospitalityfoodwaste.wordpress.com/2013/04/17/food-waste-in-the-hospitality-industry/: https://hospitalityfoodwaste.wordpress.com

Paulraj, A., & Chen, I. J. (2007). Environmental uncertainty and strategic supply chain management: A resource dependence perspective and performance implications. *Journal of Supply Chain Management*, *43*(3), 29–43. doi:10.1111/j.1745-493X.2007.00033.x

Pavlovich, K. (2003). The evolution and transformation of a tourism destination network: The Waitomo Caves, New Zealand. *Tourism Management*, *24*(2), 203–216. doi:10.1016/S0261-5177(02)00056-0

Payne, A. (2006). Corporate social responsibility and sustainable development. *Journal of Public Affairs*, *6*(3 - 4), 286–297. doi:10.1002/pa.230

Pearce, J. A., & Doh, J. P. (2005). The high impact of collaborative social initiatives. *MIT Sloan Management Review*, *46*(3), 29–39.

Peloza, J., & Papania, L. (2008). The missing link between corporate social responsibility and financial performance: Stakeholder salience and identification. *Corporate Reputation Review, 11*(2), 169–181. doi:10.1057/crr.2008.13

Peloza, J., & Shang, J. (2011). How can corporate social responsibility activities create value for stakeholders? A sys- tematic review. *Journal of the Academy of Marketing Science, 39*(1), 117–135. doi:10.1007/s11747-010-0213-6

Pérez López, C. (2005). *Métodos estadísticos avanzados con Spss*. Madrid: Thomson.

Perez, R. C. (2009). Effects of perceived identity based on corporate social responsibility: The role of consumer identi- fication with the company. *Corporate Reputation Review, 12*(2), 177–191. doi:10.1057/crr.2009.12

Peterson, D. (2004). The relationship between perceptions of corporate citizenship and organizational commitment. *Business & Society, 43*(3), 296–319. doi:10.1177/0007650304268065

Phillips, L. E. (1999). Green attitude. *American Demographics, 24*(4), 46–47.

Planning Commission. (2007). *Maharashtra Development Report*. New Delhi: Academic Foundation.

Planning Commission. (2014). *Indian Economy: Some Indicators at a Glance*. Accessed 5th May 2015 from http://plan- ningcommission.nic.in/data/datatable/data_2312/DatabookDec2014%2018.pdf

Planning Commission. (n.d.). *Planning Commission: Financial Resources Division: State Gujarat*. Accessed 3rd February 2015 from http://planningcommission.nic.in/plans/finres/fr/gujrat.pdf

Poddar, S. (2015). A Study on Role of Tourism In Indian Economy With Reference to Identification of Skill Gaps in Tourism Industry. *International Journal in Management and Social Science, 3*(1).

Polonsky, M. J., & Scott, D. (2005). An empirical examination of the stakeholder strategy matrix. *European Journal of Marketing, 39*(9/10), 1199–1215.

doi:10.1108/03090560510610806

Pomering, A., & Dolnicar, S. (2009). Assessing the prerequisite of successful CSR implementation. *Journal of Business Ethics*, *85*(2), 285–301. doi:10.1007/s10551-008-9729-9

Poolthong, Y., & Mandhachitara, R. (2009). Customer expectations of CSR, perceived service quality and brand effect in Thai retail banking. *International Journal of Bank Marketing*, *27*(6), 408–427. doi:10.1108/02652320910988302

Portal Sustainability Report, I. T. C. (2013) Retrieved from http://www.itcportal.com/sustainability/sustainability-report-2013/sustainability-report-2013.pdf

Porter, M. E., & Kramer, M. R. (2002). The competitive advantage of corporate philanthropy. *Harvard Business Review*, *80*(12), 56–68. PMID:12510538

Porter, M. E., & Kramer, M. R. (2006). Strategy & society: The link between competitive advantage and corporate social responsibility. *Harvard Business Review*, *84*(12), 78–92. PMID:17183795

Porter, M., & Kramer, M. (2006). Strategy & Society: The link between competitive advantage and corporate social responsibility. *Harvard Business Review*, *84*(12), 78–92. PMID:17183795

Posey, J. (2009). The determinants of vulnerability and adaptive capacity at the municipal level: Evidence from flood- plain management programs in the United States. *Global Environmental Change*, *19*(4), 482–493. doi:10.1016/j.gloen- vcha.2009.06.003

Prideaux, B., McKercher, B., & McNamara, K. E. (2013). Modelling a Tourism Response to Climate Change Using a Four Stage Problem Definition and Response Framework. *Asia Pacific Journal of Tourism Research*, *18*(1–2), 165–182. doi:10.1080/10941665.2012.688516

Puczkó, L., & Rátz, T. (2000). Tourist and resident perceptions of the physical impacts of tourism at Lake Balaton, Hungary: Is- sues for sustainable tourism management. *Journal of Sustainable Tourism*, *8*(6), 458–478.

doi:10.1080/09669580008667380

Punjab Heritage. (2015). Retrieved from http://www.punjabheritage.in/place/punjab-heritage-and-tourism-promotion- board/

Quazi, A., & O'Brien, D. (2000). An empirical test of a cross-national model of Corporate Social Responsibility. *Journal of Business Ethics, 25*(1), 33–51. doi:10.1023/A:1006305111122

Rahmawati, DeLacy, & Jiang. (2015). A Conceptual Framework to Link Corporate Social Responsibility and Climate Change Strategies in Tourism to Build Community Adaptive Capacity. In *Proceedings of the 25th Annual CAUTHE Conference* (pp. 302–3013). School of Business and Tourism, Southern Cross University.

Ramkissoon, H., Smith, L. D. G., & Weiler, B. (2013). Testing the dimensionality of place attachment and its relation- ships with place satisfaction and pro-environmental behaviours: A structural equation modelling approach. *Tourism Management, 36*, 552–566. doi:10.1016/j.tourman.2012.09.003

Rangan, K., Chase, L. A., & Karim, S. (2012). *Why Every Company Needs a CSR Strategy and How to Build It*. Harvard Business School Working Paper, 12–088.

Reder, A. (1994). *In Pursuit of Principle and Profit: Business Success through Social Responsibility*. New York: Putnam. Redford, K. (2005). Business brains get a heart. *Caterer & Hotelkeeper, 195*(4392), 36–39.

Reference Note No, L. A. A. R. D. I. S. 13/Rn/Ref./Aug/2013. (n.d.). In Wikipedia. Retrieved on 7 Sept 2015 from http:// en.wikipedia.org/wiki/Tourism_in_India

Reisinger, Y., & Mavondo, F. (2006). Cultural differences in travel risk perception. *Journal of Travel & Tourism Market- ing, 20*(1), 13–31. doi:10.1300/J073v20n01_02

Report, K. P. M. G. (2013). Retrieved from http://www.kpmg.com/IN/en/IssuesAndInsights/ArticlesPublications/Docu- ments/KPMG-CII-Travel-

Tourism-sector-Report.pdf

Reserve Bank of India. (2014). *Handbook of Statistics on Indian Economy 2013-14*. Accessed 25th April 2015 from https://rbi.org.in/Scripts/AnnualPublications.aspx?head=Handbook%20of%20Statistics%20on%20Indian%20Economy

Restrepo, M. C., & Rosero, X. X. (2002). Teoría Institucional y proceso de internacionalización de las empresas colom- bianas. *Estudios Gerenciales*, *18*(84), 103–123.

Reynolds, T. J., & Olson, J. C. (Eds.). (2001). *Understanding consumer decision making: The means-end approach to marketing and advertising strategy*. Psychology Press.

Ridinger, L. L., Funk, D. C., Jordan, J. S., & Kaplanidou, K. (2012). Remove from marked Records Marathons for the masses: Exploring the role of negotiation-efficacy and involvement on running commitment. *Journal of Leisure Research*, *44*(2), 155–178.

Riordan, C. M., Gatewood, R. D., & Bill, J. B. (1997). Corporate image: Employee reactions and implications for managing corporate social performance. *Journal of Business Ethics*, *16*(4), 401–412. doi:10.1023/A:1017989205184

Riquel Ligero, F. J. (2010) *Análisis institucional de las prácticas de gestión ambiental de los campos de golf andaluces.* (Doctoral dissertation). University of Huelva, Huelva.

Riquel-Ligero, F. J. (2011). Institutional analysis of environmental management practices of golf courses in Andalusia. *European Journal of Tourism Research*, *4*(2), 229–232.

Rivera, J. (2004). Institutional pressures and voluntary environmental behavior in developing countries: Evidence from the Costa Rican hotel industry. *Society & Natural Resources*, *17*(9), 779–797. doi:10.1080/08941920490493783

Rizal, P., & Asokan, R. (2013). Measuring The Impact of Tourism Industry on

Regionaleconomy of Sikkim State, India. *Journal of International Academic Research for Multidisciplinary, 1*(10). Robert, P. (2007). What is corporate responsibility? *Hospitality,* (6), 54–55.

Roberts, J. A. (1996). Green consumers in the 1990s: Profile and implications for advertising. *Journal of Business Re- search, 36*(3), 217–231. doi:10.1016/0148-2963(95)00150-6

Rodríguez, A., Díaz, P., Ruz–Labourdette, D., Pineda, D., Schmitz, M., & Santana, A. (2010). Selection design and dis- semination of Fuerteventura's projected tourism image (Canary Isles). In Island Sustainability (pp. 13–24). Southampton, UK: WIT Press.

Rodríguez, O. (2005). *Patrimonio Natural de la isla de Fuerteventura*. Santa Cruz de Tenerife, España: Cabildo de Fuerteventura, Gobierno de Canarias y Centro de la Cultura Popular Canaria.

Rodríguez, A., Díaz, P., & Santana, A. (2012). Estrategias de gestión de imagen de destinos en Fuerteventura. De los folletos a la intercomunicación. *Cuadernos de Turismo, 30*, 219–239.

Rodríguez–Antón, J.M., & Alonso–Almeida, MªM., & Celemín Pedroche, MªS. (2013). Responsabilidad social corporativa en las cadenas hoteleras españolas. Un estudio de casos. *Revista de Responsabilidad Social de la Empresa, 5*(1), 15–50.

Rodríguez, F. J. G., & Cruz, Y. (2007). Relation between social–environmental responsibility and performance in hotel firms. *International Journal of Hospitality Management, 26*(4), 824–839. doi:10.1016/j.ijhm.2006.08.003

Rohella, R. S., Panda, S. K., & Das, P. S. (n.d.). *Hotel Food Scraps Go to the Animals-Reduces Disposal Cost and Saves Environment*. Retrieved June 2, 2015, from http://pubs.sciepub.com/env/3/2/3/: http://pubs.sciepub.com

Roizen, J. (1982). Estimating alcohol involvement in serious events. In Alcohol and Health Monograph 1: Alcohol Consumption and Related Problems. Washington, DC: Academic Press.

Roizen, J. (1993). Issues in the epidemiology of alcohol and violence. In S. E. Martin (Ed.), Alcohol and Interpersonal Violence: Fostering Multidisciplinary Perspectives (pp. 3–36). Academic Press.

Roldán, J. (2000). *Sistemas de información ejecutivos EIS. Génesis, implantación y repercusiones organizativas.* (Doc– toral dissertation). University of Sevilla, Sevilla.

Ruef, M., & Scott, R. (1998). A multidimensional model of organizational legitimacy: Hospital survival in changing institutional environments. *Administrative Science Quarterly, 43*(4), 877–904. doi:10.2307/2393619

Ruiz Meza, L. E. (2014). Adaptive capacity of small-scale coffee farmers to climate change impacts in the Soconusco region of Chiapas, Mexico. *Climate and Development, 7*(2), 100–109. doi:10.1080/17565529.2014.900472

Rupp, D. E., Gananpathy, J., Aguilera, R. V., & Williams, C. A. (2006). Employees' reactions to corporate social respon– sibility: An organizational justice framework. *Journal of Organizational Behavior, 27*(4), 537–543. doi:10.1002/job.380

Ryan, C. (2002). Equity, management, power sharing and sustainability-issues of the "new tourism". *Tourism Manage- ment, 23*(1), 17–26. doi:10.1016/S0261-5177(01)00064-4

Saavedra, C., & Budd, W. W. (2009). Climate change and environmental planning: Working to build community re– silience and adaptive capacity in Washington State, USA. *Habitat International, 33*(3), 246–252. doi:10.1016/j.habi- tatint.2008.10.004

Saks, A. (2006). Antecedents and consequences of employee engagement. *Journal of Managerial Psychology, 21*(7), 600–619. doi:10.1108/02683940610690169

Salome, L. R., van Bottenburg, M., & van den Heuvel, M. (2013). "We are as green as possible": Environmental re– sponsibility in commercial artificial settings for lifestyle sports. *Leisure Studies, 32*(2), 173–190. doi:10.1080/026143 67.2011.645247

Salzmann, O., Steger, U., & Ionescu-Somers, A. (2005). Quantifying economic effects of corporate sustainability initia- tives – Activities and Drivers. IMD 2005-28, November 2005, p.3.

Samimi, A. J., Somaye, & Soraya. (2011). Tourism and Economic Growth in Developing Countries: P-VAR Approach. *Middle-East Journal of Scientific Research, 10*(1), 28-32. Accessed 23rd May 2015 from http://www.idosi.org/ mejsr/ mejsr10(1)11/5.pdf

Samuel, O. I., & Ioanna, P. (2007). Are the corporate social responsibility matters based on good intentions or false pretences? An empirical study of the motivations behind the issuing of CSR reports by UK companies. *Corporate Gov- ernance, 7*(2), 136-147. doi:10.1108/14720700710739787

Sánchez-Fernández, M. D., Vargas-Sánchez, A., & Remoaldo, P. (2014). Institutional Context and Hotel Social Respon- sibility. *Kybernetes, 43*(3/4), 413-426. doi:10.1108/K-12-2013-0267

Sandve, A., Marnburg, E., & Øgaard, T. (2014). The ethical dimension of tourism certification programs. *International Journal of Hospitality Management, 36*, 73-80. doi:10.1016/j.ijhm.2013.08.009

Santana, A., Díaz, P., & Rodríguez, A. (2011). Renovación de destinos y percepción de la protección ambiental. El caso de Fuerteventura (Islas Canarias, España). *Investigaciones turísticas*, (1), 1-20.

Santana, A., Rocaspana, R., & Reguant, P. (2011). *Estudios previos para la declaración de un Parque Nacional de zo- nas áridas en Fuerteventura. Análisis socioeconómico y percepción social de Parque Nacional.* Fuerteventura, España: Cabildo de Fuerteventura & i3dat consulting.

Santana, A., Rodríguez, A., Díaz, P., & Ramos, A. (2010). Innovación con compromisos. Retos en la renovación de la imagen en destinos turísticos maduros (Fuerteventura, Islas Canarias). In Destinos maduros ante el cambio. Reflexiones desde Canarias (pp. 137 - 156). La Laguna/Tenerife, España: Instituto Universitario de Ciencias Políticas y Sociales, Universidad de La

Laguna (Tenerife).

Sarabia Sánchez, F. J. (1999). *Metodología para la investigación en marketing y dirección de empresas*. Madrid: Pirámide.

Sasse, C. M., & Trahan, R. T. (2007). Rethinking the new corporate philanthropy. *Business Horizons, 50*(1), 29–38. doi:10.1016/j.bushor.2006.05.002

Schlicher, D. (2007). Growth versus equity: The continuum of pro–poor tourism and neoliberal governance. *Current Issues in Tourism, 10*(2/3), 166–193. doi:10.2167/cit304.0

Schmidheiny, S., Chase, R., & DeSimone, L. (1997). *Signals of change: Business progress towards sustainable develop- ment*. Geneva, Switzerland: World Business Council for Sustainable Development.

Schneider, M. L., & Francis, C. A. (2005). Marketing locally produced foods:Consumer and farmer opinions in Wash- ington County, Nebraska. *Renewable Agriculture and Food Systems, 20*(4), 252–260. doi:10.1079/RAF2005114

Schuler, D. A., & Cording, M. (2006). A corporate social performance–corporate financial performance behavioral model for consumers. *Academy of Management Review, 31*(3), 540–558. doi:10.5465/AMR.2006.21318916

Schwartz, K., Tapper, R., & Font, X. (2008). A sustainable supply chain management framework for tour operators. *Journal of Sustainable Tourism, 16*(3), 298–314. doi:10.2167/jost785.0

Scott, D., Amelung, B., Becken, S., Ceron, J., Dubois, G., & Gössling, S. (2008). *Climate change and tourism: Respond- ing to global challenges*. Madrid: World Tourism Organisation. Paris: United Nations Environment Programme.

Scott, D., Freitas, C., & Matzarakis, A. (2009). *Adaptation in the tourism and recreation sector. In Biometeorology for adaptation to climate variability and change* (pp. 171–194). Springer. doi:10.1007/978–1–4020–8921–3_8

Scott, D., & McBoyle, G. (2007). Climate change adaptation in the ski industry. *Mitigation and Adaptation Strategies for Global Change, 12*(8), 1411–1431.

doi:10.1007/s11027-006-9071-4

Scott, W. R. (1995). *Institutions and organizations*. Thousand Oaks, CA: Sage.

Scowsill, D. (2014). *The economic impact of travel and tourism 2014*. London, UK: WTTC.

Sebele, L. S. (2010). Community-based tourism ventures, benefits and challenges: Khama Rhino Sanctuary Trust, Central District, Botswana. *Tourism Management, 31*(1), 136–146. doi:10.1016/j.tourman.2009.01.005

Sen, S., & Bhattacharya, C. B. (2001). Does doing good always lead to doing better? Consumer reactions to corporate social responsibility. *JMR, Journal of Marketing Research, 38*(2), 225–243. doi:10.1509/jmkr.38.2.225.18838

Sen, S., Bhattacharya, C. B., & Korschun, D. (2006). The role of corporate social responsibility in strengthening mul- tiple stakeholder relationships: A field experiment. *Journal of the Academy of Marketing Science, 34*(2), 158–166. doi:10.1177/0092070305284978

Server Izquierdo, R. J., & Capó Vicedo, J. (2009). La Responsabilidad Social Empresarial en un contexto de crisis. Reper- cusión en las Sociedades Cooperativas. *CIRIEC-España, Revista de Economía Pública. Social y Cooperativa, 65*, 7–31.

Sethi, S. P. (1975). Dimensions of corporate social performance: An analytical framework. *California Management Review, 17*(3), 58–64. doi:10.2307/41162149

Shah, K. U., & Rivera, J. E. (2007). Export processing zones and corporate environmental performance in emerging economies: The case of the oil, gas, and chemical sectors of Trinidad and Tobago. *Policy Sciences, 40*(4), 265–285. doi:10.1007/s11077-007-9045-8

Shah, K. U., & Rivera, J. E. (2013). Do industry associations influence corporate environmentalism in developing coun- tries? evidence from Trinidad and Tobago. *Policy Sciences, 46*(1), 39–62. doi:10.1007/s11077-012-9162-x

Sharma, A.K. & Talwar, B. (2005). Insights from practice. Corporate social responsibility: Modern vis-à-vis Vedic ap- proach. *Measuring Business Excellence, 9*(1), 35–45.

Sharma, M. (2014). *CSR: Merging business with humanity*. Retrieved on 30 April 2015 from http://www.traveltrendsto- day.in/news/2014/12/18/csrmerging-business-with-humanity

Sharma, S., & Tomar, A. (2013). Corporate Social Responsibility for Sustainable Development. *Journal of Indian Research, 1*(4).

Sharpley, R. (2003). Rural Tourism and Sustainability–a Critique. In D. Hall, L. Roberts, & M. Mitchell (Eds.), *New Directions in Rural Tourism* (pp. 38–53). Aldershot, UK: Ashgate Publishing Limited.

Sheehan, L., Ritchie, J. R. B., & Hudson, S. (2007). The destination promotion triad: Understanding asymmet- ric stakeholder interdependencies among the city, hotels and DMO. *Journal of Travel Research, 46*(1), 64–74. doi:10.1177/0047287507302383

Sheldon, P., & Park, S. Y. (2011). An exploratory study of corporate social responsibility in the US travel industry. *Journal of Travel Research, 50*(4), 392–407. doi:10.1177/0047287510371230

Shepherd, R., Magnusson, M., & Sjoden, P. O. (2005). Determinants of consumer behavior related to organic foods. *Royal Swedish Academy of Sciences, 34*(4-5), 352–359. PMID:16092268

Simpson, M. C. (2008). Community benefit tourism initiatives: A conceptual oxymoron? *Tourism Management, 29*(1), 1–18. doi:10.1016/j.tourman.2007.06.005

Singal, M. (2014). Corporate social responsibility in the hospitality and tourism industry: Do family control and finan- cial condition matter? *International Journal of Hospitality Management, 36*(1), 81–89. doi:10.1016/j.ijhm.2013.08.002

Singh, K. (n.d.). *The CSR Journal Sustainability News for India*. Retrieved May 26, 2015, from http://thecsrjournal.in/ food-wastage-in-india-a-seriousconcern/: http://thecsrjournal.in

Skarmeas, D., & Leonidou, C. N. (2013). When consumers doubt, watch out! The role of CSR skepticism. *Journal of Business Research, 66*(10), 1831–1838. doi:10.1016/j.jbusres.2013.02.004

Sloan, P., Legrand, W., & Chen, J. S. (2012). *Sustainability in the hospitality industry: Principle of sustainable opera- tions*. New York, NY: Routledge.

Smit, B., & Wandel, J. (2006). Adaptation, adaptive capacity and vulnerability. *Global Environmental Change, 16*(3), 282–292. doi:10.1016/j.gloenvcha.2006.03.008

Smith, G., & Stodghil, I. I. I. (1994, March 21). Are Good Causes Good Marketing?. *Business Week*, pp. 64, 66.

Soonthonsmai, V. (2007). Environmental or green marketing as global competitive edge: Concept, synthesis, and impli- cation. In *EABR (Business) and ETLC (Teaching)Conference Proceeding*.

Southgate, C., & Sharpley, R. (2002). Tourism, development and the environment. In R. Sharpley & D. Telfer (Eds.), *Tourism and development concepts and issues* (pp. 231–262). Clevedon, UK: Channel View Publications.

Spangenberg, J. H. (2002). Environmental space and the prism of sustainability: Frameworks for indicators measuring sustainable development. *Ecological Indicators, 2*(3), 295–309. doi:10.1016/S1470-160X(02)00065-1

Spekman, R. E., & Davis, E. W. (2004). Risky business: Expanding the discussion on risk and the extended enterprise. *International Journal of Physical Distribution & Logistics Management, 34*(5), 414–433. doi:10.1108/09600030410545454

Spence, L. J. (2007). CSR and small business in a European policy context: The five "C"s of CSR and small business research agenda 2007. *Business and Society Review, 112*(4), 533–552. doi:10.1111/j.1467-8594.2007.00308.x

Stabler, M., & Goodall, B. (1996). Environmental Auditing in Planning for Sustainable Island Tourism. In Sustainable Tourism in Islands and Small States:

Issues and Policies (pp. 176–196). London: Pinter.

Stabler, M., & Goodal, B. (1997). Environmental awareness action and performance in the Guernsey hospitality sector. *Tourism Management, 18*(1), 19–33. doi:10.1016/S0261-5177(96)00095-7

Stall, R., McKusick, L., Wiley, J., Coates, T., & Ostrow, D. (1986). Alcohol and drug use during sexual activity and compliance with safe sex guidelines for AIDS: The AIDS Behavioral Research Project. *Health Education Quarterly, 13*(4), 359–371. doi:10.1177/109019818601300407 PMID:3781860

Stanwick, P. A., & Stanwick, S. D. (1998). The relationship between corporate social performance, and organizational size, financial performance, and environmental performance: An empirical examination. *Journal of Business Ethics, 17*(2), 195–204. doi:10.1023/A:1005784421547

Starr, F. (2013). *Corporate responsibility for cultural heritage: Conservation, sustainable development and corporate reputation.* Abingdon, UK: Routledge.

STO.(2015).Corporate socialresponsibility. *Sustainable Tourism Online.* Available at http://www.sustainabletourismonline.com/business-operations/monitoring-and-evaluation/corporate-social-responsibility

Stockwell, T., Lang, E. & Rydon, P. (1993). *High risk drinking settings: the association of serving and promotional practices with harmful drinking.* Academic Press.

Stodder, G. (1998). Goodwill hunting. *Entrepreneur Magazine, 26*, 118.

Stoner,J. A. F., & Freeman,R. E.(1985). *Administração* (5th ed.).Rio de Janeiro: Prentice-hall doBrasil.

Stones, M., Grantham, S., & Vieira, E. T. (2009). Communicating CSR via pharmaceutical company websites: Evaluat- ing message frameworks for external and internal stakeholders. *Corporate Communications: An International Journal, 14*(2), 144–157. doi:10.1108/13563280910953834

Suchman, M. (1995). Managing legitimacy: Strategic and institutional approaches. *Academy of Management Review, 20*(3), 571–610.

Sue, B. (2006). *Community Development through Tourism*. Csiro Publishing.

Sun, W., Stewart, J., & Pollard, D. (Eds.). (2010). *Reframing Corporate Social Responsibility: Lessons from the Global Financial Crisis* (Vol. 1). Emerald Group Publishing. doi:10.1108/S2043-9059(2010)1

Suresh, K. G., Gautam, V., & Kumar, M. (2011). Analysing the Relationships among Tourism, Trade, and Economic Growth in Indian Perspective. *Journal of International Business and Economy*, *12*(1), 1–11.

Swanson, D. L., & Niehoff, P. (2001). Business citizenship outside and inside organizations. In J. Andriof & M. McIntosh (Eds.), Perspective on Corporate Citizenship (pp. 104–116). Sheffield, UK: Greenleaf Publishing.

Tajfel, H. & Turner, J. C. (1979). An integrative theory of intergroup conflict. *The Social Psychology of Intergroup Relations*, *33*(47), 74.

Tamajón, L. G., & Aulet, X. F. (2013). Corporate social responsibility in tourism small and medium enterprises evidence from Europe and Latin America. *Tourism Management Perspectives*, *7*, 38–46. doi: 10.1016/j.tmp.2013.03.002

Tari, J. J., Claver-Cortés, E., Pereira-Moliner, J., & Molina-Azorín, J. F. (2010). Levels of quality and environmental management in the hotel industry: Their joint influence on firm performance. *International Journal of Hospitality Management*, *29*(3), 500–510. doi:10.1016/j.ijhm.2009.10.029

Tata Group. (2010, April). *Green Practises An Indian Hotel Company Initiative*. Retrieved May 29, 2015, from http:// www.tata.co.in/company/articlesinside/vzAtfIWNGNo=/TLYVr3YPkMU=: http://www.tata.co.in

Tata Group. (2014). *Tata Consultancy Services*. Retrieved December 18, 2014, from http://www.tata.co.in/company/ profileinside/Tata-Consultancy-Services

TCS. (2010). *Corporate Sustainability Report 2009-10*. Retrieved December 24, 2014, from http://www.tcs.com/about/ corp_responsibility/Documents/TCS_Corporate_Sustainability_Report_2009-10.pdf

TCS. (2011). *Corporate Sustainability Report 2010-11*. Retrieved December 24, 2014, from http://www.tcs.com/SiteCol- lectionDocuments/About%20TCS/

TCS_Corporate_Sustainability_Report_2010–11.pdf

TCS. (2012). *Corporate Sustainability Report 2011-12*. Retrieved December 24, 2014, from http://www.tcs.com/SiteCol- lectionDocuments/About%20TCS/ TCS_Corporate_Sustainability_Report_2011–12_3.pdf

TCS. (2013). *Corporate Sustainability Report 2012-13*. Retrieved December 24, 2014, from http://www.tcs.com/SiteCol- lectionDocuments/About%20TCS/ TCS–Corporate–Sustainability–Report–2012–13.pdf

TCS. (2014). *About TCS*. Retrieved December 18, 2014, from http://www.tcs.com/about/Pages/default.aspx

TCS. (2014). *Corporate Sustainability Report 2013-14*. Retrieved December 24, 2014, from http://www.tcs.com/about/ corp_responsibility/cs-report/Documents/GRI–2013–Sustainability–Report–271014.pdf

Technomic. (2010). Tracking and interpreting restaurant trends. *American Express Marketing*.

Teixeira, R. M. (2012). Redes de cooperaçâo em Turismo: Um estudo nas pequenas empresas hoteleiras em Curitiba, Paraná. *PASOS, 10*(3), 407–416.

Teixeira, R. M., Cunha, A. R. S., & Silva, M. R. (2006). *Redes de relacionamento e cooperaçao interorganizacional em hotéis de pequeño porte em Curitiba*. Curitiba: Anais do Seminário Internacional de Turismo.

Teixeira, R. M., & Morrison, A. (2004). Desenvolvimento de empresarios em empresas de pequeño porte do setor ho- teleiro: Processo de aprendizagem, competências e redes de relacionamento. *Revista de Administraçao Comtemporânea, 8*(1), 105–128. doi:10.1590/S1415–65552004000100006

Tepelus, C. M. (2006). A model for multi-stakeholder partnerships on human rights in tourism. In J. Jonker & M. de Witte (Eds.), *Management Models for Corporate Social Responsibility* (pp. 82–89). Heidelberg, Germany: Springer Berlin. doi:10.1007/3–540–33247–2_10

Tepelus, C. M. (2008). *Destination unknown? The emergence of Corporate Social Responsibility for sustainable devel- opment of tourism. (Unpublished doctoral dissertation)*. Sweden: Lund University.

Tepelus, C. M., & Cordoba, R. C. (2005). Recognition schemes in tourism: From "eco" to "sustainability". *Journal of Cleaner Production, 13*(2), 135–140. doi:10.1016/j.jclepro.2003.12.015

The Economic Times. (2011). Retrieved on 17 Nov 2015 from http://articles. economictimes.indiatimes.com/2011-02-06/ news/28424975_1_middle-class-households-applied-economic-research

The Economic Times. (2015). *India's growth rate set to surpass China this year: World Bank*. Accessed 11 June 2015 from http://economictimes.indiatimes. com/articleshow/47621953.cms?utm_source=contentofinterest&utm_medium=text&utm_campaign=cppst

The Times of India. (2012). *Medical tourism in Kerala to bring in $2 billion by 2012*. Accessed 8th January 2015 from http://timesofindia.indiatimes.com/city/kochi/Medical-tourism-in-Kerala-to-bring-in-2-billion-by-2012/article-show/10451548.cms

The Times of India. (2014). *India ranks among top 3 medical tourism destinations in Asia*. Accessed 28th May 2015 from http://timesofindia.indiatimes.com/business/india-business/India-ranks-among-top-3-medical-tourism-destinations-in- Asia/articleshow/41447360.cms

The C. S. R. Journal. (2015). Retrieved from http://thecsrjournal.in/swach-himalayas-through-csr/ Theold. (1994). Global Tourism- The Next Decade. The Oxford University Press.

Thomas, L., & Mills, J. E. (2008). Assessing customer expectations of information provided on restaurant menus. *Journal of Hospitality & Tourism Research (Washington, D.C.), 32*(1), 62–88. doi:10.1177/1096348007309569

Thomas, R., Shaw, G., & Page, S. J. (2011). Understanding small firms in tourism: A perspective on research trends and challenges. *Tourism Management, 32*(5), 963–976. doi:10.1016/j.tourman.2011.02.003

Thorsen, E., & Hail, C. M. (2001). What's on the wine list? Wine policies in the

New Zealand restaurant industry. *In- ternational Journal of Wine Marketing*, *3*(3), 94–102. doi:10.1108/eb008730

Tiedemann, N., van Birgele, M., & Semeijn, J. (2009). Increasing hotel responsiveness to customers through information sharing. *Tourism Review*, *64*(4), 12–26. doi:10.1108/16605370911004548

Timur, S., & Getz, D. (2008). A network perspective on managing stakeholders for sustainable urban tourism. *Inter- national Journal of Contemporary Hospitality Management*, *20*(Iss: 4), 445–461. doi:10.1108/09596110810873543

Tolbert, P. S., & Zucker, L. G. (1983). Institutional sources of change in the formal structure of organizations: The dif- fusion of civil service reform, 1880–1935. *Administrative Science Quarterly*, *28*(1), 22–39. doi:10.2307/2392383

Tsounta, E. (2008). *What Attracts Tourists to Paradise?* IMF Working Paper, WP/08/277. Accessed 5th June 2015 from http://www.imf.org/external/pubs/ft/wp/2008/wp08277.pdf

Turban, D. B., & Greening, D. W. (1997). Corporate social performance and organizational attractiveness to prospective employees. *Academy of Management Journal*, *40*(3), 658–672. doi:10.2307/257057

Twynam, G. D., & Johnston, M. E. (2002). The use of sustainable tourism practices. *Annals of Tourism Research*, *29*(4), 1165–1168. doi:10.1016/S0160-7383(02)00016-6

Tyler, T. R., & Blader, S. (2000). *Cooperation in groups: Procedural justice, social identity and behavioural engage- ment*. New York: Psychology Press.

Tzschentke, N., Kirk, D., & Lynch, P. A. (2004). Reasons for going green in serviced accommodation establishments. *International Journal of Contemporary Hospitality Management*, *16*(2), 116–124. doi:10.1108/09596110410520007

Ullmann, A. A. (1985). Data in search of a theory: A critical examination of the relationships among social perfor- mance, social disclosure, and economic performance of US firms. *Academy of Management Review*, *10*(3), 540–557.

doi: 10.5465/AMR.1985.4278989

UNEP, Tourism and Hospitality . (2011). Retrieved from http://www.unep.org/climateneutral/Topics/TourismandHos- pitality/tabid/151/Default.sp

UNESCO. (n.d.). World heritage list. Retrieved on 21th Nov. 2015 from http://whc.unesco.org/en/list/246

United Nations Industrial Development Organisation. (2007). *What Is CSR*. Retrieved on 27 May 2015 from http://www. unido.org/en/what–we–do/trade/csr/what–is–csr.html

United Nations Industrial Development Organization. (2015). Retrieved from http://www.unido.org/en/what–we–do/ trade/csr/what–is–csr.html

UNIDO. (2015). *What is CSR?* Available at http://www.unido.org/en/what–we–do/trade/csr/what–is–csr.html#pp1[g1]/0/

University of Florida. (2014). *Managing waste in hotel and motel operations*. Retrieved From: http://infohouse.p2ric. org/ref/13/12170.pdf

UNWTO. (2001). *Global Code of Ethic for Tourism*. Retrieved March 10, 2015, from http://ethics.unwto.org/content/ global–code–ethics–tourism

UNWTO. (2007). *Climate Change and Tourism Responding to Global Challenges*. Presented at the Second International Conference on Climate Change and Tourism, Davos, Switzerland.

UNWTO. (2014). *UNWTO Tourism Highlights*. UNWTO Publications.

Uvais, M., Cholasseri, H., & Malappuram. (2013). *Corporate Social Responsibility: Dimensions and Challenges In India*. Retrieved on 25 May 2015 from www.ijesi.org

Uysal, M., & Crompton, J. L. (1984). Determinants of demand for international tourist flows to Turkey. *Tourism Manage- ment*, *1984*(December). Retrieved from http://agrilifecdn.tamu.edu/cromptonrpts/files/2011/06/Full–Text73.pdf

Valentin, A., & Spangenberg, J. H. (2000). A guide to community sustainability indicators. *Environmental Impact As- sessment Review*, *20*(3), 381–392. doi:10.1016/S0195–9255(00)00049–4 van Beurden, P., & Gössling, T. (2008). The worth of values: A literature review on the relation between corporate social and financial performance. *Journal of Business Ethics, 82*(2), 407–424. doi:10.1007/s10551-008-9894-x

VandenBos, G., Knapp, S., & Doe, J. (2001). *Role of reference elements in the selection of resources by psychology undergraduates*. Retrieved October 13, 2001, from http://jbr.org/articles.html

Vargas-Sánchez, A., & Riquel-Ligero, F. (2012). Influence of the institutional context on the performance of golf courses, considering the natural environment. *Environmental Engineering and Management Journal, 11*(11), 2001–2012.

Vargas-Sánchez, A., & Riquel-Ligero, F. (2015). Golf tourism, its institutional setting, and environmental management: A longitudinal analysis. *European Journal of Tourism Research, 9*, 41–56.

Vela Sastre, E. (1977). El balance social de la empresa. *Economía Industrial, 168*, 4–25.

Velasco González, M. (2010). *Gobernanza del turismo: Retos y estrategias de las redes de destinos turísticos*. Paper presented at the meeting XV Congreso AECIT, Tenerife, España.

Venkatesh, M. (2015). Recent trends in indian tourism. Global Journal for Research Analysis, 4(4). Retrieved on 7 May 2015 from http://worldwidejournals.com/gra/file.php?val=April_2015 _1429597070 138.pdf

Verdu Jover, A. J. (2002). *Relación entre flexibilidad y desempeño organizativo: una aproximación desde la perspectiva de la gestión de la calidad total*. Alicante: Universidad Miguel Hernández.

Verhoef, P. C., Beckers, S. F. M., & van Doorn, J. (2013). Understand the perils of co-creation. *Harvard Business Review, 91*(9), 28.

Vernon, J., Essex, S., Pinder, D., & Curry, K. (2005). Collaborative policy making: Local sustainable projects. *Annals of Tourism Research, 32*(2), 325–345. doi:10.1016/j.annals.2004.06.005

Vibrant Gujarat. (2013). *Services Sector profile: Financial Services, Tourism and IT/.ITES Sector Profile*. Accessed 29th May 2015 from http://www.vibrantgujarat.com/images/pdf/service-sector-profile.pdf

Vieregge, M., Scanlon, N., & Huss, J. (2007). Marketing locally grown food products in globally branded restaurants: Do customerscare? *Journal of Foodservice Business Research, 10*(2), 67–82. doi:10.1300/J369v10n02_05

Visser, W. (2007). *Corporate Sustainability and the Individual: A Literature Review*. University of Cambridge Programme for Industry Research Paper Series: No. 1.

Votaw, D. (1972). Genius becomes rare: A comment on the doctrine of social responsibility Pt. I. *California Manage- ment Review, 15*(2), 25.

Waddock, S. (2004). Parallel universes: Companies, academics, and the progress of corporate citizenship. *Business and Society Review, 109*(1), 5–42.

Waddock, S. (2004). Parallel Universes: Companies, Academics and the Progress of Corporate Citizenship. *Business and Society Review, 109*(1), 5–42. doi:10.1111/j.0045-3609.2004.00002.x

Waddock, S. A., & Graves, S. B. (1997). The corporate social performance-financial performance link. *Strategic Man- agement Journal, 18*(4), 303–310. doi:10.1002/(SICI)1097-0266(199704)18:4<303::AID-SMJ869>3.0.CO;2-G

Waligo, V. M., Clarke, J., & Hawkins, R. (2013). Implementing sustainable tourism: A multi-stakeholder involvement management framework. *Tourism Management, 36*, 342–353. doi:10.1016/j.tourman.2012.10.008

Walker, M., & Kent, A. (2009). Do fans care? Assessing the influence of corporate social responsibility on consumer attitudes in the sport industry. *Journal of Sport Management, 23*(6), 743–769.

Wall, G., & Mathieson, A. (2006). *Tourism: Change, impacts and opportunities*. Harlow, UK: Pearson Education Limited.

Wang, C. H. (2005). Constructing multivariate process capability indices for short-run production. *International Journal of Advanced Manufacturing*

Technology, 26(11–12), 1306–1311. doi:10.1007/s00170-004-2397-8

Wansink, B., Cordua, G., Blair, E., Payne, C., & Geiger, S. (2006). Wine promotions in restaurants: Do bever- age sales contribute or cannibalize? *The Cornell Hotel and Restaurant Administration Quarterly, 47*(4), 327–336. doi:10.1177/0010880406294656

Wasserman, S., & Galaskiewicz, J. (1994). *Advances in Social Network Analysis: Research from the Social and Behav- ioral Sciences*. Newbury Park, CA: Sage Publications. doi:10.1017/CBO9780511815478

Weaver, D. B. (2013). Protected area visit or willingness to participate in site enhancement activities. *Journal of Travel Research, 52*(3), 377–391. doi:10.1177/0047287512467704

Weaver, D. B. (2014). Asymmetrical dialectics of sustainable tourism: Toward enlightened mass tourism. *Journal of Travel Research, 53*(2), 131–140. doi:10.1177/0047287513491335

Welford, R., & Ytterhus, B. (2004). Sustainable development and tourism destination management: A case study of the Lillehammer region, Norway. *International Journal of Sustainable Development and World Ecology, 11*(4), 410–422. doi:10.1080/13504500409469843

Wells, V. K., Manika, D., Gregory-Smith, D., Taheri, B., & McCowlen, C. (2015). Heritage tourism, CSR and the role of employee environmental behaviour. *Tourism Management, 48*, 399–413. doi:10.1016/j.tourman.2014.12.015

Wijk, J. V., & Persoon, W. (2006). A long-haul destination: Sustainability reporting among tour operators. *European Management Journal, 24*(6), 381–395. doi:10.1016/j.emj.2006.07.001

Wilkinson, C., & Souter, D. (2008). *Status of Caribbean coral reefs after bleaching and hurricanes in 2005*. Townsville, Australia: Global Coral Reef Monitoring Network, Reef and Rainforest Research Centre.

Williams, D. (2011, August). *Institute of Mechanical Engineers*. Retrieved May 26, 2015, from http://www.imeche.org/ knowledge/industries/energyenvironment-and-sustainability/news/WorldFood: http://www.imeche.org

Williams, R. J. (2003). Women on Corporate Boards of Directors and Their Influence on Corporate Philanthropy. *Journal of Business Ethics*, *42*(1), 1–10. doi:10.1023/A:1021626024014

Wilson, M. (2003, July–August). Corporate sustainability: What is it and where does it come from? *Ivey Business Jour- nal*, *67*(6), 1–5.

Windsor, D. (2006). Corporate social responsibility: Three key approaches. *Journal of Management Studies*, *43*(1), 93–114. doi:10.1111/j.1467-6486.2006.00584.x

Wood, D. J. (1991). Corporate social performance revisited. *Academy of Management Review*, *16*(4), 691–718.

Wood, D. J. (2010). Measuring Corporate Social Performance: A Review. *International Journal of Management Reviews*, *12*(1), 50–84. doi:10.1111/j.1468-2370.2009.00274.x

Woodland, M., & Acott, T. G. (2007). Sustainability and local tourism branding in England's South Downs. *Journal of Sustainable Tourism*, *15*(6), 715–734. doi:10.2167/jost652.0

World Economic Forum. (2013). The Travel & Tourism Competitiveness Report 2013: WEF Travel and Tourism Competi- tiveness Index. Retrieved on 8 Nov 2015 from http://www.weforum.org/reports/travel-tourism-competitiveness-report-2013

World Bank. (2005). *CSR in the tourism industry? The status of and potential for certification, codes of conduct and guidelines. Study prepared for the CSR Practice Foreign Investment Advisory Service Investment Climate Department.* Washington, DC: World Bank.

World Tourism organization. (1981). *Saturation of Tourist Destinations: Report of the Secretary General.* Madrid: WTO Publications.

World Tourism Organization. (2005). Available at: www.world-tourism.org/code_ethics/eng/ global.htm

World Travel & Tourism Council. (2013). *Travel & Tourism Economic Impact 2013: Spain*. London, UK: WTTC. World Travel and Tourism Council. (2014). *Travel and Tourism: Economic Impact 2014 World*. Accessed 1st June 2015 from http://www.wttc.org/-/media/files/reports/economic%20impact%20research/regional%20reports/world2014.pdf

WRAP. (2009). Retrieved from http://www.wrap.org.uk/content/composition-waste-disposed-uk-hospitality-industry-1 WRAP. (n.d.). *Overview of waste in the hospitality and food service sector*. Retrieved May 26, 2015, from http://www.wrap.org.uk/content/overview-waste-hospitality-and-food-service-sector: http://www.wrap.org.uk

Wubneh, M. A. (1987). Multivariate analysis of socio-economic charasteristics of urban areas in Ethiopia. *Afr. Urban Quaterly, 2*, 425–433.

Yahoo News. (2014). India announces new visa rules to boost tourism numbers. Retrieved on 9th June 2015 from http:// news.yahoo.com/india-announces-visa-rules-boost-tourism-numbers-111726620.html

Yaman, H. R., & Gurel, E. (2006). Ethical ideologies of tourism marketers. *Annals of Tourism Research, 33*(2), 470–489. doi:10.1016/j.annals.2006.01.006

Yasarata, M., Altinay, L., Burns, P., & Okumus, F. (2010). Politics and sustainable tourism development: Can they co- exist? Voices from North Cyprus. *Tourism Management, 31*(3), 345–356. doi:10.1016/j.tourman.2009.03.016

Yoon, Y., Gursoy, D., & Chen, J. S. (2001). Validating a tourism development theory with structural equation modeling. *Tourism Management, 22*(4), 363–372. doi:10.1016/S0261-5177(00)00062-5

Zapata, M. J., & Hall, C. M. (2012). Public-private collaboration in the tourism sector: Balancing legitimacy and ef- fectiveness in local tourism partnerships. The Spanish case. *Journal of Policy Research in Tourism. Leisure and Events, 4*(1), 61–83. doi:10.1080/19407963.2011.634069

Zee News. (2014). India to extend visa-on-arrival to tourists from 180 countries. Retrieved from on 9 June 2015 from http:/zeenews.india.com/news/nation/

india-to-extend-visa-on-arrival-to-tourists-from-180-countries_909348. html

Zhu, Q., Sarkis, J., & Lai, K. (2011). An institutional theoretic investigation on the links between internationalization of Chinese manufacturers and their environmental supply chain Management. *Resources, Conservation and Recycling, 55*(6), 623–630. doi:10.1016/j.resconrec.2010.12.003

Zucker, L. G. (1987). Institutional theories of organization. Annual Review of Sociology, 13, 443–464. doi:10.1146/ annurev.so.13.080187.002303

图书在版编目(CIP)数据

旅游企业社会责任 /（印）利皮卡·考尔·谷连妮，（印）赛耶帝·阿曼德·里兹万主编；陆春华，余忠稳译．— 北京：商务印书馆，2019
（当代旅游研究译丛）
ISBN 978-7-100-17546-3

Ⅰ．①旅… Ⅱ．①利… ②赛… ③陆… ④余… Ⅲ．①旅游企业—企业责任—社会责任 Ⅳ．① F590.65

中国版本图书馆 CIP 数据核字（2019）第 110538 号

权利保留，侵权必究。

旅游企业社会责任

〔印〕利皮卡·考尔·谷连妮
〔印〕赛耶帝·阿曼德·里兹万　主编
陆春华　余忠稳　译

商 务 印 书 馆 出 版
（北京王府井大街36号　邮政编码100710）
商 务 印 书 馆 发 行
艺堂印刷（天津）有限公司印刷
ISBN　978-7-100-17546-3

2019年12月第1版　　　开本 787×1092　1/16
2019年12月第1次印刷　印张 26¾
定价：75.00元